Otto Jespersen

THE PHILOSOPHY OF GRAMMAR

Published by W. W. Norton & Company, 1965
根据诺顿出版公司 1965 年版译出

汉译世界学术名著丛书
（120 年纪念版·珍藏本）
出 版 说 明

2017 年 2 月 11 日，商务印书馆迎来 120 岁的生日。120 年前，商务印书馆前贤怀揣文化救国的理想，抱持“昌明教育，开启民智”的使命，立足本土，放眼寰宇，以出版为津梁，沟通中西，为中国、为世界提供最富智慧的思想文化成果。无论世事白云苍狗，潮流左右激荡，甚至战火硝烟弥漫，始终践行学术报国之志，无改初心。

迻译世界各国学术名著，即其一端。早在 20 世纪初年便出版《原富》《天演论》等影响至今的代表性著作，1950 年代后更致力于外国哲学和社会科学经典的译介，及至 1980 年代，辑为“汉译世界学术名著丛书”，汇涓为流，蔚为大观。丛书自 1981 年开始出版，历时三十余年，迄今已推出七百种，是我国现代出版史上规模最大、最为重要的学术翻译工程。

丛书所选之书，立场观点不囿于一派，学科领域不限于一门，皆为文明开启以来，各时代、各国家、各民族的思想与文化精粹，代表着人类已经到达过的精神境界。丛书系统译介世界学术经典，

《语法哲学》和汉语语法学

廖 序 东

《语法哲学》(*The Philosophy of Grammar*)的作者是丹麦著名语言学家奥托·叶斯柏森(Otto Jespersen),叶氏于1860年7月16日生于丹麦兰内斯(Randers)。他就读哥本哈根大学时专攻语言学,主科是法语,副科是英语和拉丁语,1886年获文学硕士学位。后留学伦敦,在牛津大学进修斯威特(Henry Sweet)的语音学讲座。1891年以《英语的格的研究》论文获得博士学位。其后即遍游英、法、德等国,并在柏林大学进修一年,学习古英语和中古英语。1893年归国,经他的老师汤姆森(Vilhelm Thomson)的推荐,担任了哥本哈根大学的英语语言学教授,直到1925年退休时止。三十多年间,他发表了许多有关英语和普通语言学的著作和论文。

1904年,他开始撰写巨著《现代英语语法》(*Modern English Grammar on Historical Principles*),全书十卷。1909年出版第一卷,直到1942年才出版第六卷,最末一卷是他去世后由学生编辑出版的,此书阐述了叶氏自己的语法理论和语法体系。1924年出版的《语法哲学》则是以此书为基础写成的。1933年又撷取《语法哲学》的精华写成一本《英语语法纲要》(*Essentials of English Grammar*),作为英语语法的入门书,以便初学。他还写了《语音学》(*Phonetics*,1897—1899年)、《外语教学法》(*How to Teach a For-*

eign Language,1901年)、《英语的发展和结构》(*Growth and Structure of English Language*,1905年)、《语言的本质、发展和起源》(*Language,its Nature,Development and Origin*,1922年)。1928年,创造了一种国际语,他称之为Novial〔Nov(new)+i(nternational)+a(uxiliary)+l(anguage)〕(新国际辅助语)。

1943年4月30日叶氏在丹麦的罗斯基勒(Roskilde)去世,享年83岁。①

《语法哲学》一书是叶氏论述自己的语法理论和语法体系的代表作,是一部有划时代意义的语法著作,对汉语语法的研究和发展有深刻的影响。吕叔湘、王力两先生的重要语法著作就是在《语法哲学》的语法学说的影响下写成的。董同龢说汉语语法的发展分为三个时期,第二时期"受了西洋语言学大师Jespersen氏的影响,就有人开始应用Jespersen氏的观点,试作真正的汉语语法了,有成就的是吕叔湘氏的《中国文法要略》,以及王力先生的《中国现代语法》与《中国语法理论》"(《近三十年的中国语言学》,载《董同龢先生语言学论文选集》)。吕、王两先生的语法著作是在20世纪三十年代我国语法学界开展的文法革新问题大讨论的后期出版的,被公认为揭示了汉语特点,建立了新的语法体系,真正取得了革新成果的开创性著作。于此,不能不说《语法哲学》对汉语语法学的影响的巨大。那么《语法哲学》对汉语语法学的影响表现在哪些方面呢?今后它的语法观点还能不能继续对汉语语法学产生影响呢?这是值得汉语语法学和它的历史的研究者考虑的问题。

① 关于叶氏的生平和著述,可参看劳宁《叶思柏森的生平和著作》(载《语言研究通讯》1957年第11、12期合刊),俞敏《叶斯柏森》(载《国外语言学》1980年第3期)。

一

在叶氏的语法体系中，三品说占有重要的地位。他认为在任何一个表示人或事物的词组中总有一个词最重要，而其他词则直接间接从属于它。因此可以根据词与词之间限定与被限定的相互关系确定词的品级（ranks）。叶氏举词组“extremely hot weather”（极热的天气）为例说，最后一个词 weather 显然是主要的，叫做首品（Primary）；hot 限定 weather，叫做次品（Secondry）；extremely 限定 hot，叫做三品。当然还可以有四品，五品。

至于有主谓关系的词组中的词，叶氏认为也有品级的，如 a furiously barking dog 与 the dog barks furiously 两词组，dog 都是首品，barking 是次品，barks 也是次品，而 furiously 都是三品。而且 dog 作句中主语（The dog barks）时是首品，作宾语（I see the dog）时也是首品。不仅单词有三品之分，而且词组、从句也如此。

吕、王两先生在他们的著作中都引进了叶氏的三品说。吕先生在《要略》里专列了一节讲“词的等级”，他称为甲级、乙级、丙级。偏正关系的名词性词组里的词有等级的不同，主谓关系的词组里的词也有，和叶氏所规定的一样。王先生在《中国现代语法》里也列有“词品”一节，依词与词的关系，把词分为首品、次品、末品。除词以外，作句子成分的词的组合也都有品级。如谓语形式，则有首品谓语形式（如“办事要紧”），次品谓语形式（如“这是洗干净了的衣服”），末品谓语形式（如“贾母倚阑坐下”）。句子形式（即作为句子成分的小句）则有首品句子形式（如“我们不知道张先生来”），次品句子形式（如“二人来至袭人堆放东西的房门”），末品句子形式（如“你去了，你有什么意思呢？”）。所谓末品句子形式指主从句中的从句。书中还有一节专讲次品补语和末品补语。前者如“你可有法办这件事么?”“法”是首品,“办这件事”是次品,因在“法”后,所以称为次品补语。后者如“他一定是在咱们家住定了的”,“住”是次品,“定”是末品,因在“住”后所以称为末品补语。而末品又因所表示的内容有程度末品(如“这是最好不过的了”)、数量末品(如“老祖宗只有伶俐聪明过我十倍的”)、处所末品(如“老爷在大书房等二爷呢”)、关系末品(如“我也不等银子使,也不做这样的事”)、语气末品(如“你倒大方得很”)。书中关系末品和语气末品都是列为专节讲述的。王先生的书可以说用三品说贯串于全部的句法结构的分析之中,全面地采用了三品说的理论和术语。

三品说其实是有缺点的。吕、王两先生后来也都认识到这一点。在修饰关系(限制关系)的结构中,词是可以分品级的,但也不是必要的;而把主谓结构中的主语定为首品(或甲级),谓语定为次品(或乙级),把动宾结构中的动词定为次品(或乙级),宾语定为首品(或甲级),那就是牵强附会了。在主谓结构中,谓语动词的地位是非常重要的,至少是和主语名词的地位一样重要,为什么是次品(或乙级)呢?而宾语名词的地位一般是没有谓语动词的地位那样重要的,为什么倒反而是首品(或甲级)呢?吕先生在“词的等级”一节里也曾经这样说过:“在‘狂奔之牛’里面,‘牛’最重要,‘奔’次之,但在‘牛狂奔’里面,‘奔’字至少跟‘牛’字一样重要,或许还要重要些。至于‘狂’字,在两边都处于较不重要的地位。”所以在出《要略》修订版时(1956 年),吕先生就把“词的等级”一节删去了。王先生则在《中国语法理论·新版自序》(1954 年)里提出了一个取消三品说以后对于原来谈三品的地方如何处理的办法，只是王先生没有重写或改写他的书，未见付诸实施罢了。

二

在叶氏的语法体系中，词和词的组合方式（即词组的结构方式）分为两种：一种是 junction，可译为组合式，一种是 nexus，可译为连系式。从叶氏所举的 a furiously barking dog（狂吠的狗）与 the dog barks furiously（狗狂吠）两例就明白这两种组合方式的性质。吕、王两先生在他们的语法著作中也引进叶氏的词的组合方式说。

吕先生在《要略》“词的配合”一节里，说两个或更多的词放在一起可能发生三种关系，除联合关系外，另两种是：

组合关系：

水牛，驿马；牛毛，马尾	（名＋名）
黄牛，白马	（形＋名）
奔牛，逸马	（动＋名）
狂奔，骤逸	（形＋动）

结合关系：

牛偶蹄类	（名＋名）
牛黄，马白	（名＋形）
骑牛，乘马	（动＋名）
牛奔，马逸	（名＋动）

吕先生把以组合关系相配合的词群称为词组，相当于叶氏的 junction，以结合关系相配合的词群称为词结，相当于叶氏的 nexus。叶氏的 nexus，就是主谓结构，独立存在即为句子。词组，词结的分法应当是可以的，只是未能完全包括汉语词与词的配合关系，

"骑牛、乘马"本是动宾关系，却放到结合关系里去了。动词或形容词带补语的补充关系，就根本没有提到。吕先生在《要略》修订本的序里也谈到了这种缺点。

王先生在《中国现代语法》里也把词和词的组合分为两种方式，一种是组合式，表示一种更完全、更有确定范围的意义；一种是连系式，陈说一件事情。前者就是叶氏的 junction，后者就是叶氏的 nexus。不过王先生的书里又有仂语这一术语，仂语分主从仂语和等立仂语两大类，主从仂语又分若干小类。现将仂语类别与上述词的两种组合方式的关系列表如下：

等立仂语

主从仂语：

次品 + 首品（ = 首品） 山顶、山顶的花、古寺钟声——组合式

次品 + 首品（ = 次品） 种田、说大话

末品 + 次品（ = 次品） 微笑、最好

次品 + 末品（ = 次品） 拿起来、弄坏

句子 ——连系式

王先生说："凡次品加首品等于首品，叫做组合式。"那么，就只有主从仂语中的一小类叫做组合式，句子是连系式；词的组合的其他形式既不是组合式，也不是连系式，而是仂语。王先生是用两套术语来说词与词的组合方式的，读者如不仔细看，往往看不清楚。现在的语法书把词与词的组合实体叫做词组，词组依照内部关系分为联合词组、偏正词组、动宾词组、补充词组、主谓词组。这当然比引叶氏的两种组合说更切合汉语的实际。不过应突出主谓词组，即连系式。因为它毕竟比其他四种类型的词组更具备作为

句子的条件。

三

叶氏还有一个很重要的语法观点，这就是语法的两种研究法。如果用字母 O 来表示外部形式（the outward form），用 I 表示内部意义（the inner meaning），那么便可以把这两种研究法分别以相应的公式 O→I 和 I→O 来表示。前者（O→I）是从形式到意义，即从某一特定形式出发，然后再去探索它的意义，或者说作用；后者（I→O）则恰恰相反，从意义或者从作用出发，然后再去探索它的表达形式，叶氏认为这两种研究法研究的语法事实相同，只是研究的角度不同，两者相互补充，就能给某一种语言的语法事实以一个完整的、明晰的概述。他说这两种角度实际上就是听话人和说话人的角度。听话人在对话时，遇到某些声音和形式，他必须弄清它们的意义——他由外部形式到达内部（O→I）；反过来，说话人从他所要表达的思想出发，对他来说，意义是已知的，他必须找到表达的方式：他由内到外（I→O）。

何容《中国文法论》认为像叶氏这样把语法研究分为两部分是一个合理的系统。一部分以方法——形式（form）为主体，讲方法（形式）所表达的意思，在这一部分里把表现不同意思的同一形式，如 loves，ours 后边的-s，归到一起来讲；一部分以意思为主体，讲表现意思所用的方法即形式，在这一部分里把表现同一种意思的不同的形式，如表复数的 kings、feet、oxen、we、those 等归到一起来讲。他说叶氏这个系统可以供我们参考建立中国文法学。《中国文法论》是 1937 年写成的，到了 1941 年、1944 年就有了采用叶氏的这种研究方法写成的书，这就是上文屡次讲到的《中国文法要略》(上卷,1941 年。中、下卷,1944 年)。《汉语研究小史》(王立达根据日本《中国语言学研究史》编译)说:《中国文法要略》的最大特色是在书的后半部提出了“表达论”。“表达论”也叫“表现论”,就是将句子表现的内容从语言的逻辑上来加以分析,借此究明各种句子的构造形式。王力先生也认为:《中国文法要略》的后半部提出了“表达论”,是它的最大特色,这种从思想内容到表达形式的研究方法是比较新的方法(《中国语言学史》)。吕必松《现代汉语语法学史话》[①]以为:“‘表达论’部分打破了句子类别的界限,从表达手段的角度出发,进一步揭示了汉语的特点。如果说‘词句论’是以词和句子的类别和结构为纲,那么‘表达论’就是以各种观念的表达方式为纲,两者形成了纵横交错的关系。‘表达论’又分‘范畴’和‘关系’两部分,前者着重于对各种观念如数量、指称、方所、时间、语气等等表达方式的描写,后者着眼于介绍各种关系,如异同·高下、同时·先后、假设·推论等等的表达方式。”“如果说《中国文法要略》的最大特点是一反过去的模仿法,有力地揭示了汉语的特性,那么这一特点在表达论部分体现得尤为突出。”“表达论从范畴和关系两方面归纳表达手段,开创了汉语语法从意义到形式的描写途径。”

上引诸家对“表达论”的肯定,实际也是对叶氏的有关语法的两种研究法,尤其是由内到外(I→O)的研究法的肯定。

四

关于研究方法,叶氏还十分重视比较的方法。他认为,在初级

---

① 载《语言教学与研究》1980 年第 2、3 期,1981 年第 1 期。

学校里，教语法当然只教学生自己民族语言的语法。但是在中学和大学里开设了各种外语课程，这些外语可互相比较，互相借鉴，促进本族语的学习。他说，进行语法比较不必局限于属于同一语系、同一起源而通过不同道路发展起来的语言，对差异较大、起源迥然不同的语言也可加以比较。比较各种相关的语言，或对同一语言不同时期作比较。比较是很广泛的。我国语法学者也有相同的看法。黎锦熙先生在他所著《比较文法》的绪论中就谈到文法比较有：（一）以本族语言之文法与他种语族相比较的；（二）以标准国语之文法与本族各种方言相比较的；（三）以国语中今语之文法与古文相比较的。《比较文法》一书则是以古今文法比较为主，但为了便于说明国语文法之真相，也有时涉及外国语文法及方言文法的比较。

吕先生在《要略》的“例言”[①]里也谈到语法比较的作用以及比较的各方面。他说：“要明白一种语文的文法，只有应用比较的方法。拿文言词句跟文言词句比较，拿白话词句跟白话词句比较，这是一种比较。文言里一句话，白话里怎么说；白话里一句话，文言里怎么说，这又是一种比较。一句中国话，翻成英语怎么样；一句英语，中国话里如何表达，这又是一种比较。只有比较才能看出多种语文表现法的共同之点和特殊之点。”他后来还写了一篇《通过对比研究语法》的文章专门谈比较。《要略》之所以文言白话并列，当然是为了便于比较。这是文白比较，也是古今的比较。有人批评吕氏的书不免自唐宋至现代混为一谈，则是不明这种比较的作用之故。

① 见旧版，修订本无此“例言”。

王先生的书也很注意比较方法的运用，随处可见国语和文言、方言以及外语的比较。

运用比较方法，需要搜集、观察大量的语言事实，从中得出应有的结论。叶氏在这方面树立了良好的范例。从《语法哲学》中，人们随处可以看到各种语言的用例，有英语、法语、德语、意大利语、西班牙语、希腊语、荷兰语、瑞典语、挪威语、冰岛语。丹麦语更不用说，这是叶氏的母语。还有古语言的用例，如拉丁语、古英语、古法语、古高地德语、古丹麦语等。其他语系的语言用例也不少。取材丰富，作出的结论才有很大的概括性。

以词的性的类别为例。有的语言有阳性、阴性和中性的划分；有的语言只有阳性、阴性之分；有的语言的词根本就没有性的类别。把词的性分为三类有时是有理据的，表示雄性生物的词是阳性，表示雌性生物的词是阴性，表示无性别事物的词是中性。有时又是无理据的，表示雄性生物的词是阴性或中性，表示雌性生物的词是阳性或中性，而表示无自然性别的事物的词却是阴性或阳性。

有的语言把表示“地球”的词用作阴性词，因为地球是繁殖植物的母亲。“树”也用作阴性词，因为树能结出果实。这也是一种理据。

而表示同样意思的词在不同的语言里具有不同的性，如表示“桌子、思想、果实、雷”的词，在一种语言里是阳性，而在另一种语言里则是阴性。又如德语的“世界”（Welt）是阴性，而法语的“世界”（le monde）是阳性。又有在同一种语言里表示同类事物的词而性不同。法语里“百合花”（lis）是阳性，而“玫瑰花”（rose）却是阴性，同是表示植物的词而性不同。“墙”（mur）是阳性，而房子

(maison)却是阴性,同是表示房屋的词而性各异。这都无法去解释它的理据在哪里。

这样,经过各种语言的词的性的类别的比较,对于语言里的词的性的类别是怎么回事也就有一个深刻的了解了。

我们运用比较方法去研究汉语语法,虽然不能像叶氏那样穷搜博采,但也要有尽可能多的语言事实供分析比较,则汉语语法的特点或许会被发现出来。

五

叶氏在《语法哲学》中对某些语法事实的描写和解说,有很多独到的见解,都值得研究汉语语法学的人们借鉴。举几个例子来说:

(一)早先汉语语法书讲宾语,大都说宾语是受主语的动作、行为的影响的人和事物。根据这类定义,好像一切宾语所表示的人和事物在主语动作发出之前即已存在。其实不然。“老鼠咬衣服”,在老鼠咬以前这衣服即已存在;但“老鼠打洞”,在老鼠打洞以前这洞是不存在的,洞是打的结果。叶氏早就在他的书里提出了结果宾语这一术语,认为这是一种独特而相当重要的宾语。叶氏还讲到像 see(看见)这样的动词,说它有“客体”,显然只是一种比喻而已。一个人不可能被人打了而毫无感觉,但可以被人看见而毫无所知。又如 He fears the man(他害怕此人)这样的句子,实际上受动作影响的是句子的主语,倒不是宾语,而宾语只表示原因。又如 She nods her head(她点头)/claps her hands(她拍手)这样的句子,head、hands 也可以认为是工具宾语。其实,动词和宾语的意义关系是各种各样的。我们长期并不如此理解。直到

1952—1953 年《中国语文》上连续发表的《语法讲话》，才看到汉语语法著作里讲到这一层道理。

（二）有的动词表示主语和宾语的相互动作，用这种动词构成的句子，主语和宾语可以互换。在英语中，像 meet、marry、kiss、fight 等都是这种动词。A meets B（A 遇见 B），那么也可以说 B meets A。Jack marries Jill（杰克和吉尔结婚），那么也可以说 Jill marries Jack（吉尔和杰克结婚）。在几何学里，可以说 This line cuts another line（这条线和另一条线相切），也可以说 Another line cuts this line（另一条线和这条线相切）。《语法哲学》中专有一小节“Reciprocity”（相互作用）讲这种语法现象。那么汉语有没有这种表示主语和宾语相互作用的动词？想来应当是有的，但迄今为止，汉语语法书里确乎还未见提到过。像“两个人睡一张床”，可以说“一张床睡两个人”，这类句子倒见过，但这和上面提到的英语句子不同，“睡”并不表示主语宾语相互的动作。汉语的“遇见、碰见、接近、靠近、像”等大概可以说是能表示主语和宾语相互作用的动词。汉语里能表示主语和介词宾语相互作用的动词倒不少。如“结婚”（王蕙芬同张大勇结婚 = 张大勇同王蕙芬结婚）、“打架”（张海同李平打架 = 李平同张海打架）、“商量”（爸爸同大哥商量 = 大哥同爸爸商量）。这类动词，朱德熙先生在《语法讲义》里称为“对称性动词”。这类动词有它的造句的特点，是值得研究的。[①]

其他，叶氏在讲到动词的主动语态和被动语态的时候，对句法

① 华中工学院研究生陶红印的硕士论文《相互动词句》就是研究这类动词的。收入《句型和动词》一书，语文出版社 1987 年版。

主动、句法被动和意念主动、意念被动的分析以及对使用被动语态原因的说明也都值得我们参考。王力先生在《中国语法理论》中就曾经引述了叶氏的观点，并进而分析汉语的被动式。

总之，叶氏的不少语法观点对我们描写与解释汉语语法事实是有启发性的。

六

我想应该特别提到叶氏在《语法哲学》里谈的语法教学法。以前一般人往往说不学语法照样写文章讲话，学不学无关紧要，现在这个论调不大听见了，但对语法的学习兴趣不大。这原因是：(一)掌握不住；(二)用处不大。要使汉语语法得到普及与发展，使学的人学得会，用得上，这就要注意教什么，怎么教。当然，教写在教材里的，现在用的教材合不合要求大可研究。有了合乎要求的教材，怎么教，就是一个突出的问题。

怎么教，根据叶氏的意见，首先不要相信书上的定义，更不要从讲定义开始。他说："我教初级语法，并不从给一些词类下定义开始，更不借助于惯用的定义。这种定义似乎说得不少，但是实际上有用的东西不多。"他认为各种词类定义远远没有达到欧几里得几何那样的精密程度，甚至在新版的书里，大多数的定义，从实质上看，还是主观臆断的，十分容易找出其中的漏洞。叶氏采用一种有实践性的教法。他说，训练有素的语法学家永远知道一个词是什么词类——是形容词还是动词，但他的判断不是根据这类定义，而是根据酷似我们判断动物的方法：我们一眼就会分辨出牛和猫；同样，给孩子展示大量的标本，把他们的注意力逐次引向各种不同的特征。通过这种实践，孩子们就像在学习、分辨熟悉的动物一样，学会判断词的类别的方法。他很注意培养学生分析问题解决问题的能力。叶氏的具体做法是，采用一篇连贯的课文，例如一篇短篇小说，首先用斜体标出课文中的所有的名词，然后给学生指出这些名词，并和他们作简短的讨论。这样，学生在阅读另一篇名词没有标出的课文时，对识别一些在意义上和形式上相似的名词可能就不会有多大的困难了。教形容词也如此。用这种方法学习各种词类，学生就会逐渐具有足够的“语法本能”，从而能够进一步理解以后课文中有关本国语或外语的词法或句法。

他说：“我只希望将来的初级语法教学比迄今为止任何时候都更有生气，似是而非、模糊不清的概念少一些，‘禁律’少一些，定义少一些，大大增加对活生生的语言事实的观察。这是使语法成为学校中有用的、令人感兴趣的课程的唯一方法。”他的话说得多么好啊！这使我们联想到吕叔湘先生关于语法教学法的主张。吕先生主张把语法讲活，要着重讲用法，引导学生观察人们怎样运用各种虚词和各种句法。要让学生看到的不是或者不仅仅是标本室里的动物标本，而是动物园里的飞禽走兽，看它们怎样在那里活动。语法教学要培养学生自己观察和分析语言现象的习惯，要有利于他们语文能力的提高，有助于他们智力的开发，使他们感到学了语法有用。①

教学是科学，也是艺术。每个教师都有他习惯采用的教学法。叶氏的语法教学法是否适合于汉语语法的教学自当别论，但他要使语法课成为学生感到有兴趣的、有用的课程，这种想法是完全正确的。

---

① 《怎样给中学生讲语法》，载《吕叔湘语文论集》，商务印书馆，1983 年。

七

勃·阿·伊利什《语法哲学》俄译本序[①]说："《语法哲学》对苏联读者来说毫无疑问是具有特殊意义的。本书的语言材料丰富多彩，作者的思想独特而且大都出人意料之外，使得读本书的语言学家们感到兴趣盎然，迫使他们更加深入地去思考许多语言现象的本质问题。"

美 Roman Jakobson《20 世纪欧美语言学、趋向和沿革》[②]一文说："欧洲语言学传统中还有一些经典著作一直受到美国语言学界的特别注意和承认，比如有两本书，一本是 Humboldt 写的，一本是 Jespersen 写的，使 Chomsky 深为倾倒。从这两本书问世以来，已经不止一次地引起美国语言学家的热烈反应和交口称赞。"又说："Bernard Bloch 在 1941 年曾赞扬《语法哲学》之伟大。Bloomfield 在 1927 年的评论中指出'英语语法将永远受益于此书'。"那么《语法哲学》之于汉语语法学是否也可以用 Bloomfield 的话来说呢？它过去对现代汉语语法学有过深刻的影响，这在前面已经讲过了，当前以及将来能否继续对现代汉语语法学的发展起推动的作用呢？我想这回答应该是肯定的。

现在，不少对我国语言学有影响的国外语言学理论著作已经有中文译本了。如索绪尔的《普通语言学教程》，布龙菲尔德的《语言论》，而《语法哲学》还没有正式的中译本问世。过去不是没有人从事此书的译述，只是因为此书引用的语种太多，很难译

① 序的中译文载《徐州师范学院学报》1985 年第 2 期。

② 载《国外语言学》1985 年第 3 期。

下去。

现在有何勇、司辉、夏宁生、张兆星几位同志敢于攻关,已经将此书译成中文。其中许多语种的例词、例句的翻译,是得到国内外友人的帮助的。这个中译本正式出版以后,叶氏的语法观点将会得到我国语法学者的理解、熟悉和运用,对汉语语法,对汉语语法学史的研究和教学必将产生有益的影响。

1987 年 2 月

目　　录

序　　言

即使对司空见惯的事物进行观察，也需要具有哲学的头脑。

——卢梭

这本书用了很长时间写成，像一个被宠爱的孩子，它有过许多名字。1909 年至 1910 年，我将此书的初稿在哥伦比亚大学作了系列演讲，当时我把它叫做《英语语法导论》。在拙著《现代英语语法》(1914)第二卷的序言中，我不经意地过早提到“即将出版一本关于‘语法基础’的书”。在《语言》(1922)一书中我再次提到它，说它是“将要问世的一本书，书名也许叫做《语法逻辑》”。现在我终于不揣冒昧以或许有点儿自命不凡的《语法哲学》为题将它奉献出来。此书试图系统地阐述我在语法一般原则方面的观点，这些观点是我在多年研究各种语言，酝酿撰写一部关于英语语法的内容广泛的著作的过程中形成的。至于这部著作，到目前为止我只写出两卷。

我坚持认为目前语法理论之所以有许多缺陷，是因为语法大多研究仅仅通过文字媒介才了解到的古代语言。语法研究只有首先把观察活的语言作为基础，而书面或印刷文件的语言只能放在第二位，这样才能获得对语言本质的正确理解。从多种意义上说，一个现代语法学家应该是“研究新事物的学者”。

虽然我所关心的主要是语言学研究，但我还是大胆地闯入了逻辑学的若干领域。我希望这本书某些部分所谈的东西会使逻辑学家发生兴趣，例如专用名称的定义（第四章），对名词和形容词关系的探讨（第五章和第七章），作为连系式“抽象词”的定义（第十章），主语和谓语的关系（第十一章），以及“否定”一章（第二十四章）中的三分法等。

在写作的过程中，我遇到的困难重重，其中之一就是怎样安排各章节的顺序才为妥当，因为各章节所谈的问题相互联系，相互交错，叫人难以分开。我努力避免出现“参见以后的章节”字样，不过，现在这样安排的先后顺序可能仍然有时会给人以任意的印象。我还要请求读者原谅，我援引例句解释某种语法现象，有时候注明了出处，有时候没有注明，做法不完全一致。这里似乎也没有必要像我在《语法》一书中那样做。在《语法》中，准确注明所有引例的出处是我的原则；但是本书提到的许多语言现象，差不多是在任何一部用有关语言所写的书中都很容易地找到的例句。

奥托·叶斯柏森于哥本哈根大学

1924 年 1 月

自从本书问世（1924 年）以来，我在拙著《现代英语语法》第三、四卷和《英语语法精义》中阐述并发展了本书的某些观点，读者可参阅以上两部书。

奥.叶.（于赫尔辛格〔埃尔西诺〕，隆德哈乌）

1934 年 11 月

第一章　活的语法

(Living Grammar)

说话人和听话人　惯用语和自由用语　语法的类型　造句

说话人和听话人

(Speaker and Hearer)

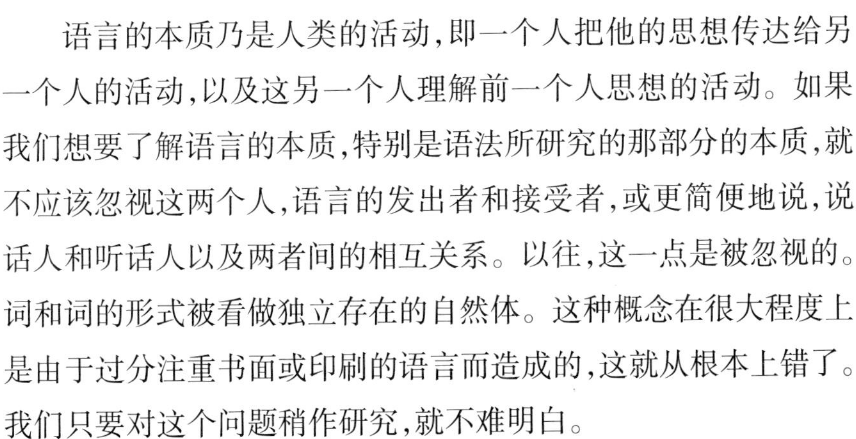

语言的本质乃是人类的活动,即一个人把他的思想传达给另一个人的活动,以及这另一个人理解前一个人思想的活动。如果我们想要了解语言的本质,特别是语法所研究的那部分的本质,就不应该忽视这两个人,语言的发出者和接受者,或更简便地说,说话人和听话人以及两者间的相互关系。以往,这一点是被忽视的。词和词的形式被看做独立存在的自然体。这种概念在很大程度上是由于过分注重书面或印刷的语言而造成的,这就从根本上错了。我们只要对这个问题稍作研究,就不难明白。

我们把这两个人,即语言的发出者和接受者分别称为说话人和听话人,这是考虑到说出的话和听到的话是语言的最初形式,比书写(印刷)和阅读这一派生形式更加重要。不言而喻,在人类还没有创造出文字或者很少使用文字的漫长的年代里,说出的话和听到的话具有头等重要性。即使今天,在我们这个报刊广泛发行的现代社会里,绝大多数人说话的时候总比用笔的时候要多得多。总之,我们如果不时刻把说和听的过程放在首位,如果有片刻忘掉了书写只不过是说话的替代,我们就永远不能理解语言是什么以及语言是如何发展的。除非人用脑子把写出来的词转化成相应的口语的词,以此赋予其生命,否则书面的词只不过是木乃伊而已。

语法学家应该时刻提防普通拼写法为他设下的陷阱。请看几个很简单的例子。名词复数的结尾和动词现在时第三人称单数的结尾在 ends(结尾、结束)、locks(锁、锁上)、rises(高潮、增高)中一律写做-s。然而,实际上存在着三种不同的结尾,如果把它们用音标写出来便可以看出这种区别:[endz,lɔks,raiziz]。同样,书写中的词尾-ed,在 sailed(航行)、locked(锁上)、ended(结束)三个词的读音上是三种不同的结尾:[seild,lɔkt,endid]。在书面语中,过去式 paid(支付)和 said(说)似乎是以同样的方式构成的,但不同于 stayed(停留)。其实,paid 和 stayed 的构成是符合普遍规则的:[peid,steid],而 said 则是不规则的,因为其元音缩略为[sed]。假如说书面语中只有一个词 there,那么在口语里,从语音和意义(包括语法的意义)上看却有两个 there,例如,“There [ðə] were many people there [ˈðɛə]”(那里曾有许多人)。普通拼写法即使标示出音量、重音、语调也是不充分的,但它们在口语语法中却起着重要的作用。因此,我们永远不能忘记这样一条重要真理:语法首先应当研究语音,然后才研究文字。

惯用语和自由用语

(Formulas and Free Expressions)

发表了上述初步的意见后，现在我们来看看语言活动的心理方面，首先要指出惯用语或惯用词组和自由用语之间的重要差异。语言中有些东西——任何语言，概莫能外——具有惯用法的性质，即是说，任何人都不能把它们加以丝毫的改变。例如，说"How do you do?"(你好)与说"I gave the boy a lump of sugar."(我给了男孩子一块糖)是完全不同的。前一句中的每个成分是固定的：甚至不能改变重音，把它说成"How *do* you do?"，也不能在词与词之间停顿。以前可以说："How does your father do?"和"How did you do?"现在则不这样说了。当然现在通常还可以对在场的人说过"How do you do?"之后，再改变重音，说"And how *do you* do, little Mary?"(小玛丽，你好吗?)，但这句话在实际运用中是固定的惯用语。"Good morning!"(早安!)"Thank you!"(谢谢!)"Beg your pardon"(请原谅)以及其他这一类用语，都是固定的。对这类惯用语可以进行分析，证实它是由几个单词构成的，但是已被作为一个整体来理解和使用，其意义可能与用来构成它的每一个单词的原意完全不同。譬如说，"Beg your pardon"的意义通常是"请您重复一遍您所说的，我没有听清楚"。"How do you do?"现在则已不是要求答复的问题，其余类推。

显而易见，"I gave the boy a lump of sugar"则具有一种完全不同的性质。在这个句子里可以重读每一个实词，并可作停顿。例如，可在 boy 之后停顿一下，也可用 he、she 等人称代词来代替人称代词I,用lent代替gave,用Tom代替boy,如此等等。还可把never加进去,或作其他的变动。学习惯用语全凭记忆或重复已学的内容。但自由用语则要求另一种脑力活动。说话人在每一具体情况下都要重新创造:要加进适合这一特定情况的词。这样造出来的句子,多多少少与说话人以前听过的或说过的可能相似,也可能不同,然而这不会改变问题的实质。重要的是,他在说这句话时是否符合某种句型。不管他加入什么词,只要求他按照这个句型造句。譬如说,下面的两个句子:

John gave Mary the apple.

(约翰把苹果给了玛丽。)

My uncle lent the joiner five shillings.

(我的舅舅借给木工五个先令。)

即便没有经过专门的语法训练,我们也会感到上面两个句子是相似的,也就是说,它们是按照同一句型构成的。构成这个句子的单词可以千变万化,但这个句型则是不变的。

这种句型是怎样在说话人的意识中呈现的?小孩子不知道主语应放在句首、间接宾语通常放在直接宾语之前这样的语法规则。他虽然没有学过语法,但他从所听到的和所理解的无数句子中会概括出有关这些句子结构的特定概念,会据此造出类似的句子。当然除非运用诸如主语、动词这类术语,要说明这种概念是什么,那是很困难的或不可能的。如果孩子说出的句子结构正确,符合某一特定的句型,孩子和听他说话的人都无法判断这个句子是他独创的还是一字不变地听来的。重要的是他是否被人理解,只要他的句子符合他所处的那个社会的语言习惯,别人就会懂他的话。这孩子要是法国人,他就会听到无数这样的句子:

Pierre donne une pomme à Jean.

（皮埃尔给让娜一只苹果。）

Louise a donné sa poupée à sa sœur.

（路易斯给自己的妹妹一个玩具娃娃。）

一到必要的时候，他就会说出这样的话来：

Il va donner un sou à ce pauvre enfant.

（他打算给这穷孩子一个小钱。）

要是德国孩子，他就会根据另一句型造出相应的句子，用 dem 和 der 代替法语的 à，等等。（参看《语言》第七章）

这样，自由用语可以定义为：根据一定句型，在一定情况下创造的语言单位的结合，这个句型是由说话人听到许多具有共同特点的句子而在他的潜意识里形成的。应当指出，不通过颇为详细的分析，在许多情况下自由用语和惯用语的区别是很难发现的；对于听话人来说，这两种用语初听起来好像完全一样，而此时惯用语能够并且确实在说话人构成句型的意识中起了重大的作用，很多惯用语由于是人们经常使用的，所以尤为如此。下面再举几个例子。

“Long live the King!”（国王万岁！）这是惯用语还是自由用语？按照这个句型不能造出无限的句子。“Late die the King!”（国王万寿无疆！）或“Soon come the train!”（火车快点来吧！）这样配搭的句子现在已不用来表示愿望了。但我们可以说：“Long live the Queen!”（女王万岁！）或者“the President”（总统）或“Mr Johnson”（约翰逊先生）万岁！换言之，这种以副词居首，其后是一虚拟式的动词，最后是主语，合在一起表达愿望的句型已经停止使用，不再具有孳生力。但是这个句型的残余部分还有用处。因此，对“Long live the King”必须进行这样的分析：这个句子是由惯用语 long live（它构成的句型虽然死了，但这一惯用语则是活的）加一可变化的主语构成的。因此，我们在这里发现了这样一种句型，其用处在我们今天的时代比在英语发展的早期阶段要有限得多。

我在约翰·罗伊斯写的一篇关于伦理学的论文里发现了一个原则。“Loyal is that loyally does.”（谁行事老实，谁是老实人。）这个句子念上去有些生硬拗口，原因在于作者是根据一个民间的谚语“Handsome is that handsome does.”（谁行事漂亮，谁是漂亮人。）仿造出来的。然而他根本没有想到，尽管这个句子最初曾经如何被广泛地使用，但今天它不过是一惯用语，这可以从 that 前没有先行词以及词序这两点上看出来。

惯用语和自由用语的差异渗透到了语法的各个部分。在词法方面，这种差异存在于屈折形式中。“eyen”（眼睛）的复数形式早在 16 世纪就不用了，现在这种形式已经死亡。但不仅这一个词，就连构成这个词所采用的形式也是英语中曾经具有生命力的要素。唯一偶然保存下来的以加词尾-en 表示复数的词是 oxen（公牛）。尽管这种类型的词尾久已死亡，但这个词却作为惯用语保存到今天。与此同时，shoen（鞋子），fone（敌人），eyen（眼睛），kine（母牛），则已被 shoes，foes，eyes，cows 所取代。也就是说，这些词已经按 kings，lines，stones 一类词所采用的形式构成复数。这种复数形式今天使用非常之广，所有的新词，如 bicycles（自行车），photos（照片），kodaks（柯达照相机），aeroplanes（飞机），hooligans（流氓），ions（离子），stunts（绝技）等等都得遵从这种形式。eyes 最初用来取代 eyen 时，仿照的是无数采用-s 作为复数词尾的词的构成形式。但现在，一个孩子初次说出 eyes 这个词时，我们无法判定，他是在重复他早先听到过的一种复数形式，还是他只掌握单词 eye 的单数形式，但根据很多类似单词所推理出的形式，自己加上 -s（发音为[z]）的。两种可能性的结果是一样的。假如个人对现有的语言成分加以自由组合的结果在绝大多数情况下与传统的形式不符，那么语言的发展就会受到妨碍。如果说话人要背上必须死记每个成分的沉重负担，那么语言就成了难以驾驭的东西了。

由此可以看出，词法中所说的“类型”乃是指规则变化的结构形式，而不规则的结构形式就是“惯用语”。

在构词法的理论中，习惯上把后缀分成孳生型和非孳生型两种。孳生型后缀的一个例子是-ness，因为可以用它构成诸如 weariness（疲倦），closeness（闷热），perverseness（刚愎）这类新词。相反，wedlock（婚姻）一词中的-lock，则为非孳生型，width（宽度），breadth（宽度），health（健康）等词中的-th 也同样是非孳生型。拉斯金曾试图模仿 wealth（富有）另造 illth（不幸）一词，未获成功。几百年来，好像还没有出现过一个以该后缀构成的词。这就进一步证实了上面说过的“形容词 + -ness”这种类型还有生命力，而 wedlock 和上面列举的以-th 结尾的其他词则是已死亡的一种类型的惯用语。但是，当 width 一词最初产生时，这种类型是有生命力的。在那遥远的时代，这个词尾（当时的发音接近于-iþu），可以加在任何形容词的后面。然而，随着时光的流逝，这个词尾缩略为简单的 þ（th）音，而第一个音节的元音受到弱化。结果该后缀就失去孳生力了，因此，一个不了解历史语法的人就不可能理解下面的各对词属于同一构词类型：long—length，broad—breadth，wide—width，deep—depth，whole—health，dear—dearth。这些词被人们作为固定形式，即惯用语世代相传。后来，当人们想要构成一个新的

“抽象名词”(abstract noun)(我在这里暂且借用习惯的术语来称呼这类词)时,便不再去求助后缀-th,而用了-ness;因为-ness方便易用,不需变化就可与形容词使用。

这种理解同样适用于复合词。且以三个古老的含有hūs(house)的复合词hūsbonde,hūsþing,hūswif为例。它们都是根据无数古老的复合词通常所采用的方法构成的。那些首先创造这些词的人遵守了通常的规则,因此,这些词最早是自由用语。然而,由于它们在世代相传的过程中,成了不可分割的整体,因此,发生了通常的语音变化:长元音ū成了短元音;[s]在浊音前成了浊音[z];[þ]在[s]后成了[t];[w]和[f]消失了,同时第二音节中的元音变得模糊。结果便形成了我们今天的husband(丈夫),husting(s)(讲台),hussy(轻佻女子),读音分别为[ˈhʌzbənd,hʌstiŋz,hʌzi]。这些词与hūs之间的联系原来很紧密,后来逐渐减弱,特别是长元音u变成了双元音——house之后,就更加削弱了这种联系。在形式发生变化的同时,意义也发生了同样大的变化。结果,除了那些专门从事词源学研究的人之外,很少有人把husband、husting(s)或hussy这三个词与house联系起来。从现代活的语言的观点来看,这三个词都不是复合词。用本书采用的术语来说,它们已成为惯用语,归于那些起源不明或起源无考的其他双重结构的词,例如“sopha”(沙发)和“cousin”(堂兄弟、堂姐妹)一类去了。

至于“huswif”(针线盒)一词,它同house和wife各不相关。作“轻佻女子”解的“hussy”[hʌzi]同house和wife失去了一切联系。但对于已陈旧的意义“针线盒”,老词典里有不同形式的词,反映出相互矛盾的倾向,如:huswife[hʌzwaif],hussif[hʌzif],hussive。除此之外,我们发现,表示“持家人”含义的housewife(家庭主妇)这个词的两个组成部分完全保存下来了。然而,看来这是一个新构成不太久的词,例如在1765年,埃尔芬斯通还不知道这个词。由此可见,把古复合词转变为惯用语的意向,或多或少受到现实语言本能的阻碍,语言本能有时会把这复合词当做一种自由用语。换句话说,人们会继续把两个具体构成部分复合使用,而不顾存在着语音和意义已经变得生冷起来的惯用语。这并不是什么稀罕现象:惯用语 grindstone 成了[grinstən],两个组成部分的元音缩略为短元音。但在现今的发音中,grindstone 已成了自由组合的复合词:[graindstoun]。waistcoat(背心)的新读音[weistkout]正在开始取代惯用语[weskət]。18世纪的词源学家把 fearful(可怕的)读作"ferful",但现在这个词总被念为[fiəf(u)l]。其他的例子,请看《现代英语语法》Ⅰ,4. 34ff.。

复合词以外也有类似情况。在中期英语里许多比较级形容词中有短元音:试比较 deppre,grettre(更大的)和 deep,great(greet)(更深的)。其中有的比较级形容词成为惯用语,原封不动流传下来。保留在当代语言中的仅有的例子是 latter(末了的)和 utter(完满的),这两个词还保留着短元音,因为它们已经脱离了原级 late 和 out,意义也有所改变。然而其他比较级形容词则被重新构成,成为自由用语,因此就有了 deeper,greater。later 和 outer 也是按照同样的方式构成的,它们和 late,out 的关系比 latter 和 utter 更加紧密。

重音方面也有类似现象。毫无疑问,孩子们在学习每个词的发音的同时也学习其重音模式。因此,一个词的全部语音也是一种特定的惯用语。但某些词存在着两种不同的重音规则,原因是有时说话人在说话过程中把随意词语作为自由用语处理。根据元音和原重音中间如隔有一个(弱)音节需要重读这一节奏原则,凡以-able、-ible 结尾的形容词,其重音则全部落在倒数第四个音节上。如 'despicable[①](可鄙的)(原同法语发音: ˌdespi'cable), 'comparable(可比拟的), 'lamentable(可惋惜的), 'preferable(所喜欢的)等等。在某些形容词中,节奏原则使其重音位置与对应的动词的重音位置一样,落在同一音节上: con'siderable(可观的), 'violable(可违反的)。但另一些形容词情况则不一样。说话人心目中如想着动词,然后再加上-able,这样进行自由连用就会产生不同的重音位置。在莎士比亚和其他诗人的作品中,与 ac'cept 对应的形容词是 'acceptable,这种惯用语仍适用于朗读祈祷书。但在其他情况下,重音则发生了变化: ac'ceptable, refutable 以前的发音是['refjutəbl],现在通常读成[ri'fju·təbl]; re'spectable 取代了 'respectable,莎士比亚、斯宾塞作品中的 'detestable 被米尔顿的 de'testable 所取代; admirable(令人钦佩的)的新读法[əd'maiərəbl]未能取代旧的读法['ædmirəbl]。但在大量的形容词中,类推法,即自由组合法,完全占了上风,如: a'greeable(令人愉快的), de'plorable(可怜悯的), re'markable(卓越的), irre'sistible(不可抗拒的)。以其他形式结尾的词之间也存在着类似的冲突: 'confessor 与 con'fessor(忏悔者), ca'pitalist 与 'capitalist(资本家), de'monstrative 与 'demonstrative(论证的)等。有时,随着词义的变化,自由组合的形式不仅保持原来的重音,并且与派生出该词的原词词义保持一致,而惯用语则多少处于孤立的位置(例见《现代英

① 主重音以上方的短"'"号表示,次重音以下方的短"ˌ"表示——根据目前大多数语音学家通用的办法,重音符号标在重读音节之前。

语语法》第五章)。advertisement(广告)的英国发音[ədˈvəːtizmənt]是传统的惯用语。而美国发音[ˌædvəˈtaizmənt]或[ˈædvəˌtaizmənt]则是根据动词自由构成的。

惯用语与自由用语之间的差异也影响到词序。用一个例子就足以说明问题:当 some + thing 是两个部分的自由组合时,可以根据一般方式在它们之间加入另一个形容词,如 some good thing。但 something 一旦成为固定的惯用语,它就不可分割了,形容词应当放置在它的后面,如 something good。再请比较古英语中的"They turned each to other"和现代英语中的"They turned to each other"(他们面对面转过来)之间的差异。

把本来是两个独立的部分结合起来构成惯用语,并非总是能够同样做得彻底。这不仅从 breakfast(早饭)这个词只读作[brekfəst]而不读作[breik,faːst]这一点上看出,还可以从 he breakfasts,breakfasted(以前是 breaks fast,broke fast)这类形式上看出。但在 take place 中,两部分的结合并未达到这种程度,然而我们必须把它看做是惯用语,意为"发生",这是因为我们不能把它和接其他宾语的 take 等同看待。其他宾语有时可前置(a book he took〔他拿了一本书〕),有时可作为被动结构中的主语(the book was taken〔书被拿走了〕)。然而,对 take place 来说,无论是前一种情况,还是后一种情况,都不可能出现。

当然,不可否认,有些情况我们把握不准,有时很难确定某一用语是不是惯用语。尽管如此,我们却可看到上述惯用语与自由用语之间的差异几乎遍及语言活动的一切领域。惯用语可以是一个完整的句子,也可以是一个词组,可以是一个词,也可以是一个词的一部分。它是怎样构成的这个问题并不重要,重要的是,惯用语在语言的实感上必须永远是一个不能作进一步分解的,即不能像自由用语那样可以分解的单位。构成惯用语所依据的模式或句型可能已经从语言中消失或者还存在于语言中,但构成自由用语所依据的模式或句型则一定是仍在使用的。因此,惯用语的构成可以是有规则的,也可以是无规则的,然而自由用语的构成则总是有规则的。

语法的类型
(Grammatical Types)

在牙牙学语的孩子的意识中,语法的类型或者模式形成的过程确实是很奇妙的,我们常常可以看到它在语言史上造成的有趣影响。德语中的前缀 ge-最初能加在任何形式的动词之前以表示完成的行为,但现在只与过去分词连用。然而,动词 essen(吃)加上这个前缀后,前缀的元音与该动词起首的元音发生了自然融合,因此就出现了 gessen。这种形式被作为惯用语而世代相传,人们不再认为该词含有 getrunken(被喝完的)、gegangen(离去的)、gesehn(被看见的)这类词所有的前缀。在 ich habe getrunken und gessen(我喝过,吃过了)一句中,人们觉得 gessen 似乎不完整,于是又加上前缀 ge-,就成了 ich habe getrunken und gegessen,这样又恢复了平行结构。

因此,语法习惯会导致产生从某种角度上看可以称为冗余的现象。我们在 it 的很多用法中看到这类情况。主语位于动词之前成了一成不变的习惯,因此没有主语的句子往往被看做是不完整的。以前,有些动词,如拉丁语中的 pluit(下雨),ningit(下雪)

等动词不需要与任何代词连用，因此，意大利语至今还保存着 piove（下雨），nevica（下雪）。但是由于同诸如 I come（我来），he comes（他来）等无数这类句子进行类比，在英语中增加了一个 it，因此出现了 it rains（下雨），it snows（下雪）等等的句子。于是法语、德语、丹麦语，以及其他语中，也相应地出现了 il pleut，es regnet，det regner。有人说得好，当需要借助词序来表达肯定和否定之间的区别时，代词就应运而生了（er kommt〔他来了〕，Kommt er?〔他来了吗?〕），现在可以用同样的方法来表示 es regnet 和 regnet es? 之间的区别。

rain（下雨），snow（下雪）这类动词最初没有主语。即便现在也很难从逻辑上解释主语 it 指的是什么，其意义是什么，所以许多学者[①]索性把它看做是使句子符合常用句型的一种语法手段。有时句中即使有真实的主语，但出于某种原因我们还要引入代词 it。譬如，完全可以说 To find one's way in London is not easy（在伦敦要想确定方位是不容易的），但人们觉得句首不用不定式比较方便些。在这种情况下我们并不把动词放在句首，说成 Is not easy to find one's way in London，因为我们习惯于把以动词开头的句子看做是疑问句。所以我们说：It is not easy ...。同样也可以说：That Newton was a great genius cannot be denied（毋庸置疑，牛顿是一个伟大的天才），如果我们不愿把 that 从句放在句首，我们就要说 It cannot be denied that Newton was a great genius。在这一类句子中，it 代表后面的动词不定式或从句，正如在 He is a great scoundrel，that husband of hers.（他是一个大恶棍，她的那个丈夫）一句

① 其中有布鲁格曼，参看下文《性》一章。

中,he 代表的是 that husband of hers 一样。试比较口语中的:It is perfectly wonderful the way in which he remembers things(他记忆的本领简直令人惊异),如果要这样说:She made that he had committed many offences appear clearly(她明确指出他干了许多坏事),这就未免别扭。在这个句子中,各语法成分是按 make appear(指明)的通常结构配置的,如 She made his guilt appear clearly(她明确指出他的罪孽)。如在不定式动词前用 it 便可避免这种别扭的现象:She made it appear clearly that he had committed many offences。由此可见,it 用法的许多规则的形成一方面是由于说话人想符合某些句型结构,这些结构在无数含有其他主语和宾语的句子中经常出现;另一方面是由于说话人想避免别扭的、有时还会引起误解的结构。

对于在疑问句中使用助动词 do 的规则,也可作出同样的解释。总的说来,英语的特点是具有主谓语序的倾向,但是还有一种与之相反的倾向,这就是用动词—主语的倒装语序表示疑问,如现今已经过时的 Writes he?(他在写吗?)(比较〔德〕Schreibt er?〔法〕Écrit-il?)句。现在许多疑问句采用助动词—主语—动词的语序(Can he write?〔他能写吗?〕Will he write?〔他要写吗?〕Has he written?〔他写好了吗?〕等等),在这类句子中,实义动词像在普通肯定句中一样,置于主语之后。由于出现了 Does he write?(他写吗?)这种折中形式,这两种相反的倾向得到了调和。从形式上看,助动词虽然没有意义,但放在主语之前,用来表示疑问;从另一方面看,主语还是位于真正的动词之前。如果句中的主语是疑问代词 Who writes?(谁写?),则无须用助动词,因为疑问代词通常位于句首，所以不加 does 的句子已经符合一般的模式了。①

造　　句

(Building Up of Sentences)

除了固定的惯用语，句子在说话人的意识中并不是一下子出现的，而是在说话过程中逐步形成的。这一点并不总像在下面例子中那么明显：我想告诉某人我某次遇到了什么人，我就开始说：There I saw Tom Brown and Mrs. Hart and Miss Johnstone and Colonel Dutton ...（在那里我看见汤姆·布朗，还有哈特夫人，还有约翰斯通小姐，还有达顿上校……）。我在列举人名过程中没有决定到底要提几个人以及按什么顺序，所以我只好说一个人名就用一个 and。相反，我要是在讲话之前就已确定要提到的人，我只需在最后一个人名前使用 and。在两种表达方式之间还有另一种区别：

(1) There I saw Tom Brown, and Mrs. Hart, and Miss Johnstone, and Colonel Dutton.

(2) There I saw Tom Brown, Mrs. Hart, Miss Johnstone and Colonel Dutton.

我说第一句时，每个人名都用降调，好像要随时结束，而在第

① 参看《语言》，p. 357f.。否定句中 do 的用法同样是人们想把否定词放在句首的普遍愿望和必须把 not 放在动词之后的特殊规则之间妥协的结果。在 I do not say（我未说）中，否定词置于表示时态、数、人称的动词之后，但置于实义动词之前。参看《否定句》，p. 10f.。

二句中,除最后一个以外的所有人名都用升调。很清楚,第二种结构需要对整个句子有个完整的概念,适用于书面语,而第一种结构则适用于口语。然而,作家有时也会采用口语文体。笛福是英国文学中口语风格的大师之一,我发现了他有这样的句子:Our God made the whole world, and you, and I, and all things.(我们的上帝创造了整个世界,还有您,还有我,还有地上的万物——《鲁滨孙漂流记》,2.178)句中不用 me,而用 I,这是口语风格的典型特点。在口语中,句子是逐步完成的。

这一原则可以用来解释句法中的许多不规则现象,如 Hee that rewards me, heaven reward him(谁奖赏我,老天爷就会奖赏他——莎士比亚)这类句子。写文章的人使用代词 thou(汝、尔)的时候,如果动词直接跟在代词之后,他很容易在动词之后加上词尾-st,但动词如不跟在 thou 之后,他很容易遗忘而采用记在脑子里适用于 you(你)的动词形式。因此,莎士比亚写过:Thou *stroakst* me and *made* much of me(你抚拍我,对我好。《暴风雨》Ⅰ.2.333);拜伦对苏拉叫道:Thou, Who *didst* subdue Thy country's foes ere thou *wouldst* pause to feel The wrath of thy own wrongs, or *reap* the due of hoarded vengeance...thou who with thy frown *Annihilated* senates...thou *didst* lay down(你先征服了祖国的敌人,而来不及觉察你自己所犯的错误是多么的严重,待到你终于收获隐藏在人们心胸中的仇恨的果实时……粗暴地破坏了元老院的你……你到底放弃了——《恰尔德·哈洛尔德游记》Ⅳ.83)。这种变换在拜伦的诗作中并不罕见。

同样,在以连词 if(如果)引导的句中,第二个动词如离 if 较远,if 就无力需要句中动词采用虚拟语气,如莎士比亚作品中的

"If Hamlet from himself *be* tane away, And when he's not himselfe, *do*'s wrong Laertes, Then Hamlet does it not."（要是哈姆雷特在丧失他自己心神的时候做了对不起雷欧提斯的事，那样的事就不是哈姆雷特做的。《哈姆雷特》Ⅴ. 2. 245）；"if he *be* a whoremonger, and *comes* before him, he were as good go a mile on his errand."（他要是个妓院的王八，又来到他面前，那就是该他回老家的日子了。《一报还一报》Ⅲ. 2. 37）；拉斯金："But if the mass of good things *be* inexhaustible, and there *are* horses for everybody, —why is not every beggar on horseback?"（要是好东西取之不尽，用之不竭的话，要是人人都有马的话——为什么讨饭的并非都有马骑呢？）沃德夫人："A woman may chat with whomsoever she likes, provided it *be* a time of holiday, and she *is* not betraying her art."①（只要是逢年过节，不失体面，一个女人可以同她喜欢的任何人聊天。）

任何注意听别人日常谈话的人都会发现有无数的例子证实说话人的句子是逐步完成的。说话人在叙述同一句或同一段话的过程中常常会修改他表述自己思想的原来计划，他可以停顿，还会改变话语的路子。虽然学者们在书面语和印刷语中有时也会发现这种所谓错格（anakoluthia）的现象，但比起口头语言来这种现象当然要少得多。为说明起见，我们不妨提一提莎士比亚在《李尔王》中的一段话（Ⅳ. 3. 19ff.），这段话把所有的评论家都搞得迷惑不解。在最早的四开本中，这段话是这样的（但在对开本中整场戏都被删掉了）：

① C. 阿方索·史密斯曾收集了其他类似的句子，见《英语句法研究》中的"The Short Circuit"（39 页）。

Patience and sorrow strove,
Who should expresse her goodliest[.]
You have seene,
Sun shine and raine at once, her smiles and teares,
Were like a better way those happie smilets,
That playd on her ripe lip seeme[d] not to know,
What guests were in her eyes which parted thence,
As pearles from diamonds dropt[.] In briefe,
Sorow would be a raritie most beloued, If all could so become it.[①]

(她并不痛哭流涕;"忍耐"和"悲哀"互相竞争着谁能把她表现得更美。您曾经看见过阳光和雨点同时出现;她的微笑和眼泪也正是这样,只是更要动人得多;那些荡漾在她的红润的嘴唇上的小小的微笑,似乎不知道她的眼睛里有些什么客人,他们从她钻石一样晶莹的眼球里滚出来,正像一颗颗浑圆的珍珠。简单一句话,要是所有的悲哀都是这样美,那么悲哀都要成为世人喜爱的珍奇了。)(引自朱生豪译文,见人民文学出版社 1978 年版《莎士比亚全集》卷九 278 页。)

一些编辑实在搞不清 10—13 行的意思,不愿深究,同时还有一些编辑认为 like a better way 系讹误,千方百计地试图修正,其方法之多,可以说是五花八门("Were link'd a better way","Were like

① 我把 streme 换成了更加适当的 strove,把 seeme 换成了 seemed。此外在 goodliest 和 dropt 后面放上句号。在这两点上,编辑们是普遍同意的。

a better day","Were like a better May","Were like a wetter May","Were like an April day","Were like a bridal day","Were like a bettering day",诸如此类,不胜枚举。详见剑桥本)。如果我们注意到这话出自一个惯于装腔作势,喜欢舞文弄墨,讲究雕琢文字风格的侍臣之口,我们就会知道这种修改纯属多余。在这两场戏里(第三幕第一场和这里引用的一场),这个侍臣不可能用简明顺畅的语言,他老是在寻找新奇的比喻,陶醉于惊人的妙言隽语。因此,我是这样来读上述那段话的(我改变了标点符号):

You have seen

Sunshine and rain at once;her smiles and tears

Were like —(你们同时看见了阳光和雨珠的闪耀,她的微笑和泪珠就好像……)

〔用升调读这段话,在 like 后稍停一下。侍臣正在苦思,搜寻一个漂亮的比喻,然而他不满意他脑子里想到的,于是他自语道:"不行,我还得另找佳句。"〕

—a better way.

〔如今我找到了一个更好的方法来表达我在科尔琴妮娅脸庞上看到的东西:〕

Those happy smilets

That play'd on her ripe lip seem'd not to know

What guests were in her eyes—①

本章主要的目的是使读者认识到语言并不是如片面研究它的辞典和一般语法书向我们所说的那样,语言乃是整个习惯,整个习

① 这是从我的《莎士比亚纪念册》一书(1916,p. 481ff.)中引用来的,略有删节。

惯性行为的总和,而每一个单词和每一个句子都是说话人做出的复杂的行为。这种行为的绝大部分取决于说话人在以前类似情景中的行为,而这又主要取决于说话人经常从别人那里听来的东西。但是,在每一具体的场合(单纯的惯用语除外),说话人必须运用这些语言的习惯来应付这一新的场合,以淋漓尽致地表达以前未曾表达过的东西。因此他不可能是习惯的奴隶,他要变更这些习惯以适应不同的需要,在此过程中就会产生新的表达法和新的习惯,也就是说,产生新的语法形式和新的惯用法。这样,语法就成了语言心理学(linguistic psychology)或心理语言学(psychological linguistics)的一部分。然而这并不是改订与补充语法的唯一途径。我们研究语法是为了把它从众多语法学家所犯的通病——学究气和教条主义之中解放出来。这些正是以后各章所要论述的问题。

第二章　系统语法

(Systematic Grammar)

描写语言学和历史语言学　语法和词典

语音　语法的一般划分　新的体系　词法

描写语言学和历史语言学

(Descriptive and Historical Linguistics)

对语言现象,可以从两种不同的角度,即描写的和历史的角度来考察。它们相当于物理学中的静力学和动力学(或运动学),它们的区别在于,前者把现象看做是静止的,而后者则把现象看做是运动的。最近一百年以来,语言研究的旧方法已为历史语法的种种新方法所取代,语言学有理由为此感到骄傲。历史语法不但描写现象,而且还解释现象。它证实了先前被认为是孤立的语法现象之间有着相互联系。因此,不可否认,历史语法取得了许多新的重大成果。我们原先认为是一些臆断的规则,以及无法解释的例外现象,如今大多数都能查明原因。英语中单数名词加-s 构成复数名词是一条规则。然而 foot(脚)一词的复数形式却是 feet,以前我们只能解释为这是这条规则的少数例外之一。然而如今我们知道复数的长[iˑ]原来是古代英语[œˑ]合乎规则的发展的结果,经过[e·]的阶段(如今在英语拼写中仍然使用)成了现代英语中的[i·](试比较 feed[喂养],green[绿色的],sweet[甜蜜的],等等)。此外现已证明fœ·t中的[œ·]是原先元音[o·]交替的结果,[o·]当时保留在单数形式[fo·t]中,然而fo·t中的[o·]通过规则的转换,现在在口语中已转化为[u],尽管在书写中仍保留 oo 的写法。这种元音交替是由后面一个音节中的 i 所引起的;许多复数形式中的这种词尾曾是古日耳曼语中的-iz。最终这个词尾——它在消失后留下了这种词根元音变化的痕迹——是拉丁语中-es 复数词尾规则发展的结果。所以,一个从现代英语单方面的(静力学的)观点看来是孤立的事实,而从动力学的观点看来,却与该语言的早期阶段或与这个语系的其他语言中的许多其他事实有着相互的关系。某一阶段的一些不规则的现象,原来往往是较早时期规则用法的残余。所以,先前为黑暗所笼罩的某些现象,如今却为明亮的光芒照亮。这不但与严格意义上的历史语言学有关,同时也与历史语言学中的一个分支比较语言学有关。比较语言学用类推法补充了从书面文献中获得的材料,其方法是把具有共同而无书面文献可稽查的"语祖"的几种语言加以比较研究。

然而,无论这些新的研究方法取得的成就是何等巨大,有一点不该忘记,即仍然不能说可以从语言历史的角度来解释所有的语言现象。即使许多不规则的东西已被发现源于早期合乎规则的东西之后,还有一些其他的东西仍然是不规则的,无论我们如何深入历史。在我们的研究能够达到的最早的时期仍是一个谜,事实就是如此,因为今天我们已经完全摆脱了第一代比较语言学家的偏见。他们认为,作为我们语族基础(grundsprache)的印欧语系的雅利安语(Aryan)完全可以看成是我们远古祖先的原始语(ursprache)。许多不规则现象是可以解释的,然而解释并不等于清除它们:对于说现代语的人来说,这些现象总是不规则的,似乎我们对它们的起源尚不清楚。规则与不规则的区别,对于语言活动的心理学方面来说,始终是有现实意义的,因为规则形式是说话人用来创造新结构的根据,而不规则形式往往被说话人用类推法原则创造出来的新结构取而代之。

在任何情况下,历史语言学绝不可能使描写语言学成为多余,因为历史语言学应当一直是建立在对我们可以直接了解到的语言发展的各个阶段所作的描写之上的。在许多语言中,只要有一个发展阶段为人们所了解,这一个阶段便可作为科学研究的对象。另外,我们在研究的时候,绝不可忘记那些可以进行历史考察的语言告诉我们的,语言永远处在变化的状态中,它从来不会完全停滞,每一种语言都必然具有甚至在一代人之间就具有一些可以变化的成分。这正是语言本质产生的必然结果,也是语言世代相传所产生的必然结果。

语法和词典

(Grammar and Dictionary)

我们转而研究语言描写的最好方法时,马上就会遇到划分语法和词典(词汇学)之间界限这个重要问题。语法研究语言的普遍事实,而词汇学则研究特定的事实(参见斯威特,《论文集》,31)[1]。cat(猫)指一种特定的动物,这仅仅是关于这一个词的一个特定事实。然而借助加-s这个音,构成复数,乃是一个普遍事实,因为它牵涉到许多其他的词,例如,rats(耗子),hats(帽子),works(作品),books(书籍),caps(无边帽),chiefs(领袖),等等。

如果说,这就是语法和词典之间的真正区别的话,那么ox(牛)的复数形式oxen就不该列为英语语法的内容,而只需在词典中提及就行了。这种观点有它一定的道理,因为所有的词典在有关的词条中都提到了这些不规则形式,而不再提及类似cat一类词的复数形式。规则动词与不规则动词的情况也是如此。不过,把这些不规则形式排除在语法之外却是不应该的,因为它们必不可少地表明了"普遍事实"或规则的适用范围:如果语法不提及oxen,学生就会误以为ox的复数形式是oxes。所以可以这样说,语法和词典在某些方面相互交叉,研究一些相同的事实。

由此可见,在语法中单纯地罗列数词是不恰当的。然而,从另一方面看,借助词尾-th构成序数词,以及借助词尾-ty构成20、30等基数词这类事实,无疑属于语法的范围。

至于介词,的确词典应该说明at,for,in等等的各种用法,就像注明动词put和set的各种意义一样。但是,从另一方面说,介词也要在语法中有其地位,因为介词是同一定的"普遍事实"联系着的。我可以列举一些事实:虽然介词可以带从属疑问句(They disagree *as to how* he works〔关于他的工作情况,他们意见不一〕;

---

① 我不明白舒哈特怎么会说出如下一段话来:"只有语法可以称之为释义的科学,或者,更准确点说,解释词义的科学……词典不包括语法所不包括的东西。词典乃是语法的索引。"(《雨果·舒哈特-布雷维尔》,127)

That depends *on what* answer she will give〔这取决于她如何回答〕),但介词通常不能带以连词 that 引导的从句(这在丹麦语中却是可以的: *Der* er ingen tvivl *om at* han er dræbt,字面意思是: There is no doubt of that he has been killed〔毫无疑问,他被杀害了〕)。例外情况主要是可以用 in that(They differ in *that* he is generous and she is miserly〔他们的不同在于他慷慨大方,而她则吝啬成性〕)。因此在戈德史密斯的文章中,sure 一词有两种用法:Are you sure *of* all this,are you sure *that* nothing ill has befallen my boy?(您相信这一切吗? 您相信我的孩子没出任何事吗?)此外,复合介词也属于普遍事实,譬如说 *from behind* the bush(从灌木丛的后边)(注意:不可用 to behind)。同时介词与副词的连用也属于普遍事实(试比较 climb *up* a tree〔爬上树〕,he is *in*〔他在屋里〕;试比较 *in* his study〔在他的书房里〕,he steps *in*〔他走进来〕;试比较 he steps *into* his study〔他走进自己的书房〕)。语法也要研究在介词使用方面的另外一些事实:介词如何表达处于某一地点或运动(离去或到达)的方式,以及不同的两个介词表示时间意义与地点意义之间的关系;语法更应该研究某些丧失了地点和时间意义、变成了没有实际词义或色彩的(助词性)介词的用法,例如 the father of the boy(孩子的父亲)(试比较属格形式:the boy's father),all of them(他们之中的每一个人),the city of London(伦敦城),the scoundrel of a servant(这个恶棍般的仆人)等词组中的介词 of,同样也应研究动词不定式前的 to,以及 to 在许多语法书中被称做与格等量词(dative equivalent)的用法(I gave a shilling to the boy = I gave the boy a shilling〔我给了孩子一个先令〕)。然而,在某些情况下,语法和词典分工的范围是不明确的,并且在某种程度上是主

观臆断的。

任何语言现象都可以或从表部或从内部来进行考察，即是说，都可以从它的外在形式，或者从它的内在意义上进行研究。在第一种情况下，我们首先从（一个词的，或者一个语言表述形式的其他某一部分的）语音开始，接着研究同语音联系在一起的意义。在第二种情况下，我们从意义出发，给自己提出问题：这个意义在具体语言中的表现形式是什么。如果用字母O来表示外部形式，用I表示意义，那么便可以把这两种研究方式分别以相应的公式O→I和I→O来表示。

这样，在词典中，首先可以（O→I）取一个词，例如，英语单词cat（猫），然后解释它的意义，或者像单语词典那样用英语描写和下定义，或者像双语词典那样译为法语的chat。词典列出一个词的各种意义。这些词义在某些情况下可能随着时光流逝最终分化成两个或者更多的词：试比较英语单词cheer：（1）面目，（2）酒菜，（3）好的情绪，（4）欢呼。运用O→I的方法，同音的词（同音异义词或同形异义词）就归放在一起了，例如，英语的sound：（1）声音，（2）锤测，探测，（3）健康的，（4）海峡。①

如果从内在意义方面（I→O）开始考察，那么研究顺序就迥然有异。我们可以把所有用语言表示的事物和关系，根据一定的逻辑次序加以系统化排列。在某些情况下，这完全不难做到，譬如说在数词方面。如上面指出的那样，数词的位置不是在语法里，而是在词典里：one，two，three …但是应该根据何种逻辑次序去排列单

① 在一般的词典里也把同形异音词放在一起，例如：bow（1）[bou]弓；（2）[bau]鞠躬，船头。

词 image(映像),picture(画),photo(照片),portrait(肖像),painting(油画),drawing(素描),sketch(速写)呢?我们周围的世界是极其复杂的,用语言表达的事物和思想也同样是多种多样的,所以说,以逻辑为基础为所有的词寻找一个令人满意的排列是相当不容易的。众所周知,在这方面作过尝试的有罗热《英语词与短语分类词典》。巴利(《法语文体论》,Vol. II)又对罗热的排列分类作了改进,然而还很不完善。如果说运用 O→I 的方法处理,把同音异义词集合在一起的话,那么在运用 I→O 方法的情况下,则应把同义词集合在一起。譬如说,在 dog(狗)这条项目下就应该列举 hound(猎狗),pup(小狗),whelp(狗崽),cur(非良种狗),mastiff(一种吐舌垂耳的猛犬),spaniel(长耳犬),terrier(小巧、凶猛的狗)等等;在作"道路"解的 way 之下则应该列举 road(大路),path(小路),trail(羊肠小道),passage(过道);而在 way 的另一含义"方法"之下,则应列举 manner(方式),method(方法),mode(模式)。cheer 一词也是如此,它一方面应与 repast(正餐),food(食物),provision(粮食),meal(一顿饭)排列;另一方面应与 approval(赞成),sanction(核准),applause(鼓掌),acclamation(热烈欢呼)等排列在一起。自然,所有这些都是就"I→O"单语词典而论;而在双语词典中,只要列出外语单词,接着列出相应的本国语即可。

由于系统地排列一些个别的事实存在着困难,大部分词典都限于采用字母排列。这从实用的目的来说,是颇为方便的,但是完全不科学。假如我们的字母顺序像梵文,同一发音器官所发出的音集合在一起,那么我们的字母表就比拉丁字母表完善了。拉丁字母的音序完全出自偶然,例如,b 和 p,d 和 t 在表中是相互分开的,相反,毫无共同之处的元音和辅音却排在一起。我们还可以设想另一种词的排列方法。如果我们把发音彼此相似、易于混淆的词,例如 bag(包)和 beg(请求)放在一起,bag 和 back(脊背)放在另一处的话,又会出现何种效果呢?然而,总的说来,要在语言的词典部分创造一种完全令人满意的系统是不可能的。

任何一个人,只要像我一样接受斯威特的观点,认为语法与语言的普遍事实有关,而词典则与个别事实有关,他就会同意这两个部分有时是会相互交叉的,有一些现象必须或者说适合于既从语法的角度又从词典的角度进行考察。然而,语言中还有另一个完整的领域,它很难在以上我们建立的双重系统中找到位置,这便是语义的领域。这个语言学分支到目前为止还没有公认的术语。布雷亚尔是这个领域的开拓者之一,他采用了源于希腊文 sēmaino 的"semantics"(sémantique)这个词(语义学),同时有些人用"semasiology"这一术语;还有一些人(塞斯,J. A. H. 默里)使用了"sematology"这个词;诺林则用"semology",其构成是不规范的,它源自希腊文 sēma, sēmatos。顺便说一下,希腊文原来的意思是"符号",而不是"含义"。最后,韦尔比夫人使用了"significs"这个术语,也引起了强烈的反对。我将用布雷亚尔的术语"semantics"来表示这一领域。近来,这个学科越来越引起学者们的注意。由于现代语言学趋向采用历史的观点,这必然导致对静态语义学的研究大大少于对动态语义学即对语义在语言历史发展中如何变化这一课题的研究。不过静态语义学也很有意义,譬如说,K. O. 厄尔德曼的《词义》一书就是佐证。虽然语义学研究的对象是语义变化的分类和系统化,也就是说,虽然这个语言学的分支研究的是"普遍事实",而不是"个别事实",但一般不把语义学纳入语法学的范围(除了尼罗普,请见他的巨著《法语历史语法》)。因此,我

也可以不在这本书里讨论语义学问题了。

语　　音
(Sounds)

我们在研究语法时,应该指出,几乎在所有的学术著作中,都把同意义无关的语音理论列为第一部分,而语音是可以同意义联系起来的。建立人类语音的普通理论的可能性,研究发音器官构成语音以及语音相互结合成音节和更高一级单位的方式,正是产生于口语的本质特性。与此同时,还存在着某一具体语言所特有的语音理论。关于普通语音理论,最常采用的术语是 phonetics(语音学),虽然这个术语同样也为具体语言的语音理论所采用,例如我们就常说"English Phonetics"(英语语音学),等等。也许最好是把"phonetics"一词限定为普通语音学,而对具体的语言现象则采用"phonology"(音韵学)这个术语,譬如说,"English Phonology"(英语音韵学)。但是术语的问题并不特别重要。某些学者倾向于把这两个词加以区别,用"phonetics"指描写(静态的)语音学,用"phonology"指历史的(动态的)语音学;而另外一些学者则完全颠倒过来使用这两个术语(索绪尔,泽歇哈耶)。

本书不打算对"phonetics"或"phonology"作详细的论述,但有必要作若干说明。在大多数著作中,语音学方面材料的安排,总使我感到杂乱无章,缺乏系统性,使得学生一开始就被各个章节的大量过细的内容弄得头昏脑涨。与此相反,在我的《语音学》(丹麦文版——*Fonetik*,1897—1899 年,德文版——*Lehrbuch der Phonetik*,英文版已在准备付印)中,我尽可能建立一套比较系统的语音学理论,并精简这门学科的内容,以减轻学生们的负担,我多年教授语音学的实践证明这是行之有效的。我的方法如下:首先必须从最小的单位,从音素开始;同时必须研究每一发音器官发音动作的效果,先从嘴唇开始,然后逐步地研究内部的发音器官。对于每一个发音器官,先研究封闭状态,然后研究开放状态。这样,在研究了所有的发音器官之后,再研究语音的本身,即所有发音器官于同一时间发生动作的产物,最后研究音的组合。

在论述我们某一种文明语言的音韵学时,有必要谈些传统的缀字法是以何种方式来表现语音的;尤其在历史音韵学里,音与形(写法)是无法分开研究的,不管它们多么的重要,绝不可将两者混为一谈。不言而喻,对这个问题的研究有两种对立的观点:可以先从形入手,再查明与形相结合的发音,反之,则可以先从音入手,然后再回到它的表现形式。前一种是读者的观点,后一种则是作者的观点。

以上关于 Phonetics 的定义——“与意义无关的语音学说”并不完全中肯,因为研究任何语言的语音时,不可能完全摒弃意义。重要的是查明,在语言中用哪些音来区分词,即意义。在一种语言里,两个音的混淆往往会导致意义完全不同的词的混淆。然而在另一种语言里,同样的两个音可能起不了类似的作用。因此,对说后一种语言的人来讲,区分第一种语言中至关重要的两个音,就无关紧要。还应该指出,语音学中通常谈到的很多问题,也可以在语法研究的有关部分取得同样的、甚至可以说更大的成果。语法学家在这一方面的研究很少是彻底的。我也应该承认,我自己也同样未做到“彻底”二字。例如在我的《现代英语语法》第一卷里,我只用了几页谈名词和动词的重音区别,如 present,object 等。我们必须承认，可以有相同或近乎相同的理由把语法中的很多内容归入语音学的有关部分。

语法的一般划分

(Usual Division of Grammar)

这样确定了我们的研究范围之后，我们就可以来研究一般公认的语法的主要内容了，有些人还把这个主要内容当做语法的全部内容。绝大多数语法学家把语法研究的对象分成三个主要部分：

1. 词法
2. 构词法
3. 句法

这种划分及其内容分配，有其牵强的一面。正如下文对这种传统体系的评述所指出的那样，要想在这个基础上建立严格的语法体系是不可能的。

在传统的理论体系中，词法通常被划分成若干章，其中每一章用来描写一种"词类"（parts of speech）。名词最为显著，名列首位，其次是形容词等，介词和连词位居最后。语法学家对每一类词都有所论述。在名词方面，要论述它们的词尾变化（屈折变化），即名词的形态变化。然而，除了介绍属格、复数这类名称的含义之外，闭口不谈这些变化或任何特定形式的功能的意义。词形的排列是表格化的。一个词的所有形式都归并在一起；根本不想把出现在各种不同变化表的相同词尾放在一处。如在古英语里，复数的与格分布在数种词类之中，虽然与格在各类词中都以-um 结尾。

现在我们来谈形容词。这一部分内容的安排和名词部分相同，所不同的是（在同一类型的语言中，如拉丁语、古英语等）许多形容词有三种不同的性的形式。因此，形容词变化表较之名词变化表内容更加丰富。从另一方面看，由于形容词的词尾大多与名词的词尾一样，因此，这一章在许多方面与第一章的内容重复。

如果下一章研究的是数词的话，我们就会发现，就数词有变化而言，对其屈折变化的处理与前相仿。对于不规则变化形式列举甚详，然而在研究规则变化形式时，却要读者去参看形容词的有关章节。除此之外，在数词这一章里，语法学家做了他们在前两章里从未想到要做的事情：他们完整而又系统地列举了属于这一词类的所有的词。再下一章是谈代词。对代词的叙述，从整体上说，同名词相仿，但有一点明显不同：在代词一章里，如同在数词一章里一样，面面俱到地列举了所有的代词，虽然它们的形式毫无特殊之处。不仅如此，代词的分类与名词不同，它的分类不是根据词尾变化（不同的词干等），而是根据意义：人称代词、物主代词、指示代词等等。在许多语法著作中，还附有代词性的副词表，虽然这种词与“词法”本身毫不相干，因为它们没有词尾变化。

对动词的处理同对名词的处理毫无二致，既不考虑动词本身的意义，也不考虑它的词尾变化形式的意义，只说明何种形式是单数第一人称，以及使用“直陈式”、“虚拟式”之类的术语。

副词只有一种词尾变化形式，即比较级。当然语法书要列举出比较级变化形式，然而，除此之外，许多语法学家在副词这一章中，还根据意义把副词分为时间副词、地点副词、比较副词、方式副词等等。据此，名词在第一章中好像也可分成时间名词（年、月、星期……）、地点名词（国家、城市、乡村……）等等。在这一章里，还常把副词分成原形、派生词，同时还列举由形容词构成副词的规则。毫无疑问，后者是属于语法第二部分内容的，即属于构词法的。

接下来便是介词。因为介词是不变化的，而且语法学家又总是想就这种词说些什么，他们便列举出支配各种不同格的介词图表，虽然很明显这种图表是属于格的句法范围。最后就是连词和感叹词。为了就这两种不变化的词说些什么，许多语法学家把这些词一一列出，有时也按照副词的分类法对它们进行分类。

第二部分谈构词法（英语称 word-formation，德语称 Wortbildung，法语则称 dérivation）。应当指出，这一部分一般都说明了每一种构词要素（前缀、后缀）的形式和意义。至于排列方式，则是多种多样的。有些以形式为基础（先前缀，再后缀，逐个加以论述），另一些以意义为基础（抽象名词的构成，施事名词的构成，役使动词的构成等等），还有的则毫无章法地把两种方式混为一体。习惯上通用的划分词类的方法并不总是恰当的。譬如，在一部很好的英语语法著作里，我发现，以-ics 结尾的名词（politics〔政治〕，等等）与以-ic 结尾的形容词被完全分开，然而在第二部分又论述了形容词的名词化（以复数后缀-s 为标志）。这样一来，这三种现象之间就似乎没有任何共同的联系了。

第三部分谈句法，其中大部分篇幅用来详细论述在第一部分已从另一角度（名词的格、动词的时态和语气等等）论述过的屈折形式的意义（即功能），但没有论及在构词法部分已经描写过的内容。然而在句法的某些章节里，我们还会发现从句子的构成、词序的角度对一种语言现象进行形式和意义两个方面论述。

对传统语法各章作这样简短的评述,足以表明传统语法缺乏逻辑性和系统性。这种语法的整个体系,如果可以称之为体系的话,乃是语法科学处于幼稚状态的残余。它之所以能够广泛流行,只能解释为我们大家从孩提时代起就已对它习以为常了。许多语法学家曾经部分地改动过这个体系,并改进了它的个别方面,然而总的说来,它还是没有建立起比较科学的体系。毫无疑问,这不是一件轻而易举的任务。例如:约翰·里斯(《什么是句法?》,马伯格,1894)和阿道夫·诺林(《我们的语言》,斯德哥尔摩,1903,未完稿),曾为此作过设想周密的尝试,但都未能成功,便可作为最好的佐证。这两本书中有许多独到的见解以及对早期语法学家正确的批评,然而,在我看来,他们建立的语法系统是不能令人满意的,或者说是纯属臆断的。但我不准备对这两部书进行评论,我将就这个问题发表我自己的见解,让读者自己去决定,哪些地方我与我的前辈意见是一致的,哪些地方与他们是不一致的。[①]

新的体系

(New System)

我们已在词汇学部分确立了从两个方面进行研究的原则,如果从这个原则出发,我们就可以建立一个严格的体系。研究语法

---

① 我在为霍尔索森的《古冰岛语基础读本》(《斯堪的纳维亚语文学学刊》,第三卷Ⅳ.171)一文写的评论中(间接地)批评了里斯。我对诺林的批评见《丹麦语研究》(1908,208 ff.)。

同样也可以或从外部或从内部开始。[①] 第一部分(O→I),我们可以从某一特定的形式出发,然后再去探索它的意义,或者说功能;第二部分(I→O),则恰恰相反。我们从意义,或者说从功能出发,然后再去探索它的表达形式。这两部分中的语法事实相同,只是研究的角度不同,两者互相补充,给予某一种语言的普遍事实以一个完整的、明晰的概述。

词　　法

(Morphology)

在第一部分里,我们是从形式到意义(O→I)。我认为把这个部分称之为词法(Morphology)比较好,虽然这样该词的含义要与其通常的含义稍稍有别。在这一部分里把用相同的形式表达的内容放在一起处理,例如在这里论述词尾-s,在那里论述词尾-ed,在第三处论述元音交替等等。然而,特别要指出的是,这样做并不意味着不去考虑它们的意义。在各种情况下,我们都应该研究某个词尾,或者无论什么形式的功能或用法,而这就等于提问:"这表明什么意思?"在大部分情况下,只要使用相应术语回答就足够了。例如,cats 一词中的-s,只要指出它的作用在于使 cat 的单数形式转化为复数形式;而类似 added 这样的情况,也只要说明词

① 这种划分法已先见于我的《英语格的研究》一书(哥本哈根,1891,69 页),后又见于《语言之进展》(1894,141 页)一书(现见《论英语》,4 页)。这可能是受到 V. D. 加贝伦兹的影响,在他的《汉语语法》一书中有过类似的划分。然而汉语完全没有屈折现象,一切都与欧洲语言不同,如词序和"虚"词的使用规则是语法的全部内容。因此,他的体系就不能一成不变地转换成我们的语言。

尾-ed 表示这个词是第二分词(被动)和过去式,如此等等。这些可以叫做句法判断。一些最简单的情况可以用极少的几句话说明,而比较细致的分析则留待语法的第二部分去做了。尽管斯威特和我一样,实际上对语法的两个部分作这样的划分,我还是不能同意他下面的论点。他说:"把形式和意义彼此分割开来进行处理不仅是可能的,而且是理想的——至少在某种程度上如此。专门研究形式,尽量不顾及形式的意义的那个语法部分称之为词法。尽量不顾及形式之间的差异,而专门研究形式的意义的那个语法部分称之为句法。"(《新英语语法》Ⅰ. 204)我不能同意他"尽量不顾及"这句话。一个语法学家的任务应该是牢牢记住这两个方面,因为声音和意义、形式和功能在语言的生命中是不可分割的。以往只注意一个方面而忽视另一个方面,不考虑声音与意义之间相互作用的做法已经给语言科学造成了损害。(在《语言》一书中处处可见)

理想的语言是强大的表现力与使用语言手段的简捷灵活相结合,没有例外现象、不规则现象和歧义现象。这样,把语法系统化就不会存在任何困难。因为一个固定的语音或语音变体永远只会有一种意义,而反过来,一个意义或功能也总以同一种形式来表现。例如伊多语(Ido)这类人造语言的语法,在某种程度上已经如此,只要记住名词复数以词尾-i 表示(I→O),或词尾-i 表示名词的复数(O→I)就一劳永逸了。因此,在表达同一个事实时,词法与句法之间存在着完满的和谐关系。然而我们的自然语言的结构却不相同,它们无法像划分美国大多数州界那样,用直角直线来划分,而只能像划分国界弯曲不定的欧洲一样。即使用这样的比喻还不能正确说明语言现象,因为在语言中还有无数的交叉现象,就像一个地区同时属于两个或者三个国家那样。我们绝不可忽视一个形式可能有两种或几种意义，或者可能已经失去任何意义，同样一种意义或功能有时可以用这种形式，有时可以用那种形式表示，有时根本不用任何形式来表示。因此，在这个系统的两部分里，我们必须把真正不同的东西归于一类，而把看上去应属同一类的东西分开处理。但是我们必须努力用最自然的避免臆断的方式进行分类，采用相互对照的方法避免不必要的重复。

在我尚未出版的《现代英语语法》一书中，我对词法进行了分类，这里简略地作一点说明。在我的语音学著作里，我先从音素入手，接着是语音，最后是语音的组合。同样，在这本书里，我先从词素入手，然后过渡到词，最后是词的组合。然而必须承认，这三个部分之间的界限并非总是那样明确和无懈可击，如 could not（不能）中的 not 是单独的一个词，美国人把 can not 写做两个词，但在英国则合写为 cannot 一词。当然，我们不能把印刷习惯看做是决定的因素。但语音融合以及由此而在 can't，don't，won't 中造成的元音变化表明，在这些词语里的-n't 必须看做是一个词的部分，而不再是一个单独的词。相反，属格-s 却越来越独立于它前面的词，如在“词组属格”（group genitive）中的情况（the King of England's power〔英国国王的权力〕；somebody else's hat〔别人的帽子〕；Bill Stumps *his* mark〔比尔・斯顿普的标志〕。见《论英语》第三章）。

在“词素”部分，我们分别谈每一种词缀（前缀、后缀和中缀），指出它的一种或几种形式，说明它的一种或几种功能。我们不一个接着一个地论述某些词类（parts of speech），而另辟蹊径，例如在论述词尾-s 及其三种不同的语音形式［s，z，iz］时，首先指出它的功能是作为名词复数的标志，其次是属格标志，然后是动词现在

时单数第三人称标志，接着是非形容词型物主代词的标志，如 ours（我们的）。同样，词尾-n（-en）在 oxen（牛）中用来表示复数形式，在 mine（我的）中表示非形容词型物主代词，在 beaten（被打）中表示分词，在 silken（绸的）中表示派生形容词，在 weaken（削弱）中表示派生动词，等等。在不同的章节里，我们要论述由词根的变化而产生的一些不明显的词素——如把末尾的辅音改为浊音来构成动词。由 half（一半），breath（呼吸），use（用法）构成 halve（减半），breathe（呼吸），use（使用）；以元音变化（umlaut）构成复数（由 foot〔脚〕构成 feet）、动词（由 food〔食物〕构成 feed〔喂食〕）。以元音交替（ablaut），由动词 sing（唱）构成过去式 sang，分词 sung；改变重音，以区分动词 object（反对）与名词 object（物体）。这里，我们还可提到实义词 that［ðæt］（那个）转变为拼法相同但发［ðət］音的虚词的情况。

可能有人会提出异议：照这样处理，我们会把属于词法和构词法两个不同领域的内容混为一谈。但是我们只要作一番比较仔细的考察就会明白，在词形变化和构词法之间划出一条准确的界线即使不是不可能，也是很困难的。如英语中阴性名词（shepherdess〔牧羊女〕）的构成总是被看做是属于构词法，法语在某种程度上也同样如此（maîtresse〔女主人〕）。然而对于从 paysan（男农民）变化而来的 paysanne（女农民）究竟该如何看待呢？能不能把它与 bon（好的，阳性），bonne（好的，阴性）分开处理呢？bonne 被看做是屈折变化，归于词法。这里提出处理材料的方式，其优点在于它把对活生生的语感来说是完全相同或者类似的语言现象归纳在一起，同时它还可以开阔语法学家的眼界，使他们去注意他们不用这种方法就会忽视的东西。以形容词、派生动词和分词中的不同的词尾-en 为例：在各种情况下，-en（无论这是历史遗留下来还是后来补上去的）出现在相同的辅音之后，而不在其他辅音之后出现（即脱落，或从未被加上过）。我们也应注意以-en 结尾的修饰语形式和无-en 结尾的其他形式之间的平行关系：a drunken boy（一个喝醉酒的孩子）：he is drunk（他醉了）；ill-gotten wealth（不义之财）：I've got（我有）；silken dalliance（优雅的废话）：clad in silk（身着绸缎）；in olden days（在过去的日子里）：the man is old（这人年纪大了）；hidden treasures（埋藏的财富）：it was hid（它被藏起来了，hid 是原始形式，如今已用 hidden）；the maiden queen（处女王）：an old maid（老处女）。可以证实，上述形式同用附加-en 的方法构成的许多动词有一种耐人寻味的关系。这种方法产生于1400 年左右，它不仅创造出 happen（发生），listen（倾听），frighten（恐吓）这类形式，还创造出 broaden（扩大），blacken（发黑），moisten（变湿）等动词；后面这类动词现在被看做是由形容词构成的，其实它们原来只是与形容词同形的现存动词的语音扩展。（我还未及发表我允诺在《现代英语语法》I，34 页上对这些现象作出的解释。）这种新的安排方式把以前我们所忽视的东西放到了引人注目的地方。

在英语语法书中，流行着一种做法，即把引进英语的拉丁语构词成分当做英语构词成分来处理。我们论及构词法时，在这里对此提出异议，也许不是多余的。例如在论述前缀 pre-时，举出了这样一些单词为例：precept（格言），prefer（偏爱），present（赠送）；在论述 re-时，举出 repeat（重复），resist（抵抗），redeem（赎回），redolent（芬芳的）等等，虽然除去前缀，词的剩余部分（cept，fer 等等）在英语中是根本不存在的。这表明，所有这些词（虽然最初是借助前缀 pre-，re-构成的）在英语中乃是不可分割的“惯用式”。请注意，在这类词中第一个音节发短元音[i]或[e]（试比较 prepare〔准备，动词〕、preparation〔准备，名词〕，repair〔修理，动词〕、reparation〔修理，名词〕）。但与此同时，还有一些词词首的书写形式与上面一类词相同，但读音不同，发长元音[i˙]，这是具有独立意义的真正的英语前缀：presuppose（预先假定），predetermine（预定），re-enter（重新进入），re-open（重新打开）。只有这种 pre-和这种 re-才有资格归入英语语法，其余的词则属于词典。上述见解同样适用于后缀。虽然有一个真正的英语后缀-ty，但我们仍不该把 beauty [bju˙ti]（美）这样的词算做-ty 的一个例子，因为在英语中没有像[bju˙]这样的词（beau[bou]〔花花公子〕现在与 beauty 毫无关系）。beauty 乃是一个单位，一个惯用式，从与之对应的形容词 beautiful 可以看到这一点；我们甚至可以建立一个比例式：英语的 beautiful ∶ beauty = 法语的 beau ∶ beauté（因为在法语词中-té 是一个有孳生力的后缀）。英语语法应该提及 safety（安全），certainty（确实）这类词中的后缀-ty，以及由 real（现实的）构成的 reality（现实性），由 liable（对……负责任的）构成的 liability（责任）等词中的词根变化。

下一部分论及的是所谓的语法词，或者说是助词：代词、助动词、介词、连词，但是仅以它们确实是属于语法的一部分，即“普遍的表达法”为限。如在 will（及 he'll 等中的缩略式-'ll）项下，我们将提到它表示的三种意义：（1）意愿，（2）未来，（3）习惯。然而，如上所述，这里也无法在语法和词典之间划出一条明确的界线。

最后，在论及词的组合部分里，我们将列出各种词序的类型，并说明它们在语言中的作用。如“名词 + 名词”这种词组（Captain Hall〔哈尔船长〕这样的搭配除外）可用于各类复合名词，如 mankind（人类），wineglass（酒杯），stone wall（石墙），cotton dress（棉布衣裳）,bosom friend（知心朋友）,womanhater（厌恶女子者）,woman author（女作家）;必须说明两个组成部分在形式（重音,其次是拼法）和意义之间的关系。“形容词 + 名词”主要用于 red coat（红色的上衣）这类修饰词组,由此产生出 blackbird（画眉）这类复合词。redcoat（穿红上衣者）则是一种特殊的复合词。“名词 + 动词”构成限定句,如 father came（父亲来了）,father 在句中是主语。词序如颠倒,名词根据情况可以是主语（如插入语:said Tom〔汤姆说道〕,或在问句:Did Tom?〔汤姆是这样吗?〕,或在某些副词之后:And so did Tom〔汤姆也这样做了〕,或在不带连词的条件句中:Had Tom said that,I should have believed it.〔这要是汤姆说的,我或许可以相信。〕）。在其他情况下名词可以是宾语（如 I saw Tom〔我见到了汤姆〕）,等等。我在这里只能勾画出我的体系的轮廓,详细论述有待于我在今后发表的语法书中提供了。

把上述内容归入词法范畴也许会使许多人迷惑不解,但是我大胆地认为这是研究语法事实的唯一合乎逻辑的方法,因为造句时词序当然和词的形式一样属于形式要素。我用这个见解结束语法的第一大部分,在这一部分里,从外部,从语音或形式的角度来观察语言事实。不难看出,在我们的体系中,没有余地容纳通常的那种把同一个词的种种形式罗列在一处的变化表,例如拉丁语中的 servus serve servum servo servi（佣人）,amo amas amat amamus（爱）,等等。这种变化表可能对初学者有好处,[①]在我的体系里,

① 但在为外国人编写的许多英语语法书中,很难看出列出这样的变化表有什么好处:I got,you got,he got,we got,you got,they got—I shall get,you will get,he will get,we shall get,you will get,they will get,等等。

这种变化表可以列入词法部分的附录中。然而不可忽视,从纯科学的观点来看,变化表的分类不是一种语法形式,因为它所汇集的不是相同的形式,而是同一个词的不同形式;从词汇学观点来看,它们只是彼此有联系。这里提出的分类乃是纯语法性的,在第一部分里集中论述了所谓语法的同音异义词,在第二部分里集中论述了语法同义词。应当记住,对于词典来说,也有这样的两个类别。

第三章　系统语法

(Systematic Grammar)——(续完)

句法　普遍语法?　语言之间的差异　范畴的确定　句法范畴　句法和逻辑　意念范畴

句　　法

(Syntax)

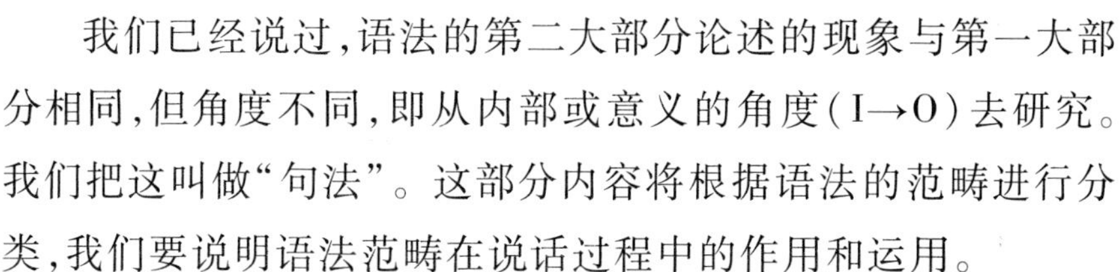

我们已经说过,语法的第二大部分论述的现象与第一大部分相同,但角度不同,即从内部或意义的角度(I→O)去研究。我们把这叫做“句法”。这部分内容将根据语法的范畴进行分类,我们要说明语法范畴在说话过程中的作用和运用。

句法中有一章要考察“数”。首先列举构成复数的若干种方式(dogs〔狗〕,oxen〔牛〕,feet〔脚〕,we〔我们〕,those〔那些〕,等等);最简单的、最一般的方法就是参照词法中研究各种词尾和其他构词手段的有关部分。接着论述所有单数形式和复数形式(不管它们是如何构成的)的特点,例如在词组 a thousand and one nights(一千零一夜)中使用复数(在丹麦语和德语中,由于用了“一”,名词则用单数),在 more than one *man*

(= more *men* than one〔不止一人〕)中用单数,形态同化情况,单复数表示类别的"泛指"用法(a *cat* is a four-footed animal, *cats* are four-footed animals〔猫是四足动物〕)以及其他许多不能归于词法部分的内容。

在"格"的一章,除了其他内容之外,我们要考察"属格"以及与其同义的"of 短语"(of 短语常被误称为"属格"):Queen Victoria's death = the death of Queen Victoria(维多利亚女王之死)。必须区分两者不可互换使用的情况(如 I bought it at *the butcher's*〔我在肉铺买的〕和 the date of her death〔她去世的日子〕)。在"比较级"一章,要对 sweetest(最甜的),best(最好的),most evident(最明显的)这类形式进行比较;在词法里,这三种形式属于不同部分的考察对象。我们还要论及谈话对象为两人或两物时比较级和最高级的用法。还有一章专门论述表达"将来"(futurity)的各种方式(I *start* to-morrow〔我明天动身〕;I *shall start* to-morrow〔同前〕;he *will start* to-morrow〔他明天动身〕;I *am to start* to-morrow〔我明天动身〕;I *may start* to-morrow〔我也许明天动身〕;I *am going to start* to-morrow〔我明天动身〕)。这些例子足以揭示对语言现象进行句法处理的本质了。句法从另一个角度论述在词法部分已经谈过的内容,我们在这里面临的是一些具有更加广泛性质的新问题。采用这种双重研究方法,我们能够比那些用老方法的人更加看清像英语这样一种语言的复杂的语法系统。为了看起来一目了然,我们尝试把这语法系统中的一部分所呈现的形式和功能的多重交叉现象列表如下:

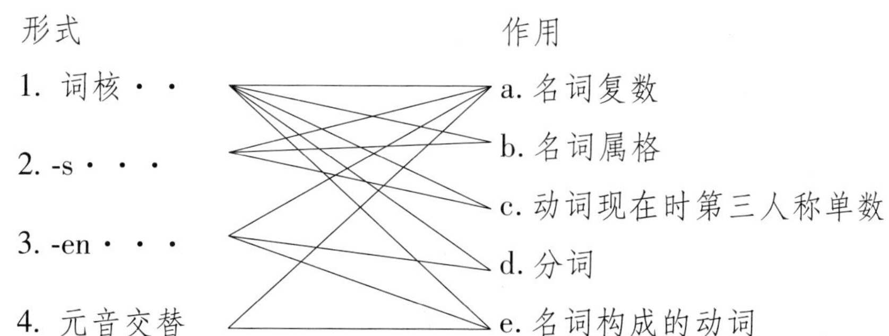

例:1a sheep(羊)—1c can(能够)—1d put(放)—1e hand(手)—2a cats(猫)—2b John's(约翰的)—2c eats(吃)—3a oxen(牛)—3d eaten(吃了)—3e frighten(使……害怕)—4a feet(脚)—4e feed(喂)。

如果将语法中的这两个部分加以比较,并回顾一下上面谈到的词典中的两个部分,我们就会发现,这两种角度实际上就是听话人和说话人的角度。听话人在对话时,遇到某些声音和形式,他必须弄清它们的意义——他由外部形式到达内部(O→I);反过来,说话人从他所要传达的思想出发,对他来说意义是已知的,他必须找到表达的方式:他由内到外(I→O)。

普遍语法?

(Universal Grammar?)

在我们的语法系统的句法部分中应确立哪些范畴之前,首先必须提出一个至关重要的问题:这些范畴纯粹是逻辑学范畴,还是语言学范畴? 如果是逻辑学范畴,那么它们显然具有普遍性,即为各种语言所共有;如果是语言学范畴,那么这些范畴或者至少其中的某些范畴是为一种语言或几种语言所特有的。因此,我们的问题还是那个老问题:能否有一种普遍(或一般的)语法?

语法学家对这个问题的态度在不同的时期有着相当大的变化。几个世纪以前,人们普遍认为语法只是一种应用逻辑学,因此可以找到现存语言的各种语法的基本原则;于是,他们便试图从一种语言中排除任何不合逻辑规则的东西,用他们所谓的一般语法形式或哲学语法规则检验一切语言现象。不幸的是,他们常常错误地认为拉丁语法是体现逻辑一致性的最完善的典范。因此,他们千方百计地在各种语言中寻求拉丁语法所具有的特点。根据先验的推测以及纯逻辑的观念,他们常常在一种语言中找到那些因为他们从学童时代起受拉丁语法的影响而想象出来的东西。这种把逻辑学与拉丁语法混同起来的做法,即用强求一致的方法对待所有的语言,及其所导致的后果是造成语法领域中种种错误的根本原因。很久以前,塞斯在第九版《大不列颠百科全书》的"语法"条目中写道:"在英语语法中试图寻求拉丁语法的特点只能导致荒唐的错误以及对英语惯用法完全错误的理解。"这番话如今仍值得回味,任何一位语法学家,不论他研究的是什么语言,都应当牢记不忘。

19世纪,随着历史比较语言学的兴起以及人们对各种外国语言兴趣的不断增长,眼界扩大了,人们不再赞成早期创立一种哲学语法的设想。像下述斯图尔特·米尔这样的见解已经很少见到了:

"想一想语法是什么?它是逻辑学最基本的部分。它是分析思维过程的开端。语法原则及其规则乃是使语言形式与思维的普遍形式相一致的手段。各种词之间的区别,名词的各种格之间的区别,动词的各种语气和时态之间的区别以及小品词的各种功能之间的区别,这些区别不仅仅是词语的区别,而是思维的区别……每个句子结构乃是逻辑学的课题。”(圣安德鲁斯大学的校长致词,1867)

这种观点很少出于语言学家之口。我最近见到的一个例子是在巴利的著作中(《法语文体论》,156 页):“语法只是逻辑学在语言中的运用。”

如今更常见的是下面这类观点:“普遍语法是不可能有的,亦如政体或宗教的普遍形式,或动植物的普遍形式,都是不可能有的;因此,我们所要做的唯一事情就是:注意实际存在的语言为我们提供的是什么范畴,而不是从一种现成的范畴体系出发。”(施泰因塔尔,《特征》,104f.)本费也说,在现代语言学取得成果之后,普遍语法以及哲学语法突然销声匿迹了,它们的方法与观点只有在那些没有受到真正科学影响的书中才能看到(《语言学史》,306 页)。根据马德维格(1856,20 页。《小写文字》,121 页)的观点,语法范畴同事物本身的实际关系毫不相干。

尽管大多数现代语言学家反对通过演绎过程归纳出一种适用于所有语言的语法的主张,但在语言学著作中仍不时出现具有普遍性质的语法概念或语法范畴的观点。例如 C. 阿方索 · 史密斯在他颇有意义的《英语句法研究》一书(10 页)中说:在各种语言过程中有一种一致性,这种一致性不表现在个别的词、语音或屈折变化中,而表现在词与词的关系,即句法之中。“例如,波利尼西亚语(Polynesian)的词与我们的词不同,但波利尼西亚人有他们的虚拟语气,他们的被动语态,以及各种时态和格。这是因为句法原则具有心理性,所以是普遍的。”他又说:“人们渐渐趋于相信句法标准(norms)是颠扑不破的,这些标准在预想不到的地方持续不断地反复出现。”(20页)

我想,这里说的关于波利尼西亚人的事恐怕不是通过对他们的语言进行全面的研究之后所得到的结果,而是根据某种先验的推测,认为谁也不能避免所提到的那些语法手段。正如丹麦哲学家克罗曼在以逻辑为基础创立了九种时态的体系之后所说的:“每一个有思想的民族的语言理所当然地具有表达所有这些时态的方式。”通过对实际存在的语言的调查,我们就会看到,在一些语言中时态的表达方式比我们预料的少得多,而在另一些语言中又多得多;在一种语言的每个句子中极其精确表达的概念,在另一种语言中却不予表达,仿佛这些概念无关紧要。“虚拟语气”尤其如此——具有单独表示虚拟语气形式的那些语言并不把它用于同一目的。因此,尽管在英语、德语、丹麦语、法语和拉丁语中,这种语气的名称相同,但严格地说,它们指的并不是同一件事。根本不可能给这些语言的虚拟语气下一个有助于我们决定何时使用虚拟语气,何时使用陈述语气的定义,更不可能同时下一个囊括虚拟语气在所有上述提及的语言中全部用法的定义。因此,难怪不管虚拟语气的含义如何延伸,在许许多多的语言中却没有可以称之为虚拟语气的东西。事实上,英语和丹麦语的历史都表明曾经兴旺一时的虚拟语气是如何日益衰退的,如今只能把它比之于那些用途不大或非常次要的、发育不全的生物器官了。

语言之间的差异
(Differences of Languages)

在比较词汇学中,我们常常可以看到词所表示的事物由于不同语言的不同习性而以不同的方式分类,在一种语言中融为一体的东西在另一种语言中却被区别开来:英语区别 clock(钟)和 watch(表);法语区别 horloge(钟),pendule(挂钟)和 montre(表);然而德语只有一个词 uhr(钟、表)(但是德语可通过复合词来表达更多的细微差别以弥补其不足:turmuhr〔塔楼钟〕,schlaguhr〔自鸣钟〕,wanduhr〔挂钟〕,stubenuhr〔室内用钟〕,standuhr〔立式钟〕,stutzuhr〔台钟〕,taschenuhr〔怀表〕);英语中有 prince(王子、公爵);而德语却区别 prinz(王子)和 fürst(公爵);法语的 café 意为英语的 coffee(咖啡)和 café(咖啡馆);法语的 temps 与英语的 time(时间)和 weather(天气)意思相同,英语的 time 与法语的 temps(时间)和 fois(次数)意思相同——这里举的只是几个明显的例子。语法上也是如此,任何两种语言之间的分类及区别都是不同的。因此,在研究一种具体语言的语法时,重要的是要尽可能仔细地了解该语言中实际存在的区别,而不是建立一个未经该集团或该民族的语感认可的、实际语言事实不能表现的范畴。不管逻辑学家怎样坚持认为"最高级"是每个有思想的民族一定能用其语言表达的必要范畴,但是,法语就无最高级形式。因为尽管 le plus pur,le plus fin,le meilleur 可以译做英语的真正最高级 the purest(最纯的),the finest(最精细的),the best(最好的),但这些形式不过是加上冠词变成限定的比较级;我们甚至不能说法语具有一种

由比较级加前置冠词所构成的最高级,因为比较级前可以不用冠词,而用另一具有相同作用的限定词:mon meilleur ami(我最好的朋友),等等。

另一方面,法语有一种真正的将来时态(je donnerai〔我将给〕),但是如果要在英语的时态体系中也单独列出一个将来时态,那就错了。在英语中“将来”很少或是根本不表现在动词上(I start tomorrow at six〔我明天六点钟动身〕,再请比较 if he comes〔如果他来〕),或是借助于一些不仅仅表示“将来”,还可表示其他内容的词组表达;will 含有“意愿”的因素(he will start at six〔他要在六点钟动身〕),am to 含有“预定”的因素(the congress is to be held next year〔大会定于明年举行〕),may 含有“不定”的因素(he may come yet〔他也许会来〕),shall 含有“义务”的因素(I shall write to him tomorrow〔我明天该给他写信〕)。诚然,它们的原意往往几乎丧失,不过还未达到像法语将来形式的不定式 + ai(= have to〔不得不〕)那样原意完全丧失的程度。动词 shall 原意的丧失尤其明显,如在 I shall be glad if you can come(如果你能来,我会高兴的)中,shall 丝毫没有“义务”的含义。shall 现在几乎已不再用于它原来的意义(比较《圣经》中的 thou shalt not kill〔你不得杀生〕与现代的 you mustn't walk there〔你不可走到那里〕)。在英语中,shall 是最接近于一个表示将来的真正助词。假如 shall 可用于各种人称,我们就可以毫不犹豫地说英语具有将来时态。其次,假如我们承认 he will come(他要来)是将来时,那么我们也应承认 he may come(他也许来),he is coming(他就要来),he is going to come(他就要来)以及其他类似句子也是将来时。因此,反对把 will 看做是将来时的理由不是因为 will 是单独的一个“词”,也不是因为

在确定一种“时态”时,动词形式必须总是一种由词核加词尾所构成的一个不可分割的单位;如果一种语言具有一个可以真正用来表示将来时间的助词(动词或副词),我们就能够毫不犹豫地说该语言具有将来时态。不过,这应归于考察词的词法部分,即本书所认为的句法部分,而不应像法语的将来时那样,归于考察词素的那个部分。这样做在本质上没有差别。

范畴的确定

(What Categories to Recognize)

这里提出的原则是:在任何语言的句法部分,我们只应该承认那些在该语言中具有一定形式的范畴,但是要切记,这里所说的“形式”含义很广,包括虚词和词序。然而,在把形式作为首要标准的同时,我们必须警惕一种似乎是上述原则导致的自然结果的错误观念。我们说:one sheep(一只羊),many sheep(许多羊);那么我们是否可以认为,由于这两个 sheep 的形式相同,第一个词组中的 sheep 不是单数,第二个词组中的 sheep 不是复数,而最好把这种形式称做“通数”(common number),或“虚数”(no-number),或其他类似的名称呢?也许会说 I cut my finger every day(我每天都把自己的手指划破)中的 cut 不是现在时,I cut my finger yesterday(我昨天把自己的手指划破了)中的 cut 不是过去时,理由是两句中的 cut 形式相同。此外,如果我们比较一下 our *king's love* for his subjects(我们国王对自己臣民的爱)与 our *kings love* their subjects(我们的国王爱自己的臣民),就会发现这两种形式相同(除了书面语中用“'”表示的纯属常规的区别之外,在口语中没有区别),因此严格的形式主义者对于 kings 的格和数是讲不出什么道理的。那么 love 又怎样呢? 其形式无法表明它在一个词组中是一单数名词,在另一词组中是一复数动词,我们应该为由此产生的这种奇特范畴创造一个专门的名称。在我看来,从这些例子中可以汲取的真正教益是:把每一个语言现象看做与其他现象无关,这样的孤立研究是错误的;我们应该把语言看做是一个整体。many sheep 中的 sheep 是复数,因为在 many lambs(许多羊羔)以及其他许许多多类似的例子中,英语名词有复数形式;cut 在一个句子中是现在时,在另一句中是过去时,因为如果用 he 代替 I(he cuts〔他割破——现在时〕,he cut〔他割破——过去时〕),或用另一个动词代替 cut(I tear〔我撕碎——现在时〕,I tore〔我撕碎——过去时〕),立刻就会产生一种差异;kings 在一个例子中是单数属格,在另一例子中是主格复数,正如:the *man's* love for his subjects(此人对自己臣民的爱),the *men* love their subjects(这些人爱自己的臣民)。love 在不同场合分别为名词和动词从下列词的组合形式也证明了这一点,如 our king's *admiration* for his subjects(我们的国王对自己臣民的赞赏),our kings *admire* their subjects(我们的国王们赞赏自己的臣民们)。换言之,我们一方面应该从一门语言的语法中排除其他语言所具有但在该语言中没有表现形式的差异或范畴;另一方面,我们至少要避免犯另外一个错误,即仅由于在一定的具体场合偶然没有外部的特征,就不承认该语言具有表现差异的形式。一种语言的各类词语总共或至少应分出多少语法范畴和什么样的语法范畴的问题,必须通过考虑有哪些表现语法功能的形式才能得以解决,即使这些语法功能并不是在所有的情况下都有其表现形式的。这样建立起来的范畴便可运用于没有外部形式标志的无论怎样例外的情况。例如在英语中,我们必须确认名词、代词和动词有复数,但是形容词和副词没有复数;而丹麦语中名词、形容词、代词有复数,动词却没有复数。当我们考虑确定英语中究竟存在着多少种格的时候,就更应该牢记这条原则。

不少语法著作往往违反上述原则,许多作者宁愿谈英语中名词可以变成动词,动词可以变成名词的灵活性——尽管英语把同一种形式有时用作名词,有时用作动词,但是从来没有混淆过这两种词类:a finger(一个指头)和 a find(一件发现物)是名词,但在 you *finger* this and *find* that(你触到这个,发现了那个)中,无论从形式变化,语法功能或其他各个方面来看,finger 和 find 都是动词。在《哈姆雷特》中,有一处把鬼魂的行走描写为 slow and stately(慢慢地、庄重地走),一位注释者在对 slow 进行解释时说:"形容词常常用作副词"——他错了,slow 本身就是一个副词。正如 he stayed long(他待得久)中的 long 一样,其本身就是一个副词。尽管它与 a long stay(一次长时间的停留)中的形容词 long 形式一样。five snipe(五只沙锥),a few antelope(几头羚羊)以及 twenty sail(二十条船)中的名词常被看做单数(有时看做"集合单数"〔collective singular〕),尽管它和 five sheep 中的 sheep 一样都不是单数:这种形式总被看做是复数,这大概是因为语法学家们知道这个词在古英语时期就有一种不变化的复数形式。不过历史与我们所谈的问题毫无关系。如今,snipe 是该词的一种复数形式(不变化的复数),虽然这个词还有另一个复数形式 snipes,但是这不应当使我们忽视 snipe 这个形式的真正价值。

句法范畴

(Syntactic Categories)

现在,我们可以回到能否有普遍语法这个问题上来了。从来没有产生过关于普遍词法问题,因为很显然,所有实际存在的构词成分及其功能和意义在不同的语言中是不相同的,所有属于不同语言的现象都必须在所属具体语言的语法中说明。也许句子重音和语调具有一些普遍通用的原则,属于例外情况。正是在句法方面,人们一直倾向于认为在人类的所有语言中一定存在着共同点,这种共同点直接建立在人类思维本质的基础,即逻辑上。因此它超越在这种或那种具体语言中偶然发现的表达形式。我们已经看到这种逻辑基础包括的范围毕竟不如实际句法的整个领域广泛,因为许多语言根本就没有什么虚拟语气或与格,某些语言中的名词甚至没有复数。那么,这个逻辑基础的范围究竟有多大,其意义到底是什么?

在上面所述的语法体系中,我们发现每一单独的形式都含有表示其句法价值或功能的相应标志。例如英语的词尾-s,一方面表示名词的复数,另一方面表示动词现在时第三人称单数。每一种标志都由两个或两个以上成分组成,其中一个是关于"词类"的,一个表示单数或复数,一个表示第三人称,最后一个成分表示现在时。相对而言,在英语中,这些标志所含的成分较少。但在拉丁语中,情况往往复杂得多:bonarum(被覆盖)的词尾形式表示复数、阴性和属格,而 tegerentur 的词尾形式表示复数、第三人称、未完成过去时、虚拟语气以及被动语态;其他形式亦如此。现已清楚,虽然不可能或不总是可能从形式的角度把这些成分单独划出来(在 animalium 中,复数和属格的标志是什么? 在 feci 中,人称、完成时、陈述语气和主动语态的标志又是什么? 如此等等),但是从句法的角度出发,把这些成分单独划出来,把所有的名词、所有的动词、所有的单数形式、所有的属格形式、所有的虚拟语气形式、所有的第一人称形式等等分别归类,不仅是可能的,而且是自然的。这样,我们便得到一系列孤立的句法概念。但是我们还应该再深入一步,因为某些孤立的句法概念在许多情况下自然地结为一体,形成更高级的组合或更加广泛的句法类别。

这样,名词、动词、代词等等一起构成了词类的系统。

单数和复数(包括双数)构成了数的范畴。

主格、宾格、与格、属格和其他格构成了格的范畴。

现在时、过去时(未完成过去时,完成过去时)、将来时和其他时构成了时态的范畴。

陈述、虚拟、祈愿、祈使等构成了语气的范畴。

主动语态、被动语态和中性语态(middle voice/medium)构成了语态范畴。

第一人称、第二人称和第三人称构成了人称范畴。

阳性、阴性和中性构成了性的范畴。

句法和逻辑

(Syntax and Logic)

我们无须越出语法领域半步便可以建立所有这些句法概念和

句法范畴,然而一旦我们问到它们代表什么这一问题时,我们立刻就从语言领域走到了外部世界①,或走到了思维的领域。上文所列出的有些范畴同物质世界的某些东西有着明显的联系。例如:数的语法范畴同外部世界中"一个"与"多个"之间的区别便有着明显的对应关系;在解释各种语法时态,如现在时、未完成时等时态时,必须把它们与外部世界的"时间"联系起来;语法中三种人称之间的区别与说话人、听话人和两者之外的某物间的自然区别相对应。其他一些范畴与语言外部世界之间的对应联系并不十分明显。这也许是因为那些想要建立这种对应关系的作者有着一种根本的误解,如他们认为在名词与形容词之间的语法区别同外界的实体和性质之间的区别相对应,他们还想建立一种格或语气的"逻辑"体系。关于这方面的问题将在下面几章中讨论,我们会看到它们涉及一些相当复杂的问题。

反映在人头脑里的外部世界是极为复杂的,因此不可能指望人们总能找到最简单、最精确的方法来表达那些错综复杂的现象以及它们之间需要联系的那些多重关系。因此,外部世界与语法范畴间永远不会有完全的对应关系,我们随时随地都可以看到一些十分有趣而意想不到的跨类和交叉现象。这里,我从一个似乎比较简单的范畴着手,举一个在我看来是相当典型的、实际语言中有时可能缺乏逻辑性但却能理解的具体例子。以一个普通的真理和莎士比亚带有哲理的一句话为例:

(1)Man is mortal. 人固有一死。

(2)Men were deceivers ever. 男人从来都是骗子。

① 当然,这个"外部世界"是反映在人的头脑里的。

如果对这两句进行语法分析，我们发现（除表语不同外）它们的不同点在于一句是单数，另一句是复数；一句是现在时，另一句是过去时。但是，这两句谈的都是整个一类情况，只是类别不同而已：第一句中的类别是不分性别的人类；第二句中的类别只是人类中的男性部分。这样，语法上数的区别就暗示着性的区别。虽然两句时态不同，但并不意味着时间上的真正区别。因为第一句中的真理并不只限于现在，第二句也不指过去的某个时刻。在说话人的心目中，两句都是一种不考虑现在与过去区别的陈述，一种适用于任何时间的事实。逻辑学家也许更喜欢这样一种语言结构，在此结构中，两个句子都为普遍的数（布雷亚尔称之为“omnial”）、普遍的时态，但是前句的主语为通性，后句的主语为阳性，这样其意义就不会被误解了：all human beings have been, are, and always will be mortal（所有的人过去、现在、将来总有一死）以及 all male human beings have been, are, and always will be deceitful（所有的男人过去、现在、将来总是骗子）。但事实上，这样说不合英语习惯，语法必须陈述事实，而不是愿望。

意　念　范　畴

(Notional Categories)

这样，我们逐渐认识到，在以各种实际语言结构为基础的句法范畴之外，或在它之上，或在它之后存在着某些超语言范畴。这些范畴和现存语言中或多或少偶然的事实无关；就它们能适用于所有语言而言，它们是带有普遍性的，虽然很少以明确无误的方式表现出来。其中一些范畴与诸如性这样的外部世界的事实有关，还有的与心理状态或逻辑有关。由于找不到一个更好的通俗名字来称这些超语言范畴，因此我姑且用形容词 notional（意念的）和名词 notion（意念）。语法学家的任务是，研究各种情况下意念范畴与句法范畴之间的关系。

然而，这绝非易事。阻碍我们圆满地完成这一任务的一个重大障碍就是缺少适当的术语。因为相同的词语常常用于属于两个不同领域的内容，而这两个领域正是我们想要加以区分的。举一个例子便可说明一套单独的术语对于理解一个困难的课题能起到何等便利的作用。在这则例子中我们扼要地提示一下本书以后部分的内容。在拉丁语、法语、德语这类语言中，“性”（gender）是一个句法范畴，与之对应的自然或意念范畴是“性别”（sex）：性别存在于现实世界中，但并不总表现在语言中，甚至在像拉丁语、法语、德语这样在许多方面具有与性别的自然差异相吻合的语法性体系的语言中，性别也并不总有表现形式。因此，我们可以区分：

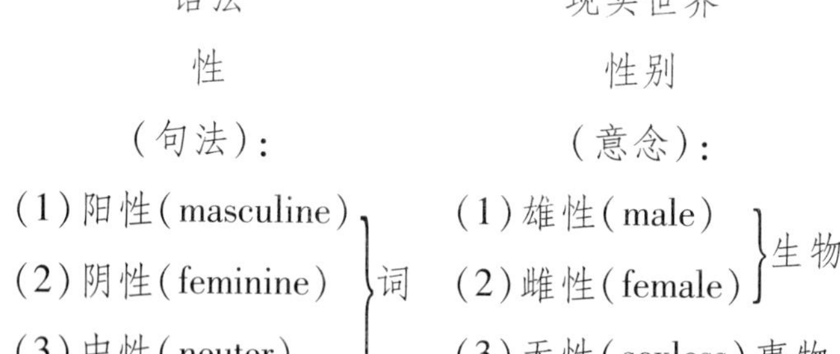

让我举一些法语和德语的例子。der soldat（士兵），le soldat（士兵）：现实世界中的雄性，语法中的阴性；die tochter（女儿），la fille（女儿）：现实世界中的雌性，语法中的阳性；der sperling（麻雀），le cheval（马）：现实世界中的雌性、雄性，语法中的阳性；die maus(老鼠),la souris(老鼠):现实世界中的雌性、雄性,语法中的阴性;das pferd(马):现实世界中的雌性、雄性,语法中的中性;die schildwache(哨兵),la sentinelle(哨兵):现实世界中的雄性,语法中的阴性;das weib(女人):现实世界中的雌性,语法中的无性;der tisch(桌子),le fruit(水果):现实世界中的无性,语法中的阴性;die frucht(水果),la table(桌子):现实世界中的无性,语法中的阴性;das buch(书):现实世界中的无性,语法中的中性。[①]在其他地方不可能像这里这样列出两套术语:一套用于现实世界或普遍逻辑范畴,一套用于语法范畴。不过,我们应该时刻努力将这两种范畴区别开来。

以上举的性与性别的例子清楚地表明,句法范畴与意念范畴之间常常具有类似于形式范畴与句法范畴之间的那种网络关系。这样,我们实际上得到了一种三重划分法,即对同一现象进行语法研究的三个阶段,或是说考察语法事实的三个角度,它们可简要地描述为(A)形式,(B)功能,(C)意念。我们以功能这一类为例,看看它与形式和意念的关系。英语的过去时虽然是一个特定的句法范畴,但有多种构成方式,从下面的图表可以看出,其逻辑意义并不总是同一的:

① 这里所用的术语比斯威特的术语更清晰明了(《新英语语法》,§146)。性与性别一致时,斯威特采用 natural gender(自然性);性与性别不一致时,他采用 grammatical gender(语法性)。如古英语的 wifmann(女人)是语法阳性(grammatical masculine),而古英语的 man(男人)是自然阳性(natural masculine)。然而用我的术语,这两个词都是阳性,wifmann 表示女子,man 表示男子,或在许多情况下表示不强调性别的"人"。

A. 形式：	B. 功能：	C. 意念：
-ed(handed 递给)	过去时	过去时间
-t(fixed 固定)		虚拟现在时间(if we *knew*〔如果我们知道〕)
-d(showed 表现)		(I wish we *knew*〔我希望我们知道〕)
内部变化-t(left 离开)		将来时间(it is time you *went* to bed〔你该去睡觉了〕)
不变化词核(put 放)		转移了的现在时间(how did you know I *was* a Dane?〔你怎么知道我是丹麦人?〕)
内部变化(drank 喝)		恒时(men *were* deceivers ever〔男人从来都是骗子〕)
不同的词核(was 是)		

由此可见,句法范畴像两面神一样,一面朝着形式,一面朝着意念,句法范畴位于中间,构成语音世界和意念世界的纽带。当我们说话(或写作)时,我们从上图的右边(C)出发,通过句法(B),向表现形式(A)运动;听话(或阅读)时,其运动方向相反,从(A)出发通过(B)至(C)。

其运动方式如下：

	C	B	A	B	C
说话人：	意念→	功能→	形式		
听话人：			形式→	功能→	意念

在确定第三部分(C)的范畴时,重要的是始终牢记这些所要确定的范畴必须具有语言学的意义。我们要弄清楚语言(语法)

现象就不可不考虑语言的实际存在,不可不考虑语言表现形式而对事物或意念进行分类。相反,应该按照前面我们在建立句法范畴时采用的那种方法开展工作,只需在必要之处做些修正即可。前面,我们严密地注意了所考察的语言中那些已经发现的表达形式,现在我们仍应严密地注意那些已发现的句法范畴。本书的主要任务就是试图对具有语法表现形式的主要意念范畴作一系统的综述,以及调查各种语言中这两种"世界"之间的相互关系。我们常常会发现语法范畴充其量只是一些外部标志,即意念范畴的外部标志;有时语法现象后面的"意念"同康德的 ding an sich(自在之物)一样,叫人捉摸不定。总之,我们绝不能指望得到一种古代哲学语法家所认为的"普遍语法"。我们得到的是:在现代语言学的允许范围中最接近普遍语法的途径。

第三章附言

著名法语历史学家费迪南德·布鲁诺建议改革(法语)语法教学。他建议从内部研究出发,即从要表达的思想出发,而不是从形式出发。他的大作《思维与语言》以观点新颖和条理分明的论述而著称于世。这部著作出版(巴黎,梅森-西出版社,1922)时,我这本书三分之二多的部分已完稿或接近完稿。要是他的书在我的那些观点确定之前出版,我的书可能(虽然我现在尚不能断言)会以另一种面目出现。现在,我虽然把他誉为我的坚强同盟者,但是我与他至少在两个重要问题上见解不同。第一,他所提倡的恰当方法(从内部研究出发,即从思想出发),在我看来应为研究语言事实的两种方法之一。这两种方法,一种是从外部到内部的研究,另一种是从内部到外部的研究。第二,应把语法与词典区别开来。然而布鲁诺在他的同义术语表中常把这两个领域混为一谈。他对旧的"词类"理论嗤之以鼻,尽管这种理论在许多细节上是错误的,但我仍不敢表示苟同。

第四章　词类
(Parts of Speech)

旧体系　定义　分类的根据　语言和现实生活　专有名词　专有名词的实际意义

旧　体　系
(Old Systems)

语法教学通常是首先把词分为若干类，一般叫做"词类"——名词、形容词、动词等——并给这些词类下定义。这种分类源自希腊和拉丁语法学家，在此基础上有所补充和变化。但是，各种词类的定义远远没有达到欧几里得几何那样的精确程度。甚至在最新出版的著作里，大多数的定义，从实质上看，还是主观臆断的，十分容易找出其中的漏洞。在应当根据什么来分类——是根据形式（和形式的变化），或根据意义，或根据词在句子中的功能，或根据所有这一切的总和——的问题上，没有取得过一致的意见。

在这方面，当然，瓦罗体系是最精巧的体系了。瓦罗划分了四种词类：一种具有格的词（名词）；一种具有时态的词（动词）；一种既有格，又有时态的词（分词）；一种既无格，也无时态的词（小品词）。如果这个体系目前被放弃不用的话，其理由很明显，因为它仅适用于拉丁语（和希腊语），它既不适用于从类似拉丁语的语言结构中发展起来的现代语言（如英语），也不适用于与拉丁语语言结构截然不同的那些语言，如爱斯基摩语。

在下面的这个体系中，可以发现与瓦罗体系相似的一种数学般的规律：一些名词像动词一样区分时态，而且像普通名词（分词）一样区分性，另一些名词既无性又无时态之分（人称代词）。动词是唯一有时态之分而无性之分的词类。因此，我们得到：

名词	普通名词：	有性，无时态
	人称代词：	无性，无时态
	分　　词：	有性，有时态
动词：		无性，有时态[①]

这个体系也只适合印欧语系中那些古老的语言，它与瓦罗体系的主要区别在于它以性而不是以格作为分类的基础。这两个体系都是主观臆断的。在这两个体系中，时态都被作为动词的明显特征。德语把“动词”译成 zeitwort（时间词）就体现了这一观点。但是，按这种观点来看，汉语就没有动词了。此外，我们在下面将看到名词有的时候也有时态之分。其他一些语法学家认为，动词的明显特征是人称词尾（施泰因塔尔等）。但是，这条标准也把汉语动词排除出动词之外；而且，在丹麦语中，动词并没有人称之分。如果照施莱歇尔所说的“动词是具有或曾经具有人称词尾的一种词”（《名词和动词》，509，莱比锡，1865），这也无助于解决这一难题，因为不必要借助语言史知识来决定一个词的属类。

① 施罗德《希腊语和拉丁语中词类的形式区别》，莱比锡，1874。

定　　义
(Definitions)

现在,让我们来简要地考察一下 J. 哈尔和 E. A. 索南夏因合著的《语法》(伦敦,1902)一书中的一些定义:“名词命名。代词指代而不命名。”而我看不出 Who killed Cock Robin?(谁杀害了科克·罗宾?)中的 who 指代什么;这个 who 其实是要求别人来认指的。再如,Then none was for a party(当时,无人赞成举行宴会)这个句子中的代词 none 指代的是谁呢?“形容词与名词连用,其作用是描写、指定或列举。”[①]然而,形容词难道非得与名词连用不可吗?(*The absent* are always at fault.〔缺席的人总是不对的。〕He was *angry*.〔他生气了。〕)再说,在 Browning the poet(诗人布朗宁)中,the poet 是形容词吗?“动词用以叙述某物或某人的情况。”You scoundrel(你这个无赖)——这个词组叙述的是“你”的情况,意思与 You are a scoundrel(你是一个无赖)一样。但在后一个句子中,用来叙述情况的并不是动词 are(是),而是表语。“连词连接词组或单词。”但是 a man of honour(一个光荣的人)中的 of 也起连接作用,而它并不是连词。以上这些定义没

① “列举”(enumerate)一词在这里的意义似乎是词典里所没有的。如果我们照通常的意义来理解它,那么根据这个定义,在 All his garments, coat, waistcoat, shirt, and trousers were wet(他所有的服装,外衣、背心、衬衫和裤子都湿了)一句中的 coat 等词都成了形容词。

有一个是周密的或无懈可击的。[①]

分类的根据
(The Basis of Classification)

有些语法学家认为，这些定义是欠缺的，因此便觉得通过研究分属各个词类的词的意义来解决这个问题是毫无指望的。所以，他们认为，分类的唯一标准应该是词的形式。例如，J. 莱特林走的就是这条路子(《论词类·名词》，载《英语杂志》，1914，3)。但很可惜，他只谈了名词。他所说的“形式”是广义上的“形式”。他说：“英语中，名词在形式上的确具有其他任何一种词类都不具有的某些特征。这就是：前面可冠以冠词或指示词，使用屈折变化符号表示所属关系和复数，可与介词连用表示原先由屈折变化形式所表示的各种关系。”他谨慎地补充说，一个词即使没有上述这些特征，也不应排除它是一个名词，因为应把这个词描述为“一个具有或在某种特定的惯用法中可以具有”这些形式符号的词。

如果把最严格的定义的形式作为唯一的检验标准，那么我们就会得到荒唐可笑的结果：英语中的 must 因为无词形变化，就应

① 在此书的初稿脱稿很久之后，我才见到了索南夏因的《新英语语法》(牛津，1921——总的来说，该书堪称佳作，但有时我对其中的某些方法也持有异议)。这部著作对一些定义作了修正：“代词是用以替代名词，表示或列举人或物的词，但不命名。”“表示”(indicate)比“指定”(identify)好得多，但 none 和 who 的问题依然存在。“并列连词用来连接句子中的同等成分。从属连词用来连接状语从句或名词性从句和复合句中的其他成分。”并列连词也可用来连接完整的句子(索南夏因，§59)。这个定义较复杂，要了解它首先需要了解许多其他语法术语；其实，这个定义并没有回答什么是连词以及这两类连词的共同点是什么的问题。

与 the,then,for,as,enough 等同属一类了。我们把 must 划为动词的唯一理由,乃是我们认为 must 在 I must (go)(我必须〔走〕),Must we (go)?(我们必须〔走〕吗?)中的用法与 shall 在 I shall (go)(我该〔走〕),Shall we (go)?(我们该〔走〕吗?)中的用法相同——换句话说,我们考虑到 must 的词义及其在句子中的功能。要是莱特林说 must 和一个像 I 这样的主格词连用是“形式上的关系”(同样,“与介词连用”也是他在“形式”上识别名词的一种检验方法),那么,我就要同他争论了,其原因不是由于他考虑了这些因素,而是由于他把这些因素都当作是形式上的问题。

我认为,应当兼顾全部的因素:形式、功能和意义。但是应该特别强调,形式作为最明显的检验标准,可以使我们识别一种语言中的某些词类,而这些词类在其他语言中并不是独立的词类;而意义,尽管它很重要,却很难对它进行分析,因此就不可能根据简短的易行的定义来进行分类。

我们可以想象两种极端的语言结构。在一种结构中,每种词类都有确定的形式标准,在另一种结构中,任何词类都没有这种明显的外部形式标志。最接近于第一种类型的结构已经发现,但不是在人类的自然语言中,而是在一种人造语言中,如世界语,尤其是伊多语[①],其中,每个普通名词都以-o 结尾(复数以-i 结尾),每个形容词都以-a 结尾,每个(派生的)副词都以-e 结尾,每个动词按其语气以-r,-s 或-z 结尾。在汉语中可以发现截然不同的第二种情况,即任何词类都无词形标志,有些词只能用作某种词类,而

① 伊多语是由路易·德·博弗(Louis de Beaufrout)1907 年创造的一种人造语。——译注

另一些词不需发生任何词形变化就可用作名词、动词、副词等等。句法规则和上下文表明每种词类的值。

英语介于这两种结构之间，但愈来愈偏向于汉语体系。以 round 为例：在 a round of a ladder（梯子的一个横档）与 he took his daily round（他进行了每日一次的散步）中，round 是名词；在 a round table（一张圆桌）中，round 是形容词；在 he failed to round the lamp-post（他没能在灯杆处拐弯）中，round 是动词；在 come round to-morrow（明天过来）中，round 是副词；在 he walked round the house（他绕着房子走）中，round 是介词。同样，while 可用作名词（he stayed here for a while〔他在这里待了一会儿〕），动词（to while away time〔消磨时间〕）以及连词（while he was away〔当他不在的时候〕）。move 可用作名词或动词，after 可用作介词、副词或连词[①]等等。

从另一方面看，有许多词只能用作一种词类。admiration（羡慕），society（社会），life（生活）只能用作名词；polite（有礼貌的）只能用作形容词；was（是），comprehend（理解）只能用作动词；at（在……）只能用作介词。

要想知道一个词属于哪种词类，仅看一个孤立的形式是不行的。而且，没有任何一种屈折变化的词尾仅为一种词类所独有。词尾-ed（-d）主要见于动词（ended〔停止〕，opened〔打开〕，等等），但它也可以加在名词后构成形容词（blue-eyed〔蓝眼睛的〕，mon-eyed〔有钱的〕，talented〔有才能的〕，等等）。如果我们也考虑词尾的意义，那么一些词尾是可用作检验词类的标准的。例如，一个词

① 我们稍后将专门讨论这些词是否真正属于不同的词类。

如果加上-s 成为复数，它就是名词；如果成为第三人称单数，它就是动词：这样，词尾就成为区分名词 round 与动词 round 的一种检验方法（many rounds of the ladder〔梯子的许多横档〕，He rounds the lamp-post〔他在灯杆处拐弯〕）。在其他情况下，词组中使用的某些词则起决定作用，如与 I love her（我爱她）相比较，在 my love for her（我对她的爱）和 the love I bear her（我对她怀有的爱）中，love 是名词，与前一词组中的动词 love 不同（试把 my admiration〔我的羡慕〕，the admiration〔这种羡慕〕同 I admire〔我羡慕〕相比较，这里，admiration 与 admire 的词类属性就一清二楚了）。[①]

然而有必要指出，尽管 round，love 以及许多其他英语单词属于多种词类，但这只是指孤立的形式而言；一个词在实际语言运用的具体场合只能属于一种词类，而不能属于其他词类。但这一点却常常被一些学者所忽视，他们会说，We tead at the vicarage（我们在牧师家里喝茶）一句中的 tead 是名词当做动词用。事实上，tead 虽然是由名词 tea 派生而来——派生后的该词原型并不具有明显的词尾——但它却像 dine（吃饭）或 eat（吃）一样是一个道道地地

① 有关 Motion requires a *here* and a *there*（运动要求一个此处和一个彼处），a *he*（一个他），a *pick-pocket*（一个扒手），My *Spanish* is not very good（我的西班牙语不很好）等词组中的斜体部分是否是真正的名词，详见《现代英语语法》Ⅱ，第八章和第九章。在《现代英语语法》Ⅱ，第十三章中讨论了一些词难以确定词类的饶有兴趣的问题：英语复合词中的第一个词是否已成了形容词？（请见以下例句：intimate and *bosom* friends〔知心密友〕，the *London* and American publishers〔伦敦和美国的出版商〕，a *Boston* young lady〔一位波士顿少妇〕，his own umbrella — the *cotton* one〔他自己的伞——那把布伞〕，much purely *class* legislation〔十分完美的级别法规〕，the most *everyday* occurrences〔最日常的事〕，the roads which are all *turnpike*〔条条大路是通衢〕，her *chiefest* friend〔她最主要的朋友〕，*matter-of-factly*〔实事求是地〕，*matter-of-factness*〔事实〕。）

的动词(见前面第55页)。由另外一个词构成动词和把一个名词用作动词完全是两码事,后者是不可能的。因此,词典必须把名词love和动词love看做是两个词,同样,也必须把名词tea和动词tea看做是两个词。像wire这样的词,词典甚至应把它作为三个词来处理:(1)金属线,名词;(2)打电报——由第一个词构成的动词,无派生词尾;(3)电信、电报——由动词构成的名词,无词尾变化。

我教初级语法,并不从给一些词类下定义开始,更不借助于惯用的定义,这些定义似乎说得不少,但是实际上有用的东西不多。我选择了更有实践性的方法。事实上,训练有素的语法学家永远知道一个词是什么词类——是形容词还是动词,但他的判断不是根据这类定义,而是根据酷似我们判断动物的方法:我们一眼就会分辨出牛和猫;同样,给孩子们展示大量的标本,把他们的注意力逐次引向各种不同的特征,通过这种实践,孩子们像在学习分辨熟悉的动物一样学会了这种方法。我采用一篇连贯的课文,例如一篇短篇小说,首先用斜体标出课文中所有的名词,在指出了这些名词并进行了简短的讨论之后,学生在识别另一篇在意义和形式上相似但没有像上一篇那样标明的名词时可能就不会有多大的困难了。接着,把学生的注意力引向形容词,还是利用前一篇课文,这次把所有的形容词用斜体标出。用这种方法学习各种词类,学生就会逐渐具有足够的"语法本能",从而能够进一步理解以后课文中有关本族语或外语的词法和句法。

然而,我的目的并不是在这里介绍初级语法教学的经验,而是想对于语法的逻辑基础能有某种科学性的理解。我认为,只要我们在谈论一件事的时候注意到实际发生的情况,只要我们研究现实世界与我们能够用语言表达其现象的方式之间的关系,就能很

容易做到这一点。

语言和现实生活
(Language and Real Life)

现实生活给我们提供的一切只是具体现象:在某一天具体的时间、具体的地点、具体的光线下,你看见这只具体的苹果,具体的颜色,有的部分是红的,有的部分是淡黄的;它有具体的大小、形状、重量、成熟程度,以及一些具体的斑纹等等。由于语言根本无法相应具体地表达出这一切,因此,为了信息的交流,我们只得不顾其中许多个别的、具体的特征:apple 这个词不仅仅用来指处于其他情况、其他时间、其他光线下的同一只苹果,而且也可用来指许多其他苹果。用同一名称统称它们较为方便,否则,我们就得有无数个具体名称,并且每天每时每刻要为新的现物创造一个个具体的名称。我们周围的以及自身的世界在不断地变化,为了能捕捉那转瞬即逝的事实,我们就在思想中,或至少在我们的语言中创造某些相对稳定的点和一定的平均数。现实从来不给我们提供一个平均数的东西,然而,语言却能这样做。因为 apple 这个词概括了许多具有某些共性的东西,当然不是全部。换句话说,如果我们想交流自己的印象和思想,我们绝对必须创造出表达类别概念的、相对抽象的[①]名称。就我们认识范围中的具体苹果而言,"苹果"是抽象的,"水果"也是如此,其抽象性更强。"红的"、"黄的"这类词更是如此:一切语言都运用抽象词语,所不同的只是抽象程度

① 这里的"抽象"意义比第十章中考察逻辑语法术语时的"抽象"意义较为通俗。

永远不同而已。

如果你想在对话人的思想里唤起一个十分确切的概念，你会发现这个概念本身就相当复杂，它包括许多特性，其数量之多举不胜举，尽管你想无止境地列举下去。你必须从中作出选择，你会很自然地根据自己最佳信念，选择那些最适合于在对方的思想里唤起同一概念的特性。不仅如此，你还会选择那些对你和听话人来说最容易产生这种概念的特性，这样就减少了两人的麻烦：不必使用长长的解释性词句。因此，你说“羊”，而不说“一只胆怯的、群居的、长满毛的、反刍的哺乳动物”；你说“国王”，而不说“独立国家的男性统治者”，如此等等。所以，只要可能，你就使用一些单一的专门术语，而不用复合术语。然而，复合概念并不都有专门术语。因此，你常常还得借助于一些词拼凑成种种说法，这些词中的每一个词表达一种特性，各种特性构成你头脑中的那个概念。尽管如此，概念的表述从来就不是详尽无遗的。因此，同一个人在不同的场合会以完全不同的方式被称呼，但听话人在每一场合都能理解说话人指的是同一个人。如“詹姆斯·阿米塔奇”，或简称“阿米塔奇”或“詹姆斯”，或“我们在桥上遇到的那个穿灰西装的小个子”，或“妇科医院的那位主治大夫”，或“那位老医生”，或“医生”，或“她的丈夫”，或“詹姆斯大叔”，或“大叔”，或只说“他”。在每一场合，听话人从说话情景（或上下文）中，也就是说从他以往的知识中，获取了许多显著的特性，而这些特性是找不到任何语言表达形式的——尤其是在上面的最后一例中，代词“他”是唯一的表述形式。

在对同一个人的这些表述中，不难看出有的具有自己的特点。我们很快可以发现“詹姆斯”和“阿米塔奇”（当然包括全名“詹姆

斯·阿米塔奇”)是专有名词,而我们把其他表述中的“人”、“大夫”、“医生”、“丈夫”、“大叔”一类词称做普通名词,因为这些词可为许多人使用,或者至少说,它们比专有名词所表述的人要多得多。现在,我们就来比较详细一点地考察专有名词的实质。

专 有 名 词

(Proper Names)

专有名词自然会看成是只能用来指某个个体事物的名称。the Pyrenees(比利牛斯山脉)或 the United States(美国)是专有名词,这与上述说法并不相悖,因为尽管它们的名词采用复数形式,但这个山脉以及这个政体是被作为一个整体来看待的,就像一个事物一样。不可能说 one Pyrenee(一座比利牛斯山脉)或 one United State(一个美国),而只能说 one of the Pyrenees(比利牛斯山脉中的一座山),one of the United States(美国的一个州)。

人们一致把“约翰”和“史密斯”归于专有名词,但无疑有许许多多的人都叫“约翰”和“史密斯”,甚至有相当多的人叫“约翰·史密斯”,这是我们遇到的一个更棘手的问题。“罗马”同样是一个专有名词。但除了意大利的“罗马”之外,在北美至少还有五个叫“罗马”的城市。那么,我们该如何区分专有名词和普通名词呢?

为了解决这个问题,约翰·斯图尔特·米尔进行了众所周知的尝试(见《逻辑体系》,Ⅰ,第二章)。根据他的观点,专有名词没有内涵;专有名词概指叫该名称的个体;但它并不表明或暗示这个个体的任何属性,它的作用是指示我们所谈论的事物,而不是介绍该事物的任何情况。另一方面,诸如"人"这样的词,除了概指"彼得"、"詹姆斯"、"约翰"以及其他无数的人之外,还内涵某些特性:物质性、动物性、理性以及我们称之为人的某种外形。因此,只要事物的名称传递信息,也就是说,只要名称具有意义,这种意义就不在于名称的外延意义,而在于它们的内涵意义。不具有任何内涵意义的事物名称就是专有名词。严格地说,专有名词没有词义。

同样,最近的一位丹麦学者(H. 伯特尔森,《普通名词和专有名词》,1911)说,"约翰"是专有名词,因为这个名词除了是所有叫"约翰"的人、而不是叫"亨利"和"理查德"的人的共称之外,不说明任何东西。他还说,普通名词可说明该名词所表示的人或物的某些特有情况,而专有名词恰恰相反。因此,普通名词与专有名词的区别与一个名词所适用的具体对象的数目无关,或至少说无任何特定的关系。然而,我认为这种见解并没有触及问题的实质。

专有名词的实际意义

(Actual Meaning of Proper Names)

我认为,说话人对名词的实际运用和听话人对名词的理解是最重要的。每当专有名词用于实际的言语时,对说话人和听话人来说,专有名词的价值在于它只表示一个具体的事物,并且只限于那个特定的事物。今天我在和一些朋友说话时,可以用"约翰"这个名词来称某个叫"约翰"的人,但这并不意味着明天我在和另一些朋友谈及另一个人时不可用这个名词;然而,在这两种情况下,这个名词的作用是完全一样的,这就是在听话人的意识里造成了我想传达的确切意义。米尔和他的追随者们过多地强调名词的所谓词典意义，而偏废了名词在说话或文章的特定情景中的上下文意义。诚然，我们面前如只有“约翰”这个名词，我们根本不能说出它的意义。但在这种情况下，我们也许同样说不出许多“普通名词”的意义。如果要我说出 jar①，sound②，palm③，或 tract④ 的意思，唯一诚实的回答就是：请把上下文告诉我，我再把它们的意思告诉你。在某一场合，pipe 可理解为“烟斗”；在另一场合，可理解为“水管”；在第三种场合，可理解为“水手长的哨子”；再换一种场合，又可理解为“管状器官”。同样，“约翰”用在不同的句子里，每次只能有一种意义，这种意义由上下文和情景表示出来；如果它在每句中的意义比 pipe 或上面提到的其他词的意义更为特定的话，那么这只是专有名词的特性多于普通名词的特性这个重要事实的另一面。采用米尔的术语，但与他的观点截然相反，我敢冒昧地说，专有名词（正如实际使用的那样）“内涵”的属性最多。

当你第一次听到某人的名字，或第一次在报纸上看到某人的名字时，他对你来说不过是个名字而已。然而，你越经常听到他，越了解他，这个名字对你意味的东西也就越多。还可观察一下这种情况：一本小说，愈往下读，你就愈熟悉里面的人物。但是，对于一个你初次接触的“普通名词”，也会出现完全相同的情况。以 ichneumon（埃及鼠）为例，该词的意义或内涵同样随着你知识的增多而增多。要否认这一点，只能假设一个名词的内涵是该名词所固有的，是独立存在于人脑对该名词的了解和使用之外的。但是，

---

① jar：坛子，广口瓶，〔电〕瓶，刺耳声等。——译注

② sound：声音，语音，笔调，命令等。——译注

③ palm：手掌，与……握手，棕榈（树），胜利，荣誉勋章等。——译注

④ tract：地带，系统，传单等。——译注

这种假设无疑是荒唐的，是与所有关于语言实质以及人类心理学的正确观点不相符合的。

如果专有名词如实际所理解的那样，并不内涵许多属性的话，我们就无法理解或解释专有名词变为普通名词这种习见现象。一个法国人问一个丹麦小姑娘她的父亲是干什么的，小姑娘不知道法语的“雕塑家”该怎么说，于是她就说“Il est un *Thorvaldsen* en-miniature”（他是一个做小画像的托瓦森[①]），从而解决了这一难题。奥斯卡·王尔德写道：“Every great man nowadays has his disciples，and it is always *Judas* who writes the biography”（如今，每个伟人都有自己的门徒，而他们的传记总是由犹大来撰写的——《意图》，81）——这是形成 a Judas（一个犹大）这种说法的过渡。沃尔特·佩特说过，France was about to become *an Italy* more Itanlian than Italy itself（法兰西就要成为一个比意大利还要意大利的意大利——《文艺复兴》，133）。同样，“恺撒”（Cœsar）成了罗马皇帝、德国皇帝以及俄国沙皇的一个通名（在莎士比亚悲剧《恺撒》Ⅲ 2.55 中，乱民们喊道：“Liue Brutus，liue，liue … Let him be Cæaesar.”〔布鲁图斯万岁，万岁，万岁……让他当恺撒吧。〕）——这里只举几个例子。[②]

逻辑学家们当然明白这一点，但他们不承认这一事实，他们说（凯恩斯，《形式逻辑研究与练习》，45）：“专有名词用来表示某一种人时，当然就具有内涵意义，如‘一个第欧根尼’（a Diogenes）[③]，

---

① B. 托瓦森（1768—1844），丹麦雕塑家。

② 立陶宛语中的“国王”是 karalius，该词由 Carolus（Charlemagne）（伟大的卡尔）演变而来；俄语的 korol，波兰语的 król，马扎尔语的 király 也同出此源。

③ 第欧根尼（约前 404—前 323），古希腊犬儒学派哲学家。——译注

‘一个托马斯’(a Thomas),‘一个堂吉诃德’(a Don Quixote)①,‘一个保罗·普赖’(a Paul Pry)②,‘一个贝尼迪克’(a Benedick)③,‘一个苏格拉底’(a Socrates)。但是,这样用,它们实际上就根本不是专有名词了,它们已具有普通名词的一切特征。”这样的逻辑学家在概念的领域里一味追求说话滴水不漏,他们并不顾及我这样一个语言学者所认为的一个十分重要的问题,这就是应该如何解释一连串无意义的声音是怎样一下子从没有内涵意义变得有内涵意义的,以及如何解释这种完整的新义是怎样一下子就为整个语言社会所接受的。

如果我们采用上文所阐述的观点,这个难题就立刻迎刃而解了。因为所发生的情况不过是这样的:从某名词的主人复杂的(我应该说,也确是该名词内涵着的)典型特征中,选择一个最显著的特征,用于描写具有同等特征的其他人或物。但这种过程与我们常常在普通名词中所看到的演变过程一模一样,如把一个钟形的花叫做“bell”,尽管它在其他方面与真正的钟大相径庭;或把某个政客叫做“old fox”(老狐狸),或把某个女人说成是“pearl”(珍珠)或“jewel”(珠宝)。造成专有名词转用的原因也一样,那就是它们的内涵性,因此可以认为这两类词之间的区别只是程度上的不同。

“克罗伊斯”(Croesus)用来指某个具体的人和用来指某个富翁之间的差别类似于“人的”(human)(内涵属于人的一切)与“人

① 堂吉诃德,西班牙作家塞万提斯所著《堂吉诃德》中的主人公。——译注

② 保罗·普赖,指过分好奇的人。——译注

③ 贝尼迪克是莎士比亚《无事生非》一剧中的一独身男子。——译注

道的”(humane)(选择某一具体特征)之间的差别。

在现代欧洲的由名和姓构成的人名体系中，发生了一种具有另外性质的转换，即一个孩子仅凭出生就拥有他父亲的家姓。如果断言蒂姆珀利一家人(Tymperleys)除了他们的姓相同之外别无其他共同的东西，未免过于轻率，有时他们的鼻子或走路的姿势也许相同，然而，他们在生理上和心理上共同从前辈继承的特点也许还要广泛得多。因此，“蒂姆珀利”这一名称的意义也许与“约克郡人”(Yorkshireman)、“法国人”(Frenchman)、“黑人”(negro)或“狗”(dog)这类普通名词的意义没有什么根本的不同。很难确切地说明后面几个名称的“内涵”是什么，以及根据什么特点我们能够说出某人属于这类或属于那类。但逻辑学家们认为所有这些名词都是有内涵的，那么，“蒂姆珀利”为何就没有内涵呢?

当然，教名的情况是不同的。教名的取用具有相当的偶然性。一个叫“莫德”(Maud)的人，也许取的是一位阔婶婶的名字，另一个人叫“莫德”，也许是因为她的父母认为这个名字好听。因此，这两个人除了名字相同以外，其他一无所同。*temple*(庙宇)与*temple*(鬓角)之间的情况也正是如此。(那两个叫“莫德”的人的确要比这两个 temple 具有更多的共同点，因为她们都是女性的人①。)但这并不影响我的主要论点，即只要自然地用到“莫德”这个名字，它就能使听话人想到所有那些错综复杂的特征或特点。

现在可以说，恰恰同这种观点相反，“一个名词的内涵并不是

① 关于已婚妇女的姓氏专有名词还有一种转用方法，如 Mary Brown(玛丽·布朗)嫁给了 Henry Taylor(亨利·泰勒)，就成了 Mrs. Taylor(泰勒夫人)或 Mrs. Mary Taylor(玛丽·泰勒夫人)，甚至 Mrs. Henry Taylor(亨利·泰勒夫人)。

指我或其他任何人可以用来偶尔识别该名词所表示的类别的一个特征或一些特征。例如,我在国外可以根据一个人的衣服式样识别他是英国人,根据一个人的语音识别他是法国人,根据一个人的饰带识别他是法律代理人,根据一个人的假发识别他是律师;但是,用这些名词我表达不了那些东西,(根据米尔的意思)它们也不构成这些名词的内涵。"(凯恩斯,《形式逻辑研究与练习》,43)这似乎将内涵[①]中含有的基本特点与非基本的或偶然性的特点区分开来。但无疑无法划出一道明确的界线。如果我想知道"盐"(salt)和"糖"(sugar)这两个名词各自的内涵是什么,有必要进行化学试验,写出这两种物质的化学式吗?或让我按常情,简单地去品尝它们吗?"狗"(dog)这个词内涵着什么特征呢?在这种以及其他许多情况下,我们会毫不犹豫地使用普通名词,虽然如果问我们使用这个或那个名词是什么意思,或为什么要在某些情况下用这个名词,我们时常会无从回答。有时,我们会根据这一特点识别一条狗,有时又会根据那一特点或一组特点识别一条狗,如果我们把"狗"这一名词运用到某个具体的动物身上,那就是说我们确信该动物具有其他所有构成狗的本性的众多特性。[②]

根据我们在这里阐明的理论,专有名词用于复数(比较《现代英语语法》Ⅱ,4.4)是完全可以理解的。严格地说,专有名词是不能有复数形式的,这就和代词"我"(I)有复数一样,是无法思议的:世界上只有一个"我"。如果听到"约翰"、"罗马"这两个名称,我们清楚

① 参见凯恩斯《形式逻辑研究与练习》,24:"我们只把那些分类所依据的属性包括在类名称的内涵中。"

② "狗"的最好定义也许是这样一个有趣的定义:狗是另一条狗本能地把它看做是狗的动物。

地明白此刻指的是一个特定的人或一个特定的城市，那么就只有一个“约翰”和一个“罗马”。然而，按照上文提到的那些附加意义，专有名词可以按通常的方法构成复数形式，以下面的类别为例：

(1)或多或少带有偶然性地用同一名称命名的人和物：In the party there were three *Johns* and four *Marys*(宴会上有三个约翰和四个玛丽) | I have not visited any of the *Romes* in America(美洲叫罗马的地方我一个也没去过)；

(2)同一家族的成员：All the *Tymperleys* have long noses(蒂姆珀利一家人的鼻子都长) | in the day of the *Stuarts*(在斯图亚特王室的时代里)[①] | the *Henry Spinkers*(亨利·斯平克家族)(比较第十四章，近似复数)；

(3)用一个名词表示的相同的人或物：*Edisons* and *Marconis* may thrill the world with astounding novelties(爱迪生和马科尼似的人可以用惊人的发明轰动世界) | *Judases*(犹大似的人物) | *King-Henrys*, *Queen-Elizabeths* go their *way*(亨利国王、伊丽莎白女王一类的人一意孤行——卡莱尔) | the Canadian Rockies are advertised as “fifty *Switzerlands* in one”(加拿大的落基山脉被吹嘘为“五十个瑞士的总和”)；

(4)在借喻中，专有名词可以代表某名词所表示的那个人的作品：There are two *Rembrandts* in this gallery(美术馆里有两件伦勃朗[②]的作品)。

---

① 斯图亚特王室1371—1603年统治苏格兰，1603—1714年统治苏格兰与英格兰。——译注

② 伦勃朗(1606—1669)，荷兰画家。

还应该记住，我们用单个名称所表示的东西，仔细观察一下，只不过是一种抽象。每个具体的东西和每个人都在一直不停地变化。名称的作用在于抽出和固定所有时刻变化着的现象中的永久性因素，或打个比喻说，把这些因素作为公分母。因此，我们可以理解下面这些句子，但根据专有名词严格说来没有内涵的假说，这种句子是很难理解的：He felt convinced that Jonas was again the Jonas he had known a week ago, and not the Jonas of the intervening time（他确信乔纳斯又成了一个星期前他所知道的那个乔纳斯，而不是这个星期里的那个乔纳斯——狄更斯）| There were days when Sophia was the old Sophia — the forbidding, difficult Sophia（有时，索菲娅又成了原来的索菲娅——令人生畏、难以相处的索菲娅——本内特）| Anna was astounded by the contrast between the Titus of Sunday and Titus of Monday（星期天的泰特斯与星期一的泰特斯大不相同，这使安娜感到震惊——本内特）| The Grasmere before and after this outrage were two different vales（发怒前的格拉斯米尔和发怒后的格拉斯米尔是两个不同的溪谷——德·昆西）。同样，专有名词也可以有复数形式：Darius had known England before and after the repeal of the Corn Laws, and the difference between the two *Englands* was so strikingly dramatic ...（达律斯了解谷物法废除前后的英国，这两个英国之间的差别是如此地明显……——本内特）。

从语言的角度来说，在专有名词与普通名词之间划一条泾渭分明的界线是根本不可能的。我们已经看到了专有名词转变为普通名词的情况。但普通名词转变为专有名词的情况也同样常见。只有很少的专有名词一直是这样的（如 Rasselas〔拉塞拉——人名〕），而大多数的专有名词都是全部或部分地产生于专义化了的普通名词。用于牛津大学或剑桥大学一个具体学生会的 the Union(联合会)是一个专有名词吗？British Academy(不列颠科学院),Royal Insurance Company(皇家保险公司)——换一个角度——*Men and Women*(《男人与女人》),*Outspoken Essays*(《自白文集》),*Essays and Reviews*(《随笔与评论》),它们都是专有名词吗？一个名词越是具有随意性,我们越倾向于把它看做是专有名词,但这并不是必不可少的条件。the Dover Road(多弗公路——意为“通向多弗的公路”)本不是专有名词,而与多弗毫无关系的 Dover Street(多弗大街)从一开始就是专有名词,它被命名为 Lincoln Street(林肯大街)也无妨。但 Dover Road 随着时间的迁移也许会成为专有名词,如果这个名词得来的理由为人们所忘记而且这条路成了一条普通大街的话。从语言的角度来看,这种转变在某种程度上可以以冠词的丧失作为标志。伦敦有一座公园仍被许多人叫做 the Green Park(绿色公园)。但有些人却省去冠词,这样,Green Park 就完全成了专有名词。再比较纽约的 Central Park(中央公园),New College(新学院),Newcastle(纽卡斯尔)。因此,英语中冠词的省略(但在意大利语和德语中不是这样)是专有名词区别于普通名词的外部标志之一。

father(父亲),mother(母亲),cook(厨师),nurse(保姆)这些词指家人时不用冠词,因此近似于专有名词。无疑,孩子在一定年龄前就是这么理解的。如果母亲或婶婶对孩子说话时,把孩子的父亲而不是自己的父亲叫做 father 时,也是言之有理的。

普通名词变为专有名词时,语义趋于特定。这种特定与在普通名词范围内那些语义特定的情况的区别,并非是性质上的不同,而是程度上的不同。所以，当 the Black Forest（布莱克森林）[①]（或更明显些，德语名称 Schwarzwald“施瓦茨森林”）[②]已经成为某一个山脉的名称时，该名称与作为普通名词用来指其他某个森林的词组 the black forest（黑森林）之间的关系与 the blackbird（画眉）和 the black bird（黑色的鸟）之间的关系相似[③]。

因此，我们的探讨得出这样的结论：在专有名词与普通名词之间无法划一条明确的界线，它们之间的区别只是量的区别，而不是质的区别。一个名词总是内涵着以它为名的那个人或物的特征，即区别于他人、他物的特征。所表示的东西越是个别或越特定，该名词的选择就越可能是随意性的，它就越接近或成为专有名词。如果说话人要想使别人对某人或某物产生某种概念，在某种情况下，他可以用一个专门有所指的名称，即在这种特定情景中能被理解为是特指的专有名词。否则，他就必须借助于其他一些词，组成一个足以精确地达到这一目的的复合名称。如何实现这一点，我们将在下一章进行考察。

① the Black Forest：黑森林。——译注

② Schwarzwald：黑森林。——译注

③ 最后可举个例子，说明普通名词与专有名词之间的这种反复不定的情况。当音乐家们说到“第九交响曲”时，他们总是指贝多芬的著名作品。因此，“第九交响曲”便成了一个专有名词，但当罗曼·罗兰在作品里写到一些法国作曲家时，他把第九交响曲用作复数（以冠词为标志，而该名词的单数形式以及大写字母说明它应被理解为专有名词），使其又成了一个普通名词：ils faisaient des *Neuvième Symphonie* et des *Quatuor* de Franck，mais beaucoup plus difficiles（他们写了一些第九交响曲和一些弗兰克四重奏曲，但难得多——《约翰·克里斯朵夫》第5章）。

第五章 名词和形容词

(Substantives and Adjectives)

形式概述 物质和特性 特定化

两种词类之间的变换 其他组合

形 式 概 述

(Survey of Forms)

我们在前面73页上引用的对同一个人的不同称呼中,有的称呼由关系显然相同的两部分组成,如little man(矮小的人),principal physician(主治医生),old doctor(老医生)。这里,我们把little,principal和old叫做形容词,把man,physician和doctor叫做名词。形容词和名词之间有许多共同点,有的时候,很难说一个词属于形容词还是属于名词,因此,采用一个包括这两者的名称较为方便。根据古老的拉丁术语——这些术语也常常出现在最近的一些欧洲语法著作中——我将用noun([拉]nomen)这个词来指由名词和形容词构成的这一大类词。英国学者一般用noun这个词表示我们叫做名词(substantive)的词;我所用的术语,可以一方面用形容词nominal(名词性的)来表示这两个词类,另一方面,例如当谈到名词化的形容词的时候,可以用动词substantivize(使……名词化)。

在一些语言中,例如芬兰语,找不到任何可以区分名词和形容词词尾变化的标准,像 suomalainen 这个词,不管我们在某些场合把它译成一个名词(芬兰人),还是在另外的场合把它译成一个形容词(芬兰人的),它仍然是名词。然而,在我们这个语族中,这两类名词是有所区别的,虽然其明显程度不同。在希腊语、拉丁语等较古老的语言中,主要的形式区别是性,这种区别表现在形容词与它们的名词的一致关系上。每个名词都具有特定的性,而形容词的性却可变化;既然我们说 bonus dominus(好的主人),bona mensa(好的桌子),bonum templum(好的教室),我们就应当把名词和形容词看做是两类不同的名词。有趣的是,形容词在性的词尾变化方面似乎比名词更加“正统”:阳性名词已有以-a 结尾的,阴性名词也有以-us 结尾的,但是形容词阳性只有 bonus(好的),而阴性只有 bona(好的)(bonus poeta〔好的诗人〕,bona fagus〔好的山毛榉树〕)。从总体上看,名词词尾变化的不规则现象(无词形变化或变化不完全的名词以及不同词干合成的名词)要比形容词多。在德语语法中,也可以发现这种典型的区别:名词个性较强,变化不大,而形容词则较多地受到类推法的影响。

在罗曼语言中,虽然中性形式已经消失,在这两类词之间仍然有与拉丁语相同的关系,尽管在法语口语中,阳性与阴性在形式上的区别已大体消失。如:donné 与 donnée(这个),poli 与 polie(有礼貌的),menu 与 menue(细小的),grec 与 grecque(希腊的)发音相同。值得注意的还有形容词的位置没有一成不变的规则可循,形容词有时置于名词之前,有时置于名词之后。结果,人们对两个搭配在一起的词时常捉摸不定,究竟哪一个是名词,哪一个是形容词。例如:un savant aveugle(学者的盲目;盲目的学者),un philosophe grec(希腊哲学家;哲理的希腊语)(见下文);诸如 un peuple ami(友好的人民;友好民族),(以及 une maî tresse femme〔情妇〕)这类词组,既可看成是名词(peuple,nation,femme)与形容词连用,也可看成是两个名词的连用,就像英语中的 boy messenger(信童)和 woman writer(女作家)一样。

在日耳曼语言中,一般不可能产生这种两可现象。很早以前,形容词采用了代词的一些词尾形式,后来这些词尾形式又产生了强弱变化的特殊差异;弱变化原先采用了从某种名词中转变而来的-n 词尾,后来逐渐地扩大到所有的形容词,主要用在限定词(如定冠词)等之后。德语在某种程度上仍然保留着这样的情况,其中形容词仍有明显的形式,如 ein alter mann(一个年老的人;一个老人),der alte mann(这个年老的人;这个老人),alte männer(一些年老的人;一些老人),die alten männer(这些年老的人;这些老人)等等。冰岛语仍然保留形容词词尾变化古老复杂的体系,而其他一些斯堪的纳维亚语言已经大大简化了这一体系,尽管这些语言仍然保留着强弱词尾变化的差别,如丹麦语 en gammel mand(一个老人),den gamle mand(这个老人)。

古英语的情况与德语的情况十分相似。然而随着时间的推移,语音和其他方面的变化导致产生了一种与旧体系迥然不同的新体系。一些词尾,如含有 r 的词尾完全消失了,-e 和-en 也同样如此,而过去这两个词尾在名词和形容词的体系中曾起过十分重要的作用。-s 过去曾用于单数(阳性与中性)形容词属格中,但现在它已完全从形容词中消失了,结果形容词不管前面有无定冠词,其单复数在任何场合下只有一种形式。另一方面,名词词尾变化的简化程度虽然很大,但不及形容词彻底。在名词中,词尾-s 的活力特强,构成名词的主要特征,而过去古雅利安语中的一致关系的所有痕迹则已完全消失。因此,我们必须承认,the old boy's(属格)和 the old boys'(复数)中,old 是形容词,因为它没有词尾,boys 是名词,因为它有词尾-s。the blacks 指黑人,形容词 black 已完全名词化了;同样,the heathens(异教徒)是名词,the heathen 依然是形容词,即使它单独使用,后面不跟名词;它起着许多语法学家所说的“名词作用”,因此,莎士比亚历史剧《亨利五世》Ⅲ,5,10 中的“Normans, but bastard Normans, Norman bastards”(诺曼底人,杂种的诺曼底人,诺曼底的杂种)一句中,前面的 bastard 是形容词,Normans 是名词,后面的 Norman 是形容词,bastards 是名词。

物质和特性
(Substance and Quality)

我们简短的考察表明,虽然在所论及的各种语言中,名词和形容词之间在形式上区别的明显程度不尽相同,但毕竟有着区分这种差别的趋势。同样,也不难看出,在那些区分这两类词的语言中,词的分类基本上是相同的:表示“石头”、“树”、“刀”、“女人”这类概念的词总是名词;表示“大的”、“旧的”、“明亮的”、“灰色的”这类概念的词总是形容词,这种一致现象充分说明了这两类词的划分不可能纯粹是偶然的:这种分类一定有其内在原因,有逻辑的或心理(“意念”)的基础。现在我们就来探讨这个基础究竟是什么。

我们常常听到说:名词表示物质(人和物),形容词表示物质的特性。显然,这一定义是名词这个名称的基础,但还不能说它是一个十分令人满意的定义。许多"物质"的名称纯粹出自某一种特性,以致不可能将物质和特性这两种概念分隔开来:the black(黑人),eatables(食物),desert(沙漠),a plain(平原)必须称为名词,在语言中,它们是作为名词处理的。无疑,有许多起源不明的名词最初是说话人从众多特性中选择出的某一特性的名称。因此,从语言上说,"物质"与"特性"在语言上的区别价值不大。根据哲学的观点,也许可以说我们只有根据物质的特性才认识这些物质;任何物质的本质就是所有那些我们能够了解(或理解)的以某种方式相联系的特性的总和。以前,物质被看做是独立存在的,特性被认为是不独立存在的,但现在有一种强大的相反倾向:把具有各种特性的物质或"基质"(substratum)看做是或多或少根据想象虚构的,并且认为,现实世界归根结底是由特性构成的,即对于我们来说一切能够认识和有价值的东西都是由特性构成的。①

无论读者对于上述论点相信与否,他必须承认要解决 wisdom(智慧),kindness(仁慈)这类所谓的"抽象词"的难题,旧的定义是无能为力的。因为,这些词虽然实质上是名词,并且在所有的语言中都作名词处理,但它们表示的特性显然与形容词 wise(聪明的),kind(仁慈的)所表示的特性相同,这些特性根本不具有任何实体性。不管从意念上对名词下什么样的定义,这所谓的"抽象词"都会造成麻烦。现在最好暂且不去考虑它们——我们稍后(第十章)再来研究这些问题。

① "物质"(substance,以及 substantive),"基质"(substratum) 和"主体"(subject)这三个词是从亚里士多德的"形而下"(to hupokeimenon)衍变而来的。

特　定　化
(Specialization)

除了"抽象名词"外,根据以下观点可以找到解决名词问题的答案:总的来说,名词比形容词更为特定,它所适用的事物比形容词所适用的事物少。用逻辑学家的话来说,就是名词的外延(extension)比形容词的外延小,它的内涵(intention)比形容词的要大。形容词表示和突出一种特性,一种显著的特征;而名词,对于懂得它的人来说,则暗示着许多显著的特征,根据这些特征,听话人可以识别所谈及的人或物。这些特征究竟是什么,并不总是由名称本身表示的。即使是一个描述性的名称,也只能说明一两个显著的特征,而其他特征则是暗指的。一位植物学家很容易识别出"风铃草"或"黑莓树",即使是在风铃草没开蓝花、黑莓树没结黑莓的情况下。①

当同一个词可以作为两个词类的词来使用的时候,这两类词之间的区别便特别清楚地表现出来。名词化的形容词很多,但它们的语义总是比相应的形容词更为特定。试比较:a cathedral([法]une cathédrale,[西]un catedral:一座教堂),the blacks(黑人),natives(本地人,牡蛎),sweets(糖果),evergreens(万年青),

---

① 我的定义与保罗的定义相似(《语言史原理》§ 251):"形容词表示普通的或被解释为普通的特性,名词则包含一系列的特性"——但是,保罗在最后的几行话中,好像又否定了自己的定义。有必要声明:如同我们将在下面的论断和例子中看到的,我绝不是想说任何名词的"外延"在任何时候、任何条件下都小于任何形容词的"外延";这种情况的性质本身往往排除了对两个词所适用的情况进行数字比较的可能性。

等等。在形容词的功能已经消失的时候，情况也是如此。例如：tithe（十分之一）（原先是个数字，“第十”），friend（朋友）（原先是动词 love〔爱〕的分词），以及 fact（事实），secret（秘密），serpent（蛇），Orient（东方），horizon（地平线）这类古拉丁语或希腊语中的分词。

相反，当名词转化为形容词时，我们发现它的语义就变得不特定。因此，法语中的 rose（玫瑰色的），mauve（淡紫色的），puce（蚤色的）等作为表示颜色的形容词用时，其意义要比它们作为名词（玫瑰、锦葵、跳蚤）用时广泛：它们可以用于更多的不同事物，因此它们现在仅仅只“内涵”着那些构成它们原先所表示的那些事物的特性中的一种特性。[①] 这种转用的例子在英语中有 chief（主要的），choice（精选的），dainty（精致的；原意“美味的食品”），level（水平的），kindred（亲属的；原意“血缘关系”）。

据布雷亚尔（《语言学会会录》6. 171）说，拉丁语中的形容词 ridiculus（可笑的）是从中性名词 ridiculum（可笑的事物）演变而来的，它的构成方法与 curriculum（课程），cubiculum（卧室），vehiculum（交通工具）一样。ridiculus 用于人时，有阴性及阳性词尾变化，ridicula 和 ridiculus，正是这种形式上的特征使它成为形容词；但同时，它的意义也变得略为广泛，并且排除了“物”的成分。

---

① Elle avait un visage plus rose que les roses（她有一张玫瑰色的脸，比玫瑰更美丽）（安托，玛丽・克莱尔，234）。des doigts roses（玫瑰色的手指）和 des gants paille（淡黄色的手套）在书面语中的差别是人为的。请注意最近出现的形容词 peuple（平民的，粗俗的），如“Ses manières affables … un peu trop expansives，un peupeuple”（他那亲切的样子……有点太外露，又有点粗俗——罗兰《约翰・克利斯朵夫》，6. 7）和“Christophe beaucoup plus peuple que lui”（克利斯朵夫比他粗俗得多——同上，9. 48）。

在日耳曼语系的所谓弱形容词中，可以看到名词逐渐转为形容词的情况。正如奥斯特霍夫指出的那样，这些弱形容词可以追溯到一种古老的名词构词法那里。这种构词法同希腊语中形容词strabos（斜眼的）与相应的名词strabōn（斜眼人），拉丁语中形容词catus（狡猾的）与相应的名词Cato Catonis（滑头）以及形容词macer（瘦削的）与相应的名词Macro（瘦子）的情况相类似。在日耳曼语系中，这些形式逐步扩大，但是，最初这些形式同上面提到的那些希腊词和拉丁词一样，只是绰号或别名，因此仅具有个人的性质。正如奥斯特霍夫所说，拉丁语中的M. Porcius Cato（M. 波西斯·卡托），Abudius Rufo（阿比蒂斯·鲁福）译成德语，意思就成了M. Porcius der Kluge（M. 波西斯·狡猾的人）和Abudius der Rote（阿比蒂斯·红种人）；我们发现在古高地德语中有同样的结尾形式，例如Ludowig ther snello（路多维格·迅速的）；在现代德语中仍有弱形容词，例如Karl der Grosse（卡尔·伟大的），Friederich der Weise（弗里德里希·聪明的），August der Starke（奥古斯特·有力量的）。这里原先不需要用定冠词，请比较：古挪威语的Brage Gamle（老人），只是到后来才说Are enn（hinn）gamle。在《贝奥武甫》中，beahsele beorhta最初解释为两个名词构成的词组，其中第二个名词是同位语，意思是“环形大厅——明亮的大厅”；hrefen blaca属于同样情况，意思是“乌鸦——黑色的动物”。pær se goda sæt | Beowulf最初的意思是there the good one sat，namely，Beowulf（那里坐着英勇的好汉，即贝奥武甫），类似于pær se cyning sæt，Beowulf（那里坐着国王贝奥武甫），但这个词组后来se goda（英勇的好汉）与Beowulf或其他某个名词更直接地联系在一起了；这种联系法扩大到中性词方面（在最古老的英国史诗中还

不是这样)，最终成为使形容词固定在名词前的规则用法。需要采用弱形容词的词数在不断地增加，在德语里尤其如此。这种逐步变化的结果使得这些形式成为同古老的“强形式”一样的真正形容词，因此过去那种表示具体意义的作用已经丧失，这些词的意义变得比以往更一般了，虽然现在还可以说(der) gute (mann)(〔这个〕好〔人〕)比(ein) guter (mann)(〔一个〕好〔人〕)更为特定。

巴利(《法语文体论》，305)提醒我们注意形容词名词化的另一种方法：“Vous êtes un impertinent(您是一个冒失鬼)比 Vous êtes impertinent(您冒冒失失的)更为通俗，更加有力。”这里，形容词名词化的实现，只是借助一个冠词。在其他语言中，也有类似方法，试比较：He is a bore(他是一个讨厌的人)与 He is tedious(他惹人讨厌)，Er ist ein prahlhans(他是一个牛皮大王)与 Er ist prahlerisch(他惯于吹牛)等等。表示亲昵的词语也有这种情况：You are a dear(你是个可爱的人)比 You are dear(你可爱)更为深情；人们很少说 You are dear，原因很清楚：这些名词比形容词更为特定，因此更为有力，虽然它们表示的概念与形容词完全相同。

意义最特定的名词——专有名词——不能变为形容词(或修饰语，见下文)，如果它不真正失去专有名词的性质并变得具有一般的意义，这是根据我的定义作出的一个简单推论。在 the Gladstone ministry(格拉德斯通内阁)这个词组中可以看到这一点，它的意思是：以格拉德斯通为首的内阁，它和真正的专有名词“格拉德斯通”的关系与 Roman(罗马的)和 Rome(罗马)或 English(英国的)和 England(英国)之间的关系是一样的。在以下例子中可以更清楚地看出这种一般化的意义：Brussels sprouts(布鲁塞尔白菜——它也可以长在别的地方),a Japan table(一张日本漆桌——指一张用日本发明的油漆方法油漆的桌子)。①

两种词类之间的变换
(Interchange of the Two Classes)

现在让我们来看看在同一词组内的形容词和名词可以相对自由地变换位置的情况。库蒂拉总的来说倾向不考虑这两类词之间的区别,这也许是因为在他的母语中,这两类词的形式差异是很小的。他援引了这样的例子:*un sage sceptique* est un *sceptique sage*(疑心的聪明人是聪明的疑心人),*un philosophe grec* est un *Grec philosophe*(希腊的哲学家是当哲学家的希腊人);他说,这两者的差别是很微小的,因为在这种情况下,有一个特性被认为是更基本的,或者说,是更重要的或更有意义的——不言而喻,一个人首先是希腊人,然后才是哲学家,et néanmoins nous parlons plutôt des philosophes gres que des Grecs philosophes(但是,我们宁愿说希腊的哲学家而不说当哲学家的希腊人。《玄学与伦理评论》1912,9)。

很难说这两种概念中究竟哪一个更为重要,更为有意义。然而,如果我们采用上述标准,我们就不难看出,在对表示当哲学家的希腊人(=希腊的哲学家)的两种方法进行选择时,我们为什么

① 从专有名词派生的词在使用大写字母方面,不同的语言有不同的方法,例如:英语在各种情况下都将 French(法国的、法国人的、法语的)和 Frenchify(使法国化)第一个字母大写;法语的形容词 français(法国的,法语的)开头字母不大写,Français(法国人),françiser(使法国化)。

会自然而然地把 philosopher(哲学家)(较特定的概念)当做名词,而把 Greek(希腊的)(较一般的概念)当做形容词,说成 the Greek philosophers (les philosophes grecs)(希腊的哲学家),而不说 les Grecs philosophes(当哲学家的希腊人)(在英语中,这种换位并不是在任何情况下都行得通的,the philosophical Greeks〔富于哲理性的希腊人〕与法语中的说法意义不同)。有一本著名的德语书,书名是 Griechische denker(《希腊思想家》)。如果用 Denkende griechen(《当思想家的希腊人》)作为书名,其感染力小得多,因为在此场合形容词 denkend 的意义不如名词 denker 明确,denker 能立刻给人以比普通"有思想的"那些人思考问题更加深刻、更加专业化的人的形象。

再如,高尔斯华绥先生曾写过:他在政治上是一个保守的自由党人(Conservative Liberal),直到六十好几的年纪,只是到了迪斯累里时代,他才成为一个具有自由思想的保守党人(Liberal Conservative)。conservative(保守党人)和 liberal(自由党人)用来指两个政党的成员时,就成了名词(复数加-s),它们显然要比一般性的形容词所表达的概念更为特定。①

如果我们比较 a poor Russian(一个贫穷的俄国人)和 a Russian pauper(一个俄国的穷人)这两种说法,我们一方面可看出名词 Russian(俄国人)比相应的形容词 Russian(俄国的)更为特定,因为它表示"男人或女人"这类概念。另一方面,我们还可看出,pauper(穷人)比 poor(贫穷的)意义更为特定,poor 除了可用于人

① 其他的例子(如切斯特顿写的:"大多数有官气的自由党人[official Liberals]都希望成为自由党的官员[Liberal officials]。")请见《现代英语语法》Ⅱ,8,14。

之外,还可用于许多其他的事物:pauper(穷人)的意义甚至比 a poor person(一个贫穷的人)还要特定,因为它表示某个有权享受或接受公共赈济的人。①

其 他 组 合

(Other Combinations)

名词具有更加复杂和更加特定的规则,这就是说,只有能够把两个意义相似的词进行比较的时候,这规则才有效;但能否把它用于其他场合呢?例如,我们是否可以说形容词与名词不管怎样搭配,前者总不及后者特定呢?在绝大多数情况下,这条标准是正确的,甚至可以用算术统计数字作为根据,数一数一个词可以跟多少个体搭配使用。Napoleon the third(拿破仑三世):叫拿破仑的人寥寥无几,但排行第三的人或物却有许多。A new book(一本新书):新的东西要多于现有的书。An Icelandic peasant(一个冰岛农民):诚然,世界上的农民要多于冰岛人,但形容词 Icelandic(冰岛的)不仅可用于人,还可用于许多事物,冰岛的山、瀑布、羊、马、毛线衫等等。一些评论家们对我举的 a poor widow(一个穷寡妇)持有异议,他们说如果用 rich(富的)替换 poor(穷的),就会出现很不幸的情况:很难说世界上是富人多还是寡妇多——这样,他们便忽视

① 米尔说(《逻辑》,15),"round(圆的)与 a round object(一个圆的物体)在意义上没有差别"。当 round 作表语时,这句话从某种程度上说是正确的(the ball is round = is a round object),但在其他情况下则不可:这一说法如果应用于 a round ball,就会产生一种毫无意义的同义重复。只有当形容词 round 真正名词化了,我们才能说这个词含有"物体"这种概念。

了这样一个事实，rich 可以用于城镇、乡村、国家、矿山、战利品、商店、报酬、服装、经验、雕塑、饮食、糕点、奶油、韵脚等等。The Atlantic Ocean(大西洋)：如在雪莱的诗里，可以看到形容词 Atlantic 与名词“云”、“浪”、“小岛”连用。形容词 rare 意思虽然是“罕见的”，但却可以用来描写无数的事物，人、石头、树、邮票、思想品质等，因此符合定义。当然必须承认，这种数字检验法并非适用一切情况，因为可以连用的形容词和名词根据具体情况，往往是无法进行比较的：我们说“一块灰色的石头”，但谁能说“灰色的”和“石头”哪一个适用的事物多呢？然而，适用数量的多少只是“特定”与“一般”这两词的一部分含义。对于形容词，我不赞成那种突出某一特性的说法，我倾向于强调名词所表示的特性更加复杂。这种复杂性是很重要的，只有在极少数情况下，才有可能用堆砌形容词的方法表示一个用名词这个术语才能表示的某一个概念的完整定义：正如伯特尔森所说的，总是存在着某个难以下定义的未知数，即一个核心，该核心可以看做我们要指定的那些特性的“承担者”。这还是以“物质”作为旧定义的基础，因此，这一旧定义可以看做部分正确，虽然不是完全正确。如果需要打个比喻，那么，名词可以比做特性的结晶体，而这些特性在形容词中只是处于液体状态。

这里还必须指出，我们的语言含有一定数量的高度概括意义的名词，如 thing(东西)，body(物体)，being(动物、人)，但名词的这种“概括”意义并不具有形容词那样的等级：它们常常被用作表示许多纯属名词性的概念(说 all these things〔所有这些东西〕代替列举书、纸、衣服等等)——这种用法常见于哲学思维以及抽象的科学思维。它们在日常语言中还可以不很严格地使用，以代替一

个或是该语言中没有或是一时记不起来的专门名词（比较：thingummybob〔某人，某物〕〔德〕dingsda〔某人，某物〕）。此外，它们很少使用，除非与一形容词连用，这时它们常常只是一种使形容词名词化的语言手段，例如英语中的one（某人、某物）就是这样（ones〔某些东西〕用在the new ones〔那些新东西〕中，表示先前提到的名词；在谈到鸟时，说her young ones〔她的小鸟们〕，便提供了一个相当于children〔孩子〕这个名词的需要）。这就导致了这些词用于复合代词：something（某个东西），nothing（没有东西），quelque-chose（某个东西），ingenting（没有东西），somebody（某人）等等。另一方面，一种语言一旦有了某种构成形容词的方式，它便能够将这种构词法扩大用于构成意义十分特定的形容词，例如：a pink-eyed cat（一只红眼猫），a ten-roomed house（一座有十个房间的房子）；这种词组被用来反驳我的整个理论：猫多于红眼动物。然而，我认为，这并不能否定我在这里所解释的理论的普遍真理性：必须记住，这两个词组中的真正的形容词部分分别是pink（粉红色的）和ten（十）。

根据以上所述，我们不难明白为什么所谓的比较级（greater〔较大的〕，greatest〔最大的〕）通常只见于形容词：这种比较必然一次只涉及一种性质。概念越是特定，比较级使用得就越少。我们在实际运用中，的确可以看到名词的比较级或最高级，经过深入的研究，就会发现这些比较级和最高级只涉及一种性质，因此，所表达的意义与它们假如是由真正的形容词构成时所表达的意义相同。例如：德语的basileuteros，basileutatos（较像国王的，最像国王的）。（其他例子见德尔布鲁克《印度日耳曼比较句法》1.415）马扎尔语中的szamár（傻瓜），szamarabb（较傻的），róka（狐狸），

rókább(较狡猾的)。芬兰语中的 ranta(海滨),rannempi(较靠近海滨的),syksy(秋季),syksymänä(深秋的)。(参见保罗《语言史原理》, §250)

最后再说一点:我们不能把特性的复杂性或意义的特定性作为一条确定某一个词是名词还是形容词的标准:对于名词和形容词,必须根据具体情况,用各种语言中所不同的形式标准来加以确定。本章就是为了寻求在事物或我们思维的本质中是否存在某种可以证明众多语言中采用的分类方法——把名词与形容词截然分开——作了论证的尝试。当然,我们不能如逻辑学家们所期望的那样,在这两类词之间划出一条泾渭分明的界线:语言的创造者,即寻常的说话人,并不是非常严格的思想家。然而,他们也并非没有一定的自然的逻辑;无论这些界线有时是多么模糊,但我们总可以看到由语法形式所表示的主要的一般的分类是有一定逻辑基础的。我们面前的这种情况便是如此:名词的基本特征是具有比较特定的意义,而形容词的基本特征是具有比较普遍的意义,因为名词内含着各种复杂的特性,而形容词只含有一种特性[①]。

① 本章是根据《语言逻辑》(哥本哈根,1913)重新组织并略加修改写成的。我在这里基本上没有改变自己的观点,我试图回答 S. 埃利希(《语言与文体》1914),H. 伯特尔森(《斯堪的纳维亚学刊》1914),H. 舒哈特(《人类学》1914),N. 贝克曼(《心理学和教育学档案》1922)提出的批评,再请参见文德里《语言》153ff。

第六章　词类

(Parts of Speech)——(续完)

代词　动词　小品词　小结　词

代　　词

(Pronouns)

在各种语言中,代词都被看做是词类的一种。然而,构成代词的特征又是什么呢?旧的定义就体现在代词这个术语中:代词用以替代人或物的名称。斯威特发展了这个定义(《新英语语法》,§196):代词是名词的替代词;代词的使用一方面是为了简洁,再一方面是为了避免名词的重复,还有一方面是为了避免特定的表述。但该定义并不适用于一切情况,从对第一人称代词的分析就可以看出它是站不住脚的;用 I see you(我看见你)替代 Otto Jesperson sees Mary Brown(奥托·叶斯柏森看见玛丽·布朗),这对质朴无华的人来说是很不自然的。相反,大多数人会说在《高卢战纪》一书中,作者用恺撒这个词代替"I"(我)。我们也可以这样说,I, Otto Jesperson, hereby declare ...(我,奥托·叶斯柏森,特此宣布……),如果"I"只是 Otto Jesperson 这个名字的简单替代,那么,这句话不就是太荒唐了吗?"I"是第一人称,而名字是第三人称,这在语法上是很重要的,许多语言里的动词形式便是证明。此外,没有人会怀疑 nobody(无人)和疑问词 who(谁)是代词,但我们很难说出它们替代的是什么名词。

诚然,he(他)、she(她)、it(它)常常用来代替提到的人或物,而且,的确可以划出一类用法与此相类似的词。不过,并非所有的这类词都可看做代词,这类词有:

(1)he,she,it,they(他们、它们),用于替代名词。

(2)that(那个),those(那些),用法同上。比较:his house is bigger than *that* of his neighbour.(他的房子比他邻居的房子大。)

(3)one(某个),ones(某些):a grey horse and two black *ones*(一匹灰马和两匹黑马),I like this cake better than the *one* you gave me yesterday.(与你昨天给我的那块饼相比,我更喜欢这块饼。)

(4)so(如此):He is rich,but his brother is still more *so*.(他很富,但他兄弟更富。)Is he rich? I believe *so*.(他富吗?我想是的。)

(5)to:Will you come? I should like *to*.(你来吗?我想来。)

(6)do:He will never love his second wife as he *did* his first.(他永远不会像爱第一个妻子那样爱他的第二个妻子。)

这样,我们就能得到一类替代词,它们可以再分为代名词(pro-nouns),代形容词(pro-adjectives),代副词(pro-adverbs),代不定式词(pro-infinitives),代动词(pro-verbs)(以及代句词〔pro-sentences〕,例如(4)第二个例句中的 so),然而,很难把这类词叫做一个真正的语法的词类。

诺林对代词的处理颇有独到之处和指导意义(《我们的语言》5.63 ff.)。他把“能表义的词素”(expressive sememes)同代词加以比较,它们表示固定的词义,因为语言本身就表现了这种意义,代词的特点在于它们的含义变化不定,最后要依赖于语言范围之外的环境,由整个情景来确定。“I”是代词,因为当说话人是 John Brown(约翰·布朗)时,它表示一个人;然而说话人是 Mary Smith(玛丽·史密斯)时,它表示的是另外一个人。根据诺林的观点,结果,许多词和词组都成了代词,例如:the undersigned(签名者);today(今天);(there were three boys),the biggest one,etc(〔有三个男孩〕,最大的男孩……)。代词性质最强的词莫过于 yes(是)和 no(不),但是如用 on the contrary〔恰恰相反〕代替 no 作答情况又怎样呢? here(这里)是第一人称的地点代词性副词(pronominal adverb),there(那里)是相应的第二人称与第三人称地点代词性副词,now(现在)和 then(那时)是相应的时间代词性副词(然而根据诺林的定义,词组 here and there〔到处〕和 now and then〔不时地〕则不可能是代词)。此外,right(右),left(左),on Sunday(在星期天),the horse(这匹马)(不只是 the,而是两个词一起),my horse(我的马)都是代词。诺林费尽心机(但不很成功)证明像 John(约翰)这样一个普通的“专有名词”不是一个代词,尽管它无论用在哪里,其正确含义总是由整个情景来决定的。那么,对于小孩用 father(父亲)来表示 my father(我的父亲)的现象又该如何解释呢?

诺林的分类太笼统、太混乱,而且难以使人理解诸如疑问词 who,what 或 some(一些),nothing(什么也没有)这样的一些词怎

样才能符合这一定义。我认为,他在处理这个问题以及其他一些问题时,主要的缺点在于他建立的词类,完全根据“语义”(semological),或是我说过的,不考虑存在于实际语言中的表达意义的方式,即不考虑形式因素的意念观点。如果我们考虑到这两个方面,我们便会发现,把一定数量的兼类词(shifters)(用我在《语言》〈p. 123〉一书中所用的术语),提示词(reminders)(同前,p. 353),代表词(representative words)以及关系词(relational words)归于一类,仍沿用代词这一既定名称,这样做的确是有一定意义的。从意念的观点出发,也许很难确定这些词有什么共同点,但如果我们单独地看待传统语法里的代词分类,它们在意念上的统一是很明显的:人称代词及相应的物主代词——指示代词——关系代词——不定代词,但是有些不定代词与形容词的界线模糊不清,如代词some(一些)与形容词 many(许多),等等;因此,这一类代词应该包括哪些词,语法学家们持有不同的意见。然而,这种分类法与我们在任何别的语法分类中所看到的情况没有什么本质上的不同。跨类现象是不乏其例的。我们研究各种语言中这些代词的形式与功能时发现,它们具有与其他词不同的特征。但是这些特征在各种语言中并不相同,而且在同一种语言中,各种代词的特征也并不完全相同。代词有许多不规则的变化形式与功能。英语中代词有两种格的区别,如 he: him(他),they: them(他们,它们);修品与非修品形式的区别,如 my: mine(我的);性的区别,如 he: she(他,她),以及有相似区别的 who: what(谁,什么);不规则复数,如 he、she: they, that : those, 合成词 somebody(某人), something(某物)——普通形容词则不可这样用,each(每个)不与名词或冠词

连用,等等。[①] 其他语言的代词也有类似特征;例如法语代词有 je(我),me(我),tu(你),te(你)等特定形式,它们只与动词形式连用。

有时,代词这一术语(一般在法语的语法书里,但是在术语联合委员会的报告里也同样)只指其作用相当于我在第七章中称做"首品词"的那些词,把 my(我的)叫做"物主形容词"(possessive adjective),把 this book(这本书)中的 this(这个)叫做"指示形容词"(demonstrative adjective)。然而,把 my 与 mine 这样分开是毫无道理的,甚至更不应该把 his cap was new(他的帽子是新的)与 his was a new cap(他的是一顶新的帽子)中的 his 分开,把 this book is old(这本书是旧的)与 this is an old book(这是本旧书)[②]中的 this 分开,使同一形式隶属于两种不同的"词类"。这样一来,形容词似乎也要划出类似代词的分类(物主形容词,指示形容词)。我甚至还要把所谓的副词性代词 then,there,thence(由此),when(那时),where(那里),whence(那里)等也归入代词,这些词也具有代词的某些特征,而且,它们显然是由代词构成的(请注意 whenever〔无论何时〕〔比较 whoever"无论何人"〕与 somewhere〔某处〕以及其他词的构成方式)。

---

① 同样值得注意的是,浊音[ð]的书写符号 th 只用于代词之首:thou(你),the(这个),that(那个)等,还包括副词性代词 then(那时),there(那里),thus(如此)。

② 两者间的功能("品")的差别,相当于 the poor people loved her(穷苦的人爱她)与 the poor loved her(穷人爱她)中两个 poor 之间的差别,以及 there were only two men(只有两个人)与 there were only two(只有两个人)中两个 two 之间的差别。索南夏因(§118)说,在 both boys(两个男孩)中,both 是形容词;但在 both the boys(两个男孩)中,both 是代词同位语——显然,这种区别是很勉强的。

数词常常被视为一种独立的词类;也许把它作为代词项下的一个分类更为妥当,因为数词与代词有某些共同之处。在英语及其他一些语言中,one(某个,一个)除了是数词外,还是不定代词(one never knows〔谁也不知道〕)。再请比较复合词oneself。oneself的弱读形式便是所谓的"不定冠词",如果与它相对的"定冠词"有理由归入代词,那么a,an(一个),〔法〕un(一个)等也应看做是代词。某些语法书把这两种"冠词"另立一"类"是毫无道理的。英语中的other(另一个)原先具有序数意义:"第二";现在一般把other归入代词,other在each other(互相),one another(互相)中的用法证明了这种划分是有道理的。数词大都没有形态变化,然而在数词有形态变化的语言中,这些数词却常常表现出类似其他代词的不规则变化现象。如果我们把数词归入代词,我们也许还可把不定数词many(许多),few(一些)包括在内:在逻辑上,这两个词与一贯属于代词的all(所有的),some(一些)以及否定的none(一个也没有),no(没有)同属一个系列。如果这样,我们还应把much harm(很多的危害),little gold(一点点金子)中的much(多)和little(少)(much与不可数名词连用的情况请参见第十四章)包括在内。[①] 所有这些数量词(quantifiers)——也许可以这样称呼它们——与普通的计量形容词的不同之处,在于它们能够(不接冠词)单独用作"首品词",如some(many,all,both,two) were absent(有些人〔许多人,所有的人,两人都,两人〕缺席),all (much,little) is true(一切〔大部分,很少一部分〕是真的);它们总是置于被计量的词的前面,并且永不能转用作表语的形式:a nice

① little如用作其他的意义则是普通形容词,如my little girl(我的小姑娘)。

young lady(一位讨人喜欢的年轻女士)与 a lady who is nice and young 意思一样,但是对 many ladies(许多女士),much wine(许多酒)则不可调换位置。这种情况同 no ladies(没有女士),what ladies(什么女士),that wine(那种酒)以及其他的代词一样,不能变换位置。

最后我还想就某些分类的名称说几句。关系代词(relative pronoun):现今世界,一切都是相关的,也许可以采用一种更确切的名称,如“连接代词”(conjunctive pronoun)或“联系代词”(connective pronoun)。因为这些词的作用就是连接句子,与连接词的作用极为相近。的确,可以提出这样的问题:英语中的 that 只是代词而不是连接词吗?比较 that 可以省略的情况:I konw the man (that) you mentioned(我知道你提到的那个人),I know (that) you mentioned the man(我知道你提到过的那个人),再比较 that 前不能用介词的情况:the man that you spoke about(你谈到的那个人),the man about whom you spoke(同前)。——“人称代词”(personal pronouns):如果这里的“人称”(personal)指的是人类的“人”,那么,对下面一些情况来说就不妥当了。如德语中的 er,法语中的 elle(她),英语中的 it(它)可用来指一张桌子(der tisch,la table〔桌子〕),对于“无人称”(impersonal) it,es,il 来说就更不妥当了,如 it rains(天下雨),es regnet(同前),il pleut(同前)。另一方面,如果“人称”(personal)这个名称是用来指语法中的三种人称的话(见第十六章),那么正确地、严格地说来,只有第一人称和第二人称才属人称代词,因为其他所有的代词(this,who nothing 等)同 he 或 she 一样都属第三人称。然而很难找到一个更为恰当的名称来代替“人称”代词,不过这个问题并非十分重要。有时很难把人称

代词与指示代词分开,如在丹麦语中 de(他们——主格),dem(他们——宾格)在形式上与指示代词 den(那个),det(那个)一致,然而在功能上它们既是 den、det 的复数,又是 han(他)、hun(她)的复数。

动　　词

(Verbs)

在大多数语言中,至少在雅利安语、闪米特语和乌戈尔芬兰语中,动词具有许多显著的特征。因此,完全应该被看做是一个独立的词类,即使在一些场合并不具备动词的某些特征。这些特征便是人称(第一、第二、第三人称)、时态、语气、语态的区别(参见第64页)。至于其意义,动词即是斯威特所说的表示现象的词(phenomenon words),大致可划分为表示行动的动词(he *eats*, *breathes*, *kills*, *speaks*, etc.〔他吃,呼吸,宰杀,说话等〕),表示过程的动词(he *becomes*, *grows*, *loses*, *dies*, etc.〔他成为,长大,失去,死等〕)以及表示状态或状况的动词(he *sleeps*, *remains*, *waits*, *lives*, *suffers*, etc.〔他睡觉,留下,等待,生活,受难等〕),虽然有些动词很难归入以上各类(he *resists*, *scorns*, *pleases*〔他抵抗,嘲笑,高兴〕)。某个概念是否具有动词性大多很容易看出;如果我们像在上面例句中所做的那样,把一个动词与一个代词结合起来(或是与一个名词结合起来:the man eats, etc.〔这人吃,等等〕),我们就会发现动词赋予这种组合一种完结的特殊性质,使它成为一个(相对而言)完整的信息——如果我们把一个名词或代词与一个形容词或副词结合起来,则不具有这种特殊性质。动词是一种赋予生命的成分,因此,

造句时作用极为重要:一个句子几乎总要含有一个动词,只有在很少的情况下我们才会发现在可以叫做完整句子的结构中没有动词。有些语法学家甚至认为,一个特定的信息只有在含有一个动词时,才能叫做句子。我们将在后面的章节中考察这个问题。

现在,我们如果比较 the dog barks(狗吠)与 the barking dog(吠叫的狗)这两个词组,就可以看出,barks(吠叫)与 barking(吠叫着的)显然有着密切的关系,可以叫做同一个词的不同形式。但是作为一个完整的信息而结束的只是第一个词组,而 the barking dog 不具备那种特有的终了。我们不禁要问:那条狗怎么样了?所有那些常被叫做"限定"的动词形式都具有造句的能力。而 barking(吠叫的),eaten(吃了的)这类分词形式和 to bark(叫),to eat(吃)这类不定式则无造句能力。其实,分词是一种由动词构成的形容词,不定式与名词有某些共同之处,虽然从句法上看,分词与不定式都保留着许多动词的特点。根据这种观点,我们有理由把动词这个名称只限于指那些具有显著的造句能力的动词形式(限定形式),把"动词性词"(verbids)(分词与不定式)看做是介于名词与动词之间的一种独立词类(比较旧名称:动名词〔participium〕,即带有名词与动词特征的词)。然而必须承认,把 he is eating the apple(他在吃苹果),he will eat the apple(他将吃苹果),he has eaten the apple(他吃完了苹果)中的 eat 和 eaten 与 he eats the apple(他吃苹果),he ate the apple(他吃了苹果)中的动词区别开来是有一些不自然①;因此,最好还是把动词的非限定形式附属

① 再请注意俄语中的过去时,如 казал(显示了),原先是一个过去分词,意为"已经显示了"。

于动词的限定形式,大多数的语法著作就是这样做的。

小　品　词
(Particles)

几乎在所有的语法著作中,副词、介词、连词、感叹词都被看做四个独立的“词类”,把它们之间的区别看做是名词、形容词、代词、动词之间的那种区别。其实,这样就过分地夸大了这些词之间的差异,同时还遮掩了它们之间明显的共同点。因此,我主张还是采用过去的术语,把这四类词统统看做是“小品词”。

就形式而言,它们都没有变化——某些能够同有关的形容词一样具有构成比较级和最高级能力的副词除外。然而,为了判断它们在意义或功能方面的区别——正是这些区别使得大多数语法学家把这些词归入不同的词类——有必要看一看这些词类以外的一些词。

许多词之间虽然只有一种区别,但这种区别却被称之以不同的名称,因此,遇到这种情况时人们看不出它们其实是相同的,比如一个本身意义就完整的词(或临时作此用的词)与加上了某种限定性词语意义才完整的词之间的区别。例如,he sings(他唱歌),he plays(他演奏),he begins(他开始)中的动词意义是完整的;he sings a song(他唱一支歌),he plays the piano(他弹钢琴),he begins work(他开始工作),同一动词后接一补语。在这种情况下,通常把前者中的动词叫做不及物动词,把后者中的动词叫做及物动词,而补语则被叫做宾语。通常不被叫做“及物”、“不及物”的其他动词其实也有这种区别:he can(他能够)是完整的;在 he can sing(他会唱歌)中,动词can(能够,会)加上一个不定式而成为完整的。对于这种区别,我们还没有固定的术语,有些人用的术语"独立动词"(independent verb)、"助动词"(auxiliary verb)不能充分说明问题:因为一方面,can在古英语里可以与不同类型的补语连用,如He could the Bible in the holy tongue(他懂得用这种神圣的语言写成的《圣经》);另一方面,又有:he is able(他能够),he is able to sing(他能唱歌),he wants to sing(他想唱歌)这类词组。还有一种情况,在he grows(他成长)中,动词是完整的,而在he grows bigger(他长大了)中,动词后接一"表语";试比较:Troy was(特洛伊曾经存在过),Troy was a town(特洛伊曾经是一座城市)。然而,尽管动词之间存在这些区别,但没有人想到要把它们归入不同的词类:sing(唱)、play(演奏)、begin(开始)、can(能够)、grow(成长)、be(是)无论在特定的词组中完整与否,它们总是动词。

现在,我们来看看on,in这类词。如果我们把on,in用在下面的词组里,就会发现与上面所举的那些例子在我看来完全相同的情况:put your cap on(戴上帽子)与put your cap on your head(把帽子戴在头上),he was in(他在家)与he was in the house(他在家里);但是,前句中的on和in被叫做副词,后句中的on和in被叫做介词,它们被看做两种不同的词类。如果把它们归入一类,并说明on和in有时本身是完整的,有时后接一补语(或宾语),是不是更合情理呢?再如:he climbs *up*(他向上爬)与he climbs up a tree(他爬上一棵树),he falls *down*(他摔下来)与he falls down the steps(他摔下台阶)(比较:he ascends,descends〔他登高,走下〕后面接与不接补语the steps〔台阶〕的情况);he had been there *before*(他以前去过那里),he had been there before breakfast(他早饭前去过那里)[1]。根据通常采用的体系,it was near one o'clock(将近一点钟)中的 near 是介词还是副词呢?(比较:almost〔几乎〕与 about〔大约〕这两个同义词,前者被叫做副词,后者被叫做介词。)当介词不过是作特殊使用的动词形式时,可以看出及物动词宾语与介词宾语之间的密切关系。如:concerning(关于)(〔德〕betreffend)及 past(过):he walked past the door at half-past one(一点半钟他从门旁走过)中的 past 不过是过去分词 passed(过)的另一种写法而已;在 he walked past(他走过去)中 past 不接任何补语。

同样,把连接词单独划为一类也是毫无道理的。比较下面的这些例子:*after* his arrival(他到达之后),after he had arrived(他到达之后);*before* his breakfast(他吃早饭前),before he had breakfasted(他吃早饭前);she spread the table *against* his arrival(她摆好餐桌以备他来),〔古英语〕she spread the table against he arrived(同前);he laughed *for* joy(他高兴地大笑),he laughed for he was glad(同前)。它们之间唯一的区别是一个句子中的补语是名词,而另一个句子中的补语是句子(或分句)。所谓连接词其实只是一种句子介词:同一个词的这两种用法之间的区别在于补语的性质,而与其他东西毫无关系。正如我们不需要用专门术语表示用完整的句子(分句)为补语以有别于用名词为补语的动词一样,用一个专门的术语来称"连接词"事实上也是多余的。倘若我们还使用这个术语,那只是沿用传统方法,而不出于任何科学的需要。使用这个术语并不意味着我们应该把连接词看成是一个"词类"。请注

[1] 再请比较:the house *opposite* ours(我们家对面的房子)与 the house opposite(对面的房子)。

意下面句子中的共同点：

(1) I *believe* in God. 我相信上帝。	They have lived happily ever *since*. 从那之后他们一直幸福地生活着。
(2) I *believe* your words. 我相信你的话。	They have lived happily *since* their marriage. 他们婚后一直幸福地生活着。
(3) I *believe* (that) you are right. 我相信你是对的。	They have lived happily *since* they were married. (同上)

我们甚至可以发现同一个词以两种方式用在同一个句子里，例如 *After* the Baden business, and he had〔 = after he had〕 dragged off his wife to Champagne, the Duke became greatly broken (巴登的事情完结后，好不容易把他的妻子弄到了香潘，公爵的身体已很不佳了——萨克雷)；如果说这种用法是不常见的话，那么必须记住，同一个句子中同一个动词先作及物用，然后又作不及物用，或先接名词作宾语，然后又接分句作宾语的情况同样也是不常见的。

从以上所举的例子中，可以看到同一个词时而可用作介词，时而又可用作连词。此外，在 *because of* his absence(由于他的缺席)与 *because* he was absent(因为他缺席)之间有微小的区别，这种区别的历史原因在于 because(因为)原先是由 by cause 演变而来的(过去，人们曾这样说：because that he was absent〔同上〕)。在另一些情况下,一个具体的词只有一种用法,不是接一个普通宾语,就是接一个分句作补语:*during* his absence(在他缺席期间),*while* he was absent(同前)。然而,我们不该因此而犹豫不决,不敢承认介词与连词本质上的同一性。尽管动词并不都可接一分句作补语,但我们还是把它们都归入一类,介词与连词的情况也应如此。

连词是句子介词,这一定义对于某些一贯被看做连词的词不尽适用,例如 he and I are great friends(我和他是好朋友)与 she sang and danced(她又唱又跳)这两句中的 and(和),以及 was it blue or green?(它是蓝的还是绿的?)中的 or(或者),等等。这两个词也可用来连接句子,例如:she sang,and he danced(她唱歌,他跳舞),he is mad,or I am much mistaken(他疯了,否则就是我大错了)。在这两句中,它们是并列连词,而迄今为止我们所考察的介词和连词都是从属连词。尽管这是一个重要的区别,仍然没有理由把它们划为两类词。and 与 with(和)意思几乎相同,两者之间的主要区别在于 and 起并列作用,而 with 起从属作用;这在语法上产生了一些明显的影响——注意下面这些句子中的动词形式:he and his wife are coming(他和他妻子要来)与 he with his wife *is* coming(he is coming with his wife),以及丹麦语的物主代词:han og *hans* kone kommer(三例意义同前),但 han kommer med *sin* kone(意义同前)。然而,这在意思上的差别甚小,人们往往不遵循这条严格的规则,例如莎士比亚的 Don Alphonso, With other gentlemen of good esteeme Are journying(唐·阿方斯与其他尊敬的绅士

们在旅行)(见《现代英语语法》II. 6. 53ff.)[①]。both(两者),either(两者中的一个),neither(两者都不)的独特之处在于它们"预示着"后面要接 and,or,nor(也不),但是这并没有理由要把它们看做是独立的一类。

词类表上的最后一个"词类"通常是感叹词,它包括两种专作感叹用的词(日常词语里没有的一些象声词),如骤痛时发出的吸气声"f",或不很适当地拼做 tut 的停止吸气的声音,还有一些由常用声音构成的词,在 hullo(哈罗),oh(哦),以及另外一些来自日常语言里的词。如 well!(嗯!)why!(啊唷!嗨!)等。Fiddlesticks!(瞎说!)Nonsense!(废话!)Come!(快!)伊丽莎白时代的 Go to!(去你的!)这些词唯一共同的地方就是它们能够单独地作为完整的"话语",而用在其他地方它们可归入各种不同的词类。因此,不应该把它们与其一般用法划分开。那些只能用作感叹词的词归入"小品词"最为妥当。

① 比较句中的 as(如)与 than(比)起并列作用:I like you nearly as well as(better than)*her*(即… as 或 … than I do her)(我喜欢你几乎如我喜欢她一样〔……比起她我更喜欢你〕)。I like you nearly as well as(better than)*she*(即… as 或 than she does)(我喜欢你几乎如她喜欢你一样〔我比她更喜欢你〕)。然而由于我们可以说 I never saw anybody stronger than *he*(即… he is)(我从未见过比他强壮的人)或… than *him*(与 anybody 取得一致),因而,在这种情况下,正确的用法给搅混了,he 用来代替 him,或用 him 代替 he。这方面的许多例子可见《论英语》p. 60ff。在 as 后用主格形式甚至使得一些人会说 like I(和我一样),而不说 like me(同前)(《论英语》62)。

小　　结
(Summary)

我们的研究结果是,只有下面这些词类才具有显著的语法特点,可以把它们划作独立的"词类",这就是:

(1)名词(包括专有名词)。

(2)形容词:在某些方面,名词和形容词可统称"名词"。

(3)代词(包括数词以及代词性副词)。

(4)动词(是否包括"动词性词",存疑)。

(5)小品词(包括通常所说的副词,介词,连词——并列连词及从属连词,感叹词)。反过来说,这类词是由不能归入前4类的词组成的。

我们对各种词类的概述到此为止。可以看出,我在提出许多异议的同时——尤其是对常见的定义提出异议——仍然保留了传统体系的不少东西。我不能像E.萨丕尔那样做得太过分,他说(《语言》125),"语言学家对于词类的任何逻辑体系——词类的数目、本质以及必要的范围——都不会感到丝毫兴趣",因为,"每一种语言都有自己的体系,一切都取决于这种语言所认可了的形式上的区别"。

诚然,一种语言中用动词表示的在另一种语言中可用形容词或副词来表示,在英语中我们甚至就可找到同一个意思可由两种方式表示的例子,如:he happened to fall(他不小心摔倒了)与he fell accidentally(意义同前)。我们甚至还可以列出一组同义的表达法,其中,名词、形容词、副词和动词似乎很任意地变换位置。例如:

He moved astonishingly fast.

他令人吃惊地快速运动。

He moved with astonishing rapidity.

他以惊人的速度运动。

His movements were astonishingly fast.

他的运动快得惊人。

His rapid movements astonished us.

他的快速运动使我们吃惊。

His movements astonished us by their rapidity.

他的运动以其速度使我们吃惊。

The rapidity of his movements was astonishing.

他运动的速度是令人吃惊的。

The rapidity with which he moved astonished us.

他用来运动的速度使我们吃惊。

He astonished us by moving rapidly.

他以动作迅速使我们吃惊。

He astonished us by his rapid movements.

他以自己的快速运动使我们吃惊。

He astonished us by the rapidity of his movements.

他以自己运动的速度使我们吃惊。

诚然，这是一个极端的例子，只有用“连系式词”（nexus words）（动词性的名词与所谓的“抽象名词”）才会出现这样的例子。连系式词专门用来使一类词转变为另一类词，第十章将说明这种情况。在绝大多数情况下，这种词类转变是不可能的。例如下面这样一个简单的句子：

The little boy picked up a green apple and immediately ate it.

小男孩捡起一只青苹果,立刻把它吃了。

这里,词类是相当固定的,不可进行任何位置变换:名词(boy〔男孩〕,apple〔苹果〕),形容词(little〔小的〕,green〔青的〕),代词(this〔这个〕,it〔它〕),动词(picked〔捡〕,ate〔吃〕),小品词(up〔向上〕,and〔并且〕,immediately〔立刻〕)。

因此我才认为,这五种词类的划分是合乎情理的,虽然我们不能把它们的定义下得非常准确,达到没有任何含糊不清或模棱两可的例外情况的程度。我们还必须注意,不要以为这些词类完全是指意念而言的:它们是语法类别,因此在某种程度上——只是在某种程度上——它们在不同的语言中会有所不同。这些词类也许不会像适用于拉丁语或英语那样适用于(两个极端的)爱斯基摩语或汉语。但是,对于所有这些语言以及本书考察的其他语言,名词、形容词等传统术语是必不可少的,因此基于这些章节所阐明的那些意义和条件,这些术语将仍旧保留使用。

词
(Word)

什么是词?什么是一个单个的词(而不是两个或更多的词)?这些都是难回答的问题。但本书对此不能避而不谈。[1]

---

① 很多语言著作曾讨论过词的定义。且举几例:诺林《我们的语言》7.13ff.;H.佩德森,Gött. gel. Anz. 1907,898;韦克斯勒《存在有语音规律》,19;博厄斯《美洲印第安语手册》1.28;萨丕尔《语言》34;文德里《语言》85.103;A. 加德纳,《英国心理学杂志》1922.4。

词是语言单位,而不是语音单位,仅仅对连续的话语进行语音分析都不能告诉我们这段话是由多少个词组成的,也不能告诉我们词与词之间的界线。这是语音学家们早就承认的、无可争议的事实:a maze(一片混乱)与 amaze(令人惊奇),in sight(在视野内)同 incite(刺激),a sister(一个姐妹)同 assist her(帮助她),〔法〕assemblé(好像)同 assemblé(集合的),il l'emporte(他把它拿走了)同 il en porte(他把它们带来了)听起来一模一样。拼写也不是决定的因素,因为拼写往往是任意武断的,随着时尚的变化而变化,或在某些国家里根据行政命令规定,而这些行政命令并不总是经过慎重考虑的。at any rate(无论如何)如果按照现在有时写成的 at anyrate 拼写,它的性质会由此而变化吗? any one(任何一个)和 some one(某一个)如果写成 anyone 和 someone,性质也会改变吗?(No one〔没有一个〕和上述情况相同,但是 noone 这种拼法也许永远不会普及,因为它读起来与 noon〔中午〕相同)。德语中 miteinander(互相),infolgedessen(因此),zurzeit(当时)这类正式拼法并没有什么道理。巴利在他早期的一些书中写有 I suppaud(我猜想)这个苏格兰短语,这也许因为他认为 suppaud 是一个类似 suppose(猜想)的动词,但后来他知道了该词的词源。如果我没有弄错的话,他现在写成 I'se uphauld(= I shall uphold〔我将坚持〕)。所有这些都说明,很难确定一些词组是由两个单词还是一个合成词构成的。

另一方面,词不是表意单位。因为正如诺林所说的那样,triangle(三角形)这个词与复合词 three-sided rectilinear figure(三面直线图形)意思完全相同,正如"阿米塔奇"与"我们在桥上遇到的那个穿灰制服的老医生"都可用来指同一个人一样。因此,鉴于语音与意义本身都不能告诉我们什么是一个词,什么是两个或更多的词,我们必须寻求语法(句法)标准以解决这个问题。

在下面的例子中,纯粹的语音标准说明原先的两个词现在成了一个词。德语的 grossmächt(伟大的强国)和丹麦语的 stormagt(意义同前)与英语的 great power(意义同前)不同,因为它们的词尾变化不同:die europäischen grossmächte(欧洲列强),de europœiske stormagter(意义同前)。然而在英语中,我们采用不同的词序说 the great European power(意义同前)[①]。数词 5+10,拉丁语是 quindecim(15),英语是 fifteen(15),它们与分开的 5 和 10 的发音不同;同样,拉丁语中的 duodecim(12)与没有与格形式的 duobusdecim(12)的发音也不相同。法语的 quinze(15),douze(12)当然必须被看做是两个词,即使在更大的数字中,因为它们已经完全不同于 cinq(5),deux(2)和 dix(10)。丹麦语中的 een og tyve(21),尽管分开拼写,仍是一个词,因为同一形式可用于中性词前:een og tyve år(21 个点斑)(但 et år〔一个点斑〕)。英语中,人们开始用 he breakfasted(他吃了早饭)和 he vouchsafes(他答应)取代过去的 he broke fast(他吃了早饭)和 he vouches safe(他答应)之前,breakfast(吃早饭)和 vouchsafe(答应)一直是两个单词;比较 13 页。each other(互相)也许可拼做一个词,因为在整个词组前可用介词(with each other)以取代以前的结构 each with other。在法语中,je m'en fuis(我逃走)已成了 je m'enfuis,这样写很正确,

① 也许可以这样说,拉丁语的 forsitan(也许)后接一直陈语气比后接虚拟语气更像一个单位,这是因为词源的缘故:fors sit an。法语中的 peut-être(也许)现在是一个词,如可以说:il est peut-être riche(也许他很有钱)。

因为它的完成体形式是 je me suis enfui(我逃走了),但与此类似的说法 je m'en vais 总是分开拼写;诚然,口语中,je me suis en-allé(我走了)常常用来代替正统的 je m'en suis allé(同前)。然而这种合成不像 enfuis 那样完全,因为不同词干的(vais,allé,irai〔走〕)使用使之不能融合成一个词。法语中的 république(共和国)和英语中的 republic(共和国)是独立的词,而拉丁语中的 res publica(共和国)因为其词尾变化不可能是独立的词:rem publicam(共和国)。德语中的 jedermann(每一个人),jedermanns(任何人),die mitternacht(午夜)(jeder〔每一,任何〕原先是主格,mitter〔中,中间〕是与格)这些词无内部屈折变化,这表明它们已完全融为一体了。拉丁语中,用来代替 eumpse(他,他自己)的 ipsum(意义同前)亦如此(ipse 从 is-pse 而来)。

必须承认在以上这些例子中,原先的两个词已完全合为一个词,因为我们有严格的语言标准,可以表明本族人本能地把这些词组看做是一个单位;不过英语中的 he loves(他爱)的情况并非如此,它有时被看做类似拉丁语中的 amat(爱)那样的一个单位:在英语中,我们可以把 he loves 这两个部分分开(he never loves〔他从不爱〕)使之互相独立,但 amat 却不能分开;同样,法语的 il a aimé(他爱过)不同于拉丁语的 amavit(爱过),它不是一个单位,因为我们可以说 il n' a pas aimé(他没有爱过),a-t-il aimé(他爱过吗?),等等。(参见《语言》p. 442 ff. 中我对诸多学者的批评)

有时有一种相反的变动,即由词的单位转为松散的组合词。英语合成名词两个成分之间的结合关系已不如过去那样紧密(不及德语和丹麦语中合成名词那样紧密)。无论从哪方面来看,德语的 steinmauer(石墙)与丹麦语的 stenmur(石墙)都是一个词,而

英语的 stone wall(石墙)以及类似的组合词现在都被看做两个词,stone(石头)是修品(adjunct),wall(墙)是首品(primary)。这不仅可以从两个词的重音相同(或不同)上看出,还可以从其他方面看出。根据与形容词的并列:his personal and *party* interests(他的个人利益与集体利益)| among the evening and *weekly* papers(在晚报与周报中)| a *York*-shire young lady(一位约克郡少妇);根据 one(一个):five gold watches,and seven *silver* ones(五只金表和七只银表);根据副词:a purely *family* gathering(一次纯粹的家人聚会);根据个别的用法:any position,whether *State* or national(无论是州还是国家的任何主张)| things that are dead,*second-hand*,and pointless(那些过时的,用旧了的,以及乏味的东西)。这样,某些第一成分已经完全成了形容词,可以接形容词最高级词尾-est(chiefest〔最主要的〕,choicest〔最上等的〕),也可以构成副词(chiefly〔主要地〕,choicely〔上等地〕),参见《现代英语语法》Ⅱ. 第十三章。在莎士比亚的 so new a fashioned robe(多么新式的长袍)中,我们看到另一种合成词(new-fashioned〔新式的〕)的结合方式同样给人以松散组合的感觉。

上述原因以及诸如在凯尔特语(Keltic)中常见的首音变化、古挪威语中的 hann *kvaðsk* eigi vita(he said himself not know〔他说他自己不知道〕,即 he said that he did not know〔他说他不知道〕)这类现象和其他许多情况①都说明,往往很难确定什么是一个词,什么是两个词。在许多情况下,词能否分离对我们有所帮助,但不

① 参见《语言》173. 132 中变位分析法(metanalysis)(a naddre > an adder〔一只蝰蛇〕);法语的疑问词 ti 由 est-il(他是),fait-il(他做)演变而来(同上,358)。

可忘记，有这样一些词——我们必须承认它们是词——出于种种原因不能分离；例如俄语中由 s 或 v 一个辅音构成的介词，或法语中像 je（我）、tu（你）、le（他、它）这样的词，它们从不单独出现，尽管单从语音角度来看，它们完全可以分离出来。如果说这些都是词的话，那是因为他们可以放在不同的位置上，与其他无可置疑的完整词连用；因此，je，tu 等并不是词的一部分，它们本身就是完整的词。同样，德语 ich nehme es an（我治这病），wir wohnten der versammlung bei（我们出席集会），es findet nur selten statt（这只是罕见的）中的 an、bei、statt 也都是词。按照连贯的拼写法，大概应写成 au zu nehmen，bei zu wohnen，es hat statt gefunden，而不应按通常的方式，写成一个词：这些词的位置与它们在 gern zu nehmen（愿意治病），dort zu wohnen（住在那里），er hat etwas gefunden（他发现了什么）等句中相同。①

我们千万不要忘记，词几乎总是用在连贯的话语中，这样，它们相对紧密地与其他词连接在一起：这些词对于表明一个待要理解的词的独特意义一般是很有益的，而且常常是不可缺少的。词典中以及语言学论文中的孤立词都是些抽象词，这种形式的抽象

① 最近的一些语法学家有时一味奇怪地夸大这个问题，并产生了一些误解。例如有人说，现代法语的复数是由一个前置的 z 构成的：（le）z-arbres（这些树）等等。然而 beaucoup d'arbres（许多树）和 les pommes（这些苹果）又该如何解释呢？再如，有人说法语的名词现在通过冠词来变格（布鲁诺，《思维与语言》，162）：le cheval（这匹马），du cheval（这匹马的），au cheval（对这匹马），然而在 Pierre（皮埃尔），de Pierre（皮埃尔的），à Pierre（对皮埃尔）中却没有冠词（此外，这也不能叫做变格）。再如，还有一位德国作者把 der mann（这个人）或 dem mann（意义同前）等说成是一个词，因此我们就有了“在词头部分的屈折变化，准确地说——是词的中间部分的屈折变化代替了词尾的屈折变化”。

词与实际话语毫不相干。诚然,答话和抢白时,词可以孤立地出现,甚至那些在别的情况下不能独立使用的词也可以孤立出现。例如 if(如果):“If I were rich ...”(如果我有钱的话……)“Yes, if!”(不错,如果的话!)——不过这时 if 的意思是通过上文体现的,就像在回答“When did she arrive?”(她何时到的?)时,说“Yesterday”(昨天)一样,意思是“She arrived yesterday”(她昨天到的)。然而,词的这种孤立使用现象必须看做一种例外情况,而不能作为规则。

目前还没有术语能表示构成语义单位的词组,词组中的词并不总需要并列使用,因此可以表明它们构成的不是一个词而是两个或更多的词。这样的词组也许可以称做为短语(phrase),虽然其他作者对该术语的用法有所不同。put off(推迟)这两个词构成了一个短语,其意义无法从这两个词的各自意思推断出;它们可以分开,如 he put it off(他把它推迟了)。德语的 wenn auch(即使)构成一个短语,例如 wenn er auch reich ist(即使他是有钱的)。

第七章 三种词品

(Tne Three Ranks)

主从关系 名词 形容词 代词 动词
副词 词组 从句 结束语

主 从 关 系

(Subordination)

关于一个词应该归于哪一类——名词,形容词,或是其他什么词——的问题,是一个关系到对这个词的看法问题。因此在词典里总能找到问题的答案。[1] 我们现在就来考察词组,这里我们会发现虽然名词总归是名词,形容词总归是形容词,但在连贯的话语中却存在着主从关系的一定结构,同把词划分成"词类"一样,但又不完全依赖于它。

在任何一个表示事物或人的词组中(请比较我在67页上所

---

① 然而,值得注意的是任何词、词组或词的任何部分如当做"引用语"(quotation word)都可看做名词,如 your *Late* was misheard as *Light*(你说的 *Late* 被错听成了 *Light*),his speech abounded in *I think so's*(他讲那番话时老是说我想是的),there should be two *L's* in his name(他名字里应有两个 *L*)。

举出的那些例子），我们总发现其中一个词最重要，而其他的词则结合在一起从属于该词。这个主词受另一个词的限定（后置修饰，前置修饰），而后者又会受到第三个词的限定（后置修饰，前置修饰），等等。因此我们就根据词与词之间限定与被限定的相互关系确定词的"品级"（ranks）。在词组 extremely hot weather（极热的天气）中，最后一个词 weather 显然是主要的概念，可叫做首品（primary）；hot 限定 weather，可叫做次品（secondary）；extremely 限定 hot，可叫做三品（tertiary）。尽管三品词还会受另一个（四品）词的限定，而四品词又会受另一个（五品）词的限定，等等，但没有必要分出三种以上的词品，因为这些低品级词在形式和特点上与三品词没有什么区别。如在词组 a certainly not very cleverly worded remark（一句显然是措辞不清的话）中，certainly，not，very 虽然都是限定其后的词的，但它们在语法上同三品词毫无区别，如同在 certainly a clever remark（一句显然是机警的话），not a clever remark（并非一句机警的话），a very clever remark（一句很机警的话）中一样。

词组 a furiously barking dog（一条狂吠的狗）中，dog 是首品，barking 是次品，furiously 是三品。我们如果把该词组与 the dog barks furiously（这狗狂吠）相比较，就会清楚地发现后者也有与前者相同的主从关系，但这两种结构有着根本的区别，须用不同的术语加以表示：我们把前者叫做组合式（junction），把后者叫做连系式（nexus）。第 108 页提到过它们的区别，第八章中还将对它们进行更详细的讨论，我们会看到除了 the dog barks（狗吠）外，还有其他类型的连系式。应该注意 dog 不仅在作主语时是首品，如在 the dog barks 中，在作动词或介词的宾语时也是首品，如 I see the dog

(我看见狗),he runs after the dog(他追狗)。

首品、次品、三品这些术语不仅适用于组合式,还适用于连系式,但仍有必要采用专门的术语,把组合式中的次品叫做修品(adjunct),把连系式中的次品叫做述品(adnex)。三品可叫做次修品(subjunct),偶尔需用专门的术语称呼四品词时,可把它叫做次次修品(sub-subjuncts)①。

可以有两个(或多个)并列的首品,如 the dog and the cat ran away(狗和猫跑走了)。同样,一个首品可带两个或多个并列的修品:如在 a nice young lady(一位可爱的年轻女士)中,a,nice,young 限定的都是 lady。再请比较 much(Ⅱ)good(Ⅱ)white(Ⅱ)wine(Ⅰ)(许多好的白葡萄酒),和 very(Ⅲ)good(Ⅱ)wine(Ⅰ)(非常好的葡萄酒)。并列修品常常由连接词连接,如 a raining and stormy afternoon(一个风雨交加的下午),a brilliant, though lengthy novel(一本出色的,但篇幅颇长的小说)。如不用连接词,则说明最后一个修品与首品的关系特别密切,构成一个概念,可称为复合首品如 young lady(年轻女士),在某些固定结构中尤其如此:in high good humour(情绪特佳),by great good fortune(交上好运),extreme old age(老耄之年)。有时两个并列修品的前者似乎从属后者,接近于一个次修品,如 burning hot soup(滚热的汤),a shocking bad nurse(一个坏得怕人的护士)。这样,乔叟 a verray parfit gentil knight(一位非常彬彬有礼的骑士)中的形容词 very(very 在今天

---

① 我现在认为首品(primary)这个词比我在《现代英语语法》第二卷中用的主词(principal)要好。我们尽管可创造出新的术语,把组合式和连系式中的首品分别称为上修品(superjunct)和上述品(supernex),但这些累赘的术语实在是多余的。

的 the very day〔正是这一天〕中仍是形容词)先介于修品与次修品之间,后来又成为属副词类的次修品。在某种程度上类似的例子有 nice and warm(很暖和)中的 nice(and)。有趣的是意大利语中也有类似现象,bell'e:贾科萨《落叶飘零》,il concerto … On ci ho bell'e rinunziato(音乐会……啊! 我早就放弃了)|同上,Tu l'hai bell'e trovato(你已经找到它了)。其他该用次修品却用修品的例子还有法语中的 elle est toute surprise(她感到很惊愕)|les fenêtres grandes ouvertes(窗子大开)。

并列次修品的例子有:a logically and grammatically unjustifiable construction(一个在逻辑上和语法上都不合理的结构),a seldom or never seen form(一种罕见或从未见过的形式)。

在上面所举的例句中,我们已看到了名词作首品,形容词作修品,副词作次修品的情况;这三种词类与这里所确立的三品词之间必然存在着某种程度的对应关系。我们甚至可以下定义说,名词是习惯上担任首品的词,形容词是习惯上担任修品的词,副词是习惯上担任次修品的词。但是这种对应关系并不是绝对的,下面的论述将会说明这一问题:词类和词品这两个体系的对应不是一成不变的。

名　　词
(Substantives)

名词作首品　无需再引例子。

名词作修品　名词作修品的古老方式是把名词用于属格,如 *Shelley's* poems(雪莱的诗),the *butcher's* shop(肉店),*St. Paul's* Cathedral(圣保罗教堂)。但是应该注意,属格也可以用作首品(通过常说的省略法),如 I prefer Keat's poems to *Shelley's*(我喜欢济慈的诗而不喜欢雪莱的诗),I bought it at the *butcher's*(我在肉店购得此物),*St. Paul's* is a fine building(圣保罗教堂是一座精美建筑)。英语中,以前的复合词的第一部分现在常常作为一个独立的词,用作修品,如 *stone* wall(石墙),a *silk* dress and a *cotton* one(一件丝绸衣服和一件棉布衣服);关于这些词经常用作形容词的问题,请参看前章。名词用作修品的例子还有:*women* writers(女作家),a *queen* bee(一只蜂王),*boy* messengers(信童)。为什么 *Captain* Smith(史密斯船长),*Doctor* Johnson(约翰逊博士)不可看做这一类呢?请比较德语 *Kaiser* Wilhelms Erinnerungen(威廉的回忆)中无屈折变化的情况(但复合的爵位封号中的情况要复杂一些)。

有时,我们想联结两个名词概念,结果发现单凭简单的并列要使两个名词中的一个成为另一个的修品是不可能的,也是行不通的;这时语言常常要求助于"限定属格"(definitive genitive)或相应的介词词组;如拉丁语 urbs Romœ(罗马城,比较丹麦语中的相应词组 byen Rom〔罗马城〕以及 Captain Smith〔史密斯船长〕一类的组合),法语 la cité de Rome(罗马城),英语 the city of Rome(罗马城)等。还有一些颇有意思的表达法,如〔英〕a devil of a fellow(恶魔似的家伙)| that scoundrel of a servant(那个恶棍一般的仆人)| his ghost of a voice(他那鬼魂般的声音)|〔德〕ein alter schelm von lohnbedienter(魔鬼般的仆人,在 von 后用主格是例外现象)|〔丹〕den skurk av en tjener(那个恶魔一般的仆人)| et vidunder av barn(神童)| det fœ til Nielsen(野兽般的尼尔森)|〔法〕ce fripon de valet(那个奸刁仆人)| un amour d'enfant(一个可爱的孩子)| celui qui avait un si drôle de nom（这个名字古怪的人）|〔意〕quel ciarlatano d'un dottore（那个假医生）|quel pover uomo di tuo padre（你父亲那个可怜的人）等等。这种现象与斯堪的纳维亚语中使用所有格代词 dit fœ（你这个笨蛋）和西班牙语的 Pobrecitos de nosotros！（我们太可怜了！）|Desdichada de mi！（我真倒霉！）有着一定的联系。关于这个问题以及其他类似现象，请参见格里姆《人称变换》，舒哈特《雨果·舒哈特—布雷维尔》197，蒂格内尔《论瑞典语中的性》，115ff.，桑菲尔德《丹尼亚》，Ⅶ。

名词作次修品（次述品）　这种用法除多用于一些固定词组外很少见（见 136 页）。名词作次修品的例子有 emotions，*part* religious … but *part* human（感情，一部分是宗教的……但是一部分是人性的—史蒂文森）|the sea went *mountains* high（大海掀起山一般的浪涛）。在 come *home*（来家）|I bought it *cheap*（我买得便宜）中，home，cheap 原先是名词，但现在一般看做副词；再请比较 go *south*（去南方）。

形　容　词
（Adjectives）

形容词作首品　you had better bow to the *impossible*〔单数〕（办不到的事你最好不要硬干），ye have the *poor*〔复数〕always with you（穷人总在你身旁）（《现代英语语法》Ⅱ），但是 savages（野蛮人），regulars（正规军），Christians（基督徒），the moderns（现代人）等都完全是名词，因为它们有复数词尾；the child is a dear（这孩子是可爱的人）中的 dear 也是名词，因为它前面有冠词 a。德语中的

beamter(官员)通常被看做名词,其实应该说成是形容词作首品,这一点可以从词尾变化上看出:der beamte,ein beamter。

形容词作修品 这里无须举例。

形容词作次修品 从历史的观点出发,应把 a fast moving engine(一台快速运转的发动机)| a *long* delayed punishment(一个拖延很久的惩罚)| a *clean* shaven face(一张刮得很光的脸)等例子中的斜体词看做是副词而不应看做是形容词次修品(现在,古老的副词词尾-e 和其他类型弱发音的-e 一样,已不再发音)。关于 *new*-laid eggs(新下的鸡蛋),*cheerful* tempered men(天性快活的人们),等等,见《现代英语语法》Ⅱ,15.3,关于 burning hot(火热),见第 134 页。

代　　词
(Pronouns)

代词作首品 *I* am well(我身体健康)| *this* is *mine*(这是我的)| *who* said *that*?(那是谁说的?)| *what* happened?(出了什么事?)| *nobody* knows(没人知道)等。但 a mere nobody(区区小人物)中的 nobody 却是道地的名词,试比较其复数形式 nobodies。

代词作修品 *this* hat(这顶帽子)| *my* hat(我的帽子)| *what* hat?(什么帽子?)| *no* hat(没有帽子),等等。

在某些情况下,代词作首品和修品时在形式上没有区别,在另外一些情况下却有区别,试比较 mine(我的):my(我的)| none(什么也没有):no(没有);德语中的 *mein* hut(我的帽子),der *meine*(我的那个)亦如此。再请注意:"Hier ist *éin* umstand(*éin* ding) richtig genannt, aber nur *éiner*(*éines*)”(这是一种正确命名的状况〔一件东西〕,然而也只是一种〔一件〕)。法语的代词在如下例子里有形式上的区别:*mon* chapeau(我的帽子):*le mien*(我的东西)| *ce* chapeau(这顶帽子):celui-ci(这顶)| *quel* chapeau(什么帽子):*lequel*?(哪样东西?)| *chaque*(每个):*chacun*(各个),*quelque*(某个):*quelqu'un*(某人,某物)。

代词作次修品　“代词性副词”(pronominal adverbs)无须举例说明。此外我们还会见到这样一些情况:I am *that* sleepy(我是这样想睡觉——粗俗语)| *the* more, *the* merrier(越多越快活)| *none* too able(没有一点能力)| I won't stay *any* longer(我一会儿也不多待了)| *nothing* loth(没有丝毫不乐意)| *somewhat* paler than usual(比平常略有几分苍白)。①

动　　词
(Verbs)

动词的限定形式只能作次品(述品),从不作首品或三品。但是分词同形容词一样,可作首品(the *living* are more valuable than the *dead*〔活着的人比死去的人更有价值〕)和修品(the *living* dog

① 有的代词性副词和数词性副词(numeral adverbs)与修品连用时很难进行语法分析,如 *this* once(就这一次)| we should have gone to Venice, or *somewhere not half so nice*(我们本应去威尼斯或不及威尼斯一半美好的某个地方去——梅斯菲尔德)| Are we going *anywhere particular*?(我们是不是去什么特别的地方?)从心理学上可作如下解释 once = one time(一次), somewhere 和 anywhere = (to) some, any place(到某地,到任何地方);因此修品从属于潜在的名词。

〔那条活狗〕)。然而,不定式根据具体情况可用作三品中的任何一品。不定式在某些情况下要求用 to(比较德语的 zu,丹麦语的 at)。严格地说,我也许应该把 to go(去)等词组归入"词组的品级"一节中。

不定式作首品 *to see* is *to believe*(百闻不如一见)(试比较 *seeing* is believing〔百闻不如一见〕)| she wants *to rest*(她想休息)(试比较 she wants *some* rest〔她想休息一会儿〕,这里的 rest 是相应的名词形式)。法语 *espérer*, c'est *jouir*(希望便是一种享受)| il est défendu *de fumer* ici(此处禁止吸烟)| sans *courir*(不跑)| au lieu de *courir*(不跑……而……)。〔德〕*denken* ist schwer(思考是困难的)| er verspricht *zu kommen*(他答应来)| ohne *zu laufen*(未跑)| anstatt *zu laufen*(未跑)等。

不定式作修品 in times *to come*(日后)| there isn't a girl *to touch* her(没有姑娘碰她)| the current thing *to do*(现在应该做的事)| in a way not *to be forgotten*(以一种不会被忘记的方式)| the never *to be forgotten* look(永远不会忘记的目光)(《现代英语语法》Ⅱ,14.4 和 15.8)。〔法〕la chose *à faire*(要做的事)| du tabac *à fumer*(要吸的烟)。(德语从相应的不定式用法中产生了一种特殊的被动分词:das *zu lesende* buch〔要读的书〕)。西班牙语中有 todas las academias existentes y *por existir*(所有现有的和有待建立的学术机构——加尔多斯)。不定式的这种用法部分地弥补了分词不够完全(将来、被动等)的欠缺。

不定式作次修品 *to see* him, one would think(见到他,人们就会思索)| I shudder *to think* of it(想到此,我不禁瑟瑟发抖)| he came here *to see* you(他来这里见你)。

副　　词

(Adverbs)

副词作首品　这种用法很少见,例子有 he did not stay for *long*(他没待很久)| he's only just back from *abroad*(他刚从国外回来)。代词性副词作首品比较普遍:from *here*(从这里)| till *now*(迄今为止),另一例子是 he left *there* at two o'clock(他两点钟离开那里),there 被看做 left 的宾语。在哲学语言里 here 和 there 也可用作真正的名词:Motion requires *a here and a there*(运动需要此处和彼处)| *in the* space-field lie innumerable other *theres*(空间还有无数其他的彼处)(《新英语词典》,见《现代英语语法》Ⅱ,8.12)。

副词作修品　这种用法也很少见:the *off* side(反面)| in *after* years(在以后的岁月里)| the few *nearby* trees(附近的几棵树——美语)| all the *well* passengers(所有身体健康的旅客——美语)| a *so*-so matron(一位平常的女管家——拜伦)。副词大多不必作修品用,因为有相应的形容词(或代词性副词:the *then* government〔当时的政府〕,the *hither* shore〔邻近的海岸〕;《现代英语语法》Ⅱ,14.9)。

副词作次修品　这是副词的普通用法,因此无须举例。

形容词或动词构成名词时,限定词好像高升了一级,成为次品而不是三品。只要有可能,这就表现在以形容词取代副词的用法上:

Ⅱ + Ⅲ	Ⅰ + Ⅱ
absolutely novel	absolute novelty
绝对新的	绝对的新

utterly dark 完全黑暗的	utter darkness 完全的黑暗
perfectly strange 全然陌生的	perfect stranger 全然的陌生人
describes accurately 确切地描写	accurate description 确切的描写
I firmly believe 我坚信	my firm belief, a firm believer 我的坚定信念,坚定的信仰者
judges severely 严格地审判	severe judges 严格的审判员
reads carefully 细心地阅读	careful reader 细心的阅读者

应该注意,表示大、小(great,small)的形容词可用作程度副词(much,little)的替代对等词,如:a great admirer of Tennyson(一个极崇拜坦尼森的人),〔法〕un grand admirateur de Tennyson(意义同前)。关于这类次修品向修品转化的情况,请比较《现代英语语法》Ⅱ,12.2 和本书第十章论连系式词的部分。柯姆(《德语语法》136)提到了德语中的 die geistig armen(精神穷者),etwas längst bekanntes(早已熟知的),其中 geistig 和 längst 虽然"修饰一个名词",但却像副词一样,不发生屈折变化。对此的解释是,armen 和 bekanntes 不是名词,而仅是形容词作首品用,这一点可从它们的屈折变化上看出。某些英语词可以有两种用法:these are full equivalents(for)(这些是……的完全对等词)或 fully equivalent(to)(与……完全对等),the direct opposites(of)(……的直接对立物)或 directly opposite(to)(与……直接对立);麦考利写道,"The government of the Tudors was *the direct opposite to* the government of Augustus"(都铎政府与奥古斯

都政府针锋相对),其中 to 似乎更属于形容词 opposite,而不属于名词,而 direct 则是名词的用法。在丹麦语中,人们在翻译 le malade imaginaire(假装的病人)时,拿不准应译做 den indbildt syge(假装的病人),还是 den indbildte syge(装假病的人)。

词　　组
(Word Groups)

由两个或多个词构成的词组,其间的相互关系是多种多样的,但在多数情况下可作为一个词来看待。有时的确很难说它是一个词还是两个词。to-day(今天)原来是两个词,但现在愈来愈倾向于不用连词符,拼作 today。事实上,我们还可以说 from today(从今天起),这说明 to 已失去它的原义了。tomorrow(明天)现在也同样被看做是一个词,甚至可以说 I look forward to *tomorrow*(我期待着明天)。然而,就本章的目的而言,把这些及其他有争议的例子看做是一个词还是两个词无关紧要,因为我们知道一个词组(与一个单词相同)既可作首品,也可作修品或次修品。

作首品的各类词组　*Sunday afternoon* was fine(星期天下午天气晴朗)|I spent *Sunday afternoon* at home(我在家度过了星期天下午)|We met *the kind old Archbishop of York*(我们遇到了年迈、和蔼的约克大主教)|It had taken him *ever since* to get used to the idea(他花了其后的所有时间才习惯于这一概念)|You have *till ten to-night*(今晚十点以前的时间归你)|*From infancy to manhood* is rather a tedious period(婴儿到成人是一相当乏味的时期——考珀)。试比较法语 *jusqu'au roi* l'a cru(直到皇上相信他),nous avons assez pour *jusqu' à samedi*（星期六之前我们还够）；西班牙语 *hasta los malvados* creen en él（甚至坏人也相信他——加尔多斯）。

词组作修品 a *Sunday afternoon* concert（星期日下午的一场音乐会）| the Archbishop *of York*（约克大主教）| the party *in power*（执政党）| *the kind old Archbishop of York's* daughter（年迈、和蔼的约克大主教的女儿）| a *Saturday to Monday* excursion（星期六至星期一的一次远足）| the time *between two and four*（两点至四点之间的时间）| his *after dinner* pipe（他的饭后烟）。

词组作次修品（三品） he slept *all Sunday afternoon*（星期天他睡了一下午）| he smokes *after dinner*（他饭后抽烟）| he went *to all the principal cities of Europe*（他去过欧洲的各主要城市）| he lives *next door to Captain Strong*（他住在斯特朗上尉的隔壁）| the canal ran *north and south*（运河贯穿南北）| he used to laugh *a great deal*（他过去常爱笑）| *five feet* high（五英尺高）| he wants things *his own way*（他希望一切都符合他的心愿）| things shall go *man-of-war fashion*（一切事情将用炮舰解决）| he ran upstairs *three steps at a time*（他一步三磴地跑上楼）。比较“连系式”一章（九）中的“独立结构”（absolute construction）。

正如上述例子所说明的，词组不论作首品、次品还是三品，其本身可以含有三种词品所表明的各种相互的从属关系。词组的品级是一回事，词组内部的品级则又是一回事。其结果必然会出现相当复杂的关系，然而根据本章所阐明的观点，这些复杂的关系是不难分析的。举几个例子就可以说明这个问题：We met the kind old Archbishop of York（我们遇到了年迈、和蔼的约克大主教）中，后六个词构成一个词组首品，作 met 的宾语。但这个词组本身是由一个首品词 Archbishop 和四个修品词 the, kind, old, of York 构成的。或者说, Archbishop of York 是由首品词 Archbishop 和修品 of York 所构成的,它们构成一个词组首品,由三个修品词 the, kind, old 修饰。但修品 of York 又是由小品词(介词)of 和它的宾语,首品词 York 构成的。如果把整个词组用作所有格就会使其变成词组修品:We met the *kind old Archbishop of York's* daughter(我们遇到了年迈、和蔼的约克大主教的女儿)。

He lives on this side the river(他住河这边):句中由五个词构成的整个词组作 lives 的三品;on this side 由小品词(介词)on 及其宾语 this(修品)side(首品)构成,形成一个介词词组,以词组 the(修品)river(首品)为宾语。但是在 the buildings on this side river are ancient(河这边的建筑物年代颇久)一句中,由 on this side the river 五个词构成的词组作 buildings 的修品。用这种方法我们就可以对实际语言中所存在的哪怕是最复杂的组合进行自然的和一致的分析。[①]

从　　句

(Clauses)

通常被叫做从句的那些词组具有特别重要的意义。我们可以

① 有个朋友曾对我说过一个七岁男孩的故事。那个孩子问他爸爸,婴儿出世时会不会说话。“不会!”爸爸说。孩子说:“那么这就怪了,《圣经》里的约伯故事说约伯出生那天就骂人。”这孩子把词组首品(宾语)误认为是词组三品。译者按:Job cursed the day that he was born 中的 that he was born 修饰 the day,全句的意思是:约伯诅咒他出生的那一天。

给从句下这样的定义:从句是句子的某一成分,但本身也具有句子的形式(通常含有一个限定动词)。根据不同的情况,从句既可作首品、次品,也可作三品。

Ⅰ. 从句作首品(首品从句) *That he will come* is certain. 他要来是毫无疑问的(试比较:His coming is certain.〔他的来是毫无疑问的〕)。

Who steals my purse steals trash. 谁偷我钱包就是偷废物(试比较:He steals trash.〔他偷废物〕)。

What you say is quite true. 你讲的千真万确(试比较:Your assertion is ...〔你的话……〕)。

I believe *whatever he says*. 他说的无论什么话我都相信(试比较:...all his words...〔他说的一切〕)。

I do not know *where I was born*. 我不知道自己是在哪里出生的(试比较:my own birthplace〔我自己出生的地方〕)。

I expect(*that*) *he will arrive at six*. 我想他将在六点到达(试比较:his arrival〔他的到达〕)。

We talked of *what he would do*. 我们谈到了他将干的事情(试比较:...of his plans〔……他的计划〕)。

Our ignorance of *who the murderer was*. 我们不知道凶手是谁(试比较:...of the name of the murderer〔……凶手的名字〕)。

在前三句中,从句作主语,在其余的句子中,作动词或介词 of 的宾语。但是我必须提醒读者提防一种不妥的语法分析,即认为在类似第 2 句的句子中,steals trash(偷废物)的主语是一个 he(他),he 暗含于 who 之中,关系从句和 he 的关系与 the man who steals(偷东西的人)中的关系从句和 man 的关系相同——这是一种多此一举的假设,诸如此类的假设还有许多,它把语法搞得混乱复杂,无助于对语言事实的真正理解。[①]

① 斯威特(《新英语语法》§112 及 120)说,在 what you say is true(你说的是实话)中有缩合现象,what 同时起两个词的作用,它在关系从句里作 say 的宾语,同时在主句里作动词 is 的主语;在 what I say I mean(我的话是算数的)中,what 在两个从句里都作宾语;在 what is done cannot be undone(木已成舟)中,what 在两个从句里都作主语。他还说,由一缩合关系代词(a condensed relative)引导的从句位于主句之前而不是之后,我们如果要改变这种句子的结构,常常要恢复没有出现的先行词(antecedent):it is quite true what you say(你讲得千真万确);if l say a thing,I mean it(我说什么都是当真的)。但是上面最后一句话在语法上并不等于 what I say I mean(我的话是算数的),其中既没有先行词也没有关系代词;在 it is quite true what you say(你讲的千真万确)中,我们不能把 it 说成是 what 的先行词,因为不能说 it what you say;至于这种结构的真正的特点,请参看本书 15 页。what 不可有先行词。what 引起的从句位于主句之前而不是之后,并不是含有"缩合代词"从句的特点:在斯威特的某些句子中,我们看到主语在前的正常语序,在 what I say I mean 中,为了强调宾语,将其前置;I mean what I say 则是完全正常的句子,其中 what 是关系代词,虽然斯威特不承认 what 是"缩合代词"。(在该书其后的段落中,他没有看到关系从句与疑问从句的区别,从而制造了不必要的困难。)

然而,对于斯威特的观点所持的主要不同意见是:把 what 说成是同时起两个词的作用很牵强。what 本身不是 is true 的主语,因为我们如果问"what is true?"(什么是真的?),回答只可能是 what you say(你说的),而不会是 what,其他句子亦如此。what 只能是 say 的宾语,其他什么也不是,这与 the words which you say are true(你说的话是实话)中的 which 毫无二致;但是我认为在后句中,are 的主语是 the words which you say,而不只是 the words。只有这样,语法分析才能符合常识。奥尼恩斯(《高级英语句法》§64)说到了蒲伯的话中先行词的省略现象"To help *who want*, to forward *who excel*"(济贫扶杰),即 *those* who,但他没有看到这并不能有助于他分析 I heard what you said(我听到了你说的),因为 what 之前不能插进任何东西。奥尼恩斯不把 what 看做关系代词,这也许很难符合他的体系。在这一点上,他和斯威特都没有提到"不定关系代词"(indefinite relatives) whoever(无论谁),whatever(无论什么),虽然它们与"缩合关系代词"的区别显然只是多了 ever。对于"Whoever steals my purse steals trash"(谁偷了我的钱包,谁就偷了废物),"Whatever you say is true"(你说的不管是什么,都是实话),"I mean whatever I say"(我不管说什么都是算数的)这类句子的分析在各方面都应与对含有

Ⅱ. 从句作修品(修品从句) I like a boy *who speaks the truth*. 我喜欢说实话的孩子。(试比较:…a truthful boy〔……说实话的孩子〕)

This is the land *where I was born*. 这是我出生的地方。(试比较:my native land〔我的故乡〕)

有必要指出,常常有两个关系从句似乎都在修饰同一个先行词(即首品),其实第二个从句修饰的是已为第一个从句修饰了的先行词。因此,第二个从句是作一个词组首品的修品,这个词组首品是由先行词及其第一个修品从句构成的。下面例子中的斜体部分是词组首品:they murdered *all they met* whom they thought gentlemen(他们谋害了所有他们遇到的,并认为是正人君子的人)| there is *no one who knows him* that does not like him(认识他的人无不喜欢他)| it is not *the hen who cackles the most* that lays the largets eggs(叫得最响的母鸡下的蛋并非最大)。

Ⅲ. 从句作次修品或三品(次修品从句) *Whoever said this*, it is true. 这话不管是谁说的,这都是实话。(试比较:anyhow〔不论〕)

---

who, what 的句子的分析相同。狄更斯写的"Peggotty always volunteered this information to whomsoever would receive it"(谁愿意听,佩戈蒂总是把这番话告诉谁——《大卫·科波菲尔》456)中的 whom 使用得不对,因为 whosoever 是 would receive 的主语,虽然整个从句作 to 的宾语,但从句如果是(to) whomsoever it concerned(不论与谁有关),whomsoever 就不错了。再请比较:"he was angry with *whoever crossed his path*"(谁拦他的路,他就生谁的气),以及金斯利的"Be good, sweet maid, and let *who can* be clever"(请任多慧女郎悠闲自在)。拉斯金曾写道:"I had been writing of *what I knew nothing about*"(我一直在写我一无所知的东西),这里的 what 受介词 about 的支配,而 of 支配的是由 what I knew nothing about 构成的整个从句。

It is a custom *where I was born.* 在我出生的地方，这是一种习俗。（试比较：there〔那里〕）

When he comes, I must go. 他一来，我就得走。（试比较：then〔然后〕）

If he comes, I must go. 他如果来，我就得走。（试比较：in that case〔在那样的情况下〕）

As this is so, there is no harm done. 情况就这样，没什么危害。（试比较：accordingly〔因此〕）

Lend me your knife, *that I may cut this string.* 把你的刀子借给我，我就能割断这根绳子。（试比较：cut it with〔用它割〕）

这里请特别注意第一个例子，其中由 Whoever 引导的从句不同于上述例句，它既不是主语也不是宾语，与 it is true 的关系不紧密。

对“从句”这个术语所下的定义促使我们要评论一番流行的术语。根据这些术语，这里所讨论的从句会被叫做与“主句”（the principal clause）或“主题”（principal proposition）相对而言的“从属”句（dependent 或 subordinate clauses）；其他语言里也有与之相应的术语，如德语的“nebensatz, hauptsatz”（副句）。但根本没有必要再用一个专门的术语来表示通常所说的主句。首先应当指出，主要的思想并不总是由“主句”表达的，如 *This was* because he was ill（这是因为他病了）。*It is true* that he is very learned（这一点不假，他很有学问），这个句子中主句表达的思想可用一个简单的副词来表达：*Certainly* he is very learned（的确他很有学问）——把从属的思想变为主要思想难道会改变此人有无学问这一事实吗？再请比较 I tell you that he is mad（我告诉你，他是个疯子）和 He is mad,as I tell you(他是个疯子,正如我告诉你的)两个句子。此外,如果"主句"的定义是:去掉从句后的剩余部分,那么我们常常会得到十分有趣的结果。必须承认,在一些情况下,从句去掉后并不影响句子的意义,因为句子的意义在某种程度上是完整的,如 I shall go to London(if I can)(〔要是我能〕我将到伦敦去)或(when he got back)he dined with his brother(〔他回来后〕他同弟弟一道用餐)。但即使在这里,似乎也没有必要再用一个专门术语来称呼去掉括号中的内容的剩余部分。句中省略了另一种形式的其他同义说法而结果相同,就没有必要用专门术语来称呼剩余的部分,如 I shall go to London(in that case)(〔在那样的情况下〕我将去伦敦),(After his return)he dined with his brother(〔他回来后〕他同弟弟一道用餐)。我们如果从前面引用的三个句子中拿掉从句 where I was born(我出生的地方),剩余部分就是(1)I do not know,(2)This is the land,(3)It is a custom;但是没有理由把它们当做一个独立的语法范畴,因为它们的产生不是通过对下面句子中斜体部分的省略来实现的:(1)I do not know my *birth-place*(我不知道我的出生地),(2)This is my *native* land(这是我的故乡),(3)It is a custom *at home*(这是家乡的一种习俗)。更糟糕的是,去掉从句后的剩余部分常常毫无意义,如(Who steals my purse)*steals trash*(〔谁偷我钱包〕就是偷废物),下句更为荒唐:(What surprises me) *is* (that he should get angry)(〔使我吃惊的〕是〔他竟然动起肝火来了〕)。难道真能说 is 这个小词包括了主要思想?这里的语法单位是整个句子,它包括说话人或作者集中起来表达他思想的所有内容,所以应作为一个整体看待;因此其主语或其他成分是否以句子形式出现,能否被称做从句,是否是一个单词还是一个其他形式的词组就无关紧要了。

结　束　语
(Final Remarks)

采用本章所用的语法术语,就可以说明三种词品之间的区别不同于名词、形容词、副词之间的区别。比起许多语法著作中那些常常是混乱不清、自相矛盾的术语,这些术语就更为可取。常常与我的三种词品相对应的术语还有:名词的(substantival),形容词的(adjectival),副词的(adverbial),或是说,一个词"作副词用"(used adverbially),《新英语词典》在说到怎样表示 *a sight* too clever(非常聪明)时就采用了这样一种说法。有人(冯特)干脆有时把 what 或 several 叫做名词,有时把它们叫做形容词,但又把这两种词都置于代词项下。弗尔克和托尔普把挪威语中的 sig 叫做名词性反身代词(substantival reflexive pronoun),把 sin 叫做形容词性反身代词(adjectival reflexive pronoun),但后者在 hver tog sin, så tog jeg min(各人拿了自己的,于是我就拿了我的)中却是名词。许多学者提出与"副词性属格"(adverbial genitive)相对而言的"名词性属格"(adnominal genitive,相当于修品),但有些人,并不是所有的人,把前面一种说法只限用于动词。在《标准英语》里,"状语"(adverbials)这一术语用来表示次修品词组和从句,但我没有见过有人把"形容词"(adjectivals)或"名词"(substantivals)这些术语用来表示相应的修品和首品。类似我的"形容词首品"(adjective primary)的术语有:名词性形容词(substantival adjective)、名词化形容词(substantivized adjective)、绝对形容词(absolute adjective)、

独立使用的形容词(adjective used absolutely,但是“绝对”还用于完全不同的其他场合,如:“绝对离格”〔absolute ablative〕)、准名词(quasi-substantive,如《新英语词典》中的 the great〔伟大者〕)、自由形容词(a free adjective,斯威特在《新英语语法》§178 中论及了德语中的 die gute〔好的(东西)〕)、部分名词化的形容词(an adjective partially converted into a noun,斯威特在上书 §179 中论及了英语中的 the good〔利益〕)、名词对等词(a substantive-equivalent 或 nounequivalent)。奥尼恩斯(《高级英语句法》§9)采用了最后一种说法;他还把“形容词对等词”(adjective-equivalent)这一术语运用于“同位名词”(a noun in apposition,如 Simon Lee, the old *huntsman*〔西蒙·李,那个老猎人〕)以及“构成复合名词的一部分名词或动名词”(a noun or verb-noun forming part of compound noun,如 cannon ball〔炮弹〕)。他认为 a lunatic asylum(疯人院)中的 lunatic 是名词(这话不错,因为有复数 lunatics 的形式),但这个名词应叫做形容词对等词;如果这样认为,他就必须承认 sick room(病房)中的 sick 是形容词,应叫做名词对等词(§9.3),但这个名词对等词根据他的 §10.6 又必须是形容词对等词!这是用于索南夏因丛书中“简化了的”统一术语的一个例子。比较《现代英语语法》Ⅱ,12.41。the London papers(伦敦报纸)中的 London 叫做形容词对等词,the poor(穷人)单独使用时是一名词对等词,因此 the London poor(伦敦的穷人)中的名词一定是形容词对等词,形容词一定是名词对等词。有人说 the top one(头等者)中的名词先是形容词化,后来又名词化,这两种转变都是由 one 实现的。比较《现代英语语法》Ⅱ.10.86:top 在我的语法体系里总是一名词,但在这里作 one 的修品。我用的术语比普兹玛在《语法》里用的简单得多，在他那本书里，我用的“介词（词组）修品”（prepositional〔group〕adjunct）被说成是“由一个介词接名词（代词）构成的定语名词性修品”。普兹玛的 adjunct 比我的含义要广。

现在我们就能够正确地评价斯威特在 1876 年所说的话（《论文集》24）：“语法学家和逻辑学家至今一直忽视了这样一件奇特的事实：名词的定义，严格地说，只能使用于名词主格（nominative case）。间接格（oblique cases）实际上是修饰语，其屈折变化不过是把一个名词转为一个形容词或副词的一种手段。这在属格中十分清楚……同样清楚的是，flet noctem（夜哭）中的 noctem 是一个纯粹的时间副词（adverb of time）。”然而，斯威特在他自己的《盎格鲁—撒克逊语法》中没有把属格名词置于形容词项下，他这样做是对的，他说的只对了一半：间接格只是将名词（名词用于主格作首品）转变为次品词（修品）或三品词的手段，但是名词仍然始终是名词。名词、形容词、副词的三分法和三种词品之间存在一定的对应关系，最终我们常常发现名词的修品形式转变为真正的形容词，次修品形式转变为副词（或介词，等等），但这种对应只是部分的，并不完全如此。“词类”的划分以及“词品”的划分是从不同的角度观察同一个词。“词类”研究的是词的本身，“词品”研究的是词与其他词的结合。

第八章　组合式和连系式

(Junction and Nexus)

修品　连系式

修　　品

(Adjuncts)

我们现在的任务是研讨修品的功能,修品同首品词连用的目的何在?

这里可以区分出各种类型的修品。

毋庸置疑,最重要的修品是所谓的限定性或修饰性修品(restrictive or qualifying adjuncts):它们的作用是限定首品,限定首品的应用范围,也就是说,使首品具体化或加以限定。因此,a red rose(一朵红玫瑰)中的 red 把 rose 的适用范围限定于整个玫瑰类别中的一个具体的小类别,通过排除白玫瑰和黄玫瑰,使我说的玫瑰意义具体化并得以限定。在其他场合,情形相同:Napoleon the third(拿破仑三世)|a new book(一本新书)|Icelandic peasants(冰岛农民)|a poor widow(一位可怜的寡妇)等。

我们也许记得,上面所举的例子是为了说明名词的意义比形容词的意义更加具体这一论点的，人们会问，前后这两种说法难道不矛盾？但是仔细研究一下就会发现，用一个语义较泛的词语进一步限定某一个在一定程度上已具有专义的词，实际上是很自然的。获得高度具体化的方法与借助梯子登上楼顶的方法相似：如果一个梯子不行，你先把已有的最高的梯子放在下面，然后绑上第二高的梯子，如果还不够高，再绑上第三高的梯子，以此类推。同样，如果 widow（寡妇）的意义不够具体，可加上 poor（可怜的），poor 的意义不及 widow 具体，加上 poor 后就能使意义更加具体；如果意义还不够具体，再加上次修品 very（非常），very 的意义比 poor 更宽。widow 意义具体，poor widow 的意义更加具体，very poor widow 的意义还要更加具体。但是 very 的意义不及 poor 具体，poor 的意义又不及 widow 具体。

专用名词的意义虽然相当具体，但通过修品还能使它们的意义进一步具体化。Young Burns（小彭斯）的意思或是一个不同于 Old Burus（老彭斯）的人，或是强调此人还很年轻，这时在实际说话人（及听话人）的心目中只有一个名叫彭斯的人（在这种情况下，young 就不属限定修品，见 176 页）。

应当注意限定性修品中的某些代词特点。this rose（这朵玫瑰）和 that rose（那朵玫瑰）中的 this 和 that 与大多数其他修品不同，其区别在于它们丝毫不具有描绘性：不管是否伴有指示手势，它们的作用都是指示。所谓的定冠词 the 也是如此，我们最好把 the 叫做有定或限定冠词；the 是最普通的修品，但它的限定作用则大于多数其他词语，其限定作用与 this 和 that 相仿（在语音上 the 是 that 的弱读式）。在 the rose 中，rose 被限定为目前我与你心目中的一朵特定的玫瑰，原因是我们刚刚提到了这朵玫瑰，或整个情景都表明了这朵特定的玫瑰。试比较“Shut the door,please.”(请关门)。king(国王)就其本身而言可用于千百个不同的人,但 the king 却像一个专用名词一样确定。如果我们正在讲某个国王的故事或正在进行有关国王的谈话,那么这个 king 指的就是故事或谈话里的国王,否则它指的就是“我们的国王”,即我们所在国的现任国王。谈话的情景会变,冠词的限定值也会随之自动改变。“The king is dead. Long live the king!”(〔法〕Le roi est mort. Vive le roi!)(国王驾崩,国王万岁!)第一句中提到的国王,是听话人仍以为是该国的那个国王,第二句中 the king 显然指的是另外一个人,即前者的法定继承人,这与“the doctor said that the patient was likely to die soon”(医生说病人可能很快死亡)这类情况完全一样。斯威特发现的“独一无二的冠词”(unique article)(《新英语语法》§2031)也是如此:the Devil(魔王)(他为什么说 a devil 具有不同的意义?)the sun(太阳),the moon(月亮),the earth(地球),等等(类似情况见杜茨本《现代英语句法体系》245)。其实没有理由把“独一无二的人或物”单列一类。

然而,这并不是定冠词的唯一作用。在 the *English* King(英国国王)| the King *of England*(英国国王)| the *eldest* boy(年龄最大的男孩)| the boy *who stole the apples*(偷苹果的男孩)这类例子中,斜体部分的修品本身就足以起区别作用。可以说冠词在这里显然是惯用法所要求的,但在逻辑上则是多余的。不仅在英语里如此,在其他语言里也一样。我们也许可以把这种冠词叫做补充限定冠词(article of supplementary determination)。the King 和 the English King 之间的关系跟 he、they(本身就足以以情景指明那个人或那些人:he can afford it〔他能买得起〕| they can afford it〔他们能买得

起〕)和由一修品关系从句限定的 he, they(he that is rich can afford it〔他有钱,能买得起〕的关系相同 | they that are rich can afford it〔他们有钱,能买得起〕)的关系相同。再请比较 the same(同样的)的两种用法,一是单独使用,意思是“与刚刚提到的是同一人或同一物”;二是附带一个关系从句:the same boy as(or that) stole the apples(还是那个偷苹果的男孩)。但正如《新英语词典》所说的,same 前的定冠词常表示一个不定物,如“all the planets travel round the sun in the same direction”(一切行星都以同样的方向围绕太阳运转)。表达这种意义时,法语可能用不定冠词(deux mots qui signifient *une même* chose〔两个词表示同一个事物〕)。英语中常说 one and the same(同一个),可以说,其中 one 的作用是使定冠词中立化。其他语言也亦如此,〔拉〕unus et idem(意义同前),〔希〕(ho) heis kai ho autos(意义同前),〔德〕ein und derselbe(意义同前),〔丹〕een og samme(意义同前)(注意没有定冠词[①]。)

由所有格或物主代词构成的修品总是起限定作用,虽然其

① 定冠词情况错综复杂,不同的语言有不同的习惯用法,甚至在同一语言里一个世纪与另一个世纪的用法也不相同,这里不便对此赘述。有时定冠词的用法完全是偶然决定的,如英语中的 at bottom(本质上),早期则是 at the(atte) bottom,其中的冠词经过众所周知的语音变化而消失了。在 G. 舒特的《朱特语和东部丹麦语中的冠词》(科学学会,哥本哈根,1922)一书里提到了一些有关许多语言里冠词的兴起与蔓延的理论,这些理论虽谈不上有说服力,但倒很有意思。对没有冠词的语言表达限定的各种方法进行一番调查是很有意义的。如在芬兰语里,主格(nominative)和部分格(partitive)之间的区别常常类似于定冠词和不定冠词(或无冠词)之间的区别:linnut(主格)ovat(复数)punssa(这些鸟在树上),lintuja(部分格)on(单数,永远与部分格主语连用)puussa(树上有鸟),ammuin linnut(我击中了这些鸟),ammuin lintuja(我击中了一些鸟)(见艾略特《芬兰语语法》,131. 126)。芬兰语的部分格与法语的部分冠词(partitive article)比芬兰语的主格与英语的定冠词更为相像。

限定程度并不总比得上定冠词。my father(我的父亲)和John's head(约翰的头)的限定、特定程度已经到顶,因为一个人只能有一个父亲和一个头;但是my brother(我的兄弟)和John's hat(约翰的帽子)情况又怎样呢?我可能有好几个兄弟,约翰可能有多顶帽子,但是在大多数情况下,听话人会把它们作为完全限定的话语来理解:My brother arrived yesterday(我兄弟昨天到了)|Did you see my brother this morning? |(今天早晨你见到我兄弟了吗?)|John's hat blew off his head(风把约翰的帽子吹跑了)——上面例子中情景和上下文表明"我的兄弟"指的是哪一个,最后一例中,"约翰的帽子"指的当然是说话时他戴的那顶帽子,但这类说法如用在表语中,便不具有同等程度的限定作用。当你向别人介绍"This is my brother"(这是我的兄弟),或我说"That is not John's hat"(那不是约翰的帽子)时,这些话的意思也许不是特定的:"我的一个兄弟"和"约翰的一顶帽子"。德语中前置所有格有限定作用(Schiller's gedichte〔席勒的诗〕),而后置所有格则无限定作用,可以说einige gedichte Schiller's(席勒的一些诗)。如果需要前置所有格那种限定性,则需要加上定冠词;介词词组如取代所有格,同样也需要加冠词:die gedichte von Schiller(席勒的诗)。其他语言中也有类似现象:the poems of Schiller(席勒的诗),les poèmes de Schiller(意义同前),i poemi dello Schiller(意义同前)。

在某些语言中,物主代词可用于意义不完全限定的场合。中古高地德语中有ein sîn bruoder,但现在说ein bruder von ihm(他的一个兄弟)。意大利语中,物主代词的意义是不定的,因此可以说un mio amico(我的一位朋友)|alcuni suoi amici(她的某个朋友)|

con due o tre amici suoi（同她的两三位朋友）| si comunicarono certe loro idee di gastronomia（某些美食的思想应予阐述——塞劳，《桑索尼上尉》，304）。因此，要表示限定意义就要用冠词：il mio amico。但这条规则有一个有趣的例外，表示紧密关系的名称前不用冠词：mio fratello（我的兄弟），suo zio（他的舅舅）。如果我没弄错，这种用法一定是产生于 mio padre（我的爸爸），mia madre（我的妈妈）。由于每个人只有一个爸爸，一个妈妈，因此这类称呼自然就具有限定作用，以此类推又扩大至其他表示亲属关系的用语。复数需用冠词是很自然的：i miei fratelli（我的弟弟们），另一方面，冠词不用于表语中：questo libro è mio（这本书是我的）。法语中，物主代词的意义是限定的，它们与比较级连用时便是见证，如 mon meilleur ami（我最要好的朋友），其中代词的作用相当于 le meilleur ami（最要好的朋友）[①]中冠词的作用。但在（已废弃的）un mien ami（我的一个朋友 = 意大利语的 un mio amico）中却使用了一种不同的形式，现在通常说 un de mes amis（un ami à moi〔我的一个朋友〕）。英语中物主代词的不定意义是由 of 结构表示的：a friend of mine（我的一个朋友），some friends of hers（她的一些朋友）。再请比较 any friend of Brown's（布朗的任何朋友），这种结构用来避免物主代词（或所有格）与其他限定代词连用的现象：that noble heart of hers（她那高贵的心）| this great America of yours（你们这个伟大的美国）等等。这里不可能把这种现象解释为部

① 但请比较 J'ai eu *de ses* nouvelles（我有他的一些小说）中的部分冠词。

分格,①因此我们可将这种结构称为“假拟部分格”(pseudo-partitive)。

现在我们再来考察 my dear little Ann!(我亲爱的小安!)中的非限定性修品(non-restrictive adjuncts)。修品在这里的作用不是表明我谈及的(或与我交谈的)几个安中的某一个,而只是对她加以形容,这类修品可叫做“修饰性修品”(epitheta ornantia),换一个角度还可叫做“插入性修品”(parenthetical adjuncts)。这种修品通常带有感情色彩,甚至很强烈,尽管并不总是称赞之辞。而限定修品则纯粹是理性的,非限定性修品常用于专有名词前:Rare Ben Jonson(杰出的本·琼森)| Beautiful Evelyn Hope is dead(美丽的伊夫林·霍普死了——布朗宁)| poor, hearty, honest, little Miss La Creevy(可怜的、挚诚的、诚实的、小巧的拉·克里维小姐——狄更斯)| dear dirty Dablin(可爱的、肮脏的都柏林)| le bon Dieu(仁慈的上帝)。在 this extremely sagacious little man(这个极其精明的小人)中,起限定作用的只是 this,其他修品只作插入性描写;但在 he is an extremely sagacious man(他是一个极其精明的人)中,修品则起限定作用。

有时很难确定一个修品的类别,his first important poem 一般的意思是在那些不重要的诗歌之后的第一首重要的诗。但它也可指他写的第一首诗,并说明这首诗是重要的(口语中语调可以表明这种意思,在书面语中则采用逗号)。The industrious Japanese

① 索南夏因只承认这种解释(§184),他说:在 He is a friend of John's(他是约翰的一个朋友)这样的句子中,省略了一个名词。of John's 意为 of John's friends。这样,这个句子相当于 He is one of John's friends(同上)。of 在这里的意思是 out of the number of(……数量中的一个)。但 a friend of John's friends 和 one of John's friends 完全等同吗?

will conquer in the long run 的意思是勤劳的日本民族终将成为胜利者，还是日本人中的那些勤劳者终将获得胜利？

我可以从 B. 施米茨的《法语语法》中找出一个绝好的例子来说明这两种修品之间的区别：Arabia Felix（阿拉伯半岛费利克斯）是阿拉伯半岛的一部分，但有关奥地利（领土）的那句著名的警句却这样说：Tu，*felix Austria* nube（你，幸运的奥地利，结婚吧），别的国家借助战争手段扩张领土，而奥地利则借助婚姻手段。在《法语语法》的著名规则中可看到前置非限定性修品与后置限定性修品之间的这种区别，根据这些规则，ses pauvres parents（他可怜的亲戚）包括所有为他所同情的亲戚，而 ses parents pauvres（他的穷亲戚）则指他的亲戚中的那些穷人——可见这种区别并不总体现在形容词上。

这两类修品的区别对于关系从句是至关重要的。英语代词 who 和 which 可用于两类关系从句，但只有限定性从句才可由 that 引导，或不用任何代词引导：the soldiers that were brave ran forward（那些勇敢的士兵向前冲）| the soldiers，who were brave，ran forward（勇敢的士兵向前冲）| everybody I saw there worked very hard（我在那儿看到的每一个人干起来都很卖力）。如在前两句中加上 all，其区别就更清楚了：all the soldiers that were brave…（所有勇敢的士兵们……）| the soldiers who were all of them brave…（勇敢的士兵们……）——我们可以注意到这两类关系从句的语调具有明显的不同，非限定性从句的起首语调比限定性从句的起首语调低沉；此外非限定性从句前可作停顿，而在限定性从句前则几乎不可；在书面语中非限定性从句前用一逗号。在丹麦语中，这种区别由先行的冠词表示：（alle）de soldater som var modige løb frem（所有勇敢

的士兵向前冲)|soldaterne,som(alle) var modige,løb frem(〔全部〕勇敢的士兵们向前冲)。但这一标准并不总是适用的;如果先行词有另一修品,那么唯一的区别就在于前置冠词的重音:'de franske soldater som…(那些法国士兵,他们……)|de'franske soldater, som…(法国士兵,他们……)。所谓连续性关系从句(continuative relative clause)当然是非限定的:he gave the letter to the clerk, who then copied it(他把信交给秘书,秘书随即进行誊抄),丹麦语中说han gav brevet til kontoristen,som så skrev det av(意义同前)(但:…to the clerk who was to copy it〔给准备誊抄的秘书〕,…til den kontorist som skulde skrive det av〔意义同前〕)。

下面的例子可以进一步说明这两类修品关系从句:there were few passengers that escaped without serious injuries(未受重伤而得以脱身的旅客屈指可数)|there were few passengers, who escaped without serious injuries(旅客没有几人,他们未受重伤,得以逃脱)|they divide women into two classes: those they want to kiss, and those they want to kick, who are those they don't want to kiss(他们把妇女分为两类:一类是他们想亲吻的,一类是他们想踢开的,即他们不想亲吻的)。

限定性修品与非限定性修品(从某种意义上来说,这两类也是修饰语"qualifier")之间的区别并不影响 many, much, some, few, little, more, less, no, one 这类数量修品(quantifying adjuncts)以及其他数词。这类词只要和形容词修品一同修饰一个首品,它们总是置于形容词之前:many small boys(很多小男孩)|much good wine(很多好酒)|two young girls(两个年轻姑娘)。这类数量词与后接 of 短语(在形式体系更为复杂的语言中,后接部分属格或部分格)

表示数目或数量的名词词组之间有一种奇怪的关系。hundred（百）原先是名词，现在用于复数形式时仍作名词：hundreds of soldiers（数以百计的士兵）。然而用作单数时，尽管前面有 one 或 a，它还是作为普通的数词来看待的：a hundred soldiers（一百名士兵）；因此还可说 three hundred soldiers（三百名士兵）。比较 dozens of bottles（好几打瓶子）与 a dozen bottles（一打瓶子）。英语中说 a couple of days（两三天），a pair of lovers（一对情人），德语中说 ein paar tage（一两天），丹麦语中说 et par dage（意义同前），甚至说 die paar tage（这两天），de par dage 同 die zwei tage（这两天），de to dage（意义同前）一模一样。英语中说 much wine（很多酒），many bottles（很多瓶子），no friends（没有朋友）；相应的法语是 beaucoup de vin（很多酒），beaucoup de bouteilles（很多瓶子），pas d'amis（没有朋友）。英语中说 a pound of meat（一磅肉），a bottle of wine（一瓶酒）；相应的德语是 ein pfund fleisch（一磅肉），eine flasche wein（一瓶酒），丹麦语是 et pund kød（一磅肉），en flaske vin（一瓶酒）等。

在不定冠词（indefinite article）发达的语言里，不定冠词似乎总是数词"一"的弱读形式：uno，un，ein，en，an（a），汉语中的"一"是"yit"的弱读形式（俄语中的 один 经常作不定冠词使用）。在英语里，a 有时与数词等值，如 four at a time（一次四个），birds of a feather（羽毛相同的鸟）；有时完全形式（full forms）与弱读化了的形式（weakend forms）同义，如 one Mr. Brown = a Mr. Brown（某个布朗先生），我们还可说 a certain Mr. Brown（某个布朗先生）。certain（一定的）的这种用法提醒我们，在使用"不定"冠词的大多数场合，我们头脑里的概念实际上是特定的，语法意义上的"不定"实际上“只是指不予(或尚未)说明的东西”。如故事一开头这样说：“In a certain town there once lived a tailor who had a young daughter”(从前在一个城里住着一个裁缝,裁缝有个女儿),如果故事讲下去,再提到那个人的时候就会使用限定形式,说:“The tailor was known in that town under the name of,etc.”(城里人都知道这个裁缝叫……等等)。(有关不定冠词的“泛指”用法,请看第十一章和第十五章)

不定冠词由于是弱读化了的数词,因此不与“不可数名词”(uncountables)(物质名词,见第十四章)连用。因为 one——以致 a(n)——没有复数形式,所以也没有复数形式的不定冠词,除非把西班牙语中独特的 unos 算做一个。但是法语以不同的方式创造了一种所谓的可与物质名词和复数连用的不定冠词:“部分冠词”(partitive article),如 du vin(一些酒),de l'or(一些黄金),des amis(一些朋友)。当然这种用法是产生于介词词组的,但现在人们几乎已不这样认为,而且这种说法还可用于另一介词之后:avec du vin(与一些酒)|j'en ai parlé à des amis(我向一些朋友说了那件事)。现在,这种部分冠词已同任何数词或 quelque(s)(某个,某些)或英语中的 some(某个,一些)的同义词一样,也是修品。

连　系　式

(Nexus)

我们现在来考察上文(125 页)所说的连系式。上文所举的例子是与组合式 a furiously barking dog(狂吠的狗)相对的 the dog barks furiously(狗狂吠),这两个词组中的三品 furiously 相同,因此这里可不予考虑。the dog barks(狗吠)和 a barking dog(吠叫的狗)之间的关系与 the rose is red(这朵玫瑰是红的)和 a red rose(一朵红玫瑰)之间的关系相同。the dog barks 和 the rose is red 意义完整,句子完整,通常把句中的 the dog 和 the rose 叫做主语,把 barks 和 is red 叫做谓语,而把整个结构叫做谓语句(predication)。但是这种结构与其他结构究竟有什么区别呢?

保罗认为修品是弱化谓语(ein degradiertes prädikat《语言史原则》140ff.),同样,谢菲尔德也说修品"含有潜在的系词"(《语法与思维》59)。如果这意味着 a red rose 等于(或产生于)a rose which is red,而 red 总是一种谓语的话,那么就不应忽视词组里潜入了关系代词,但关系代词的作用正是使整个词组成为修品(定语、形容语)。尽管 a barking dog 是 a dog who barks,但 barking 却不是 barks 的降级形式(degraded form)。皮安诺说得很对,关系代词和系词就像是对同一个量进行正加和负加,因此互相抵消(which = -is 或-which = +is),因此 which is = 0。

保罗认为组合式(attributivverhältnis)是从谓语关系中产生的,因此讲到底也就是从句子中产生的。斯威特并不认为这两种结构有先后之分,他说"设想"(这是他给我们这里叫做组合式所起的名字)是含蓄的或是潜在的谓语句,谓语句是一种扩大了的或发展了的设想(《新英语语法》§44)。但这种看待问题的方法其实是无济于事的。

冯特和舒特林把这两者分为开放类(open)和闭合类(closed)词组(offene und geschlossene wortverbindungen),这样说也许更妥当一些:一类尚未结束,使人等待下文(a red rose,—well, what about that rose?〔一朵红玫瑰,——那朵玫瑰怎样呢?〕)一类已经结束,构成一个连贯的整体(the rose is red〔这朵玫瑰是红的〕)。前者是一死气沉沉、没有活力的词组,后者则生动活泼。其原因一般归于词组中的限定动词(finite verb)(the rose *is* red; the dog *barks*)。汉语语法学家把与无活力的名词相对的动词叫做“有活力的词”,这是很有道理的。但是,传神与否不在于词的本身,而在于词的结合。我们很快就会看到,有的词组虽没有限定动词,但是它们的作用却与 the rose is red 或 the dog barks 相同,这些词组构成完整的句子,也就是构成完整的信息,这一点即使从语法学家的观点出发也当然是很重要的。但是,在这类完整句子中见到的首品词与次品词之间的关系在许多本身不完整、不足以构成真正句子的词组中同样也可见到。我们只需看看普通的从句就可了解这一点,如(I see)that the rose is red(〔我看到〕那朵玫瑰是红的)或(she is alarmed)when the dog barks(狗一叫〔她就惊慌失措〕)。此外,在 he painted the door red(他把门漆成红色)一句中,最后两个词之间的关系与 the door is red(门是红色的)之间的关系显然相同,但是别于 the red door(红门)。在以下四个词组中,“the doctor”(医生)和“arrive”(到达)这两个概念的联接方式基本相同:(1)the doctor arrived(医生到了),(2)I saw the doctor arrived(我看见医生已到),(3)I saw the doctor arrive(我看见医生到了),(4)I saw doctor's arrival(我看见医生的到达)。这些句子以及下一章要考察的更多的词组的共同点就是我所说的连系式。现在我来解释究竟是什么构成了连系式和组合式之间的区别,同时我想请读者记住两点:1. 连系式不一定需要有一限定动词,2. 可以构成一个完整的句子,但并不总是这样。

组合式中,次品词(修品)是作为一种标签或区别的记号与首品词结合的:房子如被说成是 the next house(隔壁的房子)或 the doctor's house(医生的房子),就具有了特征。修品和首品共同构成一个概念(denomination),即一个复合名称,它可表达某个单独名称所表达的内容。事实上我们常常用 pappy(狗崽)代替 newborn dog(新生下来的狗),用 fool(傻瓜)代替 silly person(愚笨的人)。请再比较下面两种表达形式,复合表达形式:a female horse(母马),the warm season(夏天),an unnaturally small person(矮子),an offensive smell(臭味);单个词语表达形式:a mare(母马),the summer(夏天),a dwarf(矮子),a stench(臭味)。在一种语言里由一个词表示的概念在另一种语言里常常得由一个首品或一个修品表示:英语中说 clavet(红酒),法语中说 vin rouge(红酒),相反法语中说 patrie(故乡),英语中说 native country(故乡)。因此,组合式是一个由两个词语相对偶然地结合在一起所表达的整体或单个概念。①

与之相反,连系式总含有两个概念,这两个概念总是互不相关的:次品词增添了陈述对象新的意义。组合式死板,僵硬,连系式则灵活;连系式实际上是生气勃勃、明晰、灵活的。当然,在某种程度上,我们对这两种形式的比较向来是不够的,而且由于很难用符合逻辑的科学性的方式表达这些形式,因此我们也许可以这样说,修品与首品的结合方式类似于鼻子和眼睛固定在头上的方式,而述品依附于首品犹如人倚于树干或墙上的门。组合式像一幅画,

---

① 同样,一个次品词和一个三品词可表示一个可由单个的次品词表示的概念:very small(很小的)= tiny(微小),extremely big(非常大的)= enormouse(庞大),smells foully(发出难闻的气)= stinks(发臭)。

连系式像一个过程或一出戏剧。如果我们对比这样两个句子：the blue dress is the oldest（蓝衣服是最旧的）和 the oldest dress is blue（最旧的衣服是蓝色的），我们就会很容易地看出表达一个单一概念的复合名称与两个结合在一起的概念究竟有什么区别。有关衣服的新内容在第一个句子中是“它是最旧的”，在第二个句子中是“它是蓝色的”；再请比较 a dancing woman charms（一个跳舞的女人很有魅力）和 a charming woman dances（一个有魅力的女人在跳舞）。

下面我们将更详细地考察具有连系式特点的各类语法结构。其中有些语法结构是语法学家们所熟知的，然而据我所知，按照连系式的观点把两者放在一起处理则是头一回。

第九章　连系式的类别

(Various Kinds of Nexus)

限定动词　不定式连系式　无动词连系式　连系式宾语,等等　连系式次修品　贬义连系式　小结　系词表语

限　定　动　词

(Finite Verb)

在试图归纳连系式的种类时,让我们先来十分扼要地提一下含有限定动词的三种连系式:第一种是普通的完整句子,如 the dog barks(狗吠)|the rose is red(这朵玫瑰是红的);第二种是上述相同的结构处于从句中即作为句子的一部分,如 she is afraid when *the dog barks* (狗一叫她就害怕)|I see that *the rose is red* (我看到这朵玫瑰是红的);第三种是下句中的那种有趣现象:Arther *whom* they say *is kill'd* to-night(他们说亚瑟今晚被杀了——莎士比亚,《约翰四世》,2. 165)。连系式 whom is kill'd 是 they say 的宾语,因此用宾格 whom。在附录中我将列举其他一些这种结构的例子并说明我为什么替这种通常被认为是一大讹误的 whom 这一形式辩护。

不定式连系式

(Infinitival Nexus)

现在我们来看一系列含有不定式的结构。

宾格接不定式。这一常见结构的例子有:I heard *her sing*(我听到她在唱歌)|I made *her sing*(我让她唱歌)|I caused *her to sing*(我使她唱歌)——可见不定式在有的结构中带 to,在有的结构中不带 to。在其他一些语言中也有类似情形。斯威特(§124)注意到 I like quiet boys(我喜欢文静的男孩)和 I like boys to be quiet(我喜欢男孩子文静)之间的区别,后句不同前句,它含有甚至一点也不喜欢男孩的意思。但是斯威特没有看到造成这一区别的真正原因,因为他认为"I like 在语法上支配的只是 boys,而 to be quiet 不过是 boys 的语法修品"。正确的解释应当是,宾语不是 boys,而是由首品 boys 和不定式构成的整个连系式,这与下述情况完全相同:如果我们把此句解释为 I like that boys are quiet(我喜欢男孩子文静),宾语则是整个从句而不是从句的主语(这种结构很少与动词 like 连用,虽然《新英语词典》中引用了一条司各特的例句;此结构常与 see〔看〕,believe〔相信〕这类也可接宾格 + 不定式的动词连用)。索南夏因(§487)把这里的宾格和不定式称为"双直接宾语",把这种句子与"he asked *me a question*"(他问我一个问题)等同看待,其实这是一种误解,因为我们可以说 he asked *a question*(他问了一个问题),句义并未改变,而 I like to be quiet(我喜欢文静)与加进 boys 的句子截然不同。boys 和不定式的关系与 me 和 a question 的关系毫不相同,但它与任何其他连系式两部分

之间的关系,例如完整句的主语与谓语之间的关系,完全相同。

英语中当连系式不是动词的宾语,而是介宾或由一动词与一介词构成的短语的宾语(这种短语常与一个单个动词同义:look on = consider,prevail on = induce 等)时,常可见到上述结构。如 I look upon *myself to be fully settled*(我认为自己已经完全安顿了下来——斯威夫特)|she can hardly prevail upon *him to eat* (她无法劝他进餐)|you may count on *him to come* (你可以相信他会来)。

虽然可用同样的方法分析"I long *for you to come*"(我期望你来),但这却不适用于现代英语中其他一些 for 接不定式的结构。原先"It is good for a man not to touch a woman"(男人不碰女人有好处)这类句子的划分是"It is good for a man | not to touch a woman",而此句渐渐被理解为"It is good | for a man not to touch a woman",人们更倾向于把 for a man 看做是属于不定式。这样就有可能把 for 和它所支配的词置于句首,如 for a man to tell how human life began is hard(一个人要解释人类生活的起源是很难的——弥尔顿)|for you to call would be the best thing(你来访再好不过了)。同样,此结构也有可能用在 than 之后:Nothing was more frequent than for a bailiff to seize Jack(司空见惯之事莫过于法警抓住杰克——斯威夫特)|nothing would be better than for you to call (你来访再好不过):for 及其宾语只是连系式的首品(主语),它的次品是不定式。it might seem disrespectful to his memory for me to be on good terms with〔his enemy〕(我同〔他的敌人〕和睦相处,对于已故的他似乎是太不恭敬——奥斯丁小姐)这类句子表明这种结构与它原来用法相差到何种程度,这里 to his memory 与 for 短语原来起相同的作用。(参看《威特纪念文集》〔《新语言》1910〕中

我写的有关这种变化的论文。)

斯拉夫语中有一种与英语这种变化极为相像的情况,在希腊语和拉丁语中用宾格接不定式的地方,斯拉夫语常用与格接不定式。见米克洛希奇《句法》,619,冯德拉克《斯拉夫语比较语法》2. 366;请着重参看 C. W. 史密斯在《I. N. 马德维格语文学纪念小集》(1876,21 ff.)中的文章。这种结构从古斯拉夫语中的 dobro jestĭ namŭ sĭde byti(我们在这里真好 =〔英〕it is good for us to be here——句中的与格原属"is good")这类句子扩大到 ne dobro jestĭ mnogomŭ bogomŭ byti(很多神是不好的,即神有很多 =〔英〕it is not good for many Gods to be)这种情况;这种结构甚至可以与通常不能接与格的动词连用。早期的哥特(Gothonic)语中有一种类似的结构,格里姆和其他人谈到过哥特语 jah wairþ þairhgaggan imma þairh atisk(参见马克 2. 23 =〔英〕and it happened for him to go through the field〔他正巧从田里走过〕)中与格接不定式结构和有关语言中相类似的例子;然而它们只能被看做是对像斯拉夫语中的那种卓有成效的变化所作的一种徒劳的尝试(见摩根·卡拉韦的高论《盎格鲁-撒克逊语中的不定式》,华盛顿,1913,127 页及 248 ff. ,其中引用了早期有关这个问题的作者对这一问题的论述)。

我们已看到首品(即不定式的真正主语)用于宾格、与格以及同介词 for 连用的情况;但在一些语言中,首品还可以用于主格。在中古英语中,名词的通格既可表示早期的主格又可表示宾格,它用于下列句子中:Lo! swich it is *a millere to be fals*(虚伪奸诈,如同磨坊主一样——乔叟)| And verelye *one man to lyue in pleasure*, whyles all other wepe...that is the parte of a iayler(狱卒干的事就是

叫一人过得快活，而众人过得难受——莫尔）。在代词中我们发现用主格的情况：*Thow to lye* by our moder is to muche shame for vs to suffre（同自己的母亲乱伦是最可耻的——马洛利）。西班牙语中用主格：Es causa bastante Para *tener hambre yo*？（那足以说明我该挨饿吗？）| Qué importará，si está muerto Mi honor，el *quedar you vivo*！（假如我的荣誉死了，我活着还有什么意义呢！）（以上两句均引自考尔德伦《萨拉曼卡的法官》1.308 及 2.840）。意大利语和葡萄牙语同样用 eu（我主格）。[①] 在诸如〔意〕prima di narrarci il poeta la favole（在诗人朗诵寓言之前）这类句子中，不定式有一个主语和两个宾语，这很容易使人联想到从句（before the poet tells us the story〔诗人给我们讲故事之前〕），它们的区别只是不定式中没有限定动词。据施泰因塔尔《主要语言结构类型的特点》（267）说，在阿拉伯语中亦如此，这里我抄录他翻译的一个例子：es ist gemeldet-mir die tödtung（主格）Mahmud（主格）seinen-bruder，d. h. dass Mahmud seinen bruder getödtet hat（通知—我—死—Mahmud—他兄弟〔原语序〕，也就是 Mahmud 杀死了他的兄弟）。

下面的例子说明主格可以成为不定式意念主语的另一种方式。如果“he believes me to be guilty”（他认为我是有罪的）一句中 he believes 的宾语是由后四个词构成的整个连系式，那就有必要说，在被动结构“I am believed to be guilty”（我被认为是有罪的）

① 对于第二人称单数和复数，葡萄牙语创立了另一种表示不定式意念的方法，即用“屈折不定式”：ter-es（你可以得到 =〔英〕for thee to have），复数为 ter-mos，ter-des，ter-em（迪茨，《语法》2.187，3.220；有人说无法从历史的角度解释类推法的不定式具有限定动词人称词尾这种形式，这种现象实际上是直接来自于限定动词的人称形式，但从实际运用的观点出发，这并不改变这些形式的性质）。

中，主语就不仅仅是"I"，而是连系式 I to be guilty，尽管它们没有连在一起，尽管动词的人称仅由句首第一词而定。人们所认为的是我有罪。同样 he is said(expected, supposed) to come at five(据说〔据信〕他五点钟来——他的到达是预料中的) | I am made (caused) to work hard(我被迫拼命工作——被迫的不是"我"，而是"我工作")，其他语言中也有这种情况。[①]

上述分析同样适用于主动结构，如 *he* seems *to work hard*(他似乎拼命工作。下两例同) | 〔德〕*er* scheint *hart zu arbeiten* | 〔法〕*il* semble (paraît) *travailler durement*(在这种情况下，丹麦语采用前面那些句子所采用的那种被动形式：*han* synes *at arbejde hȧrdt*)：真正的主语是斜体部分的整个连系式。[②] 为了取得一致，这种分析也应用来解释英语中的下述句子：*he* is sure (likely) *to come* (他肯定〔可能〕会来) | *she* happened *to look up*(她正巧抬头看)等等。虽然这些结构在历史上产生于某些比较古老的结构，在那些结构中，现在用主格的地方原来用与格。

以上提到的所有不定式结构都是主句中的主要成分，现在我们要考察类似的结构用作次修品的少数情况，如 the caul was put up in a raffle to fifty members at half-a-crown a head, *the winner to spend* five shillings(五十个成员每人出半克朗进行抽彩以获得女

---

① 索南夏因(§301)说："He is believed by me to be guilty"(他被我认为是有罪的)中，不定式 to be 是保留宾语，与"He was awarded *the prize*"(他被授予奖品——这是"They awarded him the prize"〔他们授予他奖品〕的被动式)中的宾格相同。但是这种比较完全没有说服力。

② 不清楚索南夏因在上述引文中是否还会用"保留宾语"这一术语指"He seems *to be* guilty"(他似乎有罪)中的不定式。

帽,获胜者要花五先令——狄更斯)|we divided it:*he to speak to the Spaniards and I to the English*(我们进行了分工:他去同西班牙人谈,我去同英国人谈——笛福)。这里,不定式的意义与 he is to spend(他要花费)所含有的意义相同,可以说整个连系式用来代替臃肿的 the winner being to spend。我们将在下面讨论这种说法。

如前所述(158 页),在"I heard of *the doctor's arrival*"(我听说了医生的到来)这类结构中还有一种连系式。但对这类动词性名词需用专章进行讨论(第十章)。这里唯一要提及的是传统上把这类结构叫做"主语性属格"(subjective genitive),因为它与 the doctor arrived(医生到了)这类句子相似,与之相对的是 the doctor's house(医生的房子),the doctor's father(医生的父亲)中的"物主属格"(possessive genitive)。

无动词连系式
(Nexus withoud a Verb)

最后,有一类连系式,它们既不含有限定动词,也不含有不定式或动词性名词。

首先是所谓的名词句(nominal sentences)。名词句含有一主语和一表语,表语可以是名词也可以是形容词。这种句子在没有"系词"(copula)——即含义为"是"的动词——的语言中和有系词的语言中都很普遍,但系词的使用之广莫过于英语。在有系词的语言中有一些我们语族中最古老的语言——如古希腊语;参看梅耶《印欧语言中的名词句》,《语言学会会录》14,1906,p. 1 ff.。英语有用动词 be 的现在时的结构,俄语则普遍不用现在时系动词,英语里说"I am ill"(我病了),在俄语里说"Я болен","he is a soldier"(他是个兵),在俄语里说"Он солдат";俄语形容词作表语或修品时在形式上有区别,如Дом нов(=英语"the house is new"〔房子是新的〕),Дом новый(=英语"a new house,the new house"〔一座新房子,那座新房子〕)。但是在其他时态中以及在表示实物存在意思(there is 或 there are)的句子中,要使用系动词。

一般认为,这种"名词"句在我们西欧语言中已经绝迹,但事实上,这种句子的一种特别形式却十分普遍。由于受到强烈感情的作用,任何语言里似乎都有一种把表语前置的倾向,主语作为一种事后的想法接在表语之后,但不用动词 is。这样,我们就有了在各方面都可类推到希腊语"Ouk agathon polukoiraniē"(不是一件好事,多数人组成的政府)这样的句子,如:Nice goings on,those in the Balkans!(好形势,巴尔干的!)| Quite serious all this,though it reads like a joke(这一切虽然念起来像个笑话,但都是当真的——拉斯金)| Amazing the things that Russians will gather together and keep(真令人惊奇,俄国人将集结在一起坚持下去——H. 沃波尔)| what a beastly and pitiful wretch that Wordsworth(多么卑鄙可耻的那个华兹华斯——雪莱);这种 that 短语很普通[①] |〔法〕Charmante,la petite Pauline!(真可爱,小波林!)|〔丹〕Et skrækkeligt bæst,den Christensen!(可怕的禽兽,那个克里斯蒂森!)| Godt det samme!(恰好!)

这种结构常与表示"happy"(高兴,幸福)的说法连用:〔希〕

① 如分析 witness the way in which he behaved(看看他的行为),witness 能算做名词吗?也许可把 witness 看做是一个虚拟语气动词。

Trismakares Danaoi kai tetrakis, hoi tot'olo nto Troiē en eureiēi (哦！死于广阔的特洛伊的达拉俄斯人是非常非常幸福的——《奥德赛》5. 306) | felix qui potuit rerum cognoscere causas (通达事理者是幸运的——维吉尔) | Beati possidentes (有钱的人是幸福的) | Happy the man, whose wish and care A few paternal acres bound (他是幸福的，他的愿望和忧虑汇集在父亲的田地里——蒲伯) | Thrice blest whose lives are faithful prayers (愿虔诚的祷告者得到三倍的祝福——坦尼森) | 〔丹〕Lykkelig den, hvis lykke folk foragter! (他很幸福，人家都嘲笑他的幸福——罗丹)；再请比较〔哥特〕Hails þiudans iudaie (犹太人的王万岁——《约翰福音》19. 3)〔古挪威〕Heill þū nū Vafþrūþner | All haile Macbeth! (万福，麦克佩斯！①) 还有另一种常见的形式：Now I am in Arden, *the more fool I*! (现在我到了阿登，我就更蠢了！——莎士比亚)

接在表语后面的主语往往是一个不定式或整个从句：〔希〕Argaleon, basileia, diēnekeōs agoreusai (女王，我很难详细地对你说——《奥德赛》7. 241) | Needless to say, his case is irrefutable (不用说，他的案子是无可辩驳的) | 〔法〕Inutile d'insister davantage (一味坚持是无用的) | What a pity that he should die so young (真可惜，他这么年轻就死了) | 〔德〕Wie schade dass er so früh sterben sollte (意义同前) | 〔法〕Quel dommage qu'il soit mort si tôt (意义同前) | 〔丹〕Skade at han døde så ung (同前) | Small wonder that we all loved him exceedingly (难怪我们大家特别钟爱他) | How true, that

---

① 此结构中的 hail 原是形容词，但后来被当做名词，因此加上 to：hail to thee, thane of Cawdor! (万福，考道的领主！)

there is nothing dead in this universe(千真万确,宇宙间一切都是活的——卡莱尔)|true,she had not dared to stick to them(真的,她不敢抱住它们不放)。

法语中有一种把 que 放在主语前的特殊形式:Singulier homme qu' Aristote!(亚里士多德是独特的人!)|Mauvais prétexte que tout cela!(所有这一切是多么蹩脚的借口!)

我引用上述例句的原因是语法学家们通常都没有注意到这些结构。说这里省略了 is 是无济于事的,如果加上 is,便会削弱这类句子的习惯性力量,虽然主语前置时 is 必不可少。

类似这样的无动词结构在从句里也有:〔俄〕Говорят,что он боден(人家说他病了)|*However great the loss*,he is always happy(不管损失有多大,他总是快快活活)|*the greater his losses*,the more will he sing(损失愈大,他唱得就愈带劲)|his patrimony was so small that *no wonder* he worked now and then for a living wage(他继承的遗产微乎其微,难怪他得不时地干活以挣得糊口的工钱——洛克)。

连系式宾语,等等
(Nexus-Object,etc.)

我们常常可以看到连系式宾语:I found *the cage empty*(我发现笼子空了),很容易把它和下句区分开来:I found *the empty cage*(我发现了空笼子),这句中的 empty 是一个修品。通常认为这里的 the cage 是宾语,empty 是宾语的表语或与宾语连用,但把 the cage empty 整个当做宾语更妥当些。(比较:I found that the cage was empty〔我发现笼子空了〕和 I found the cage to be empty〔我发现笼子空了〕)这一点在下面的句子中特别清楚:I found her gone(我发现她走了——因此没有找到她)。再请比较:I found Fanny not at home(我发现范妮不在家)和I did not find Fanny at home(我没有见到范妮在家),前句中的否定属于从属连系式,而后句中的not否定的则是find。

其他的例子:they made him President(他们选他为总统——him President是结果宾语)| he made (rendered) her unhappy(他使她不高兴)| does that prove me wrong? (那能证明我错了吗?)| he gets things done(他把事情干完了)| she had something the matter with her spine(她脊骨有点毛病)| what makes you in such a hurry?(什么使你这样匆忙?)| she only wishes the dinner at an end(她只希望晚餐结束)。连系式的谓语部分可以是能在动词to be后作表语的任何词或词组。

这里最有意思的是,动词可以接与通常的宾语迥然不同的连系式宾语,如*he drank himself drunk*(他喝得酩酊大醉)| the gentleman had drunke *himselfe out of his five senses* (这位先生喝得神志不清——莎士比亚;he drank himself是讲不通的),在其他的场合下作不及物用的动词可以接表示结果的连系式宾语:he slept *himself sober*(他睡了一觉使自己清醒了)| A louer's eyes will gaze *an eagle blind*(情人的眼睛能把老鹰瞪瞎——莎士比亚)| Lily was nearly screaming *herself into a fit*(莉莉尖叫着,几乎痉挛起来)。

其他语言也有类似现象,如丹麦语:de drak Jeppe fuld(他们把耶珀灌醉了)| de drak Jeppe under bordet(他们把耶珀灌醉到桌下了)| 古挪威语:þeir biðja hana gráta Baldr ór helju(他们让她把巴尔德尔从地狱中哭出来)。保罗《语言史原理》(154)提到这样的

结构：die augen rot weinen（眼睛哭红了）| die füsse wund laufen（脚跑伤了）| er schwatzt das blaue vom himmel herunter（他天花乱坠地吹着）| denke dich in meine lage hinein（把你放在我的位置上想一想）；但是他的话并没有清楚地表明他是如何理解这个 freie verwendung des akkusativs（第四格的自由运用）的。芬兰语在这种情况下有一种叫"转变格"（translative）的特殊格，如：äiti makasi lapsensa kuoliaaksi（母亲睡觉时把孩子憋死了）| hän joi itsensä siaksi（他酗酒成性，沦落到了猪狗一般的地步）；这些例子引自艾略特的《芬兰语语法》128 和塞泰莱的《芬兰语句法》§29。

宾格接不定式与这种宾语连系式十分相像，这就使我们很容易理解为什么有时我们会发现同一个句子中的同一个动词同时接两种结构：a winning frankness of manner which made most people fond of her, and pity her（她态度真诚可爱，使多数人喜欢她，怜悯她——萨克雷）| a crowd round me only made me proud, and try to draw as well as I could（人群围着我只能使我感到骄傲，我竭力吸引人群——拉斯金）| he felt himself dishonoured, and his son to be an evil in the tribe（他觉得名誉扫地，觉得儿子是部落的败类——威斯特）。

在同含有连系式宾语的句子相对应的被动结构中，我们必须始终（正如对不定式结构一样，165 页）把整个连系式看做是（意念）主语，如"he was made President"（他当选为总统）中的 he…President，虽然动词的人称只能决定于连系式的首品部分，试比较：If *I am* made President（如果我当选为总统）。丹麦语中有这样的结构：han blev drukket under bordet（他被灌醉，倒在桌下）| pakken ønskes（bedes）bragt til mit kontor 直译为："包裹被要求送到

我的办公室”。比较古挪威语中的 at biðja at *Baldr* væri grátinn *ór Helju*(请求把巴尔德尔从地狱中哭出来)。

主动动词中有时也有类似结构，如希腊语：allous men pantas elanthane dakrua leibōn（他淌着眼泪，但避开了所有其他的人——《奥德赛》8.532）| hōs de epausato lalōn(《路加福音》5.4；英译：when he had left off speaking〔当他停止说话〕只是在形式上与希腊原文相像，因为 speaking 是动词性名词，作 left 的宾语，而不是像 lalōn(说)作分词主格用)。①

连系式可以作介词的宾语，英语中这种情况在 with 后尤其多见，如 I sat at work in the school-room *with the window open*(我坐在教室里学习，窗子是敞着的)(这与 near the open window〔在敞开窗子的旁边〕不同)| you sneak back *with her kisses hot on your lips*（你溜了回来，嘴唇上带着她热乎乎的吻——基普林）| he fell asleep *with his candle lit*(他睡着了，蜡烛还在燃着)| let him dye, *with euery ioynt a wound*(让他遍体鳞伤地死去吧——莎士比亚)| he kept standing *with his hat on*（他老是站着，头上戴着帽子）。当述品抵消了 with 通常的意义时，这种结构的特点和 with 的特殊含义(与 he stood with his brother on the steps〔他和弟弟站在台阶上〕中的 with 的意义不同)尤为清楚：with both of us absent（我们两人都不在场时）| wailed the little Chartist, *with nerve utterly gone*(小查提斯特丧魂落魄，号啕大哭)| I hope I'm not the same now, *with all the prettiness and youth removed*(青春与美貌一去不返，我想我不再

① 很难把它与含有接表语的动词的句子区分开，如 she seems happy（她似乎幸福）。

是老样子了)。

without 也可支配连系式:like a rose,full-blown,*but without one petal yet fallen* (像一朵盛开的玫瑰,但没有一个花瓣落下)。

丹麦语中 med 常常接一连系式:med hœnderne tomme(双手空空)与 med de tomme hœnder(空的手)不同,后者以用手做的某种动作为前提,而前一种组合的含义只是一个从句(当他双手空着的时候)。其他语言也有这种结构。

关于其他的介词,有大家熟悉的拉丁语结构 post urbem conditam(城市建成以后)| ante Christum natum(耶稣出生前)。马德维格说其含义不是处于某种情况下的人或物,而是一种名词概念表达的动作。他这样说是从名词的角度来考虑(丹麦语等的)译文,但这显然是属于下面被描写为连系式名词一类(after the *construction* of the town〔城市建成以后〕,before the *birth* of Christ〔耶稣出生前〕)。连系式名词与普通的名词概念不同,需要进行专门的解释,因此马德维格的解释并没有增进我们的理解。艾伦和格里诺"名词和被动分词常常结合在一起,结果含有主要意义的不是名词而是分词"的见解对我们也没有更进一步的帮助。布鲁格曼(《印度日耳曼语研究》5. 145. ff.)用缩略从句把这番解释描写为"无结果的语言哲学"①,他认为这种结构起源于下述词组中的句

① 布鲁格曼反对把它作为对这种结构起源的解释,这样做无疑是完全正确的。这种结构的起源问题是他和他的学派唯一感兴趣的问题。但是,从历史(或动态)的角度观察语言现象并不是唯一的方法,重要的是不但要弄清楚某种现象的起源问题,还要弄清楚它的变化。同样,我们查字典时,词的词源只是我们想了解的一部分内容,但并不总是最重要的内容。其实上述结构与从句的意义相同,这就证明我们把它放在本章讨论是正确的。

法结构的转变:post hoc factum,它最初的意思是“在这一事实后”(如果用我的术语的话,hoc 是修品 factum 的首品),但是后来 hoc 被看做为首品,factum 是次品,结果这种情况扩大到其他场合。整个解释似乎相当牵强附会。这些语法学家当中没有一个考虑到把这种现象归入我在本章提到的其他结构(独立离格等)中,虽然只有通过对它们的综合考察才能够完全弄懂所有这些结构。

在意大利语中,这种结构常见于 dopo(在……之后)后:Dopo vuotato il suo bicchiere,Fileno disse(喝完杯中的酒后,菲莱诺说)| Cercava di rilegger posatamente,dopo fatta la correzione(他试图仔细地重读尚未订正的错误——塞劳)| Dopo letta questa risposta,gli esperti francesi hanno dichiarato che…(读了这封回信后,法国专家宣布……——摘自报纸)。

米尔顿的 after Eve seduc'd (夏娃在被勾引之后)和德赖登的 the royal feast for Persia won(为庆祝战胜波斯举行的皇家宴会)的结构毫无疑问是有意识地模仿拉丁句法的结果,但是这并不能解释在学识略差的作家的作品中发现的类似结构:before one dewty done(在完成一项职责之前——海伍德)| they have heard of a world ransom'd,or one destroyed (他们听说了一个被救赎的世界,或一个被毁灭的世界——莎士比亚;也可以当做修品)| after light and mercy received(得到光明和宽恕之后——布尼安)| he wished her joy on a rival gone(他希望她见到一个竞争者离去而感到欢乐——安东尼·霍普)——这里举的只是我所收集的一些例子。

类似的连系式也见于其他位置,这时它们既不是动词,也不是介词的宾语。如拉丁语:dubitabat nemo quin violati hospites,legati necati,pacati atque socii nefario bello lacessiti,fana vexata hanc tantam efficerent vastitatem(——西塞罗,布鲁格曼把它译为:dass die mishandlung der gastfreunde〔虐待客人〕,die ermorderung der gesandten〔谋杀外国使节〕,die ruchlosen angriffe auf friedliche und verbündete völker〔无耻地攻击爱好和平的盟国人民〕,die schändung der heiligtümer〔亵渎圣地〕)。

莎士比亚作品中也有一个类似的例子:Prouided that my banishment repeal'd,And lands restor'd againe be freely graunted(只撤销对我的流放,收复的土地再没慷慨地转让——《理查二世》Ⅲ.3.40 = the repealing of my banishment and restoration of my lands)。但是在下面的句子中,很难确定是分词还是动词性名词:the' Squire's portrait being found united with ours was a honour too great to escape envy(那位先生的肖像与我们的肖像混在一起,这种无上荣光是不会不引起忌妒的——戈德史密斯)| And is a wench having a bastard all your news?(难道你所带来的全部新闻就是一个荡妇和一个坏种鬼混吗?——菲尔丁)。

桑菲特·詹森《现代法语中的关系句》(1909,p. 120)和 E. 勒奇《法语中作动名词用的表语分词》(1912)收集了法语中的例子:le verrou poussé l'avait surprise(门被闩上了这一事实)| c'était son rêve accompli(这是你完美的梦)。述品不必是分词,如桑菲特·詹森分析的某些关系从句所体现的:Deux jurys qui condamnent un homme,ça vous impressionne(两个陪审团责难一个人,这给你留下印象),其中 ça(单数)明显地反映出此句的特点。比较布鲁诺《思维与语言》,208。

我倾向于把一些含有"数量词"(quantifiers)的句子包括进来,这些数量词的意义不能按常情来理解。如谚语 too many cooks spoil the broth（厨师多，砸汤锅），就是说厨师太多这种情况使汤烧得不好。类似的谚语还有〔法〕trop de cuisniers gatent la sauce（厨师太多烧坏调味汁）| viele köche verderben den brei（厨师太多煮坏粥）| mange kokke fordærver maden（狗儿多，野兔死）| many hands make quick work（人多力量大）| mange hunde er havens død | no news is good news（没有消息就是好消息）| you must put up with no hot dinner（你得对付着吃凉饭）。显然，这与 too many people are poor（大多数人贫穷）或 no news arrived on that day（那天没有新闻）中的修品是截然不同的。

连系式次修品
（Nexus Subjunct）

我们现在来看看连系式次修品。常用的名称（duo ablativi, ablativi conseqentiæ, ablativi absoluti, absolute participles〔独立分词〕）没有一个触及这种现象的本质："独立"应该意味着"独立在句法关系之外"，但是这些词果真比其他次修品更远远地独立在句法关系之外吗？在这个名称中不应该提到分词，因为分词是不必要的，如 dinner over（吃过晚饭以后）| Scipione autore（作家西比翁内）等等。布鲁格曼《简明比较语法》（§815）试图解释各种使用的格（德语和梵语中的属格，拉丁语中的离格，哥特语、古高地德语、古英语、古挪威语中的与格，等等）。他认为分词首先是一种普通的修品，后来经过一种句法结构的变动，被认为与另一个词在一起构成的"某种（时间的或类似时间的）从句"。这认为这种结构的特点在于以下两点：（1）结构中有两个成分，它们之间具有

连系式的那种特殊关系，比如类似 the dog barks（狗吠）中的主语与谓语的关系；(2)该词组在句中起次修品的作用。我这里谈的不是应该如何解释拉丁语中的离格的问题，不管它原来表示的是地点，还是时间，还是工具；在我们所知道的语言里，表示时间的 Tarquinio rege（退回塔奎尼乌斯）与 hoc tempore（此时）的区别只是 rege 与其首品 Tarquinio 的关系和 hoc（修品）与其首品 tempore 的关系不同。me invito（邀请我）与 hoc modo（此刻）之间也有类似区别，这两个词组表示的都是行为的方式。①

在诸罗曼语中，连系式次修品司空见惯，这里举几个例子就够了：〔意〕morto mio padre，dovei andare a Roma（父亲死后，我被迫去罗马）| sonate le cinque，non è più permesso a nessuno d'entrare（五点过后，任何人不准入内）|〔法〕Ces dispositions faites，il s'est retiré（准备就绪，他动身了）| Dieu aidant，nous y parviendrons（有上帝的帮助，我们将能到达那里）②|〔西〕concluídos los estudios … pues

① 拉丁语连系式次修品中的主语部分（首品）可以是宾格接不定式的结构，也可以是从句，因此不能用离格。试比较下列我从马德维格处引来的例子，其中斜体部分为首品：Alexander，andito *Dareum movisse ab Ecbatanis*，fugientem insequi pergit（亚历山大听说戴留姆离开了埃克巴塔尼斯，于是便继续追踪那个逃亡者）| consul … edicto *ut quicunque ad vallum tenderet pro hoste haberetur*，fugientibus obstitit（执政官……宣布所有接近壕沟的人将被视作敌人，他不让他们逃跑）| additur dolus，missis *qui magnam vim lignorum ardentem in flumen conjicerent*（还有一个诡计，他命令人们把烧着的木头扔进河里）。如同上面提到的其他格一样，我不能同意把最后一句中 missis 的主语分析为位于 qui 之前的一个想象中的离格代词。第一句，连系式次修品的主语部分本身就是一个连系式，其主语是 Dareum，马德维格没有必要把第一句和第二句中的分词看做接一宾语的“无人称表示法”。

② 在谚语“Morte la bête，mort le venin”（畜牲死了，危害也没有了）中，前面的是连系式次修品，后面的是 168 页上描写的那种独立连系式。

no hube clase … Examinadas imparcialmente las cualidades de aquel niño, era imposible desconocer su mérito（结业了……没课了……对他的某些课程进行了考试，他的成绩不可否认——加尔多斯《佩尔菲克塔太太》83）。

在英语中，这种结构很普通，除了某些专门用法外，该结构多用于书面语，很少用于口语：we shall go, *weather permitting*（我们一定前去，如果天气允许的话）| *everything considered*, we may feel quite easy（进行了全面的考虑，我们完全可以放心）| *this done*, he shut the window（干完此事后，他关上了窗子）| she sat, *her hands crossed on her lap, her eyes absently bent upon them*①（她坐着，双手交叉着放在膝上，两眼茫然地望着双手）| he stood, *pipe in mouth*（他站着，嘴里叼着烟袋）| *dinner over*, we left the hotel（晚饭过后，我们就离开了旅馆）。因此在这种结构里，除了形容词和分词，还能用可作表语的其他词或词组。

有时还有一种倾向，即用诸如 once（一旦）这样的词引导连系式次修品：*Once* the murderer found, the rest was easy enough（一旦找到凶手，剩下来的事就好办多了）|〔法〕*Une fois* l'action terminée, nous rentrâmes chez nous（*sitôt* achovée cette tâche）（一旦工作结束，我们就回家）。

德语中连系式次修品现象相当普通，虽然在该语言里这种结构相对而言历史还不长；我选了一些保罗举的例子（《语法》278）：Louise kommt zurück, *einen mantel ungeworfen*（路易丝回来，胡乱穿

---

① 在这些句子中可以加上介词 with，这样它与 173 页中提到的结构就十分相似了。

着一件大衣)| *alle hände voll*, wollen Sie noch immer mehr greifen(他们两手已经满了,还想再多拿点东西)| *einen kritischen freund an der seite* kommt man schneller vom fleck (有一个诤友在身边,会进步得更快)。保罗没有明确说明怎样理解这个"art des freien akkusatives"(自由第四格的特性),但是(在列举了含有被动分词的例子之后)他的话 In allen diesen fällen könnte man statt despassiven ein aktives attributives partizipium einsetzen(在所有这些情况下,可以用主动修饰性分词来取代被动分词)和他把宾格看做宾格宾语的做法使我们对那些不含有分词的句子大惑不解。柯姆(《德语语法》266,553)也认为分词具有主动意义,他认为在 Dies vorausgeschickt〔habend〕,fahre ich in meiner erzählung fort(在预先说明了这点之后,我继续讲述)| Solche hindernis alle ungeachtet〔habend〕,richtet gott diesen zug aus(不顾所有这些障碍,上帝使其动了起来)中有一个潜在的 habend。我很怀疑这种用"声音联想"方法来解释这一结构起源能有多少可靠性;不管怎样,它并没有把柯姆所说的"该结构变得有孳生力,结果我们现在发现做从句(我叫做连系式)谓语的不仅有及物动词的完成式分词,还有不及物动词的完成式分词,以及形容词、副词或介词短语"这段话解释清楚。

说到连系式次修品我们还可以考虑 unverrichteter dinge kam er zurück(他毫无所获地回来了)| wankenden schrittes ... erscheint der alte mann(踉跄的脚步……他像一个老人——拉伯),〔柯姆引〕中的属格。

古哥特语言中的"独立与格"常常被解释为模仿拉丁语结构的结果。丹麦语中这种结构只起从属作用,少数固定说法仅属例

外:*Alt vel overvejet* rejser jeg imorgen(周密地考虑了一切后,我将在明天动身)|*alt iberegnet*(包括一切)|dine ord iœre,tror jeg dog …(考虑你的话后,我仍认为……),再如德语中的 *dein wort in echren*,直译为“你的尊敬的话”,即“对你的话表示应有的尊敬”。

首先,这种连系式次修品的主语部分不管在什么语言里以往都以某种间接格(oblique case)的形式出现,虽然如我们所见,这种格在不同的语言里是不同的。但是各种语言不约而同地开始使用主格,因为这更适合于主语的地位。这是现代希腊语的规则(萨姆,《手册》,第二版,161),并且如桑菲尔德告诉我们的,一直可追踪到伪经福音书中去,Thomæ 10.1 Met' oligas hēmeras *skhizōn tis* xula … epesen hē axinē(过了一些日子,当一个汉子劈完木柴……斧头掉落下来)。我还感谢这位朋友为我提供了一个中世纪初的拉丁语例子:《西尔维娅游记》16.7 *benedicens nos episcopus* profecti sumus(当主教给我们做过祝福仪式,我们就上路了)。在罗曼诸语言中,名词没有格的形式,但是代词有主语,如意大利语:essendo *egli* Cristiano,*io* Saracina(我是一个基督徒,她是一个异教徒。——阿廖斯托);西班牙语:Rosario no se opondrá,*queriendolo yo*(我喜欢的罗莎尼奥不会反对——加尔多斯《佩尔菲克塔太太》121)。英语主格在文学语言里占优势:For,*he being dead*,with him is beautie slaine(他死了,美也随着他死了——莎士比亚《维纳斯和阿多尼斯》1019)。主格在德语中有时也可见到,请参看保罗《语法》3.281,283 和柯姆《德语语法》554。保罗引了格里帕泽的例子:der wurf geworfen,fliegt der stein(一投,石子飞了出去);柯姆引了席勒、奥尔巴克、豪普特曼和其他人作品中的例子。

在 this notwithstanding(尽管这样)和 notwithstanding all our efforts（尽管我们作了一切努力）中，有一个货真价实的连系式次修品，this 和 all our efforts 作首品，否定的分词作述品，但是从实用的角度出发，这种结构现在被看做由一个介词及其宾语构成的，再如德语：ungeachtet unserer bemühungen（不注意我们的辛劳），丹麦语：uagtet vore anstrengelser（尽管我们作了努力）。同样，法语中的 pendant ce temps（在那期间），英语中的 during that time（在那期间——原意是“当那个时间延续时”），德语在这一点上还可进行更深入的划分：古老的属格连系式次修品 währendes krieges（在战争期间），复数 währender kriege 分解为 während des krieges，während der kriege：这样 während 就成了支配属格的介词。

我们看到西班牙语中的连系式次修品的变化可以用主语和宾语之间的自然关系来解释；我从汉森（§39.3）取用了实际材料和例句，不过解释是我自己的：

（1）主语部分＋分词：estas cosas puestas（这事已完成了），如在法语及其他语言中。

（2）结构同上，语序相反：visto que no quieres hacerlo（看到你不想干）| oídos los reos（当被告听取起诉的时候——179 页上引的例子也属这种情况）。这里，首品像限定性句子中的宾语一样接在分词之后。因此把它理解为宾语。由于在西班牙语中表示有生命东西的宾语须与介词 á 连用，这一特点扩大到这些句子中的名词，其结果是：

（3）oído á los reos（听过罪犯的陈述）。这里值得注意的是分词不再是复数：因此这种结构与 he oído á los reos（我听了被告的陈述）这样的主动句结构在某种程度上相似，可以看做主动分词 oyendo á los reos（正在听他的陈述）的过去时；换句话说，分词作主动意义使用，而缺少主语。在西班牙语中，说话人的语言直觉最终导致了一种形式，这种形式有自己的语句结构，柯姆（也许还有保罗，见上文 179 页）认为同作为相应的德语语句结构的基础的形式相同。

连系式常常用属格形式和“抽象名词”表述，如 I doubt the doctor's cleverness（我怀疑医生的高明），此句意同“I doubt that the doctor is clever”（我怀疑医生是高明的）。这个结构与带动词性名词的结构，如 the doctor's arrival（医生的到来）的相似之处是完全显而易见的。但传统的语法术语只限把“主语性属格”这一名称用于后者，虽然它也同样可以用于 the doctor's cleverness[1] 这类情况。关于对这两类名词的详细论述，请见下章。

贬义连系式

（Nexus of Deprecation）

在迄今为止已经考察的所有各类连系式中，我们是在直接或肯定的意义上来理解两个成分之间的关系的。但现在我们要看一看可以称做贬义的连系式，在这里两个成分之间的关系是以互相对立的形式出现的；因此连系式的意义是否定的。在会话中，可用语调来表示（疑问句亦如此），常常以某种夸张的形式分别地加诸这两个部分。在以后的章节中我们会看到疑问与否定常常有着密

① 在词组 the Doctor's cleverness 中，如果 the doctor's 叫做物主属格，这是因我们认为医生具有高明（的品质），但显然这只是一种比喻。

切的关系。

贬义连系式有两种形式:第一种用不定式,如 What? loue! I sue! I seeke a wife!(什么,我爱!我求婚!我找老婆!——莎士比亚)|"Did you dance with her?""Me dance!"says Mr. Barnes("你同她跳舞了?""我跳舞!"巴恩斯说——萨克雷)|I say anything disrespectful of Dr. Kenn? Heaven forbid!(我说不尊敬肯医生的话?上天不容!——G. 艾略特),[①]最后一例中的"上天不容"显示出连系式的意思是如何被否定的。下面引自布朗宁的例子证明,这种结构如发展成具有正常句式的完整句,将符合上文(168页)中所提到的类型:She to be his, were hardly less absurd than that he took her name into his mouth(他是她的,这比他从嘴里吐出她的名字还要荒唐)。然而,通常不用这种方式造句,因为感情通过我在上面所提到的特殊语调充分地表现在主语和不定式上。

其他语言也采用这种方法,如〔德〕Er, so was sagen!(他,说这话!)|〔丹〕Han gifte sig!(他,结婚了!)|〔法〕Toi faire ça!(你,做这!)|〔意〕Io far questo!(我,做这种事!)|〔拉〕Mene incepto desistere victam?(我参加了战斗,不应该打到底吗?)——在拉丁语中如加上一个适当的谓语就须用宾格接不定式的形式。[②]

---

① 其余的例子见《否定》p. 23f.。

② 有一种通常以 and 引导的有联系的惯用结构,其中两个概念之间的关系不是像现在这样以加强语气的排斥形式出现,而是表示惊奇,如:What? a beggar! a slave! and he to deprave and abuse the virtue of tobacco!(什么?一个要饭的!一个奴隶!他竟然败坏烟草的美德!——本·琼森)|One of the ladies could not refrain from her astonishment——"A philespher, and give a picnic!"(一位太太忍不住吃惊——"一位哲学家,举办野餐!"——斯潘塞)参看《论英语》p. 70 ff.。

第二类贬义连系式，主语和表语可以放在一起，采用同样的疑问语调，具有相同的否定它们结合在一起所表达的意义是真实或可能的作用：Why, his grandfather was a tradesman! *he a gentleman*!（嗨，他爷爷是个手艺人！他是一位绅士！——笛福）| The denunciation rang in his head day and night. *He arrogant, uncharitable, cruel*!（这番谴责终日萦绕在他脑中。他蛮横苛刻、残忍！——洛克）——当然可以以一种回答的方式加上一个否定词使其意义一目了然：He arrogant? No, *never*!（他蛮横？不，绝不！）或 *Not he*!（他不是的！）

其他语言亦如此：〔丹〕Hun, utaknemlig!（她，忘恩负义！）|〔德〕Er! in Paris!（他！在巴黎！）|〔法〕Lui avare?（他吝啬吗？）等。德语中还接 und：er sagte, er wolle landvogt werden. *Der und landvogt*! Aus dem ist nie was geworden（他说他想当总督。他当总督！他什么也当不上——弗伦森）。

含有贬义连系式的句子可与前文提到的完整的（独立的）句子（即不含有某种限定形式动词的句子）结合在一起。从另一个角度出发，可以把它们看做说话中断法（aposiopesis）的例子：由于受到强烈感情的影响，说话人没有把句子说完，而且往往很难继续说下去以便按照常规构造句子。

小　　结
（Summary）

最后，我们可以开出一张一览表，采用典型例子而不用描写性的类别名称，列举连系式的主要情况，以此作为本章的结束。我把含有动词(限定或不定)或动词性名词的情况置于左边一栏内,不含有这一形式的置于右边一栏内。

1. *the dog barks*	*Happy the man, whose* …
2. when *the dog barks*	*However great the loss* …
3. Arthur, *whom* they say *is kill'd*	
4. I *hear the dog bark*	he makes *her happy*
5. count on *him to come*	with *the window open*
6. *for you to call*	*violati hospites*
7. *he* is believed *to be guilty*	*she* was made *happy*
8. *the winner to spend*	*everything considered*
9. *the doctor's arrival*	*the doctor's cleverness*
10. *I dance*!	*He a gentleman*!

在例 1 和例 10 中,连系式构成一个完整句,在所有其他的例子中,连系式只构成句子的一部分,或是主语,或是宾语,或是次修品。

第九章附录

系词表语

(Copula. Predicative)

这里也许可以就常常所说的系词说几句话。系词即动词 is,是作为两个具有主谓关系概念的完整组合连系式的标志。逻辑学家喜欢把所有的句子都分析为三种成分:主语、系词和谓语;the man walks(那人行走)被认为含有主语 the man,系词 is 和谓语 walking。语言学家一定会对这种分析感到不满,这不仅是从英语语法的角度出发(英语语法中 is walking 和 walks 意义不

同),而且是从一般的角度出发。如果不用现在时,进行这种分析就有困难,the man walked(那人在走——过去时)不能分解为含有 is 的任何东西,只能分解为 the man was walking(那人在走——过去进行时)——但是逻辑学家研究的总是不出表示永恒真理的现在时的范围!系词远非典型的动词,许多语言中根本就没有系词;还有一些语言,在许多情况下,如我在上面已经指出的,不用系词而摒弃了系词。动词 be 在长期的过程中渐渐失去其较具体的意义 grow〔生长〕而成为现在这种状态,它原先接表语的方式与现在许多其他含义更为实在的动词接表语的方式一模一样:he grows old(他变老了)|goes mad (发疯)|the dream will come true(梦想会实现的)|my blood runs cold (我毛骨悚然)|he fell silent(他缄默不语)|he looks healthy(他看上去身体健康)|it looms large(它赫然耸现)|it seems important(它似乎重要)|she blushed red(她脸红了)|it tastes delicious(它吃起来很可口)|this sounds correct(这听起来倒不错),等等。我们还可以说,不仅动词后可接表语,某些小品词后也可接表语,英语中典型的小品词是 for,to,into,as:I take it for granted(我认为这是当然的)|you will be hanged for a pirate(你将被作为海盗给吊死——笛福)|he set himself down for an ass(他把自己看做是傻瓜)|he took her to wife (他娶她为妻——这用法已过时)|she grew into a tall,handsome girl(她长成一个身材颀长,面目俊秀的姑娘)|I look upon him as fool(我把他看成是笨蛋),等等。在前文列举的句子(173 页)中,这种现象特别有趣:with his brother as protector(以他的哥哥为保护人)|the Committee,with the Bishop and the Mayor for its presidents,had already held several meetings(委员会以主教和市长为主席,已经召开了几次会议)。其他语言中也有类似情况:〔哥特〕ei tawidedeina ina du piudana(为了使他们选他当国王)|〔德〕das wasser wurde zu wein(水变成酒)|〔丹〕blive til nar(变成一个傻瓜),holde een for nar(把某人当做傻瓜)。注意德语中的主格 Was für ein mensch(一个什么样的人)以及荷兰语中的主格 wat voor een(意义同前)以及 Что эа 之后的俄语主格(比较莎士比亚的 What is he for a fool?〔把他看做笨蛋怎样?〕)。有趣的是,这样一来,介词 for 就能支配一个形容词(分词),而在其他情况下则不可以:I gave myself over for lost(我认为自己已无希望)。比较〔拉丁〕sublatus pro occiso (他像是被杀死似的给拖走了)|quum pro damnato mortuoque esset (他虽然是被看做死囚)|pro certo habere aliquid(视为定局);〔意〕Giovanni non si diede por vinto(齐万尼没有放弃获胜的希望);〔法〕Ainsi vous n'êtes pas assassinê,

car pur volé nous savons que vous l'êtes(你没有遭谋杀,因为我们知道你不是被偷的)。英语有关不定冠词用法的规则中也有类似动词接表语的情况,用不用不定冠词意义相同:in his capacity as a Bishop(他作为主教的身份)|in his capacity as Bishop of Durham(以他作为德拉姆的主教的身份)。

第十章 连系式名词 关于连系式的结束语

(Nexus-Substantives Final Words on Nexus)

“抽象名词” 不定式与动名词 关于连系式的结束语

“抽象名词”

(“Abstracts”)

如果把名词解释为物质或事物的名称就很难处理“美”、“智慧”、“白”这样的词。这类词显然是名词,各种语言也都把它们当做名词,但不能说它们是物质或事物的名称。有鉴于此,习惯上把名词分为两类,一类是具体名词,一类是抽象名词。具体名词又叫实物名词(〔英〕reality nouns,〔德〕dingnamen, substanzbezeichnende substantiva),包括人和物的名称,“声音”、“回音”、“诗歌”、“闪电”、“月份”这类多少有点“无形”的现象也归于“物”的范畴。“抽象名词”又叫思维名词(〔英〕thoughtnames,〔德〕begriffsnamen, verdinglichungen)。这两类名词泾渭分明,我们在给这一个或那一个名词归类时似乎并没有感到有什么困难;但是果真要给“抽象名词”下一个令人满意的定义却绝非易事。

让我们先来看一位杰出的逻辑学家是怎样解决这个问题的:

J. N. 凯恩斯(《形式逻辑研究与练习》16 页)把具体名词是物的名称、抽象名词是属性的名称的定义扩大了,他说:"具体名词是任何被认为具有属性的事物(即属性的主体)的名称;而抽象名词是任何被看做包括其他事物属性(即主体的属性)的事物的名称。"但在第 18 页上,他提到属性本身也可以做属性的主体,例如在 unpunctuality is irritating(不守时令人恼火)一句中,他说"unpunctuality 虽然首先是一个抽象名词,但是根据我们的定义也可以作具体名词使用"。但是,"最初作抽象词使用,并且一直作抽象词使用的名词,同样可以作具体名词使用,也就是说,它们本身可以被看做是具有属性特征的属性名称"。凯恩斯不得不承认"这个结论是自相矛盾的"。他发现有两个方法可以摆脱这一困难的境地,但是他排斥了第一种方法,认为它毫无逻辑价值。这方法就是把抽象名词解释为任何能够被看做包括其他事物属性的事物的名称,把具体名词解释为不能被看做包括其他事物属性的事物的名称。因此,他赞成第二种方法,也就是说放弃了从逻辑角度来考虑具体和抽象名词之间的区别,转而考虑名词的具体与抽象用法之间的区别。他还说,"名词的抽象用法与我们逻辑学家关系甚少",因为一个名词作为主语或者作为非动词性主题句[①]的谓语使用的时候,其用法总是具体的。

实际上,这就等于把全部的区别一笔勾销了。但不可否认,"坚硬"这样的词与"石头"等根本不属一类。我认为凯恩斯博士的结论是"抽象"这个不恰当的术语、特别是它的反义词"具体"所

① "动词性主题句"在原著第 49 页上被定义为"一个只说明构成其主语的专门名词的意义或运用的句子"。

造成的,因为“抽象”和“具体”这两个词在日常语言里的区别与我们在这里研究的问题毫无关系。这在V.达勒鲁普的论文《抽象与具体》(《达尼娅》10.65ff)中说得特别清楚。他在这篇文章中说,抽象与具体的区别是相对的,这两个概念不仅可用于名词,还可用于其他各类词。hard在a hard stone(一块硬石头)中是具体的,但在hard work(艰苦的工作)中是抽象的;towards在he moved towards the town(他向城里走)中是具体的,但在his behaviour towards her(他对她的行为)中是抽象的;turn在he turned round(他转过身来)中是具体的,但在he turned pale(他脸变白了)中是抽象的,诸如此类。根据这种说法,“具体”主要指外部世界中可以触摸到的、占有空间的、五官能觉察到的东西,“抽象”指的只是在头脑里存在的东西。这种用法显然与大众语言相吻合,但对我们理解与其他名词有别的“白”这类特殊的词并无帮助。

W.黑兹利特(《新编语法》,1810,前言viii)说:“名词既不是事物也不是物质的名称,而是作为独立的或独特的个体的物质或任何其他事物或思想的名称。这就是说,它不是完全独立存在的事物名称(根据旧定义),而是被看做独立存在的事物的名称。因此,如果我们把‘白’说成是雪的一种状况或特性,它就是一个形容词;但是如果我们把‘白’的概念从它所属的物质中抽象出来,把这种颜色看做独立的,或看做话语中的一个独立的事物,它就成了一个名词,例如在英语White or whiteness is hurtful to the sight(白色的东西或白色有损视力)的句子中。”

许多作者在他们的近作中都发表了与此基本类似的观点。他们稍加改动,把“白”这类名词定义为“假设为名词的词”,“想象中物质的名称”,“认为是独立物体的概念”,“按实体来理解的概念”,“当做独立的事物并因此在语法上也被当做独立事物处理的单纯的名称”(诺林《我们的语言》5.256f.[①])。尽管大家所见略同,但我得承认,我在谈论一个小姑娘的“美”或一位老人的“智慧”时,并不认为这些特点是“事物”或“真实的物体”;在我看来,它们不过是“她是美的”和“他是有智慧的”的又一表达法。冯特说,“人性”(menschlichkeit)表示的属性与“人”表示的属性相同。此话说得千真万确。但是他又说,名词化的形式更有助于我们的头脑把这种属性当做一种“物体”(gegenstand)。这句话就不对了。米斯台利避开这种假想,他仅仅强调语法处理。然而没有人真正地解释各种语言是怎样以及为什么会有这类表达形容词概念的名词的。

斯威特早在冯特和米斯台利之前就发表过类似观点(1876,《论文集》18,参看《新英语语法》§80,99):“把 white(白的)变为 whiteness(白)纯粹是一种能使我们把一修饰词用作一个句子的主语的形式手段……把 whiteness 说成‘抽象’名词,表示一种属性而不涉及具有此属性的事物是很正确的。然而 white 被认为具有内涵意义……其实,white 和 whiteness 一样,无疑都是抽象的,它们的意义完全相同。”因此,在斯威特看来,“词性的唯一令人满意的定义必须是一种纯粹的形式定义:例如,snow(雪)是一个名词,不是因为它代表一样东西,而是因为它能用作一个句子的主语,因为它能用加-s 方法构成复数,因为它有一个限定的前缀(即定冠词),等等。white-

① 芬克(《比较语言研究杂志》41.265)写道,我们还在(!)说“死”、“战争”、“时间”、“夜晚”等等,好像它们是石头和树一样的事物。

ness 是名词,所根据的也正是同样的道理”。[1]

斯威特说,white 和 whiteness 同是抽象的(在超脱个别事物这个意义上),此话不错;但他认为这两个词的意义完全相同就错了。两者之间的区别也许微乎其微,但的确存在一种区别,否则为什么各个国家都会用不同的词来表达这两个概念呢?请注意我们用不同的动词与这两种词连用:*being* white = *having* whiteness;the minister is (becomes) wise(这位部长是〔变得〕英明的),he possesses (acquires) wisdom(他具有〔得到〕智慧)。在伊多语里,库蒂拉匠心独到地为这些名词创造了词尾-eso,它是由动词 es - ar(是)的词根加上名词词尾-o 构成的:blind-es-o(瞎的状态),即“瞎”;superbeso(自豪)等等。这里我们也许可以说“是”的概念渗入了这些词中,正像我们的语言本能使我们趋于把一个“is”(是)(既未出现也无必要)插入 Дом нов(〔英〕the house (is) new〔这房子是新的〕)这类俄语句子中一样;但是库蒂拉正确地看到了形容词因素作为表语进入这类名词的这一重要事实。这些结构的真正特点便是如此:它们是表语名词(predicative-substantives)。[2]

① 斯威特在他后来的《新英语语法》(61)有关抽象名词一节中并没有把问题说清楚;他不仅把“红”、“朗读”这类词归于抽象名词,还把“闪电”、“阴影”、“日子”及许多其他的词也归于抽象名词;“北”和“南”从一个角度看是抽象的,从另一个角度看则是具体的。

② 这类词大都是由形容词派生的(kind〔仁慈的〕派生出 kindness〔仁慈〕,等等),或与形容词有着自然的同源关系(ease〔悠闲〕与 easy〔悠闲的〕,beauty〔美〕与 beautiful〔美丽的〕);由于形容词常常用作表语,出现这种现象是很自然的,但是这类词中有一些是由名词派生出的(scholarship〔学识〕,professorship〔教授身份〕,professorate〔教授任期〕,chaplaincy〔牧师身份〕。)有时它们之间有着极其相似的地方。它们不允许有复数这一点被当做“抽象名词”的主要语法特点之一。但这不尽然,参看关于数的一章。

显然，这里所考察的由形容词构成的名词与 coming（来），arrival（到达），movement（运动），change（转变），existance（存在），repose（休息），sleep（睡觉），love（恋爱）这类动词性名词（动作名词，nomina actionis）极其相同。① 但是实际例子证明“动作名词”这一术语不很准确，除非我们把 rest（休息）和 sleep（睡觉）这类状态也算做动作。我已经表明了自己的观点，鉴于 I saw the doctor's arrival（我看到医生的到达）= I saw the doctor arrive，I saw that the doctor arrived（我看到医生来到了），以及 I doubt the doctor's cleverness（我怀疑医生的高明）= I doubt that the doctor is clever（我怀疑医生高明），我们必须承认有一个独立的词类，我们将把这类词叫做连系式名词（nexus-substantives），并可再分为动词性连系式词（如 arrival）和表语性词（如 cleverness）。

接下来的任务是，研究这类词的用法或它们运用于实际语言的目的。据我所见，它们的用途在于能使我们避免许多累赘的说法，因为不采用这类词，同一概念就必须用从句表达。例如，不妨试试不用印成斜体的名词来表达下面这句话的意思，这句话选自最近出版的一部小说：His *display* of *anger* was equivalent to an *admission* of *belief* in the other's boasted *power* of *divination*（他大动肝火的样子就等于承认了他相信对方具有他自吹的预言能力）。

连系式名词结构便于表达复杂的思想，其重要性由于下述事实而大大增加了，这就是，一个动词或表语上升为名词后，从属成

① 丹麦语中由于没有与动词 elske（爱）相对应的动词性名词，便采用了由形容词 kœrlig（含情脉脉的，友爱的）派生的 kœrlighed 一词，这两类词之间的密切关系便解释了这一现象。

分也随之上升到一个更高的品级：三品成为次品，四品成为三品。也就是说次修品成了修品，次次修品成了次修品，这样我们就能便利地遣词造句，同时还能便利地把首品（主语或宾语）变为次品（修品，“主语性”或“宾语性”属格）。

对此必须举例说明。如果我们把 The doctor's extremely quick arrival and uncommonly careful examination of the patient brought about her very speedy recovery（医生很快的到来以及对病人非同一般的仔细检查导致了她的非常迅速的康复）与 the doctor arrived extremely quickly and examined the patient uncommonly carefully；she recovered very speedily（医生来得相当快，非同一般地仔细检查了病人；她恢复得非常快）加以比较，我们就会看到（罗马数字为词的品级）动词 arrived，examined，recovered（Ⅱ）变成了名词 arrival，examination，recovery（Ⅰ），次修品（副词）quickly，carefully，speedily（Ⅲ）变成了修品（形容词）quick，careful，speedy（Ⅱ），而次次修品（Ⅳ）extremely，uncommonly，very 的形式保持不变，成为次修品（Ⅲ）；相反，首品（主语和宾语）the doctor，the patient，she（Ⅰ）变成了次品（修品）：the doctor's，of the patient，her（Ⅱ）。

在下句中也可以见到类似的词品改变：we noticed the doctor's（Ⅱ）really（Ⅲ）astonishing（Ⅱ）cleverness（Ⅰ）（我们注意到医生确实惊人地高明），试比较，the doctor（Ⅰ）was really（Ⅳ）astonishingly（Ⅲ）clever（Ⅱ）（医生确实惊人地高明）。（如果 really 在这里修饰是动词 was，即为Ⅲ品。）

表语名词常常在词组中作介词 with 的宾语，这种结构用起来很便利，因为这类表语名词能使我们摆脱冗长的次修品结构：He worked with positively surprising rapidity（他工作的速度之快确实令人吃惊)(取代 positively suprisingly rapidly〔确实惊人地快〕),with absolute freedom(完全自由地),with approximate accuracy(近乎准确地),等等。比较以上“词类”一章“小结”中(115 页)提到的词的品级改变。

我们现在就能更清楚地认识通常称做“同源宾语”(the cognate object)[①]的这一语法现象。如果我们只局限于 I dreamed a dream(我做了一个梦——奥尼恩斯,《高级英语句法》35)或 servitutem servire(做佣人)这类例子,我们就不能完全理解同源宾语的意义,因为这类例子至少在实际语言中是罕见的。原因很简单,这样一种宾语至少说意义空洞,对动词的概念毫无增益。在实际语言中我们会遇到这样的句子:I would faine dye a dry death(我愿自然地死去——莎士比亚)|I never saw a man die a violent death(我从未看过有人暴卒——拉斯金)|she smiled a little smile and bowed a little bow(她微微一笑,稍稍鞠一躬——特罗洛普)|Mowgli laughed a little short ugly laugh(毛格里丑陋地一笑——基普林)|he laughed his usual careless laugh(他和往常一样漫不经心地大笑——洛克)|he lived the life,and died the death of a Christian(他以基督徒的身份生活,以基督徒的身份死去——考珀),等等。

① “同源宾语”还叫“内部宾语”(inner-object),“内容宾语”(object of content),“役使宾语”(factitive object);较古老的名称是“figura etymologica”。从德尔布鲁克《印度日耳曼语比较语法》Ⅰ.366 ff.,布鲁格曼《比较语法概论》Ⅱ,2.621ff.,威尔曼斯《德语语法》3.485 对早期雅利安语的描写中可以见到许多例子;再请比较保罗《德语语法》3.226,柯姆《德语语法》491,福尔克和托尔普《丹麦-挪威语句法》26,M.卡恩《宗教词汇论》97,236,其中还援引了其他著作。然而,他们中间的许多语法学家把这种现象和在我看来是与其毫无相干的其他宾语混为一谈了。众所周知,这是我们语族外的现象;见塞泰莱《芬兰语句法》§30。

这些例子说明，连系式名词的应用只是为我们提供一种用修品的形式增添某种描绘性特点的便利手段，而这种描绘性的特点如果采用次修品的形式则很难或根本不可能修饰动词（再请比较 fight the good fight〔激战一场〕，这与 fight well〔打得好〕不同）。有时，这种附加的描写起一种“同位语”（appositum）的作用，由一逗号或破折号隔开，如：The dog sighed，the insincere and pity-seeking sigh of a spoilt animal（那狗叹了一口气，那是一条宠坏了的牲畜乞人怜悯、虚假地叹的气——贝内特）| Kitty laughed——a laugh musical but malicious（吉蒂大笑——笑声悦耳，但含恶意——H. 沃德夫人）。我们见到这种方法还用于其他场合：有时用次修品来表示对次品词的附加修饰不很方便，结果就用一个表语词松散地加在句子上，以修品的形式表达这种特殊的意义，如：Her face was very pale，a greyish pallor（她的脸非常苍白，苍白得发灰——沃德夫人）| He had been too proud to ask —— the terrible pride of the benefactor（他骄傲得很，耻于发问——那是作为恩人的可怕的骄傲——贝内特）。这种附加修饰常常与介词 with 一起使用：She was pretty with the prettiness of twenty（她很漂亮，漂亮得像二十岁的姑娘）| I am sick with a sickness more than of body，a sickness of mind and my own shame（我病魔缠身，不是身体有病，而是心灵以及我自己的耻辱感有病——卡莱尔）。

连系式名词常常可便利地用于惯用法不允许使用从句的地方，如在 upon 之后：Close upon his resignation followed his last illness and death（他刚辞职，便生了最后一次病，随即便一命呜呼），我希望我的这番话充分地说明了这些结构在言语的经济上所起的

作用。[①] 但是如同像世界上大多数好东西一样,这种名词也会被滥用。赫尔曼·雅各比在他论述梵语的名词性文体一篇有趣的文章(《印度日耳曼语研究》14. 236ff.)中绝妙地说明了这一点。他说语言一旦衰老(alternde Sprachen!!)便多用名词结构,特别是假如它们长期作为表达科学思维的工具的话。用名词表达思想,可能要比用形象化的动词表达思想(die mehr der sphäre der anschauung sich nähernden verba)更为精确、更为充分,这种见解不无道理。"梵语已成为印度高等教育的专利工具,对于下层人民已变得难以理解,并且在人们生活的其他领域已不再使用。梵语与日常生活的具体情况脱离得越来越远,与此同时越来越多地为知识界的上层生活利益服务,遣词的抽象方法也就越来越必要,因为需要表达的思想范围变得越来越窄",这就自然地导致了更多地使用名词,即我们所说的连系式名词。

我认为,通过我对上文最后一句的英语译文"While Sanskrit was increasingly diverted from the practical details of everyday life and was simultaneously used more and more to serve the interests of the higher life of the intellect, abstract methods of diction were more and

---

① 这些词在其基本用法之外由于语义的频繁改变,可用于("具体地")表达某特点的所有者:a beauty(美)= a thing of beauty(具有美的事物——常常用来表示漂亮的女人),realities = real things(真实的东西),a truth = a true saying(真话),等等。比较下列两句中的不同意义:I do not believe in the personality of God(我不相信上帝是人),The Premier is a strong personality(总理个性很强)。这种改变与动词性名词的改变类似,如building, construction = a thing built, constructed(建筑物)。有时具体意义已成定式,因此构成一个新的"抽象名词":relationship(亲属关系),acquaintanceship(相识关系)。——再请注意在下面这类句子中常见的比喻说法:He was all kindness and attention on our journey home(在我们回家的旅途中,他殷勤备至)。

more needed as the sphere of ideas to be expressed became narrower and narrower"与德语原文"Mit der zunehmenden abkehr von der gemeinen alltäglichkeit des daseins und der damit hand in hand gehenden zuwendung zum höheren geistigen leben stieg in dem sich also einengenden ideenkreise, welchem das Sanskrit als ausdrucksmittel dients, das bedüfnis begriff licher darstellung"的比较,便可看出这两种文体的不同。德语的科学体散文有时接近雅各比所描述的梵文文体。用名词来表达通常由限定动词所表达的内容时,我们的语言就不仅变得更抽象,而且变得更深奥。原因之一就是动词性名词失去了动词中某些赋予活力的因素(时间、语气、人称),名词性文体因此适用于哲学的领域。但即使在此领域中,它也时常给简单的思想披上深邃的外衣,所以对于日常生活的交际没有多大帮助。

不定式与动名词
(Infinitives and Gerunds)

从语言史上观察动词性名词有时怎样失去名词的某些特点而获得某些动词的特点,即前文所说的"赋予活力"的特点,或换句话说,说话人怎样经常地按照习惯把动词性名词当做限定动词来处理,是很有意思的。

我们的不定式正是如此。现在普遍认为,不定式是古老的动词性名词的固定化了的格的形式。它们在词法和句法上已接近限定动词,虽然在各种语言中接近的程度不同。它们可以和普通动词一样,接同样形式的格的宾语(宾格、与格等),可以与通常的否定结构和其他次修品连用,有时态之分(如拉丁语的完成不定式 amavisse〔爱〕,英语的 to have loved〔爱〕),在某些语言里还有将来不定式,以及主动与被动之分(被动不定式如拉丁语中的 amari〔被爱〕,英语中的 to be loved〔被爱〕)。上述特点都与 movement(运动),construction(建筑),belief(信念)这类词有别。在不定式可与主格主语连用的语言里还可看到不定式与限定动词更为相似之处,见 165 页。

在某些语言里,不定式可与定冠词连用。这种名词的特点的好处在于冠词的格形式可以表示不定式的句法作用。这种方法能运用于诸如希腊语中的宾格接不定式的结构,这比德语中[①]的只有“赤裸的”不定式可能与冠词连用的结构更有价值。

在其他一些动词性名词中同样可以见到我们在这里所注意到的不定式中的变化。在梵语、希腊语和拉丁语中很少见到宾格宾语,例如在常被援引的普罗廷的句中:Quid tibi *hanc curatiost rem*?(你为什么管这件事?——德尔布鲁克《印度日耳曼语比较句法》1.386)。在某些斯拉夫语言中,如保加利亚语,把宾格宾语加在以-anije 和相应词尾的动词性名词上是很普遍的。在丹麦语中,以-en 结尾的动词性名词可以接宾语,但必须具备下述条件:动词与宾语构成一个紧密联系的语义体,这种语义体由重音落在宾语

① 带 to 的结构(to do〔做〕等)原先是普通的介词词组(〔古英语〕to dōnne,dōnne 为与格),总是与 to 的普遍意义连用,如在相当于现代英语的句子 I went to see the Duke(我去拜见了公爵)或 he was forced to go(他被迫离去)中;在这里 to see 与 to go 是次修品。但是这种结构的用法渐渐地扩大,它们的语法意义在许多地方也发生了变化:在 I wish to see the Duke(我希望见公爵)中,to see 现在是首品,作 wish 的宾语;在 to see is to believe(百闻不如一见)中,前后两个组也是首品,其余类推。

上来表示:denne skiften tilstand(情况的转变),tagen del i lykken(分享幸福)等,例见我的《语音学》一书,565 页。

最有趣的例证是,以-ing 结尾的英语形式。在该形式中,我们可以看到一种漫长的历史演变:原先只有少数动词能以这种方式构成纯粹的名词,而现在任何动词都可以采用这种方式构成名词,并具有越来越多的限定动词的特点(《英语的成长和结构》§197ff.)。-ing 形式可与宾格宾语(on seeing him〔见到他〕)和副词连用(he proposed our immediately drinking a bottle together〔他建议我们当即在一起喝一杯〕),还衍生出完成式(happy in having found a friend〔对找到一个朋友感到高兴〕)和被动式(for fear of being killed〔害怕遇害〕)。主语原来总是用于属格,现在虽往往如此,但还常用于通格(he insisted on the Chamber carrying out his policy〔他坚持要议院执行他的政策〕| without one blow being struck〔未作一下打击〕)。在口语中甚至还可例外地用于主格(Instead of he converting the Zulus, the Zulu chief converted him〔他非但没有转变祖鲁人,反叫祖鲁首领给转变了〕,he 要重读)。现在一个英国人说 There is some possibility of the place having never been inspected by the police(这地方有可能从未被警察检查)时,他在四个语法要点上违背了六百年前他的祖先可能运用的结构(通格、完成式、被动式、副词)。

这里我们还可以提一下拉丁语的动名词。这种形式的发展很有意思。拉丁语有一种以-ndus 结尾的被动分词(the "gerundive"),它与其他分词、形容词一样,可用以表示一个连系式(比较上文,175 页),如在 elegantia augetur *legendis oratoribus et poetis*(高雅的风度被善于辞令的演说家和诗人所夸大)句中。对 cupiditas libri legendi(读书的愿望)应该按上述方式解释,此外,现在已可以说 cupiditas legendi,而不用任何名词作首品;这又进一步使人们把 legendi 看做一种不定式属格,可接宾格宾语。这样就创立了现在的一种独立的动词形式,其单数的各种格(主格除外)同普通的中性名词一样均有屈折变化,这种形式就叫"动名词"(gerund)(见萨默《拉丁语音与形式教本手册》631)。原先的结构和派生的结构在恺撒的"neque *consilii habendi neque arma capiendi* spatio dato"(没有时间商量,也没有时间拿起武器)句中并存。①

关于连系式的结束语
(Final Words on Nexus)

由于我强调过一个连系式含有两种概念(组合式相反,其中两个成分共同构成一个概念),读者也许对我在这里提出会不会存在只含一个成分的连系式的问题,尤其对我给予上述问题以肯定的答复,会感到意外。我们确实见过只含一个首品或一个次品的例子,然而这些例子与普通的连系式极其相似,不可能把它们与无可置疑的例子分开。但是准确的分析告诉我们,人们普遍接受通常的两成分说,只是在语言的具体表达上其中的一个成分可以不出现。

首先,我们会见到单独使用的首品,或者说,无述品的连系式。

① 施事名词(如 believer〔信徒〕)和分词(如 a believing Christian〔一个笃信的基督徒〕);believed〔被相信〕含有连系式的因素,但不像动作名词(如 belief〔相信〕)或不定式(如 to believe〔相信〕)那样表明连系式的本身。

在下面这类英语句子中可见到这种情况:(Did they run?〔他们跑了吗?〕)Yes,I made them(是的,我让他们跑的)。这与 I made them run(我让他们跑了)表达的意义相同。因此尽管听起来好像不可思议,但这却是一个没有不定式的宾格接不定式结构;them 包含一个真正的连系式的意义,与(Who made these frames?〔这些框架是谁做的?〕)I made them (我做的)中的宾语不同。同样在口语中,我们会见到一个单独的 to 代表一个带 to 的不定式:I told them to(=I told them to run〔我叫他们跑〕)。在心理学上,这些便是突然中断现象(aposiopesis)(stop-short sentences〔中断句〕或像我称做的 pull-up sentence,《语言》,251);在(Will you play?〔你来玩吗?〕)Yes,I will(是的,我来),或 Yes,I am going to (我要来)I am willing to〔我很愿意〕,anxious to〔我渴望来〕中略去了不定式。

其次,我们会见到单独使用的次品部分,即连系式中不出现首品。这在感叹句中相当多见,因为没有必要把感叹的内容告诉给听话的人,它们构成完整的交际信息,应该理所当然地被叫做“句子”。如 Beautiful!(真美!)| How nice!(多好!)| What an extraordinary piece of good luck!(运气好极了!)。它们是真正的表语,试比较 This is beautiful(这很美),等等:在说话人的头脑里首先出现的是表语;如果后来他想到要加上主语,结果便出现上文(第 168 页)所考察的那种形式的句子:Beautiful this view!(真美,这个景象!);他也许会选择另一种形式,即加上一个问句,Beautiful,isn't it?(真美,是不是?)(正如 This view is beautiful,isn't it?

〔这个景象真美,是不是[①]?〕)

我认为我们也许还有一种不出现首品的连系式结构。在这种结构中,没有作主语的名词或代词,限定动词本身就足以表明意义,如〔拉〕dico, dicis, dicunt〔我说,你说,他说〕等。在许多情况下,各种语言中的第三人称动词可以表达“通用人称”(generic person,如法语的 on);见 H. 佩德森和 J. 朱巴提在《比较语言研究杂志》40. 134. 和 478ff. 上收集的有趣例子。

在我们的现代语言中,主语一般必须出现,少数不出现主语的例子可理解为句首省略(prosiopesis)。有时在某些惯用的感叹句中成为定式,如 Thank you (谢谢) | 〔德〕danke(谢谢) | 〔德〕bitte(请) | Bless you(为你祝福) | Confound it! (该死的!)。再比较 Hope I'm not boring you (但愿我不会使你厌烦)。

在上面考察的所有例子中,只含一个成分的连系式均为独立句。它们也可只作句子的一部分。在英语谚语 practice makes perfect(熟能生巧),即 makes one perfect(使人成为巧者)中,构成 makes 宾语的连系式没有首品;这在丹麦语中是常见的,如 penge alene gør ikke lykkelig(金钱并不能〔给人〕带来幸福) | jeg skal gøre opmærksom på at…,〔德〕ich mache darauf aufmerksam, dass…(我提醒注意……)。

宾格接不定式结构中没有宾格决非罕见,如 live and *let live*(自己活也让别人活) | *make believe* (假装) | I *have heard say* (我听

---

① 冯特将 Welch eine wendung durch gottes fügung! (多么巧的转变!)称做定语句,其中 welch eine wendung 是主语,durch gottes fügung 是定语(相当于我的“修品”)。但是这很牵强:全句是一个连式系的表语(述品),首品没有出现,如果补上去便是 dies ist。

有人说)|*Lat see* now who shal telle another tale(我们看看谁再讲个故事——乔叟;这种说法已废弃不用)。这种现象在丹麦语中是很常见的:han lod *lyse* til brylluppet(他宣布了结婚预告)|jeg har hort *sige at*...(我听说……)等等。在德语和法语中也是如此。没有出现的首品便是"通用人称"。在德语 ich bitte zu bedenken(我提请考虑)中,首品可以是第二人称。

这些并不是连系式中主语不出现的仅有例子,因为在我们使用不定式或连系式名词的大部分场合中,没有必要点明谁或者什么是连系式的主语。连系式的主语可以通过实际语言环境而不言自明,如 I like *to travel* 或 I like *travelling*(我喜欢旅行——未出现的首品是 I〔我〕)|it amused her *to tease him*(逗弄他,她觉得很有趣——首品是 she〔她〕)|he found *happiness* in activity and *temperance*(他由于活动和戒酒而获得幸福——首品是 he〔他〕)等等;也可以是"通用人称"(如法语的 on):*to travel*(*travelling*)is not easy nowadays(现在旅行不容易了)|*activity* leads to *happiness*(活动带来幸福)|*poverty* is no disgrace(贫困绝不是耻辱),等等。首品虽然没有出现,但总是在说话人的心中,这一点可通过把"反身"代词,即表示主语和宾语等身份的代词,与不定式和连系式名词连用得到证明:to deceive *oneself*(自我欺骗)|control of *oneself*(self-control:自我控制)contentment with *oneself*(自我满足)|〔丹〕at elske *sin* næste som *sig* selv er vanskeligt(爱自己的邻居就像爱自己一样,这是很难的)|glæde over *sit* eget hjem(安家)|〔德〕*sech* mitzuteilen ist natur(自我信任是自然的)|〔拉〕contentum rebus *svis* esse maximæ sunt divitiæ(知足是最大的财富。——西赛罗),在其他语言中也有类似情况。

我认为，通过强调连系式的概念以及含有一个“首品”或主语部分的内在必然性，而不是通过那些通常的定义，我对“抽象名词”、“动作名词”和不定式，尤其是对这些形式在使言语经济方面的作用的理解更加深刻了。把不定式定义为“不作为任何主语的谓语而只单纯表达动词概念的动词形式”（《新英语词典》）或“一般性地表达动词概念，但不表明它是任何能与之构成一个句子的特定主语的谓语形式”（马德维格），这是毫无意义的——对此可以提出两点异议：第一，事实上常常存在特定的主语，有时出现，有时要从上下文中推断。第二，限定动词的主语常常和孤立的不定式的主语一样是不定的。我大胆地希望读者能发现本章及以前诸章中考察的很多现象是能相互论证的，并因此证明我把这些结构归于一个独立的类别是合乎情理的，而且用“连系式”这一术语来表示这一类别是适当的。

第十一章　主语和谓语

(Subject and Predicate)

不同的定义　心理主语与逻辑主语　语法主语　There is 结构

不同的定义

(Various Definitions)

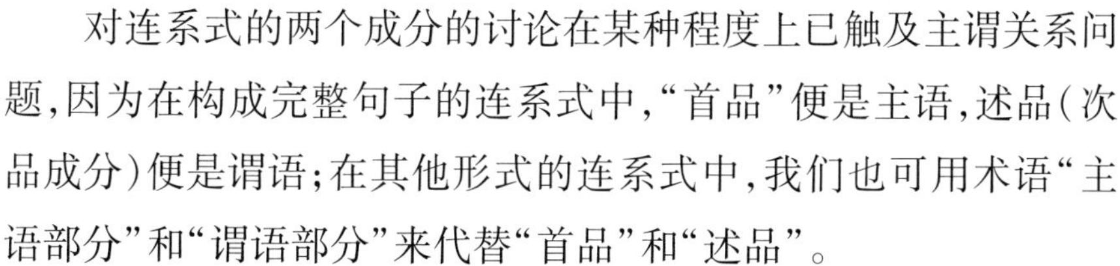

对连系式的两个成分的讨论在某种程度上已触及主谓关系问题,因为在构成完整句子的连系式中,“首品”便是主语,述品(次品成分)便是谓语;在其他形式的连系式中,我们也可用术语“主语部分”和“谓语部分”来代替“首品”和“述品”。

现在,我们必须就以往对“主语”和“谓语”所下的各种各样的定义进行讨论。下这些定义的人通常只考虑到“句子”或甚至那类更为有限的叫做“判断”(judgements)的东西。对语法学家和逻辑学家就该问题所作的一切论述进行详尽的批评和讨论大概需要一整本书,但是我希望对这个问题的如下论述足以全面概括。

有时,主语被说成是相对熟悉的成分,谓语是对主语补充新的信息。“说话人把他知道听话人已经愿意同意的一切内容放入主语,然后通过谓语把句子所要传达的新信息补充给主语……在‘A is B'(A 是 B)中,我们说,'我知道你晓得 A 是何人,但也许你并不晓得 A 就是 B'"(鲍德温,《哲学与心理学词典》,1902,vol. 2. 364)。大多数句子也许如此,但并非是所有的句子,因为在回答"Who said that?"(谁说的?)时,我们说"Peter said it"(彼得说的),Peter 是新的信息成分,但它无疑是主语。"新信息"并不总包含在谓语中,但总包含在这两个成分的联系中——总存在于这两个成分的结合中,即存在于"连系式"之中,参看第 156—160 页有关组合式与连系式区别的论述。

还有一些人认为,谓语的作用在于说明或确定一开始不明确、不确定的内容,而且还认为主语因而是被说明或被确定的内容,而且它只有通过谓语才可成为一个确定的内容(凯恩斯《形式逻辑研究与练习》96,诺林《我们的语言》5. 153,斯托特《分析心理学》2. 213)。然而,这种说法对 the blushing girl(这个脸红的女孩)中的修品来说倒更为确切,但对 the girl blushes(这个女孩脸红)中的谓语 blushes 来说却不那么确切。这里被确定的不是这个女孩,而是全部情境。

另一个经常采用的定义是,主语是所谈的东西,而谓语是对主语的描述。许多句子,也许大多数句子,确实如此。然而一般的人可能会说这种说法对他们无多大帮助,因为他们认为在像 John promised Mary a gold ring(约翰许给玛丽一只金戒指)这样的句子中,所谈的东西有四个,它们因此也都可以看做"主语",即①约翰,②许诺,③玛丽,④戒指。这个把主语等同于主题或话题的流行定义实际上并不能令人满意。如果我们来看看该定义把像斯托特这样一位著名的心理学家引向了何处,我们也许就能对这一点有很清楚的认识了。斯托特在一段著名的论述(《分析心理学》

2.212 ff.)中就是从该定义出发,把我们带到一个公认与语法学家的主语谓语概念大相径庭的地方。他写道:"句子的谓语是对原先的不定内容的确定。主语是对一般话题的先行限定,然后又附加上新的限定。主语是先前思维的产物,是思维继续发展的直接基础与起点。思维的继续发展便是谓语。句子与思维过程的关系如同步伐和行走之间的关系一样。承受整个身体重量的那只脚相当于句子的主语,向前迈进踏上新的土地的那只脚相当于句子的谓语……因此任何对问话的回答都是谓语,任何谓语都可看做是对潜在的问话的回答。如果 I am hungry(我饿)这个陈述句是对问话 Who is hungry?(谁饿?)的回答,那么 I 便是谓语;如果是对问话 Is there anything amiss with you?(你怎么了?)的回答,那么 hungry 便是谓语;如果是对问话 Are you really hungry?(你真的饿吗?)的回答,那么 am 便是谓语。一系列思想中每一新的步伐都可看做是对某个问题的回答。可以说,主语提出了问题,谓语回答了问题。"

如果这番高论就是流行的"主语"定义所产生的必然结果,那么语法学家就不能采用这个定义,因为它丝毫无助于他们。的确让人感到不幸的是,语法学家不得不采用 subject(主语)这个词,在平常的语言中,subject 除了表示其他意思外,还作"话题"(topic)(或"主题"subject-matter)讲。

心理主语与逻辑主语
(Psychological and Logical Subject)

subject 这个词的歧义造成了混乱,在很大程度上由于这个缘故,很多语言学家和逻辑学家曾著书论述所谓的**心理**的和**逻辑**的主语和谓语。事实上,不同的作者用这些术语表示完全不同的概念。从以下的评述就能看出这些不同,也许还没有反映全部情况。

(1)时间的序列。例如:G. V. D. 加贝伦兹(《人类心理学与语言学杂志》Ⅵ和Ⅷ以及在《语言逻辑》348 ff. 中的短述)说:听话人首先得到一个词 A,他期待地问:A 是怎么回事?然后他得到下一个词或概念 B,他将 A 和 B 相加起来,再问:这个(A + B)是怎么回事?回答是下一个概念 C,以此类推。每一个接续词都是包含在听话人已知内容中的那个主语的谓语。这就像电报机上的两筒纸一样,一边是写满字的那筒纸,它仍继续不断增大;另一边是那筒空白纸,它在继续不断地向另一边转动,使另一筒纸不断地增大,说话人事先既知道那筒纸上所写的内容,又知道有待于继续写在白纸上的内容。那么,是什么使得他先写 A,后写 B 等等的呢?显然,他首先写上促使他思维的东西,即他的“心理主语”;然后再写上有关心理主语的内容,即他的“心理谓语”;在此之后,心理主语与心理谓语结合在一起又构成下一步思维和说话的主语。(莫特纳也有相似的观点,见《语言批评》3. 217 ff.)

这很有趣。加贝伦兹从这个观点出发对 Habemus senatusconsultum in te vehemens et grave(直译:我们有　元老院决议　反对　你激烈　和　严肃)这个句子的聪明分析也许可以用来研究心理对词序的影响;然而根据心理影响效果与主谓关系间的这种相似,就给两者取用同一种名称,这样做是很不严谨的。韦格纳采用了 exposition(说明)这个名称,来表示加贝伦兹所谓“心理主语”,这更为妥切。然而切记,实际语言中的词序并不全靠心理因素来决定,而常常纯粹是约定俗成的,由特定语言独有的惯例来决定的,不以个别说话人的意志为转移。

(2)新的和重要的内容。保罗(《德语语法》3.12)好像一开始赞同加贝伦兹的观点,他把心理主语定义为说话人心里最先存在的那个概念或那组概念,心理谓语是随之接上的内容。然而,他又补充说,尽管主语概念最先存在于说话人的心里,但有时也放在谓语概念之后,因为当说话人开始说话时,谓语概念作为新的重要概念迫不及待地抢先而出,尤其在受到强烈感情影响时。这样一来,保罗就又否定了他自己先前对心理主语和心理谓语所下的定义。在他的前一部著作(《语言史原理》283)中,保罗说,心理谓语是最重要的成分,哪一部分是句子所要交流的目的,哪一部分就带有最强的语调。在 Karl fährt morgen nach Berlin(〔德〕卡尔明天坐车去柏林)这个句子里,如果听话人对所有的内容全然不知的话,那么 Karl(卡尔)就是主语,其谓语是 fährt(坐车),fährt 是 morgen(明天)和 nach Berlin(去柏林)的主语,morgen 是 fährt 的第一谓语,nach Berlin 是第二谓语。如果听话人已知道 Karl 明天要去旅行,但不知他去何地,那么 nach Berlin 就是谓语;如果听话人已知道 Karl 要去 Berlin,但不知他何时去,那么 morgen 就是谓语。保罗甚至还这样说,如果听话人唯一不知的是 Karl 怎样去 Berlin(骑马? 坐车? 还是步行?),那么 fährt"就被某种方式分成两部分,一部分是普通表示动作的动词;另一部分是描绘动作方式的,加在第一部分上的一种规定,只有后者是谓语"。要想象出比这更为精细或更不必要的区别是很困难的了。为何不能避免使用这种含义的"主语"和"谓语",而简单地说交际中听话人所不知的内容根据不同的情况可出现在句子的任何部分呢?

(3)重音(或语调)。几乎不可能将这种观点与上一种观点完全区分开来。霍弗丁(《人类的思维》88)说,逻辑谓语常常是语法

主语或一个属于它的形容词,例如:*You* are the man(你就是那个人)|*All* the guests have arrived(所有的客人都到了)。在任何情况下都可以通过重音来判断逻辑谓语,例如:The king will *not* come(国王不会来)|He *has* gone(他已走了)。在描述性内容的句子里,几乎每一个词都可以表示一个逻辑谓语,因为每一个词都可作为新的信息而得到重音。这时所说的逻辑谓语同保罗所说的心理谓语差不多相等,然而最好还得承认它与逻辑本身几乎毫无关系。在霍弗丁的形式逻辑课本中,他不断地使用主语、谓语这两个词,例如在他制定的三段论法规则中就使用了这两个词。但在这些规则中他从未考虑重音问题,用的总是这两个词的语法含义,而不是逻辑含义。鉴于重音一般不是由严格的逻辑意义来决定,而是由情感(即当时对某一观念的兴趣所在或赋予该观念的价值)来决定,布龙菲尔德(《语言研究导论》114)恰当地采用了"情感突出成分"(the emotionally dominant element)这一术语[①],表示保罗所谓的逻辑谓语和霍弗丁所谓的心理谓语。

(4)句子中任何一个首品都是逻辑主语。例如按照库蒂拉的观点(《玄学论》,1912. 1. 5),Pierre donne un livre à Paul(皮埃尔给保罗一本书)与 Paul recoit un livre de Pierre(保罗收到一本皮埃尔给他的书)两个句子意思一样,Pierre,livre,Paul 这三个词(库蒂拉称之为项〔terms〕)都是"表示它们关系的动词的主语"。

(5)"在 guter vater(〔德〕好爸爸)这个词组中,从逻辑上看,gut(好)也完全是主语 vater(爸爸)的谓语,它和 der vater ist gut(〔德〕爸爸好)中的 gut 一样;在 einen brief schreiben, schön

① 参见冯特《语言》2. 259 ff. 已表示的类似观点。

schreiben(〔德〕写一封信,好好写)中,照逻辑分析,主语是 schreiben(写),谓语是 einen brief,schön(一封信,好好写)"施泰因塔尔,《主要语言结构类型的特点》101。

(6)韦格讷(《语言习得基本问题研究》138)把德语动词 satteln(备马鞍)分析为由 sattel + 动词后缀构成,他认为这两个成分中 sattel 是逻辑谓语,-n 是逻辑主语。

(7)斯威特(《新英语语法》48)认为,在 I came home yesterday morning(我昨天早上回家了)这样的句子中,came 这个词是语法谓语,came-home-yesterday-morning 是逻辑谓语。他在另一部著作(《语言史》49)中又说,在 gold is a metal(金子是一种金属)这个句子中,严格地说,语法谓语是 is,而逻辑谓语是 metal。

(8)许多语法学家用"逻辑主语"表示被动句如转为相应的主动句时充当主语的那个部分,例如在 he was loved by his father(他被他父亲爱)中,his father 是逻辑主语(在后面的第十二章中被称之为"转换主语"〔converted subject〕)。

(9)另外一些人认为,在 It's difficult to find one's way in London(在伦敦难以寻路)以及 it cannot be denied that Newton was a genius(不可否认牛顿是位天才)中,it 是形式主语,不定式或分句是逻辑主语。

(10)还有一些语法学家认为,在德语 mich friert(把我冻了)这样的"无主句"中,逻辑主语是"我"。[①]

---

① 反身代词通常表示句子的主语,但根据这里所说的道理,它有时也可表示所谓的逻辑主语,例如在古挪威语中(Laxd. saga,44. 17),Gúðrún mæltinú vid Bolla,at *henni* þótti hann eigi hafa sér allt satt til sagt(她觉得他好像没有把所有的事实告诉她);比较拉丁语的 sunt et *sua* fata sepulchris(而且坟墓就是他们的命运)。

(11)最后,该术语还有一种用法(与(10)紧密相关),当有人描述从旧结构 Me dreamed a strange dream(我做了一个怪梦)到现代结构 I dreamed a strange dream 的过渡时,他们认为心理主语(或逻辑主语)已变成了语法主语。

以上所有这些关于逻辑主语和心理主语的论述都是毫无意义的,因此难怪有些作者设法避免使用“主语”这个术语。例如,舒哈特(《雨果 · 舒哈特——布雷维尔》243)用“施动者”(agens)代替“主语”,但在 he suffers(他遭难),he broke his leg(他折断了自己的腿)等句子中,“施动者”这个术语好像就不适用了。况且在 A loves B(A 爱 B)这个句子中,我们一般认为 B 影响 A,而不是 A 影响 B。据我所知,只有两位语言学家在语法分析时以认真的态度避免使用“主语”这个术语,他们是瑞典的斯维德 · 柳斯和诺林。然而这样做却无所收获。最好保留这些传统术语,但把它们限制在大家所熟悉的含义中,即仅仅用主语、谓语这两个术语表示语法主语和语法谓语,反对任何给这两个词附加“逻辑”和“心理”含义的做法。

语 法 主 语

(Grammatical Subject)

很清楚,要想了解“主语”这个词在语法中应用时所表示的含义,有必要回顾一下“三种词品”一章所讨论的内容。每个句子中都有一些如流水一般相对不固定的成分(次品),以及一些如同大海磐石一般固定的成分(首品)。主语总是首品,尽管不一定是句子中唯一的首品;这就是说,主语比较确定,比较专一,而谓语较不确定,因此可表示更多的事物。

当中性动词 be 后接一表语时,[①]有时较难确定句中哪一个词是主语。但即使在这种情况下,只要牢牢记住刚才的话,即主语比谓语更加专一,我们就不难看出哪一个词是主语了。

根据第五章讨论的结果,我们发现形容词最经常用作表语,因为它们不如名词那样专一,可用于更多不同的事物;例如在 *my father* is old(我父亲年迈)| *the dress* was blue(这件衣服是蓝色的)这两句中,斜体词无疑是主语,两个形容词是表语。

当两个名词用 is 连接起来时,根据我们的原则,可制定一些规则。

如果其中一个名词很特定,而另一个则不然,很特定的那个名词便是主语;专有名词也是如此:

Tom is a scoundrel. (汤姆是个无赖。)

如果一个名词受到定冠词或一个起类似作用的词限定时,该名词也同样是主语:

The thief was a coward. (这小偷是个胆小鬼。)| *My father* is a judge. (我父亲是法官。)

有必要指出,尽管在许多语言中,尤其在英语中,主语通常放在谓语之前,但词序并不总是决定因素。常有一些例外,例如用作表语的形容词可以放在前面(Great was *his astonishment* when he saw the result〔他看到结果时,大吃一惊〕),名词表语亦如此(A

---

① 注意谓语(predicate)与表语(predictive)之间的区别:在 the man paints flowers(此人画花)这个句子中, paints(有的人认为最好是 paints flowers)是谓语;在 the man is a painter(此人是画家)这个句子中,is a painter 是谓语,它由动词 is 和表语 a painter 组成。关于其他动词后的表语,请看 187 页。

scoundrel is *Tom*〔汤姆是个无赖〕)；这种情况在德语中屡见不鲜，例如在 König ist *der hirtenknabe*(牧人的孩子是国王——海涅)中，一致公认后面部分是主语。在丹麦语中，主语无须放在前面，但这时主语必须紧放在(第一个)动词之后，而不定式以及像 ikke(不)这类词放在表语之前。丹麦语中有两个词拼写一样，都是 Møller，当它用作专有名词时，l 发声门塞音，用作普通名词时(意思是"磨坊主")，不发声门塞音。奇怪的结果是，丹麦人对下面这四个句子的发音总是确定无疑的：

(1) Møller skal være Møller.

(2) Møller skal Møller være.

(3) Møller er ikke Møller.

(4) Møller er Møller ikke.

在句(1)和句(3)中，第一个 Møller 发声门塞音，表示它们是专有名词，因为词序表明它们是主语；句(2)和句(4)的情况恰恰相反。句(1)和句(2)的英语意思是：(Mr) Miller is to be a miller(米勒〔先生〕将成为一位磨坊主)，句(3)和句(4)的英语意思是：Miller is not a miller(米勒不是一位磨坊主)。这种区别是由在普通名词前加不定冠词表示出来的。

倘若由 is 连接的两个名词在形式上都是不确定的话，谁是主语要根据它们各自的外延意义来确定，例如：

a *lieutenant* is an officer(中尉是军官) | *a cat* is a mammal(猫是哺乳动物) | *a mammal* is an animal(哺乳动物是一种动物)。显而易见，这里存在着一定的层次关系(纲，目，科，属，种)。

可以说：

a spiritualist is man(唯灵论者是人)，

但不可说：

a man is a spiritualist(人是唯灵论者)(用 a man 作主语)。

虽然完全可以说：

this man is a spiritualist(这个人是一个唯灵论者)。

而且毫无异议可以很自然地说：

a man is a spiritualist,if he believes in the possibility of communication with the spirits of the dead(一个人如果相信可以与死人的灵魂交流的话,他就是一个唯灵论者)。

因为条件从句相当于一个限定成分,该句的意思是 a man who believes...is a spiritualist(相信……的人是一个唯灵论者)。同样,我们可以说：

if a *man* is a spiritualist, etc (如果一个人是个唯灵论者,……),

因为他意味着"我谈的只是那些唯灵论者"。

这里我们还会发现一种有趣的现象,主语和表语如果看上去都是同样不确定的话,两者之间还是有差别的,因为主语表达普遍的意义,而表语表达个别的意义。例如在复数的情况下：

thieves are cowards(小偷是胆小鬼)。

这个句子表示"所有的小偷都是胆小鬼,即所有的小偷都是现有的胆小鬼中的一部分"。这种意思也可以用单数来表示：

a thief is a coward(小偷是胆小鬼)。

这个句子表示我所说的不是哪一个小偷,而是任何小偷(当然我不是说任何一个小偷都是任何一个胆小鬼,而是说两者外延相同)。同样可以说：

a cat is a mammal(猫是哺乳动物),等等。

值得注意的是,不定冠词的价值会自行变化。例如下面这段对话:A 说,“The sailor shot an albatross”(这个海员打死一只信天翁),即信天翁鸟中的一只。B 问,“What is an albatross?”(信天翁是什么?)B 问的不是上面所说的那只信天翁,而是信天翁这种鸟,所以 A 回答,“An albatross is a big seabird.”(信天翁是一种大海鸟);这里指的是信天翁这个鸟种,表明所有的信天翁都属范围更大的海鸟这个纲。

虽然这些规则因语言不同而有所差异,但通过上面的讨论,我们明白为什么表语常常或者不带任何冠词或不定冠词的原因所在。英语说:

John was a tailor(约翰当过裁缝),

John was a liar(约翰说过谎)。

德语和丹麦语在第二个句子中用不定冠词,但在第一个句子中却不用,因为表语表示一种职业:〔德〕*Hans* war schneider(汉斯当过裁缝),*Hans* war ein lügner(汉斯说过谎);〔丹〕*Jens* var skrædder, *Jens* var en lögnhals(意义同前)。英语中,当表语的含义受到限定时,可不用冠词:Mr. X is Bishop of Durham(X 先生是德拉姆教区的大主教),但当含义不受到限定时要用冠词:He is a bishop(他是一位大主教)。同样:He was made President(他被选为总统)——因为一个时期只有一位总统。(连系式宾语也同样如此:They made him President〔他们选他为总统〕。)

现在来看看下面两个句子:

My brother was captain of the vessel.

(我兄弟是这条船的船长。)

The captain of the vessel was my brother.

（这条船的船长是我兄弟。）

第一个句子中的 my brother 比较确定（我唯一的兄弟，或我们正在谈论的那个兄弟），第二个句子中的 my brother 较不确定（我兄弟之一，或我是否不止有一个兄弟这个问题不确定）。参看第 150 页属格的意义。

在某些句子中，主语与表语这两个成分可交换位置，那么哪个是主语，哪个是谓语（诺林等人）对此曾有争议。例如：

Miss Castlewood was the prettiest girl at the ball.

（卡索伍德小姐是舞会上最漂亮的姑娘。）

The prettiest girl at the ball was Miss Castlewood.

（舞会上最漂亮的姑娘是卡索伍德小姐。）

这个问题并非很重要。如果用本文提出的观点看待这个问题，我们可以说，两个成分一样确定。然而在这种情况下，专有名词看起来自然要更为确定，因此被看做主语。如果我们就这种句子进行提问，就可以看出这一点，因为中性词 what 总是替代表语；这两个句子都可用来回答下面的问题：What was Miss Castlewood?（卡索伍德小姐是什么人？），Who was the prettiest girl?（谁是最漂亮的姑娘？）。[1] 但 What was the prettiest girl at the ball?（舞会上最漂亮的姑娘是什么人？）问的就是另外一回事。从另一个角度

---

① 显然，这里的 Who 是主语。然而奇怪的是斯威特（《新英语语法》§215）说，"疑问代词在其所引导的句子中总是谓语"。在他所举的例子 Who is he?（他是谁？）中确实如此，但这只是因为 he 比 who 更加确定。然而在 Who is ill?（谁病了？），Who said it?（谁说的？）中，Who 是主语；还请注意间接问句中的词序：I asked who he was（我问他是谁）| I asked who was ill（我问谁病了）；在丹麦语中，der 放在主语之后：jeg spurgte hvem han var（我问他是谁）| jeg spurgte hvem der var syg（我问谁病了）。

看,我们也可得到同样的结果:我们可以说 I look on Miss Castlewood as the prettiest girl at the ball(我把卡索伍德小姐看做舞会上最漂亮的姑娘),但不能说 I look on the prettiest girl at the ball as Miss Castlewood(我把舞会上最漂亮的姑娘看做卡索伍德小姐)。①

当 is 连接的这两个成分完全一致(外延意义范围相同)时,它们可以互为主谓语,济慈在他的诗句中就是这样做的:Beauty is truth;truth,beauty.(美是真理;真理是美。)然而实际上完全等同的情况是不多见的。有必要指出,语言中的"系词"is 所表明或暗示的不是"等同",而是亚里士多德古逻辑学中所说的"小前提",因此它与语法的关系比它与所谓的等同逻辑学的关系更接近(莱布尼茨,杰文斯,霍弗丁)。根据等同逻辑学,Peter is stupid(彼得笨)应分析为 Peter is a stupid Peter(彼得是一个笨彼得);或根据等同逻辑学所坚持的谓项影响主项的观点,我们只有说 Stupid Peter is stupid Peter(笨彼得是笨彼得)才能获得完全的等同。然而这样做,说话人与听话人的交际作用便丧失了;听话人从 is stupid Peter 这几个词中所得到的只是他一开始就已得到的内容,句子便毫无价值了。因此,一般的人总是说 Peter is stupid,这样便把 Peter 置于那些可称为笨的人(或物)当中了。

我们不应该把数学公式 A = B 中的符号" = "看做系词,把 B 看做表语,而应该在等于 B 的表语前插入系词 is。这样,这个句子

① 如果我们观察一下丹麦语 ikke 的位置,就可发现在 Frk. C. var den smukkeste pige på ballet(卡索伍德小姐是舞会上最漂亮的姑娘)这个句子中,不可能把 ikke 放在句末,必须将其置于 var 之后,但在 Den smukkeste pige på balletvar Frk. C.(舞会上最漂亮的姑娘是卡索伍德小姐)这个句子中,两种位置都可以。

的意思便是：A 包括在那些等于 B（不管"等于"只表示量的一致，还是完全的同一）的事物（可能是几个事物）之中。

在一些习惯用法中，我们可以认为 is 含有等同的意思，例如 To see her is to love her（看见她等于爱上她），Seeing is believing（看见等于相信——百闻不如一见）。然而这种等同只是表面的，而并非实在的，不可能将这两个成分交换位置。这种说法的逻辑含义只是："看见"立即导致或引起"爱"或"相信"。To raise this question is to answer it（提出这个问题就是回答这个问题）等句子也同样如此。①

There is 结构

以上我们谈了主语比表语更加特定、更加确定的情况，我们还要提一提与之有关的另一种情况，即不愿将一个带不定冠词的词作主语的情况，除非这个"通用的"不定冠词实际上表示一个完全确定的种属概念。在开始讲故事的时候，我们很自然地说 Once upon a time there was a tailor（从前有个裁缝），而不说 A tailor was once living in a small house（一个裁缝曾住在一间小房子里）。通过把弱化的 there 置于通常为主语占据的位置，我们好像将真正的主语藏了起来，把它降低到次要的地位，因为它不确定。

用来引导这类句子的 there 虽然在拼写上与表示地点的 there

① "Children are children"（孩子就是孩子）的意思是"（所有的）孩子都是具有孩子特征的人"。关于"it is I（me）"（是我）以及其在其他语言中的对应表达法，请参看《语言逻辑》59。

相同，但事实上却与之不同，其差别就如不定冠词与定冠词之间的差别一样。引导句子的 there 没有重音，一般发中性元音〔ðə〕，而不发〔ðɛ·ə〕；它的不定意义可通过在同一个句子里（把它）与表示地点的（带有重音的）there 或 here 连用而得到证明。在它后面接一个不确定的主语：there was *a time* when...（有一次……）| there were *many people* present（有许多人在场）| there was *no moon*（没有月亮）| there came *a beggar*（来了一个乞丐），等等。弱化的 there 在下面的句子里也占有主语的位置：Let there be light（点灯吧）；on account of there being no money in the box（因为箱子里没有钱）。再比较引自一部当代小说中的一个句子：No other little girl ever fell in love with you, did there?（没有任何别的小姑娘曾爱上你，是吗？）

这里所说的"不确定"并不总是表现在形式上，例如在 there are those who believe it（有人相信它）这句中，those 在意念上是不确定的（= there are some who）；sunt qui credunt〔有人相信它〕，因此与 Those who believe it are very stupid（相信它的人太傻了）中句首表示确定意义的 those 不同。In Brown's room there was the *greatest* disorder = a very great disorder（布朗的房间里很乱）不同于 The *greatest* disorder was in Brown's room（布朗的房间里最乱，即 greater than in the other rooms〔比别的房间都乱〕）。也请注意下面两句中的词序不同：There〔ðə〕was found the greatest disorder（发现很乱）与 There〔ðɛ·ə〕the greatest disorder was found（发现那里最乱），尽管第一句中的 there 也可以重读。

英语的 there is 或 there are 句型表示事物的存在或不存在——如果给它们一个术语的话，可称它们为存在句（existential sentences)——许多其他语言中与之类似的句子都具有一些显著的特点。不管是否用像 there 这样的词引导这些句子,动词总放在主语前面,而且似乎不把后置的主语作为真正的语法主语来看待。在丹麦语中它同宾语形式一样,尽管动词是系动词:der er dem som tror(有人相信),甚至可用被动语态:der gives dem(给他们)。在丹麦语中,复数名词前面的动词曾用单数形式,甚至当单数 er 与复数 ere 之间的区别得到普遍遵守时也是如此;在英语中也有在复数前用 there's 的倾向,然而在文学语言中这种倾向现在已不如以往那样强烈;在意大利语中也可见到用 v'è 代替 vi sono(有)的情况。

在俄语的大多数句子中,系动词 есть 不表示出来,但是有一个前置的动词,例如:Был мальчик(有过一个男孩),Жида вдова(住过一位寡妇)。есть(有)原是第三人称单数,甚至用在复数词前面,而且还用在其他人称代词前面(冯德拉克《斯拉夫语比较语法》2.267)。最后我们也许要提一下很有趣的形式 Наехадо тостей(一些客人〔属格复数〕赶着车来〔中性单数〕)(伯内克,《俄语语法》156)。

在古希腊语中,系动词在一般的句子中不必表示出来,但这时用了一个前置的 esti,例如在 Il. 3. 45 中,all' ouk esti biē phresin, oude tis alkē(可是心里没有力量,没有一点力量);参看梅耶《语言学会会录》14.9。

在德语中有众所周知的系动词 es gibt(有),我们知道它用在表示存在事物的词的前面,把这个词作自己的宾语,但在一些西德的方言中它被作为名词的主格使用。人们说 es geben viele äpfel(有许多苹果)——格里姆,《词典》1V,1.1704,保罗《德语语法》3.28。

许多语言都有用“有”后接一个形式的用法，这个形式原先是它的宾语，然而现在这个宾语在形式上并不总与主格形式有所区别。例如法语的 il y a，西班牙语的 hay（来自 ha〔它有〕和 y〔那里〕），意大利语的 v'ha（在 v'hanno molti〔有许多〕中，molti 看做主语），南部德语的 es hat，塞尔维亚语和保加利亚语的 ima，现代希腊语的 ekhei（请参看 H. 佩德森，《比较语言研究杂志》40.137）。汉语与之不同，主语放在动词之前是汉语中一条不变规则，然而就在这种句子中却把“有”放在句首；参看加贝伦兹的《汉语语法》144。芬克（《比较语言研究杂志》41.226）把这里的“有”用标音写成 yu³，例如 yu³ko lang²（有个狼）。

我在这里也许还要提一下芬兰语法中的一些特点。名词主格只用于确定的主语，表示通称意义的词语也被看做是确定的主语；如果反过来表示不确定事物的话，就用部分格；比较：viini（主格）on pöydällä（酒在桌子上），viini on hyvää（这种酒好），viiniä（部分格）on pöydällä（桌上有酒）。在英语和丹麦语中，当动词有一宾语时我们通常不用 there，der，因为这仿佛含有一种确定性。芬兰语也是如此，在这种情况下，它用名词主格，即含有“一些”的意思：varkaat（或 jotkut varkaat，主格）varastivat tavarani（小偷们〔即一些小偷〕偷了我的东西），但 varkaita（部分格）tuli talooni（有一些小偷进了我的房子）（艾略特《芬兰语语法》121 f.）。

第十二章　宾语　主动语态与被动语态

(Object Active and Passive)

何谓宾语　结果宾语　主语和宾语　相互作用　双宾语　带宾语的形容词与副词　被动语态　被动语态用法　中间语态　主动形容词与被动形容词　主动名词与被动名词　连系式名词　不定式

何　谓　宾　语

(What is an Object)

当句子只有一个首品时,不难看出什么是主语,例如:John slept(约翰睡觉)|the door opened slowly(门慢慢地开了)。我们知道,在以 is 或类似动词连接两个成分的句子中(以及在第九章所提到的那些不同动词连接的句子中),比较特定的成分是主语(首品),比较不特定的成分是表语。但有许多句子包含两个(或三个)首品:一个是主语,另一个(或另外两个)是宾语;例如在 John beats Paul(约翰打保罗)|John shows Paul the way(约翰给保罗指路)中,John 是主语,Paul 和 way 是宾语。在只有一个动词的句子中几乎总是很容易找到主语。因为根据动词在句中实际出现的形式,只有作主语的首品与其有最直接的关系,刚才所提到的那些句子以及 Peter is beaten by John(彼得挨约翰打)这样的句子便是如

此。根据其他的定义，在 Peter is beaten by John 中，我们可能会倾向把 John 看做主语，因为 John 是施动者。

宾语被赋予各种定义，最常见的是：宾语表示承受动词行为的人或物。这条定义适用于许多句子。例如 John beats Paul（约翰打保罗）| John frightened the children（约翰恐吓孩子）| John burns the papers（约翰烧文件），但这条定义对其他无数的句子不大适用，尽管在这些句子中，语法学家们还是毫不犹豫地使用了宾语这一术语。例如：John burns his fingers（约翰烧伤自己的手指）（即约翰遭受手指烧伤的痛苦）| John suffers pain（约翰遭受痛苦），等等。

斯威特早就发现了这一难题，他说（《论文集》25）："像 beat（打），carry（抬）这样的动词其宾语无疑表示动词行为的客体；然而像 see（看见），hear（听见）这样的动词，说它们有'客体'，显然只是一种比喻而已。一个人不可能被人打了而毫无感觉，但一个人可以被人看见但自己却一无所知，在许多情况下，在'看'这个过程中并不包含任何行为或意志。在 he fears the man（他害怕此人）这样的句子中，相互关系恰好相反，语法主语实际上是受影响者，而语法宾语只表示原因。"①斯威特下结论道，在许多情况下，

① 1918 年，杜茨本（《语言心理学研究》，p. 27）重新发现关于视觉动词（verbs of observation）这方面的难题："在 ich sehe den baum（我看见那棵树）或 ich höre das geschrel der möwen（我听见海鸥的叫声）这类场合，从通常的理解出发，未必可以说这里有动作对客体的影响。"他本人曾把这种宾语定义为"役使宾语"（causative）——根据他的话"宾格中存在着这样一种概念，它起表达某种原因（= 主格）的作用"，这个"役使宾语"倒应用来指主语而不是宾语——然而他现在发现不能简单地用"原因"和"影响"这些术语表示这样的动词。他对这个难题的解答是 ich sehe das schiff（我看见军舰）这类句子原意是 ich nehme ein schiff als blid in mir auf（我摄入作为形象的军舰），后来扩大用来表示无意向的情况。倘若不是因为"宾语"的一般意义太狭窄的话，杜茨本是不会创建这种理论的。

宾语不表示任何意义——或最好说，宾语没有一般狭窄定义中所规定的那种意义，宾语随动词本身意义变化而变化。例如：kill the calf（杀牛）| kill time（消磨时间）| the picture represents the king（这幅画描绘国王）| he represented the University（他代表这所大学）| it represents the best British tradition（它表现英国的最好传统）| run a risk（冒险）| run business（办商行）| answer a letter, a question, a person（回复信件，回答问题，回答某人）| he answered not a word（他没回答一句话）| pay the bill（付账）| pay six shillings（付六先令）| pay the cabman（付马夫钱）| I shall miss the train（我将误了这班火车）| I shall miss you（我会想念你）| entertain guests（招待客人）| entertain the idea（采纳意见）| fill a pipe（装烟袋）| fill an office（担任职务），等等（参见《语言逻辑》83）。

在下面这些例子中，同一个动词用作“不及物”动词（或“绝对”动词），即不带宾语，或用作“及物”动词，即带宾语[①]：

she sings well	she sings French songs
（她唱得好）	（她唱法国歌）
I wrote to him	I wrote a long letter
（我给他写信）	（我写了一封长信）

① 在萨默塞特方言中有一种奇异现象（见埃尔沃西，《语法》，191），动词形式因动词这两种不同用法而不同。动词不带宾语时以短〔i〕结尾：〔digi〕（挖），但〔dig ð graun〕（挖土）；〔ziŋi〕like a man（像男人一样），但〔ziŋ〕a song（唱一支歌）。这种区别与匈牙利语中“主格”动词词形变化与“宾格”动词词形变化之间的区别有些相似，如Írok（我写）与Írom（我写……）（后接一特定宾语，it 等等）。再请比较毛里求斯克里奥耳式法语的 to manzé（你吃）与 manzé põsson（你吃鱼）（见贝萨克，《毛里求斯克里奥耳方言研究》，42）；巴斯克语也有类似情况（见于伦贝克，《特点》32）。

send for the doctor　　send the boy for the doctor

(请医生)　　(派这男孩去请医生)

he doesn't smoke　　he doesn't smoke cigars

(他不吸烟)　　(他不吸雪茄)

he drinks between meals　　he drinks wine, etc.

(他在两餐之间喝酒)　　(他喝甜酒),其余类推。

通过比较,我们发现,宾语用来使动词的意义更加特定。然而,无论这种比较方法何等重要,我们仍不可用它来给宾语下定义,因为我们也可通过其他方法使动词意义“特定化”,例如可用一个表语:Troy was great(特洛伊是伟大的),比较 Troy was(特洛伊是……), he grows old(他变老了)与 he grows(他变……),或使用次修品:he walks fast(他走得快)| he sings loud(他大声地唱)| he walks three miles an hour(他每小时走三里路)| travel third class(乘三等车旅行)| ride posthaste(骑马快跑)。

有时很难说究竟一个词该是表语还是宾语。在许多情况下可通过将宾语转变为被动句主语的方法来识别宾语。宾语与句子动词的关系较为密切,表语与主语的关系较为密切(通过转换,有的表语可用作主语的修品)。因此,在表语形容词具有形式变化的语言中,表语形容词自然要在数、性方面与主语取得一致,而且在许多语言中,表语——无论是名词还是形容词——要与主语同格(主格)。在英语动词 make 之后可见到介于宾语和表语之间的情况(she will make a good wife〔她将成为一个好妻子〕);在德语方言中,动词 geben 后面的情况亦然(见格里姆《词典》1702 中的例子:Welche nit gern spinnen, die geben gute wirtin〔不喜欢胡说八道的女人,是个好店主〕| wöttu en bildhauer gäwen = willst du ein steinmetze werden〔你想当一个石匠〕)。

次修品("用作状语的名词")往往同宾语相似,有时在这二者之间很难区分,例如 he walks three miles(他走三里路)。在 throw stones(扔石头)中,我们毫不犹豫地把 stones 看做动词的宾语,然而在这种情况下,许多语言都使用工具格(在古哥特语中使用与格);在古英语中 weorpan(throw〔扔〕)虽然常常接宾格,但也可以接与格(teoselum weorpeþ〔throw dice〕"掷骰子");古挪威语有 kasta(verpa) steinum(throw〔with〕stones"扔石头");俄语的 бросать(扔)可接宾语或工具格。当然英语不再有工具格,但在下面这些情况中也许可以说有"工具宾语"(object of instrument):she nods her head(她点头)|claps her hands(她拍手)|shrugs her shoulders(她耸肩)|pointed her forefinger at me(她用食指指着我)|it rained fire and brimstone(枪弹如雨而下)。

结 果 宾 语
(Object of Result)

有一种独特而相当重要的宾语,即结果宾语,如 he built *a house*(他建造了一幢房子)|she paints *flowers*(她画花)|he wrote *a letter*(他写了一封信)|the mouse gnawed a *hole* in the cheese(老鼠在奶酪上咬了一个洞)。对这种宾语(德语称之为 ergebnisobject〔结果宾语〕或 effiziertes objekt〔效果宾语〕,与 richtungs object〔方向宾语〕或 affiziertes objekt〔刺激宾语〕相对)予以关注的语法学家仅仅谈了 make(制作),produce(生产),create(创造),construct(建设)这类动词,它们的宾语肯定是结果宾语;他们忽视了另一个更有趣的事实,

即同一个动词常常可以在不改变意义的情况下接两种不同的宾语，尽管在这两种情况下动词与宾语的关系完全不同。例如比较：

dig the ground(挖土)	dig a grave(挖墓)
bore the plank(钻板)	bore a hole in the plank (在板上钻孔)
light the lamp(点灯)	light a fire(生火)
he eats an apple (他吃苹果)	the moths eat holes in curtains (蛾在窗帘上蛀洞)
hatch an egg(孵蛋)	hatch a chicken(孵小鸡)
roll a hoop(滚铁环)	roll pills(滚搓药丸)
strike the table (敲打桌子)	strike a bargain, sparks (谈妥一项买卖，敲打出火花)
conclude the business (结束事务)	conclude a treaty (缔结条约)

“结果宾语”中有一类是由我在连系式名词一节中所提到的那些“内部宾语”(inner objects)组成的(dream a strange dream)〔做了一个怪梦〕| fight the good fight〔打了大仗〕，等等，参见196页。在下面这些例子中还可见到另一类“结果宾语”：grope one's way(摸索前进) | force an entrance(挤开一个入口) | he smiled his acquiescence(他笑笑表示同意)。

主语和宾语
(Subject and Object)

主语和宾语的关系不可能完全根据纯粹的逻辑或根据定义而

一劳永逸地确定下来,必须分别根据所用动词的特性来确定。主语和宾语都是首品成分,在某种程度上我们可以接受马德维格或舒哈特的说法:马德维格认为宾语好像是隐藏着的主语,舒哈特认为“宾语是处于阴影之中的主语”(《普鲁士科学院会议报告集》,1920,462)。这也就是说,在许多方面,我们可以看到主语和宾语之间存在着某种亲缘关系。

如果情况不是这样的话,我们就无法理解常常会有这种现象:一种成分最后转变成另一种成分,例如中古英语的 him(宾语) dreams a strange dream(主语)(他做了一个奇怪的梦)发展为现在的 he(主语)dreams a strange dream(宾语)。句首第一个词不表明是宾语的大量句子当然促进了这种转变,例如 the king dreamed…(国王做……梦)。这种转变使得动词 like 的语义发生了变化,like 由原义 please,be agreeable to(使喜欢)(him like oysters〔牡蛎使他喜欢〕)转变为 feel pleasure in(喜欢)(he likes oysters〔他喜欢牡蛎〕)。由于注重情感,人名以往总是置于句首。现在人名经过这种转变,成了主语,而从语法角度来讲也成了句子中最重要的词。

当英语和丹麦语中一定数量的动词不再作为“无人称”(impersonal)动词,而转变为“人称”(personal)动词时,在意大利语中有一种相应的变化促使发展出一种表示“通称”(generic person)意义的代词(关于“通称”,见“人称”专章)。Si dice cosî 的字面意思是(it)says itself thus(〔它〕自己这样说),德语的字面意思是 es sagt sich so(意义同前),但它相当于德语的 man sagt so(人们这样说),原先的宾语被看做主语,主语被看做宾语。例如 si può vederlo(你会看见他的);这可以通过数的变化来表明:si vendono biglietti(出售入场券)变成 si vende biglietti,前句的 biglietti 是主语,后句的 biglietti 是宾语。这两种结构现在同时出现,例如在福加扎罗《圣者》291 页中有 Pregò che si togliessero le candele(请拿走蜡烛),而在 290 页中有 Pisse che si aspettava solamente loro(比塞只等他们)。①

主语和宾语之间的逻辑关系可以解释这一事实,即时常有些句子没有形式上的主语却有宾语,如德语的 mich friert(我感觉凉),mich hungert(我感觉饿)。然而当动词只有一个首品词时,在绝大多数情况下该首品词被看做主语,因此,它会采用或最终将采用名词的主格形式,即真正的主语格。

相 互 作 用

(Reci procity)

某些动词根据其意义,可以改变主语与宾语的关系。如果 A 遇见 B,那么 B 同样也遇见 A(注意:我们说 I met an old man〔我遇见一位老人〕,而德语虽然词序相同,但通常把 an old man〔一位老人〕当做主语:mir begegnete ein alter mann〔我遇见一位老人〕)。在几何学中,如果说这一条线与另一条线相交,那么也可说另一条线与这条线相交。如果说 Mary resembles Ann(玛丽像安),那么也可说 Ann resembles Mary(安像玛丽);如果说 Jack marries Jill(杰

① 根据一种有争议的理论,在拉丁语被动语态中有一种相反的转变情况:原先主动语态的 amatur amicos (朋友爱)导致产生了 amantur amici(朋友被爱),参看布鲁格曼引用的许多文章。(布鲁格曼《形成主语“es”的起源》,莱比锡,1914 年,第 27 页,附录)

克娶吉尔)，那么也可说 Jill marries Jack(吉尔嫁给杰克)。在这种情况下，我们时常将这两个名词连接为一个并列主语，然后用 each other(互相)作宾语：the old man and I met each other(我与老人相见)|the two lines cut one another(两条线相交)|Mary and Ann resemble each other(玛丽与安相像)|Jack and Jill marry one another(杰克与吉尔结婚)。当然，这种相互作用并非一定只出现在动词本身意思暗示这种关系的场合：B 不恨 A，但 A 可能恨 B；然而如果 B 确实也恨 A 的话，那么我们也可用上面相同的方式来表示：A and B hate one another(A 与 B 相恨)。英语中，动词本身常常足以表明这种相互作用：A and B meet(marry，kiss，fight)(A 与 B 遇见〔结婚，亲吻，打架〕) = A meets(marries，kisses，fights) B and B meets(marries，kisses，fights) A。在同样的一些情况下，丹麦语采用-s(旧反身代词)形式：A og B mødes，kysses，sȧlss(A 与 B 遇见，亲吻，打架)。

双　宾　语
(Two Objects)

一个句子中可有两个宾语，例如 he gave *his daughter a watch*(他给女儿一块表)|he showed *his daughter the way*(他给女儿指路)|he taught *his daugher arithmetic*(他教女儿算术)等等(但须注意，在 they made Brown President〔他们选布朗做总统〕中，只有一个宾语，即整个连系式，这与 they made Brown laugh〔他们使布朗笑〕相同)。在区分宾格和与格的语言中，人一般用与格形式，事物用宾格形式；与格称做间接宾语，宾语称做直接宾语。但有时只

有一个与格宾语,有时两个宾语都是宾格——这说明与格和宾格的区别不是意念区别,而纯粹是句法的区别。这种区别是由各种语言的自身特点决定的,关于这个问题和关于表示宾语的其他格的用法请参看关于“格”的专章(第十三章)。

我们常用一个介词来代替表示间接宾语的格的形式,例如英语的 to,拉丁语的 a,这时的介词已失去原先表示方位的意义。这些介词原先表示方向,与 give(给)这样的动词连用很合适,但这种用法已扩大到根本不表示方向意义的格上,例如与 deny(否认)连用。西班牙语的 á 甚至与直接宾语连用,如果这个直接宾语表示人的话。在英语中,有时会见到介词 on 具有成语性质的用法,例如在 bestow something on a person(赐给某人某物),confer a degree on him(授予他学位)这样的句子中。

有时,确定直接宾语和间接宾语的标准可以不同,即使在同一种语言中也是如此。试比较英语 present something to a person(赠送某人某物)或 present a person with something(同前)(〔法〕présenter quelque chose à quelqu'un)。法语说 fournir qch à qqn(供给某人某物),而英语却说 furnish someone with something。这里只能很简单地提一下,法语倾向把动词以及从属于它的不定式看做一个动词,因而人成了间接宾语:il lui fit voir le cheval(=il lui montra le cheval〔他给她看这匹马〕),但 il le fit chanter(他让他唱)[①];再如:je lui ai

① 布鲁诺说(《思维与语言》390):我们只可赞赏这样的语言本能,这种语言本能使得相同的结构表现出两种不同的意思,如:j'ai fait faire un vêtement mon tailleur(我叫裁缝做了一件衣服)与 j'ai fait faire un vêtement à mon fils(我叫别人给我儿子做了一件衣服)。我并不赞赏这种语言本能,而为如此模棱两可的结构竟不会产生误解感到奇怪。

entendu dire que...(我听见他说……)。

当主动动词带有两个宾语时,其中一个可成为相应的被动句的主语。[①] 在大多数情况下直接宾语常充当这个主语,许多语言严格地规定,主动句中的与格不可作被动句的主语。然而请比较法语的 je veux être obéi(我愿服从)。英语中,越来越倾向把人当做被动动词的主语:这样做很自然,因为英语中与格和宾格之间在形式上已无区别,而且由于情感的缘故,人们总倾向把人名置于句首。因此,人们很自然地说:the girl was promised an apple(这女孩被答应给一个苹果)| he was awarded a gold medal(他被授予一枚金质奖章),等等。这种倾向曾遭到语法学家们的反对,主要原因是在这些语法学家的大脑里装满了拉丁语法规则,然而天生的语言本能是不可能被一些迂腐的导师所压制的。奇怪的是,这些迂腐的导师好像并不反对像 he was taken no notice of(他不被人注意)这样的结构。这种结构将在后面的一段中说明。

带宾语的形容词与副词
(Adjectives and Adverbs with Objects)

能够带宾语的并非只有动词。在英语中,某些形容词也能够带宾语:he is not *worth his salt*(他不中用)| he is *like his father*(他同他父亲相像);〔丹〕han er *det franske sprog mægtig*(他掌握法

① 在(菲律宾群岛)塔盖拉语(Tagala)中,有三种被动形式。在 search for the book with this candle in the room(用这支蜡烛在房间里找书)这样的句子中,the book(书),the room(房间)或 the candle(蜡烛)都可看做是最重要的而分别用主格形式,因而可有三种不同的句子形式(H,G. V. D. 加贝伦兹,《论被动语态》,484)。

语)；〔德〕(带属格)er ist *der französischen sprache mächtig*(同前)；〔拉〕*avidus laudis*(力求得到夸奖)|*plenus timoris*(充满恐惧)。英语中还有这样的词组：conscious that something had happened(感觉发生了什么事)|anxious to avoid a scandal(急于避免一件丑事)，这里的从句和不定式是宾语。然而这些形容词不能带名词作宾语，除非名词前边带有介词：conscious of evil(感觉到不好)|anxious for our safety(为我们的安全着急)。这里，即使我们不承认 of evil 和 for our safety 是语法宾语，我们也可以说它们是意念宾语。suggestive(暗示的)，indicative(表明的)这类形容词后的 of 词组亦然。拉丁语有这样一条规则：以-ns 结尾的分词其动词性质很强时，可以接宾格宾语：amans patriam(爱祖国)，但这种分词如表示一个较稳定的特征时(如 tenax〔胶粘的〕这类形容词)，却接属格宾语：amans patriæ(同前)。

倘若副词带宾语的话，该副词便成了我们一般所说的介词；(见第六章)。注意德语介词 nach(根据)只是副词 nah(接近、靠近)的语音变体。

当动词后面跟着一个副词(介词)加宾语时，常把这个宾语看做“动词＋副词”这个整个词组的宾语；因而我们可看到一些词序变化的情况，例如〔德〕er läuft ihr nach(他追求她)(um ihr nachzulaufen)〔为了追求她〕；er läuft nach ihr(um nach ihr zu laufen)(意义同前)；〔法〕il lui court après = il court après elle(他追求她)。古英语有 he him œfter rād (œfterrād) = he rode after him(他骑马跟在他后面)，œfter 可看做后置介词；也请注意丹麦语中不可分离的(at) efterfølge，(at) efterstræbe = 德语中可分离的 nach(zu)folgen(追随)，nach(zu)streben(仿效)。因此，英语中便有了 he was laughed at(他被嘲笑)|he is to be depended on(他可以依靠)这类被动结构。

被 动 语 态
(Passive)

在我们的语言中偶尔有成对的动词,它们之间的关系类似over(上)与under(下),before(前)与after(后),more(较多)与less(较少),older(较老)与younger(较年轻)之间的关系,例如:

A precedes B = B follows(succeeds) A

(A 在 B 前 = B 在 A 后)

第一句从 A 着眼,第二句从 B 着眼。[①] 在大多数情况下,可用被动语态实现这种转变(B is preceded by A)。这样,主动句的宾语(或其中的某个宾语)便成了主语,主动句的主语或者通过介词词组来表示,英语用 by(原先用 of),法语用 par 或 de,拉丁语用 ab 等,或者在某些语言中只用某种格的形式(工具格或夺格)。

这种转变可用公式表示,S 代表主语,O 代表宾语,V 代表动词,a 代表主动语态,p 代表被动语态,C 代表变换主语:

S	V^a	O	S	V^p	C
Jack	loves	Jill =	Jill	is loved	by Jack
杰克	爱	吉尔 =	吉尔	被爱	杰克

① 比较:A sells it to B(A 把它卖给 B) = B buys it from A(B 从 A 处买它),give(给)和 receive(接受)亦然;A has (possessed) it(A〔占〕有它) = it belongs to A(它属于 A)。

因此：

Jack：$S^a = C^p$

Jill：$O^a = S^p$

英语习惯有主动语态和被动语态之说（voice，〔法〕voix）。威廉·詹姆斯在《与教师漫谈》第152页中讲述了他的一位亲戚给一个小女孩解释被动语态意义的情况。这位亲戚说，“假如你杀了我，那么杀人的你是处于主动语态，而被杀的我是处于被动语态。”女孩问，“但如果你死了，你怎么会说话呢？”“哦，嗯，你可以假定我还没有完全死！”第二天，这个女孩在课堂上被提问解释被动语态，她说，“被动语态是当人还没有完全死时的一种说话声音。”这个故事不仅说明在语法教学中会犯的严重错误（荒唐的例子，愚蠢的解释），而且还说明传统术语voice（语态）有其缺陷（voice的另一含义是“声音”——译注）。德国及其他一些国家的某些语法学家采用genus（属性）（genus verbi〔属性动词〕）这个词，但这很不方便，因为genus也用来表示性（genus substantivi）。或许最好采用turn这个词，说active and passive turn（主动语态和被动语态）。我们还不能完全抛弃active和passive，虽然它们也会导致错误的概念：甚至在一些著名学者的著作中有时也能看到这样的论述，其大意是：像suffer（遭受），sleep（睡），die（死）这类动词应称做被动动词，而不应称做主动动词；拉丁语的vapulo（我被打）是被动的，虽然形式是主动的；在A sees B（A看见B），A loves B（A爱B）中，毫无主动意义。这些说法产生于一种错误概念，即语言意义的主动和被动之间的区别等同于身体或大脑的主动性和被动性之间的区别——这种错误观点同前面在讨论宾语定义时所说的那种类似的错误观点有一定的联系。

无论在这里或在别处，区分句法范畴与意念范畴都是至关重要的。一个动词在句法上是主动还是被动仅取决于该动词形式本身；但同一个意念有时可用主动形式表达，有时可用被动形式表达：A precedes B = A is followed by B；A likes B = A is attracted by B（A 喜欢 B = A 被 B 吸引）。拉丁语中被动的 nascitur（出生）已发展为法语的 naît（出生），有时译成英语的被动形式 is born，有时译成主动形式 originates，comes into existence；拉丁语的 vapulo 在别的语言中被译成被动形式，但这并不能改变其主动的语法特征；希腊语的 apothnēskei 无论译成 is killed（被杀死）（这时可接 hupo，意为"by"）或 dies（死），其本身仍是主动的。因此，意念本身无法决定动词是主动还是被动。然而，我们既可说句法范畴的主动与被动，也可说意念范畴的主动与被动，但这只是单独考虑每个动词的意义，而且——更重要的是——只有在主语（以及宾语，如果有的话）和动词之间发生换位的情况时。例如，Jill is loved by Jack（吉尔被杰克所爱）和 es wird getanzt（他们跳舞）既是句法被动，也是意念被动，因为这时的主语与 Jack loves Jill（杰克爱吉尔）和 sie tanzen（他们跳舞）的主语不同。在其他情况下，句法的主动或被动和意念的主动或被动是不一致的。

因此，如果以 he sells the book（他卖这本书）和 the book sells well（这本书销路很好）这样两个句子为例的话，我们应该说，第一句中的 sells 是意念主动，第二句中的 sells 是意念被动，因为第一句中的宾语正是第二句的主语。除此之外，还有其他一些习惯上既可用作意念主动又可用作意念被动的动词（在一些语言中多一些，在另外一些语言中少一些）。例如：

Persia began the war.

（波斯发动了这场战争。）

The war began.

（战争开始。）

英语例子还有：he opened the door（他开门）；the door opened（门开了）| he moved heaven and earth（他撼天动地）；the earth moves round the sun（地球绕着太阳转）| roll a stone（滚石头）；the stone rolls（石头滚动）| turn the leaf（翻过一页）；the tide turns（潮流翻转过来）| burst the boiler（炸掉锅炉）；the boiler bursts（锅炉爆炸了）| burn the wood（烧木头）；the wood burns（木头烧着了），等等。

被动形式的动词很少可用于这两种情况。丹麦语的 mindes 有被动形式；mindes 通常的意思是 remember（记住），这时可称它为意念主动，但偶尔用作 be remembered（被记住）之意（det skal mindes længe〔将被长久地记住〕），这时它是意念被动；同样还有 vi må *omgås* ham med varsomhed（我们必须小心对待他）和 han må omgås med varsomhed（他必须受到小心对待）。我们还将看到其他一些不由形式而由动词性名词和不定式表示意念被动的例子。

关于这个问题，我们必须论及某些小语种的一个语法特征，某些作者认为这个特征为我们本语系语言的原始阶段提供了某些解释，这就是“主动格”（casus activue）和“被动格”（casus passivus）或“及物”（transitivus）和“不及物”（intransitivus）之间的区别。在爱斯基摩语中，有一种以-p 结尾的形式用作及物动词的主语（当这个句子中有宾语时），而另一种形式既可用作不及物动词的主语，又可用作及物动词的宾语，例如：

nan˙o(q) Pe˙lip takuva˙ = Pele saw the bear.

（佩莱看见那只熊。）

nan˙up Pe˙le takuva˙ = the bear saw Pele.

（那只熊看见佩莱。）

Pe˙le o˙mavoq = Pele lives.

（佩莱活着。）

nan˙o(q) o˙mavoq = the bear lives.

（那只熊活着。）

请比较在属格中的用法：nan˙up niaqua Pe˙lip takuva˙ = Pele saw the bear's head（佩莱看见熊的头）| nan˙up niaqua angivoq˙ = the bear's head was large（熊的头大）| Pe˙lip niaqua nan˙up takuva˙ = the bear saw Pele's head（熊看见佩莱的头）。

在巴斯克语、某些高加索语和某些美洲印第安语中，也有一些相类似的规则。据此推测，古雅利安语曾有一种-s 形式，它用作主动格（active case）（能动格〔energetic case〕，主语格〔subjective case〕或所有格〔possessive case〕），因此只与有生命的物质（阳性和阴性）连用；而没有词尾或带有-m 词尾的形式用作被动格（passive case）或宾语格（objective case），也用作不及物动词的主语，并且自然而然地逐渐用作"主格"，与无生命的事物（中性）连用。后来，-s 格划分为主格与属格，属格有时通过不同的重音来表示，有时通过附加另一后缀来表示。然而，起初属格并不像一种内在的自然结合或联系那样表示较强的所属性。[①] 我们可以看到，这些

① 参看于伦贝克，《印度日耳曼语研究》12.170，《比较语言研究杂志》39.600，41.400；卡拉克《巴斯克语法》28，阿姆斯特丹学术出版社，1916，12，2；H. 佩德森《比较语言研究杂志》40.151 ff。舒哈特《印度日耳曼语研究》18，528，柏林学术出版社 1921，651。芬克（柏林学术出版社 1905 及《比较语言研究杂志》41.209 ff.）和萨丕尔（《美国语言学国际学刊》I，85）对此提出不同看法。

推测有助于我们对语言的性体系及格体系的某些特性作出解释。当谈到“主语性”属格（“subjective”genitive）时，我们千万不可忘记这些推测，虽然我们可以看到“主语性”属格不仅与由及物动词转换来的名词连用，而且也与由不及物动词、被动动词转换来的名词连用，并且不能将其与“宾语性”属格（“objective”genitive）割裂开来。

被动语态用法

（Use of the Passive）

我们使用主动语态或被动语态形式，依据的是我们对句中所含首品态度的变化，这是我们的出发点：Jack loves Jill 与 Jill is loved by Jack 意思基本相同，但并非在各个方面完全相同，因此一种语言具有这两种语态并非多余。通常把当时作为兴趣中心的人或物用作句子主语，因而动词有时用主动语态，有时用被动语态。如果我们对一篇连贯的文章中所有的被动语态仔细地研究一下，我们可以发现被动语态的选用在大多数情况下出于下列原因：

（1）不知道主动主语是谁或难以说出是谁，例如：He *was killed* in the Boer War（他在布尔战争中丧生）| the city *is* well *supplied* with water（该城供水充足）| I *was tempted* to go on（我被引诱继续走下去）| the murderer *was caught* yesterday（凶手昨日被抓获）：在该句中，凶手被抓获这一事实比警察抓获凶手这一事实更为重要。主动主语时常是“通称”（generic person）：it is known =〔法〕on sait（据知）。在 the doctor *was sent for*（医生被请来）这句中，要请医生的人以及去请医生的人都未提及。

（2）主动主语在上下文中不言而喻：His memory of these events *was lost* beyond recovery（他对这些事情的记忆已经丧失，无法恢复）| She told me that her master had dismissed her. No reason *had been assigned*; no objection *had been made* to her conduct. She *had been forbidden* to appeal to her mistress（她告诉我，主人把她解雇了。没给任何理由；对她的行为也没有任何指责。甚至不准她去找女主人说情），等等。

（3）由于某种特殊原因（如得体性或微妙的感情等）而回避表明主动主语，在书面语中比在口语中更经常：Enough *has been said* here of a subject which will *be treated* more fully in a subsequent chapter（关于这个题目这里说得已经够多了，下一章对它还要进行更全面的考察）。在瑞典语中，经常采用被动语态以避免累赘的第二人称代词：Önskas en tändstick?（你要火柴吗？）Finns inte en tändstick?（你没有火柴吗？）

在这些情况下都未提及主动主语，人们经常指出在许多语言（阿拉伯语，拉脱维亚语〔Lettish〕，古拉丁语，参见瓦克纳格尔，《句法学讲座》143）中，这是被动语态句的一般规则。我的一些学生许多年前对各种英语作品所做的统计调查表明，70% 至 90% 的被动句未提及主动主语。

（4）即使主动主语（变换主语）被表达出来了，但如果对被动主语的兴趣大于对主动主语的兴趣，仍多用被动语态：the house *was struck* by lightning（房子被雷电击中）| his son *was run over* by a motor car（他儿子被一辆汽车轧了）。

（5）被动语态可促进两个句子的衔接：he rose to speak and *was listened to* with enthusiasm by the great crowd present（他站起来发

言，在场的众多听众兴致勃勃地听他说）。

大多数语言对被动语态的使用都有一定的限制，常常很难对这些限制作出解释。动词 have（have got）用作本义时很少用被动形式（虽然可以用在这样的句子中：This may be had for two pence at any grocer's〔这东西在任何一个杂货店里花两便士就能买到〕）。有时，学究们会反对这样的句子：this word ought to be pronounced differently（这个词应当以另外的方式发音）（因为词本身不可能具有某种义务！）或 her name will have to be mentioned（她的名字必将被提到）。在某些语言中，不及物动词常常用被动形式：〔拉〕itur（有人去了。下同），itum est，curritur，〔德〕es wird getanzt，甚至 Was nützte es auch，*gereist musste werden*（有人跳舞）；man musste eben vorwärts，solange es ging（不论使用什么都得要上路，只要还过得去，就得往前走）（Ch. 比肖夫），〔丹〕der danses，her må arbejdes（人们应该工作，但正在跳舞），但在英语和法语中不会遇到这种情况。

中 间 语 态
（Middle Voice）

关于"中间语态"（例如在希腊语中）这里不必谈得过多，因为其本身没有单独的意念特征：有时它完全是反身的（reflexive），即表示主语与（未表示出的）宾语的一致关系，有时表示某种与主语的不明确关系，有时完全表示被动，有时难与通常的主动语态相区别；在某些动词中，中间语态衍生出一些难以分类的特殊语义。

主动形容词和被动形容词
(Active and Passive Adjectives)

一些由动词派生出或与动词有关的形容词也有意念主动和意念被动之分。分词有主动与被动之分(例如英语的 knowing〔知道的〕,known〔被知道的〕,等等,虽然 known 并非完全被动)。比较语言学家也普遍相信古雅利安语中以-to, -no 结尾的分词原先无主动和被动之分,但这些分词却是强、弱第二分词的起因。[①]除此之外,我们还有以-some,-ive,-ous 结尾的形容词(例如:troublesome〔讨厌的〕,wearisome〔令人厌烦的〕,suggestive〔示意的〕,talkative〔健谈的〕,murderous〔行凶的〕,laborious〔勤劳的〕),这类形容词都表示主动。以-ble 结尾的形容词通常表示被动(例如:respectable〔受尊敬的〕,eatable〔可食用的〕,credible〔令人相信的〕,visible〔可见的〕),但有时也表示主动(例如:perishable〔易腐烂的〕,serviceable〔有用的〕,forcible〔强有力的〕)。以-less 结尾的形容词既表示主动(例如:sleepless〔不眠的〕),也表示被动(例如:tireless〔不倦的〕)。有时采用两种相关的形式表示主动和被动:contemptuous(轻视的):comtemptible(可轻视的),desirous(渴望的):desirable(称心的)。有时同一个词既是主动又是被动:suspicious(多疑的,可疑的),curious(好奇的,难以理解的)。其他语言亦然。某些主动形容词可通过介词 of 带意念宾语:suggestive of treason(意

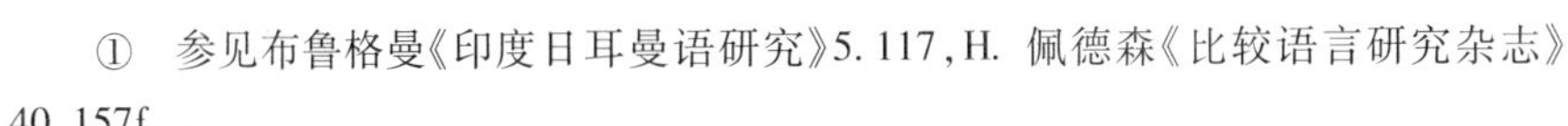

① 参见布鲁格曼《印度日耳曼语研究》5. 117, H. 佩德森《比较语言研究杂志》40. 157f. 。

味着背叛),oblivious of our presence(忘记我们在场),等等。

主动名词和被动名词
(Active and Passive Substantives)

如果我们问名词是否有主动、被动之分,它们是否可带宾语,我们首先要看看所谓的施事名词(agent-nouns)。施事名词表示主动,例如 fisher(渔夫),liar(说谎者),conqueror(征服者),saviour(救星),creator(创造者),recipient(接受者)。与此相应的动词的宾语在与这类名词连用时,采用属格形式(例如:*Ann's* lover〔安的情人〕)或常接介词 of(例如:the owner of the house〔房主〕,the saviour of the world〔救世主〕)。这里的 Ann 以及 of 后面的成分可称做前面所说的那种意念宾语或转换宾语。——pickpocket(小偷),breakwater(防波堤)这种形式的名词包含一个主动动词及其宾语;a pickpocket 可以分解为 a picker of pockets(扒口袋的人)。

英语有一个奇特的以-ee 结尾的被动名词:lessee(租户),referee(受委托者),examinee(被检查者),但以同样的-ee 结尾的名词也可表示主动,refugee(流亡者),absentee(缺席者)。

连系式名词
(Nexus-Substantives)

下面我们来看看连系式名词。连系式名词本身原先既不是主动的也不是被动的,但根据不同情况可以看做主动或被动。首先来看一个我们大家所熟悉的拉丁语的例子:amor dei 意思为上帝对人的爱或者是人对上帝的爱。我们把表示第一种意思中的 dei 称做主语性属格(有的人将它称做所有格,因为上帝“有”或“占有”这种爱的感情),用符号 S^a 表示;把表示第二种意思中的 dei 称做宾语性属格,用符号 O^a 表示。然而正如我们所知,$O^a = S^p$,因此我们完全可以说,dei 在两种意思中都是主语性属格,但第一种意思中的 amor 是主动,第二种意思中的 amor 是被动。在表示这两种意思时都有连系式,其中属格表示首品,amor 是次品;连系式本身既不主动也不被动,唯一表示出来的东西是“上帝”与“爱”两个成分之间的一种关系,这种关系究竟是上帝爱人,还是上帝被人爱,由听话人来决定。同样,odium Cœsaris(恺撒的憎恨/憎恨恺撒),timor hostium(敌人的惧怕/对敌人的惧怕)的意思也模棱两可。希腊语亦然:《哥林多后书》5. 14 hē gar *agapē tou Khristou* sunekhei hēmās(基督的爱支配着我们)(《圣经》译文:the loue of Christ constreineth vs)。

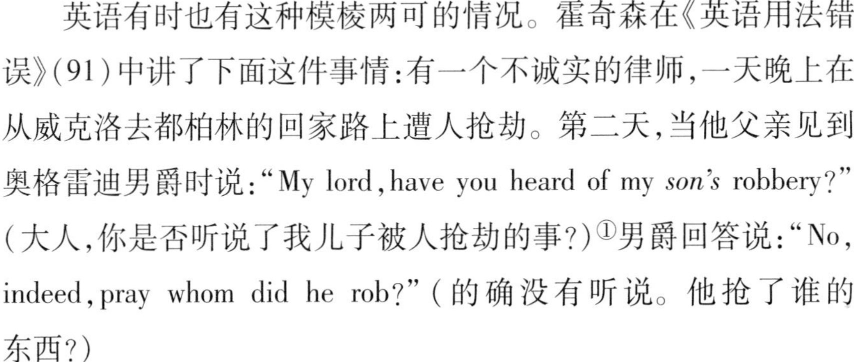

英语有时也有这种模棱两可的情况。霍奇森在《英语用法错误》(91)中讲了下面这件事情:有一个不诚实的律师,一天晚上在从威克洛去都柏林的回家路上遭人抢劫。第二天,当他父亲见到奥格雷迪男爵时说:“My lord, have you heard of my *son's* robbery?”(大人,你是否听说了我儿子被人抢劫的事?)①男爵回答说:“No, indeed, pray whom did he rob?”(的确没有听说。他抢了谁的东西?)

在《哈姆雷特》中,memory 用作两种意思:Tis in *my memory* locked(它牢牢刻在我的记忆中)——这是通常用法,S^a;*a great*

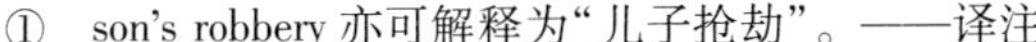

① son's robbery 亦可解释为“儿子抢劫”。——译注

mans memory may outline his life half a year（对伟人的怀念可比他的生命长半年）——这是不常见的用法，S^p。宾语性属格（S^p）以往用得比现在普通，例如莎士比亚的 Reuenge *his foule and most vnnaturall murther*（向他卑鄙的、万恶的凶手报仇）（他被凶杀了）| thou didst denie *the golds receit*（你拒绝接受金钱）。不过，对这种属格用法（以及代词所有格的用法）已有明确的规则，虽然这些规则还未得到语法学家的承认。主要规则如下：

（1）与不及物动词相关的名词显然不可能具有被动意义；因此，这时的属格总是 S^a：the doctor's arrival, existence, life, death, etc.（医生的到达、生存、生活、死等等）。

下面是关于与及物动词相关的名词的规则，然而（2）至（5）规则只适用于没有后接介词词组的，属格与名词连用的词组。

（2）由于意义而不可接人作宾语的及物动词所构成的名词表示主动意义：his（S^a）suggestion, decision, supposition, etc.（他的建议、决定、推测，等等）。

（3）凡按其意义，主语一般为人、并可接人作宾语的动词，由这类所构成的名词，其属格或所有格通常被认为表示 S^a：His attack, discovery, admiration, love, respect, approbation, interruption, etc.（他的进攻、发现、羡慕、热爱、尊敬、批准、打扰，等等）。然而，由于连系式名词可用作句子主语或用在介词之后因此产生这样一种奇特的差别：*his assistance*（S^a）is required（需要他的帮助）| come to *his assistance*（来帮助他）。同样还有 *his service*（*support*, *defence*）is valuable（他的帮助〔支持、维护〕是可贵的）| *at his service*（*in his support*, *defence*）（帮助〔支持、维护〕他）。比较较陈旧的 in order to *his humiliation*（为了让他出丑），在动词 need, want 等之后，名词不

用属格同样表示被动意义：he needs support，asks for approbation（他需要支持，请求同意）（但在 he asks for my approbation〔他请求我的同意〕中，my 是 S^a）。

（4）然而，当我们对行为的对象比对行为的施动者更关注时，属格或所有格可以表示被动意义。例如，我发现最近一份英国报纸在一篇文章中相继用了 De Valera's capture（德瓦莱拉的捕获）和 De Valera' arrest（德瓦莱拉的被捕），至于是谁抓获或是谁逮捕了这位爱尔兰领袖无关紧要。再如：a man's trial（对某人的审判）（强调他被带到法官面前这一事实）| his defeat（他的失败）| his overthrow（他的垮台）| his deliverance（他的解救）| his release（他的释放）| his education（他的教育）。下面各句也具有被动意义：*her reception* was unique（对她的招待是独特的）| he escaped *recognition*（他没有被认出来。）在 he is full of your praises（他满怀对你的赞扬）中，赞扬他人的人自然是 he，因此 your 表示 $S^p = O^a$。

（5）当与名词相关的动词的主语常是物而不是人，或动词的宾语常是人时，这类连系式名词表示被动意义：his（S^p）astonishment，surprise，amazement，amusement，irritation，etc.（他的惊奇、吃惊，惊恐、高兴、愤怒，等等）。

下面必得考虑介词同连系式名词连用的情况。of 本身与属格一样，意义也是双重性的：the love of the God（上帝的爱或对上帝的爱），S^a 或 S^p。但如果与属格连用时，意思就明确了，因为这时属格总是表示 S^a，of 词组表示 S^p：my trials of thy love（我对你爱的考验——莎士比亚）| his instinctive avoidance of my brother（他对我兄弟本能的躲避），等等。规则（4）中的属格词组如果接上 of，意义立刻发生变化：Luther's（S^a）deliverance of Germany from priestcraft(路德把德国从教士的权术中解救出来)|he won praise by his release of his prisoners(他因释放囚犯而受到赞扬)|her reception of her guests(她对客人的接待)。

19世纪,用带有by的结构明确表示S^a的方法开始变得相当普遍,这里的by与被动动词连用的by相同。然而奇怪的是,《新英语词典》却没有提及这个最新用法:the purchase, *by the rich*, of power to tax the poor(富人买得对穷人征税的权力——拉斯金)|a plea for the education *by the State* of neglected country girls(州政府要求教育被忽视了的农家少女)|the massacre of Christians *by* Chinese(中国人对基督教徒的屠杀)。用了by,属格便可用来表示S^p:his expulsion from power *by the Tories*(托利党人对他的罢免——萨克雷)。

为表示**S^p**,人们越来越倾向使用其他一些介词替代具有双重意义的of,例如:your love *for* my daughter(你对我女儿的爱)|the love of Browning *for* Italy(布朗宁对意大利的爱)|his dislike *to* (*for*) that officer(他对那个军官的厌恶)|there would have been no hatred of Protestant *to* Catholic(新教徒本不该仇恨天主教徒)|contempt, fear *for*(对……蔑视,害怕), attack *on*(对……攻击)。在其他一些语言中,某些名词也常与相类似的介词连用,如丹麦语的for, til,拉丁语的odium in Antonium,意大利语的la sua ammirazione per le dieci dame più belle(塞劳)。[1]

---

[1] 芬兰语的属格具有两种意义,例如:isänmaan rakkaus =〔英〕love of the native country(对祖国的爱或祖国的爱), jumalan pelko =〔英〕fear of God(对上帝的惧怕或上帝的惧怕)。当S^p与名词组合在一起时,被看做合成名词:kansalaisen isänmaan rakkaus =〔英〕the citizens' love for their country(公民们对国家的爱)(塞泰莱,萨兹拉拉,31)。

英语中,以-ing 结尾的动词性名词原先也具有这种双重性,但现在通常只表示主动意义:His(S^a)throwing(他抛掷),等等,而过去常表示 S^p。比较:Shall we excuse his throwing into the water(我们可以原谅他被抛进水里吗——莎士比亚)(=his having been thrown〔他被抛〕)。下面这句也有被动意义:Vse euerie man after his desart, and who should scape *whipping*?(量才施用,谁会逃脱鞭责呢?——莎士比亚),在 the roads want *mending*(路需要修补)中也有被动意义。然而,近来采用 being thrown(having been thrown)这种被动形式,因此,throwing 这种一般形式现在通常只表示主动意义。有关意念主语的问题见 201 页。

(Infinitives)

这里还应就转变为不定式的动词性名词的早期形式进行简单的探讨。原先这种形式也是既非主动也非被动的,但最终发展出一般被动形式或被动词组:amari, be loved(被爱),等等。英语中仍可见到这种(主动或中立性的)形式用来表示被动意义的痕迹,例如:they were not *to blame*(他们不该受责备)(比较:they were not to be seen〔他们不会被发现〕)|the reason is not far *to seek*(理由不难找到)|the reason is not difficult *to seek*(理由不难看出)。这里,the reason 是 is 的主语,但也可看做 to see 的某种宾语,或看做 to see 的主语,如果把 to see 看做表示被动意义的话。①再如:there is

① 比较:〔法〕ce vin est bon à boire(这酒好喝)。

a lot to see in Rome(在罗马有许多东西可看)|there is a lot to be seen in Rome(在罗马能看到许多东西)(两句并不完全同义)。在下面这句中可看到这三种可能性:there was no one *to ask*,no one *to guide* him;there was nothing *to be relied upon*(无人可问〔主动形式,被动意义〕,无人引导他〔主动形式,主动意义〕;无所依靠)。

关于不定式的这种双重性还有其他一些常见的例子:〔德〕er liess ihn(S^a)kommen(他让他来)|er liess ihn(S^p)strafen(他使他受罚)|〔丹〕han lod ham komme(他让他来)|han lod ham straffe(他让他受惩罚)|〔法〕je l'ai vu jouer(我看见他在玩儿)|je l'ai vu battre(我看见他挨打)。英语中,现在大量使用被动形式的地方,在过去却采用主动形式表示被动意义,例如(he)leet anon his deere doghter calle(〔他〕让别人叫他亲爱的女儿——乔叟 = let her be called,caused her to be called)|he made cast her in to the riuer(他被迫把她抛进河里——《新英语词典》"make"53 d)。

第十三章 格

(Case)

英语中格的数量 属格 主格和间接格

呼格 关于格的结束语 介词词组

英语中格的数量

(Number of English Cases)

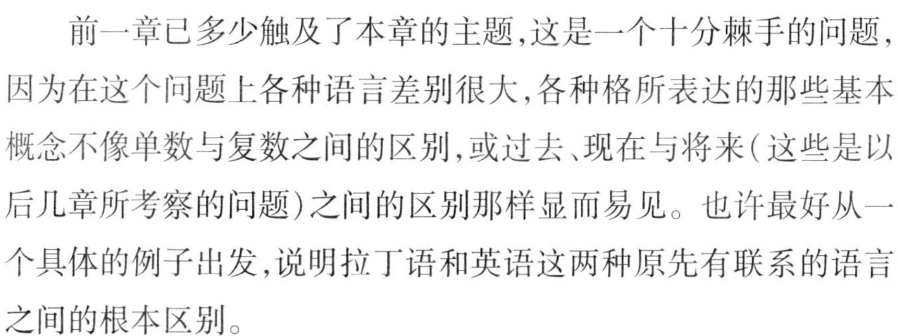

前一章已多少触及了本章的主题,这是一个十分棘手的问题,因为在这个问题上各种语言差别很大,各种格所表达的那些基本概念不像单数与复数之间的区别,或过去、现在与将来(这些是以后几章所考察的问题)之间的区别那样显而易见。也许最好从一个具体的例子出发,说明拉丁语和英语这两种原先有联系的语言之间的根本区别。

罗马人说 Petrus filio Pauli librum dat,而英国人却说 Peter gives Paul's son a book(彼得给保罗的儿子一本书)。无疑这里的拉丁语名词有四种格,即:

Petrus——主格

filio——与格

Pauli——属格

librum——宾格

同样,毫无疑问,英语的 Paul's 是属格,与拉丁语的属格大致相当;但是可以争议的、而且一直有争议的是,我们能不能说 Peter 是主格,son 是与格,book 是宾格?因为英语不像拉丁语那样,用不同的词尾来表示不同的格。我们能说英语有和拉丁语中一样的三种格,或者有两种格——主格(Peter)与间接格(son,book)——或是这三个词用的都是"通格"(common case)吗?这些观点在语法学家中都各有拥护者。这个问题除了对学校的英语或其他语言的教学具有实际的重要意义之外,还具有重大的理论意义,因此,有必要用一定的篇幅研究一下正反两种观点。

首先我们来考虑这个问题:英语有不同于宾语的与格吗?如果我们能够找到某些区分这两种格的真正语法标准——形式的或意念的——的话,那么回答无疑是肯定的。由于在第二章中,词序被看做一种形式成分,因此我们也许可以想象,有的人会认为,根据固定不变的位置,英语句子有真正的与格,因为我们不可能说 he gave a book Paul's son。然而,仔细观察一下实际情况,我们就知道不能承认有一种位置与格,因为在 I gave it him(我把它给了他)中,词序正好相反。无论把这里的 it 说成是与格,还是认为英语中有一种有时可置于宾格宾语之前、有时置于宾格宾语之后的位置与格无疑都是荒谬的。此外,如果说 the man gave his son a book(这人给他儿子一本书)一句中的 son 是位置与格的话,那么我们必须承认,下面的例句中都用了位置与格,两个名词的顺序不可颠倒:

I asked the boy a few questions.

(我问这个男孩一些问题。)

I heard the boy his lessons.

（我听到这个男孩念功课。）

I took the boy long walks.

（我带这个男孩久久地散步。）

I painted the door a different colour.

（我把门漆成另一种颜色。）

I called the boy bad names.

（我骂了这个男孩。）

I called the boy a scoundrel.

（我管这个男孩叫无赖。）

如果我们说英语中有与格和宾格之分的话，那么我就不知道在上面这些例句中哪些词应为与格，哪些词应为宾格，而且在那些谈到这两种格的语法书中我也见不到任何解释。

有人也许会提议，一个词可否用作被动句的主语是一条标准，因为只有宾格才可如此。这可能纯粹是一种语言检验法——但无法付诸实践。首先，并非所有的“宾语”都可作被动句的主语；请注意下面两句中的第二个“宾格词”：they made Brown mayor（他们选布朗当市长），they appointed Kirkman professor（他们委任科克曼为教授）。其次，正如已提到的那样（235 页）“与格词”也可作被动句的主语：he was awarded a medal（他被授予一枚奖章）| she was refused admittance（她被拒绝入内）。因此，在找到其他更确实可靠的检验方法之前，认为现代英语中没有单独的与格或宾格也许更稳妥些。

索南夏因教授竭力主张有宾格和与格之分，如果我们看看他在其语法中对此的处理方式，就更说明我们的结论是恰当的了。

在他的语法著作中,除了我们已提到的情况之外,很难找到任何具有指导意义、连贯一致的体系。有时,我们必须从历史上找原因,如根据规则,任何介词之后的格是宾格(§169,489):“古英语中,有些介词接与格……但后来语言发生了变化,结果在古英语后期出现了在所有的介词后面用宾格的强大趋势。”无论怎么说,事实不尽如此,因为与格久久地留在某些句子里;如乔叟的 of towne(城市的),yere by yere(年复一年),by weste(由西)等等,这里 e 均发音。直到今天,在某些形式中仍留有这种痕迹,如 alive(on life)(活着的),atterbury(垂死了的 = œt þœre byrig)中的单数与格,(by)inchmeal(一点点地),on foot(步行)中的复数与格,后者可看做是古英语 on fotum、中古英语 on foten 和 on fote 用于一人以上情况的沿用,如 they are on foot(他们步行)。除了这些个别的残存例子外,历史事实是,在大多数的代词中保留下来的只是与格,在名词复数中保留下来的是宾格(= 主格),在名词单数中保留下这样一种形式,其中混合着主格、宾格、与格的因素——然而,不管它们的起源如何,这些形式(him,kings,king)很早就不加区别地用在原先需用与格和宾格的场合。①

再回到索南夏因教授划分现代英语中这两种格的方式上来。在 he asked me a question(他问我一个问题)中,me 和 question 被说成是直接宾语,这也许是因为古英语的 ascian 带两个宾格的缘

① 如果英国孩子在学校里学的是这样一条规则:I saw him(我看见他),for him(为他)中的 him 是与格,I saw the kings(我见到国王们),for the kings(为了国王们)中的 kings 是宾格,而 I saw the king(我见到国王)。for the king(为了国王)中的 king 是与格,他们会怎么说呢?不过,从历史的观点出发,这比索南夏因的假历史观要真实得多。

故;teach him French(教他法语)中的 teach 在古英语中是 tœcan,带一个与格和一个宾格。尽管如此,我们却可随意称 him 为宾格或与格,尽管人们似乎更倾向用前者,如果不是因为〔拉〕doceo(教)和〔德〕lehren(教)有这种结构,①我们也许从来也不会听说过 teach 这个动词带有两个宾格。不过这种情况与英语语法毕竟毫不相干,否则,我们就会期待有一天会听说 use(用)和〔拉〕utor(用)一样,接夺格。

有时,该书列举的某些规则显然是不完善的,在§173 中,作间接宾语的与格好像只有在同一句中还有一个宾格宾语时才得以承认,如:Forgive us our trespasses(原谅我们的打扰),但如果只是扼要地说 Forgive us (原谅我们),我们可以说 us 是宾格吗?I paid him(我付给他钱)中的 him 能因为是唯一的宾语就是宾格吗?或能因为它在 I paid him a shilling(我付给他一个先令)中是间接宾语,就是与格吗?你一旦把自然结合构成一个格的东西拆散开来,上面这些问题就会接踵而至。在德语中有可能找到这些问题的答案,因为实际使用的形式可以为我们充当向导,而在英语中则没有东西为我们引路。在 hit him a blow(打他一下)中,谁能说 him 是间接宾语(与格),a blow 是直接宾语("宾格"),或 him 是直接宾语("宾格"),a blow 是次修品("工具格"或"状语")呢?拿 hit him (打他) (无 a blow)这个简单句问人时,大多数人可能会说,him 是直接宾语,因此是"宾格"。

① 在人名中,与格和德语的 lehren(教)连用绝非罕见;在被动语态中 Ich wurde das gelehrt(我被教了此事,下同)和 das wurde mich gelehrt 似乎都很别扭,因而用 das wurde mir gelehrt 来取代它。

索南夏因承认这两种格可作“状语”用，但无法为这两种格的划分找到任何理由。near *him*——与格，理由何在？如果根据的是古英语的句法，那么 to him（对他），from him（从他那里）中的 him 也应该是与格；然而这里 him 被说成是宾格，根据的是所有的介词都接宾格这一假说；既然《新英语词典》承认 near 是介词，它为何不尽如此呢？He blew his pipe *three times*（他吸了三口烟）——宾格，理由何在？（如果在古英语中它就是与格）我们也许可以这样一直问下去，因为无法为这种把词归于这个格或那个格的武断做法找到理由。学生不得不死记硬背这些规则，因为它们无法让人理解。

索南夏因教授说，对英语语法史的研究使他断然否定许多学者所持的那种认为英语语法发展的原因实际上是它逐渐摆脱了拉丁语语法的观点。他在《现代语言教学》（1915.3）中说，最早的语法学家们没有看到英语语法和拉丁语语法之间的相似处，但后来他们逐渐承认英语中有与拉丁语中相同的格，只有在比较语法完全揭示了这两种语言间的关系之后，才有可能对它们的一致有充分的理解。但是这种认为语法正稳步“接近”索南夏因的体系的观点远非真情，因为人们忽视了早在 1586 年就出现了完满的索南夏因式的体系。当时布洛卡说，英语有五个格。在 How，John，Robert gives Richard a shirt（约翰·罗伯特怎么给理查德一件衬衫）中，John 是呼格，Robert 是主格，shirt 是宾格，Richard 是与格（或称之以怪名“赢格”〔gainative〕）——这样，除了属格，又承认了四个格。1920 年，索南夏因教授本人在他的《语法》第二卷前言中提到了一些早期的语法学家（吉尔 1619，梅森 1622），他们把拉丁语法作为英语语法的基础。不过尽管在看待英语语法中格这个问题时似乎历来都有两种对立观点，索南夏因仍认为，前进的路线与他指明的方向“基本上”是一致的。他没有提到，威廉·黑兹利特[①]，威廉·科贝特和亨利·斯威特这样一些优秀的语法学家，他们在格的问题上与之见解不同。不过他特别赞颂了林德利·默里，说他认为名词有“宾格”，这是“迈出了重大的一步”，因而“帮助英语语法从格的虚假定义中解放出来”，为重大的第二步“打开了大门”。这个重大的第二步就是索南夏因认为有与格。人们不解，在这一发展过程中的下一步又是什么呢？也许有人会感谢索南夏因打开了承认夺格的大门，但为什么不接着说还有工具格、方位格等等呢？索南夏因教授认为有与格的所有论点用于这些格不是完全同样有力吗？

索南夏因说，格表示的是意义范畴，而不是形式范畴，拉丁语语法和英语语法概不例外。拉丁名词的格在形式上并不总是相互有别：中性名词宾格的形式总是与主格形式相同，夺格复数在形式上却与与格复数相同，有些名词的与格单数和属格单数在形式亦无区别，还有些名词的与格单数和夺格单数形式相同。所有这一切都是千真万确的，但它并不能推翻下述观点：拉丁语法中格的区分主要是以形式为基础的，不同的形式有不同的功能。如果拉丁语的夺格在许多情况下和与格没有形式区别的话，谁也不会梦想要制定这么一种格。对于两种形式相同的格，我们仍有理由说，我

① （林德利·默里）“认为英语名词有六个格，即没有词尾变化的六种不同词尾，英语动词具有与拉丁语动词相同的一切语气、时态和人称。这是盲目和固执的极度发展。他（与先前的许多人一样）十分正式地把拉丁语法译成英语，异想天开地认为，他写了一部英语语法；神学学者们鼓掌喝彩，教师们把他请进上流社会，而英语学者们却把它当做笑料”（黑兹利特，《时代精神》，1825，119页）。

们有时用的是这种格，有时用的是那种格，因为处在相同位置的其他词说明了用的是哪一种格。我们说 Julio 在 do Julio librum（把糕奉献给朱莉欧）中是与格，但在 cum Julio（与朱莉欧一起）中却是夺格，因为在相应的含有 Julia 的句子中用了不同的形式：do Julio librum，cum Julia（把糕奉献给朱莉欧和朱利娅）。Templum（圣所）在一些句子中是主格，在另一些句子中是宾格，因为在前者中我们用 domus（处所），在后者中用 domum（处所）。因此，在所有其他情况下，正如前面所说的（53 页），我们把 I cut my finger yesterday（我昨天划破了我的手指）中的 cut 看做是过去式，虽然这个具体动词在形式上无法表明它不是现在式。但对于英语的名词，则不能采用同样的论点：在拉丁语体系和英语体系之间有着根本的不同。在拉丁语体系中，格的区别通常，虽然并不总是表现在形式上；而在英语体系中，格的区别从不表现在形式上。把英语中总是形式相同的宾格和与格与拉丁语中在百分之九十的情况下形式不同的宾格和与格等同起来，实际上是把所有的科学原则翻个底朝天。

诚然，我们应该把历史比较语法所确立的事实作为我们对英语语法讨论的基础。然而历史比较语法中最重要的真理之一就是鉴别，这种鉴别按时间的进程把原先关系密切的亲属语言分离开来，从而使得在任何场合都运用同样的范畴成为不可能。我们可以说希腊语中有双数，但不能说英语中也有双数，虽然在英语中这种意念范畴是很明显的；那么在形式上毫无根据，在意念上，在具有与格的语言中与格的意义又模糊不清的情况下，为什么又硬要说有与格呢？

索南夏因教授说，格“表示意义的范畴”。但他没有，也无法说明与格的特定意义是什么。[①] 如果仔细浏览一下德语、拉丁语或希腊语语法中的规则，我们就会在每一种语言里发现各种各样的用法或功能，也就是赋予与格不同的意义，但其中许多用法因语言不同而异。如果我们考虑一下这些语言是怎样从它们的同一“祖先”的原始雅利安语中发展起来的语，就会觉得这种现象并不奇怪。正如保罗所说，的的确确毫无理由把德语中（以及古英语中）的这种格称做与格，因为除了与格，它还具有旧的方位格、夺格和工具格的功能。在形式上，它只是在一部分词的单数形式方面与旧的与格相同，在另一些词中，它体现了旧的方位格，而在所有的词中与格复数是旧的工具格。希腊语第三单数变格形式中的与格是旧的方位格，一切词的与格已经取代了方位格、工具格以及旧的与格本身的功能。无论追溯多远，我们却找不到只有一种明确功能的格。在各种语言里，每一种格都起着不同的作用；它们之间根本没有明确的界线。这种情况和与之有关的格形式成分中特有的不规则、前后矛盾的现象解释了我们在语言历史中所看到的无数的合并现象（“两种以上不同形式的合并”）以及具体语言中杂乱无章的规则——即便如此，在很大程度上还是无法从历史角度对这些规则作出解释。如果英语在简化这些规则方面较其他语言做得更多的话，我们应该感到由衷的高兴而不应该误入歧途，强行使它重新回到几个世纪以前那种混乱复杂的状态中去。

如果不能赋予在我们语系中任何古老的语言里实际发现的与

① 甚至不可说德语中与格的主要意义是间接宾语的意义。我数了一下最近出版的一本德语书几页中所有的与格词，发现在157个与格词中，只有3个在带有另一个宾语的句子中作间接宾语，18个作不带宾格宾语动词的宾语。

格以明确的意义,那么宾格也是如此。一些学者持有一种“方位”(localistic)格理论,他们认为宾格首先是一种表示运动方向的格,而其他的用法则是在这一用法的基础上逐步发展起来的:Romam ire(去罗马)衍生出 Romam petere(意义同前),Romam petere 又衍生出该词的其他宾格词,由此最终甚至衍生出 Romam linquere(离开罗马)。另外一些人认为宾词的用法是最早的功能,还有一些人则认为宾格是万能格,它出现在既不需用主格或任何其他专门格的场合。唯一确定的就是宾格把(直接)宾语的含义与朝某处运动的含义以及空间和时间延续的含义结合在一起。原先也许还有现在已经失去的更多的用法。

宾格和与格的意义不能严格地分开,这一点还表现在下面这一事实上:在同一种语言中,一个动词有时可接这种格,有时可接另一种格。例如在德语中,rufen(喊叫),gelten(受重视),nachahmen(模仿),helfen(帮助),kleiden(给……穿衣),liebkosen(抚爱),versichern(保证)以及其他词后面,可用宾格也可用与格(安德烈森的《语言运用》267 ff. 中有许多例子)。在古英语的 folgian(跟随)和 scildan(保护)之后也有类似的不定现象。onfon(收到)后的宾语有时用宾格,有时用与格,有时又用属格。如果从语言历史的角度出发,我们应该说英语的 help,aid 和 assist(帮助)这三个同义词中,help 后接与格,aid 和 assist 后接宾格。当然,在语言历史中找不到任何似乎可作为索南夏因规则基础的东西,他的规则就是(除了他所说的“状语”用法之外)只有当动词带有另一个宾语(据他说这个宾语要用宾格)时,才会有与格。在任何语言中都没有这条规则,索南夏因语法中的这条规则是他臆断的结果,正像这位教授武断地认为所有的介词都接宾格一样。

索南夏因教授企图用一种教学的论点来支持他的观点（第三部分，前言）：一个掌握了他书中提出的那些英语格的用法的学生，如果去学拉丁语的话，除了拉丁语中另一种格——夺格之外，几乎没有什么可学。这就意味着，拉丁语语法中困难的那一部分转移到了英语课堂上；甚至对那些今后要学拉丁语的学生来说，对这个课目本身也没有进行简化。唯一的区别就在于，他们必须在更早的阶段学习它的部分内容，然后再和一种也许更难理解的语言结合起来，因为他们不能用明确的形式记住种种功能。那么所有那些绝不会学拉丁语的学生又该怎么办呢？硬行要求每个学生去学习将来对他们毫无用处的区别难道真有道理吗？

属　　格

（Genitive）

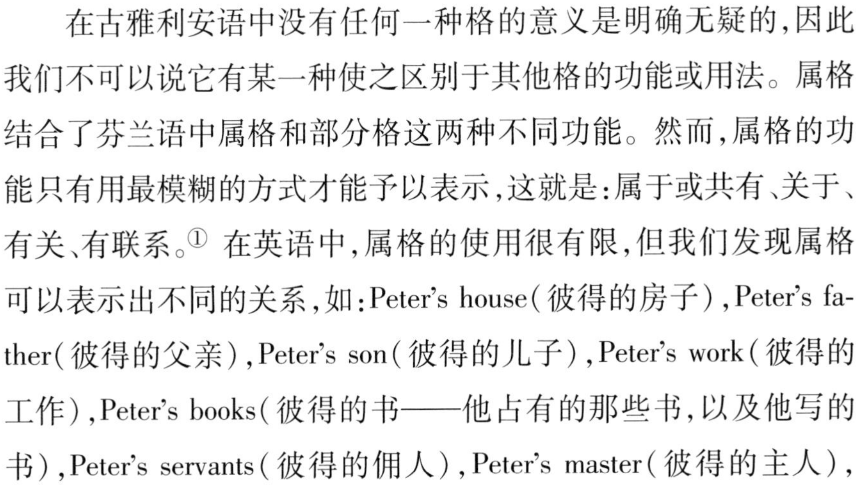

在古雅利安语中没有任何一种格的意义是明确无疑的，因此我们不可以说它有某一种使之区别于其他格的功能或用法。属格结合了芬兰语中属格和部分格这两种不同功能。然而，属格的功能只有用最模糊的方式才能予以表示，这就是：属于或共有、关于、有关、有联系。① 在英语中，属格的使用很有限，但我们发现属格可以表示出不同的关系，如：Peter's house（彼得的房子），Peter's father（彼得的父亲），Peter's son（彼得的儿子），Peter's work（彼得的工作），Peter's books（彼得的书——他占有的那些书，以及他写的书），Peter's servants（彼得的佣人），Peter's master（彼得的主人），

① 〔德〕zugehörigkeit（附属），zusammengehörigkeit（相关联）。

Peter's enemies（彼得的敌人），an hour's rest（一小时休息），out of harm's way（在安全之处），等等。一些语法学家试图给属格的这些不同用法进行分类，但在许多情况下，属格的特殊意义并不依赖于属格本身的用法，而依赖于两个连用的词各自的内在意义，因此在每一种情况下听者很容易理解它的特定意义。这里我们还要提一下上文（247 页）已考察的“主语性属格”和“宾语性属格”。

英语只保留着属格用以连接两个名词的那些用法及其派生用法。在第一类用法中，使两个名词中的一个成为另一个的修品（“名词属格”〔adnominal genitive〕），而在第二类用法中，属格本身单独用作首品，如 at the grocer's（在杂货铺里）。在较古老的语言中，属格也用于其他场合，例如与某些动词连用，构成一种宾语；与某些形容词连用等。在德语中可清楚地看出这种属格与普通宾语之间的关系。在德语中某些动词，如 vergessen（忘记），wahrnehmen（感觉到），schonen（保养），过去常接属格，现在接宾格，ich kann es nicht los werden, ich bin es zufrieden（我不会走，我对此很满意）中的 es 原先是属格，但现在被看做宾格。

下面我们来看看古雅利安语属格的第二种情况——部分属格。部分属格不能与所谓的普遍属格（genitivus generis）分开。在拉丁语中，部分属格主要与首品（名词等）连用，如：magna pars militum（大批军队），major fratrum（兄弟中的长者），multum temporis（很多时间）。这一点与属格用作修品时的另一功能一致；然而，部分属格在句中还有其他一些更独立的用法。属格常用作动词的宾语，因此与宾格相争，如古英语的 bru cep fodres（分享食物），希腊语的 phagein tou artou（吃〔一部分〕面包），早期德语中路德的 wer des wassers trincken wird（谁要喝水），俄语的 Дайте мне хлеьа（给我一点面包）。在俄语中，属格作宾语的这种用法（随着部分意义的丧失）已扩大到所有表示生物的阳性词和复数词上。部分属格也可用作句子的主语，因此与主格相争。芬兰语中部分属格便常常如此。在我们语系的语言中，这种用法到处可见，如在俄语否定句中 нет хлеба（没有面包），не стало нашего друга（我们的朋友不再存在了，即他死了）。在罗曼语言中，可见到类似现象：介词 de 甚至取代了过去作部分属格用的属格，de 现在常常叫做“部分冠词”；值得注意的是，与部分冠词连用的名词不仅可作动词的宾语（j'y ai vu des amis〔在那里我见到了一些朋友〕），也可作句子的主语（ce soir des amis vont arriver〔今天晚上一些朋友要到了〕| il tombe de la pluie〔下一点雨〕）、表语（ceci est du vin〔就这一点酒〕）以及用在介词之后（avec du vin〔带着一点酒〕| après des détours〔转了一些弯子以后〕| je le donnerai à des amis〔我将把它给一些朋友〕）。如果说作主语的用法比较罕见，其原因就是说话人一般不愿用不定主语（见 221 页：在 voici du vin〔这里有一点酒〕，il y a du vin〔有一点酒〕，il faut du vin〔需要一点酒〕中，原先有宾语）。

因此，部分概念（一些〔不定〕数量的）的表达方式看起来与一般的格体系背道而驰，因为它逐渐用于同样的功能，而这些功能在许多语言里则用不同的格（主格，宾格）；这种部分概念无论是用一种单独的格（如芬兰语），还是用属格（如希腊语），还是用法语的 de 介词词组来表达，事实的确如此。

如果各种格之间的区别真是意义上的区别，也就是说，如果每一种格有它自己的独特的意义，那么用同一种结构，即所谓的“独立”结构（我称做的“连系式次修品”）来表示实际用法中如此大相径庭的现象:〔拉〕夺格,〔古英〕与格,〔希〕属格,〔德〕宾格,〔现代英〕主格,这是不可想象的。也许可以从历史上加以解释,但绝不能根据这些格的某些假定的内在意义对此作出逻辑性的解释。

下面的探讨或许也可以说明旧的格之间区别的不合理性。与格和属格在某种方面似乎是相对立的,如介词词组取代旧的格的时候,与格选用的介词是 to, ad;而属格自一开始就表示相反的运动,因此选用介词 of(off 的弱式),de。但与格(或它的替代词)常与属格表示同样的意义,如〔德俗〕dem kerl seine mutter(那家伙的母亲),〔法〕ce n'est pas ma faute à moi, sa mère à lui(这是她母亲的错,不是我的错),俗语 la mère à Jean(让的母亲)(〔古法〕je te donrai le file a un roi u a un conte〔我将给你一个国王的女儿或一个伯爵的女儿〕——奥卡斯)。C'est à moi 意思是"这是我的"。在挪威方言中含有 til(向……)和 åt(在……)的词组以及法罗语(Faeroese)中含有 hjá(和)的词组大体上已取代了过时了的属格。①

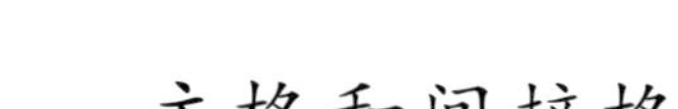

主格和间接格
(Nominative and Oblique)

读者如果愿意回到本章一开始提出的问题——在 Peter gives Paul's son a book 这个英语句子中我们应该承认有几种格——我希望他现在会赞成我的意见,不要把 son 和 book 说成是两个不同

① 芬兰语没有与格,但表示"向……附近运动"或"运动到……附近"的"向格"(allative)常常相当于雅利安语的与格。

的格(与格和宾格);但迄今为止我们还没有谈到否定第二种可能性的问题,即认为 son 和 book 是有别于主格的间接格,上句中的 Peter 是主格的一个实例。古法语的名词就有这样一种体系,因为主格的 Peter 和 son 应是 Pierres 和 fils,间接格应是 Pierre 和 fil。虽然在英语名词中没有这种形式的区别,但我可以想象,有人会说根据我自己的原则,我应该承认这种区别,因为在代词如 I—me, he—him 等中就有这种区别。我还说过 many sheep 中的 sheep 虽然与单数在形式上没有区别,但它是复数,因为 many lambs 中的 lambs 与单数 lamb 有别。我还说过 cut 在某些句子中也应看做过去式,因此我也应该说,Peter 和 son 在应该用 he 的句子中是主格,而在应该用 him 这种形式的句子中是间接格。这种论点似乎很有力,但我认为它不是决定性的。在 sheep 和 cut 的情况中,比较是在同一类词中进行的,它们所处的条件实际上是相同的;但上述论点是从另一类词——代词得出的,而代词具有其众多的特性和在其他地方从未见过的区别。如果我们根据格在某些代词中的不同形式来划分的话,我们似乎也可以根据 he, she, it 和 who, what 之间的区别来划分英语名词的性,而且还可以根据形容词和属格词相当于 my(修品)和 mine(非修品)这一点把形容词和属格词分成两种或其他什么名称的东西。然而事实上,没有任何一位语法学家想到要作出这些区分。正如古英语语法没有谈到名词中有双数一样,虽然古英语语法很自然地认为人称代词有双数,因为它有独特的形式,因此我们看到,一种词类中是适当的、必不可少的区别并不总是可以转用于其他词类的。

至于有别于其他各种格的主格的意义,我们习惯于根据拉丁语和其他语言的语法不仅把句子的主语而且把表语都看做不言而

喻属于主格。然而,从逻辑学的观点出发,这并不是唯一自然的事,因为不能认为主语和表语在意念上完全一致,或者甚至有着必然的密切联系。这里,如同在别处一样,观察一下其他语言怎样表达这些概念会有助于扩大我们的视野。在芬兰语中,表语(1)为主格,如 pojat ovat iloiset(男孩们高兴);(2)为部分格,“如果主语被看做指一种与其共同具有某种品质的同类事物”(艾略特),“指示总是或经常出现在主语中的特性”(塞泰莱),如 pojat ovat iloisia(男孩们〔通常〕高兴);(3)为持续格(essive),指示主语在某一特定时刻所处的状态,如 isäni on kipeänä(我父亲〔现在〕病了);[①] (4)在表示“成为”(转变为一种状态)的动词后为转变格(translative),如 isäni on jo tullut vanhaksi(我父亲已经老了)。[②]

即使是在我们的西欧语言中,表语并不总是用主格。在丹麦语中,两个世纪以来语法学家们一直认为用宾格(或者说间接格)作表语符合语法,因此把表语看做一种宾语,如 det er mig(这是我)。在英语的口语中也有同样的用法:it's me(这是我)。在 Swinburne could not have been the great poet he was without his study of the Elizabethans(如果斯温伯恩没有对伊丽莎白时代诗人进行研究,就不可能成为他那样的伟大诗人)这类句子中,习惯上省去关系代词(丹麦语亦如此)。这种做法也似乎说明了人们本能地将表语和宾语归于一类。[③]

---

① 持续格也用在同位语中,如 lapsena(作为一个孩子)。

② 比较〔德〕zu etwas werden(变成某物),〔丹〕blive til noget(意义同前)。

③ 有些语法书不用“表语”,而用“谓语主格”(predicate nominative)代替“表语”。我在一篇关于堪萨斯学生所犯的错误的语法论文中看到“不用主格的谓语主格,如 They were John and *him*(他们是约翰和他),It's *me*(是我)”时,禁不住好笑。

在英语和丹麦语中，这种用法与下面这种倾向有着不可分割的联系，这就是：主格限用于和（限定）动词直接连用作主语的场合（I do | do I），而在其他情况下，如在 than 和 as 之后（he is older than me〔他比我年纪大〕| not so old as me〔不如我年纪大〕）以及代词单独使用时（Who is that? ——Me!〔那是谁？——我！〕），均用间接格。这种倾向在法语中占据上风，单用时用 moi，与动词形式连用时用主格 je 和宾格 me，其他人称代词亦如此；再请比较意大利语中单独使用的 lui（他），lei（她），loro（他/她们）。[①]（关于英语中的这种发展，请看《语言之发展》第七章，再版《论英语》第二章）

呼　　格
（Vocative）

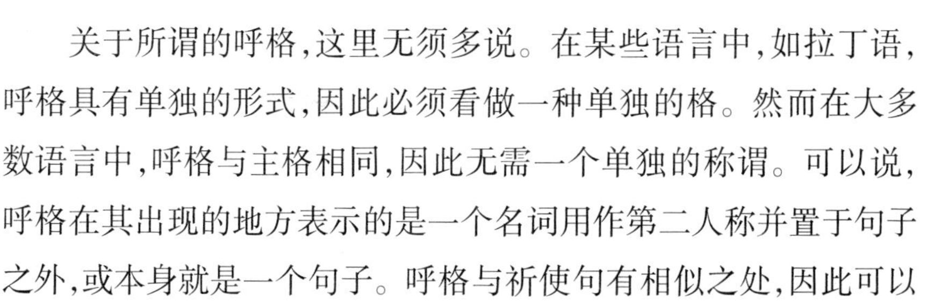

关于所谓的呼格，这里无须多说。在某些语言中，如拉丁语，呼格具有单独的形式，因此必须看做一种单独的格。然而在大多数语言中，呼格与主格相同，因此无需一个单独的称谓。可以说，呼格在其出现的地方表示的是一个名词用作第二人称并置于句子之外，或本身就是一个句子。呼格与祈使句有相似之处，因此可以说呼格表达的是向听话人发出的一种请求，即“请听”或“请注意”。

在祈使句中可看到呼格与主格之间的密切关系，如 You, take that chair!（你，坐那把椅子！）中，you 置于句子之外（正如 John, take that chair〔约翰，坐那把椅子〕），由于发音明快，便成了 You

① 再请比较“Io non sono fatta come te”（我没有做成，同您一样——罗雷塔）。

take that chair!（你坐那把椅子!），you 成了祈使句的主语。

关于格的结束语
(Final Words about Cases)

习惯上说有两类格，语法格（主格、宾格等等）和具体格，后者主要是一些表示局部意义的格（方位格、夺格、随同格〔sociative〕、工具格等等）。冯特以大致相同的意义，分出内限定格（cases of inner determination）和外限定格（cases of outer determination）；杜茨本分出“抽象思维格”（kasus des begrifflichen denkens）和“直观格”（kasus der anschauung）。然而不可能将这两类格分割开来，至少在那些我们最熟悉的语言中如此。即使在具有发达的局部意义格完整体系的芬兰语中，也不可能进行这种区分，因为向格用以表示间接宾语，持续格现在主要是一种语法格，而原先表示方位，尤其表现在一些遗存下来的状语用法中。在雅利安语中，这两类格从一开始起就纠结在一起。然而，旧的格的那些纯粹具体的用法渐渐地丧失殆尽，主要的原因是介词逐渐得到使用。介词在表达方位以及其他关系时比那些数量有限的几种格更为精确，从而使得那些格成为多余。随着时间的推移，旧的格的数量不断地减少，当一种更规则的词序常常足以表示句中某个词的意义时尤其如此。但是，在我们的语系中，从来没有任何一种语言曾经有过一种根据某种精确的或连贯一致的意义体系所建立起来的格体系；换句话说格纯粹是一种语法（句法）范畴，而不是表示真正词义的意念范畴。格表示的主要是：

呼语（呼格），

主语(主格),

表语(无专门的格),

宾语(宾格和与格),

连结(属格),

地点和时间,众多不同的关系(方位格等)

度量(无专门的格),

方式(无专门的格),

工具(工具格)。

另一种分类在某些方面似乎更好,即根据第七章中所考察的三个品级来进行。

Ⅰ. 作首品的格。

主语格。

宾语格。可分为直接宾语格和间接宾语格。

表语格。

Ⅱ. 修品格。属格。

Ⅲ. 次修品格。

它们可以分成时间格(具体时间,时间长度)、地点格(某地方,向某处,从某处)、度量格、方式格、工具格。

然而,许多概念的定义不确切,它们不知不觉地互相交叉重叠。因此难怪语言之间的差别会如此之大,就连那些源自同一"母语"的语言也不例外。格构成了一般语言中最不合理的部分之一。[①]

① 我的主要结论与保罗相同:"格只是表达的手段,不一定是每种语言的组成部分;在有格的语言里,不同的语言和不同的发展阶段上的格是不同的,因此永远不能期待格的功能将会同固定的逻辑关系、心理关系相适应。"(《心理学杂志》1910,114)

介 词 词 组

(Prepositional Groups)

读者将会注意到,我在本章中谈到的只是所谓的综合式的格,而不是“分析式的格”,后者是由介词及其宾语构成的;我认为,分析式的格不应与其他任何介词词组分开。在英语中,by a man(由某人)不是工具格,in a man(在某人身上)不是方位格,同样 to a man (向某人)也不是与格,诸如此类,等等。杜茨本是反对派的极端代表,在其《现代英语句法系统》p. 278 ff. 中,他列举了下列英语与格的例子:he came *to London*(他来到伦敦)| this happened *to him*(他遇到此事)| complain *to the magistrate*(向地方法官申诉)| adhere *to someone*(追随某人)| the ancient Trojans were fools *to your father*(你父亲认为古特洛伊人是笨蛋)| he bebaved respectfully *to her*(他对她恭恭敬敬)| you are like daughters *to me*(你们就像是我女儿)| bring the book *to me*(把那本书带给我)| I have bought a villa *for my son*(我为儿子买了一幢别墅)| What's Hecuba *to him*?(贺库巴和他是什么关系?)| it is not easy *for a foreigner* to apprehend (这是外国人很难理解的)——由此可见,既可用 to 也可用 for,这大概是因为德语在这类情况下大多用与格的缘故。把这些词组按其实际情况看做介词词组,避免使用“与格”这个名称,除非是与拉丁语或古英语或德语与格相类似的情况,这样做也许更妥当些。很有意思的是杜茨本由于强调了“地点格”(he came *to London*),从而站到了主张所有的格都是从方位关系推出来的这一旧理论的对立面。因为根据这一旧理论,与格被看做是“静止”格,宾格是

“靠拢运动”格，属格是“分离运动”格；如果杜茨本把 to London 叫做与格，为何不把 into the house（到房子里）也叫做与格呢？然而这样，德语的 in das haus（到房子里）就成了与格，尽管实际用的是宾格，宾格在 in dem haus（在房子里）中的意义和与格不同。即使 I gave a shilling to the boy 和 I gave the boy a shilling 这两句话同义（我给那男孩一个先令），也不意味着我们就应该把同一个语法术语运用于两种结构：man-made institutions 与 institutions made by man 意思相同（人建立的制度），但语法结构不同。

介词 to 的方位意义经常或多或少地丧失，但我们也不应该因此说即使 to 在毫无方位意义的场合用的也是与格。在法语中也是如此，j'irai au ministre（我将去部长那里）与 je dirai au ministre（我将对部长说）相类似，虽然与格在一种结构中与代词连用，而在另一种结构不与代词连用：j'irai à lui（我将去他那里）和 je lui dirai（我将对他说）。

以上的说法同样适用于属格。杜茨本说不仅 the works of Shakespeare（莎士比亚作品）用了属格，而且在下面的例句中也用了属格：participate *of the nature of satire*（带有讽刺的性质）| smell *of brandy*（散发着白兰地的香味）| proud *of his country*（为自己的祖国感到骄傲），如果我没有搞错的话，还有 the man *from Birmingham*（来自伯明翰的那个人）| free *from opposition*（没有对立面）（《现代英语句法系统》286ff.）。有些语法学家说“把属格同支配句子中其他成分的词划分开来”，他们指的是 the arrival at Cowes of the German Emperor（德国皇帝到达考斯）这样的情况，在这个句子里只不过有两个平行的介词词组修品；有些语法学家甚至用“分裂属格”（split genitive）这一术语（《安格利亚》，副刊 1922，207），并

举出 the celebrated picture by Gainsborough of the Duchess of Devonshire(庚斯博罗画的德文郡公爵夫人的那幅名画)这样的例子。在这里,把 by Gainsborough 叫做属格和把"of-词组"叫做属格一样是合情合理的。这两者都是介词词组,而不是其他任何东西。

我也许可借此机会提出我对一种"民族心理学"的异议。这种"民族心理学"在德国的一些大学团体中正成为时尚,但这种理论在我看来在根本上是荒谬的、反自然的。在下面的引文中,这种理论影响了格的结构:"如果说萨克森的属格形式在表达时态上是富有成果的,那么这就意味着,时态的概念在英国人的意识中起很大的作用;这在某些固定职业的代表人物,例如出版家、编辑、报纸工作人员等等的身上表现特别突出"(杜茨本,《现代英语句法系统》289)。在同书第 269 页上,〔德〕Ich helfe meinen freunden(我帮助我的朋友们)中的与格被看做"在我和我的朋友们之间永恒性的亲密信任关系"的标志,但"当在近代英语中 to help(I help my friend〔我帮助我的朋友〕)同宾格连接的时候,缺少在我和我的朋友之间人称关系的表示……因此,近代英语具有活力性,这个活力性也表现在一系列其他的语言现象上"。杜茨本这里的术语"活力"是什么意思?杜茨本怎么会知道 help 后的格不是从前的与格形式呢?他承认 give my friend a book(给我朋友一本书)中的 friend 是与格,那么在这里为什么又矢口否认呢?它们的形式是一样的。其功能与在相应的古英语句子 ic helpe minum freonde(我帮助我的朋友)中的功能是完全一样的,现代英语的句子同它紧密联系,形成了不中断的传统,这个古英语的句子在各方面与德语的 ich helfe meinem freunde(意义同前)完全相同。为什么不干脆说,在现代英语中,在这种情况下,它既不是宾格也不是与格,为什么不抛弃那些有关"人称的"、"动态的"和"静态的"等民族性的一切结论呢?

第十四章　数[①]

(Number)

计数　常规复数　近似复数

高级单位　通数　物质名词

计　　数

(Counting)

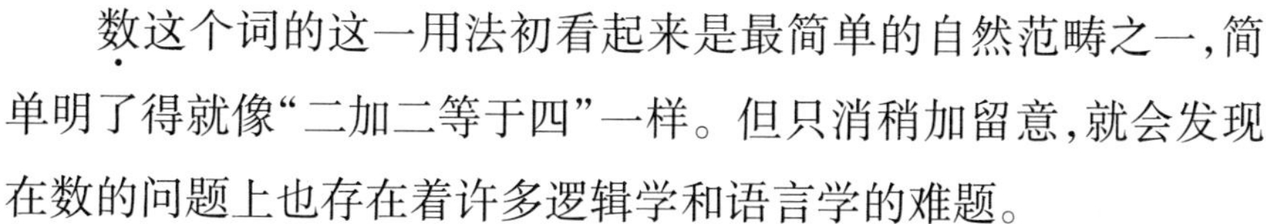

数这个词的这一用法初看起来是最简单的自然范畴之一，简单明了得就像“二加二等于四”一样。但只消稍加留意，就会发现在数的问题上也存在着许多逻辑学和语言学的难题。

从逻辑的角度看，数的最明显的区别便是一和大于一，大于一者又可分为二、三、四等等，“所有”可视为单独的一类；此外还有一类东西是无法用一、二来计数的；我们可以把这类东西叫做不可数名词(uncountables)，虽然词典并不承认“不可数”(uncountable)这个词的这一用法。词典中的“不可数”只具有“数不胜数”这一相对意义(类似于 innumerable，numberless，countless〔数不胜数〕)。

在句法上与之相对应的便是单数复数之别，单复数的概念是

① 本章内容曾以论文形式于 1911 年 11 月 17 日在哥本哈根科学院宣读，但从未发表。

大多数的语言所共有的。而有些语言在普通复数之外还有一种双数，极少数语言还有一种三数。

这样，我们就有下面两种体系：

意念：	句法：
A. 可数名词	
一 ……	单数
二 ……	（双数）
三 ……	（三数）
‥ 多于一 ……	复数
‥	
‥	
‥	
B. 不可数名词	

我们只能对于那些虽然各不相同但属同一类的事物，说“多于1”。因此复数概念以差别为前提，但反过来，差别如果过大，就不能采用2或3这样的词。一只梨子和一只苹果是两个水果；一块砖和一个城堡却很难叫做两个；一块砖和一个音乐响声不是两个；一个人、一条真理和一只苹果的味道不成为三个，等等。

什么样的东西能放在一起计数一般是由语言的习惯表达来决定的。在大多数情况下其分类相当自然，大多数语言基本相同；但有时由于语言结构的不同而产生差异。如在英语中说“Tom and Mary are cousins”（汤姆和玛丽是表亲）没有问题，因为cousins既可指表兄弟，又可指表姐妹；丹麦语（德语和其他语言亦然）则用不同的词，因此必须说“T. og M. er fætter og kusine”，英语的five cousins不能确切地译成丹麦语。但英语中没有一个综合词语可以表示德国人所说的 geschwister(兄弟姐妹)、丹麦人所说的 søskende(意义同前)。然而有时却可在 brothers and sisters(兄弟姐妹)这类搭配结构前放一数词:They have ten brothers and sisters(他们有十个兄弟姐妹),这十个兄弟姐妹也许=两个兄弟+八个姐妹,或为任何一种组合;We have twenty cocks and hens(=〔丹〕tyve høns)(我们有二十只公鸡和母鸡)。某些语言自然而然地需要有同时包括同类阳性和阴性生物的语言术语,因而产生了这样一条句法规则:阳性复数可以表示两种性别:〔意〕gli zii(叔叔和婶婶),〔西〕los padres(父母亲)(见350页)。

有时无法事先确定该把什么东西算做是一个物体。对于一些复合事物,不同的语言有不同的看法:比较〔法〕un pantalon—a pair of trousers, et par buxer, ein paar hosen(一条裤子);eine brille—a pair of spectacles, une paire de lunettes, et par briller(一副眼镜);en sax, eine schere—a pair of scissors, une paire de ciseaux(一把剪刀)。

在这种情况下,英语有时倾向把复数形式作单数用,如 a scissors(一把剪刀),a tongs(一把钳子),a tweezers(一把镊子)。

现代冰岛语中有一奇怪的复数 einn(一),如 einir sokkar(一双袜子)(为了表示一双以上的概念可使用"分配"数词:tvennir vetlingar〔两副手套〕)。

谈到身体部位,对于把什么东西算做一,把什么东西算做二,一般是不会有疑问的。但是现在(或毋宁说过去)在英语中对 moustache(胡子)一词意见不一,《新英语词典》的定义是:(a) the hair on both sides of the upper lip(上嘴唇两边的胡子),(b) the hair covering either side of the upper lip(上嘴唇任何一边的胡子);因此对于一个人来说是一对胡子，对于另一个人来说则是一边胡子："he twirled first one moustache and then the other"（他先捻着一侧胡子，又捻着另一侧的胡子）。

匈牙利语中有一条成规：身体成对的部分被看做是一个整体。英国人说"my eyes are weak"（我视力不佳）或"his hands tremble"（他的手发抖），而匈牙利人却用单数：a szemem（单数）gyenge，reszket a keze（单数）。这一现象的自然的结果在我们看来很不自然。谈及一只眼睛或一只手、一只脚时，便用 fél（半）一词：fél szemmel（用一眼睛），其字面意思是"用半只眼"，fél lábára sánta（一只脚瘸）；这种情况也适用于表示手套、靴子等词：keztyü（一双）手套，fél keztyü（半只……即）一只手套，csizma（单数：一双靴子），fél csizma（一只靴子）。这类词的复数形式（keztyük，czizmák）用于表示若干双或不同种类的手套、靴子。

常规复数

(The Normal Plural)

复数的最简单最容易的用法诸如 horses（复数：马 =（一匹）马 +（另一匹）马 +（第三匹）马……我们不妨用公式：Apl = Aa + Ab + Ac...）。这种情况可视为常规复数，无须多加评论，因为在大多数语言中，语法和逻辑在这一点上差不多总是一致的。

但是，在各个语言之间有时也有差异，其主要原因就是形式上的独特性。英语和法语的 the eighteenth and nineteenth centuries（十八世纪和十九世纪），les siècles dix-huitième et dix-neuvième（意义同前）中名词用复数，而德语和丹麦语却用单数。这并不是说英语和法语比其他语言更合逻辑，而完全是由于形式上的差异：在法语中，冠词反映数，置于名词之前，与形容词不发生直接关系；在英语中，单、复数的冠词相同，因此可以放在（单数）形容词之前，好像其本身就是单数，并不妨碍在 centuries 中用自然复数一样。相反，在德语中，你必须在冠词的单、复数形式之间作出明确的选择，但是复数的 die 如放在形容词 achzehnte（18）之前会被认为不妥，该词是中性单数；如果反过来，你开始时使用（单数）冠词 das，结尾的名词用复数（das 18te und 19te jahrhunderte〔十八世纪和十九世纪〕）同样也是古怪的。这里，即便不合逻辑，但在语法上仍前后一致地使用单数。丹麦语亦然。英语中用不定冠词时也有这种情况：an upper and a lower shelf（一个上架和一个下架〔单数〕）。有时可以用单数来避免误解，如萨克雷写道："The elder and younger *son* of the house of Crawley were never at home together"（克劳利家的大儿子和小儿子从不同时在家）；如用 sons 就会暗指每类中的儿子不止一人。（其他的特殊例子见《现代英语语法》Ⅱ，p. 73ff.①）

① and（和）除了连接不同的东西外，还可用于连接同一事物或同一人的两种属性，如"My friend and protector, Dr. Jones"（我的朋友和保护者，琼斯博士）这可能会引起歧义。对雪莱在《神交》Epipsychidion 492 上的一段话现在仍有疑义："Some wise and tender Ocean-King…Reared it…a pleasure house Made sacred to *his sister and his spouse*"（某个英明慈爱的海王……建立了它……一个供游乐的房屋，为了他的妹妹和他的妻子而复得神圣——这里说的是一个人还是两个人？）。试比较广告"Wanted a clerk and copyist"（招聘一名职员兼抄写员——一个人），"a clerk and a copyist"（两个人）。"A secret which she, and she alone, could know"（她，只有她才能知道的一个秘密），德语常用 und zwar（并且）组合表明 und 不是表示通常意义上的联结："Sie hat nur ein kind, und zwar einen sohn"（她只有一个孩子，而且还是个儿子）。

英语中 more weeks than one 和 more than one week（不止一星期）这两个同义说法之间的区别清楚地反映了邻近词（吸引）的心理影响。这种影响力在各种语言里并不相同：意大利语由于 un（一）的缘故，在 ventun anno（21 年）中用单数，而英语中除了可说 one and twenty years（21 年），还可说 twenty-one years（意义同前）。因此，a thousand and one nights（一千零一夜）亦如此。但是德语和丹麦语在这一点上十分清楚地反映出吸引的作用，因为各种语言在表示"一"的词从名词前移走后便用复数形式，在表示"一"的词直接位于名词前时便用单数形式：〔德〕ein und zwanzig tage（21 天），tausend und eine nacht（一千零一夜）；〔丹〕een og tyve dage（21 天），tusend og een nat（一千零一夜）。

处理分数时则有些麻烦：与"一个半"这个概念连用的名词该用单数还是复数？人们当然可以说 one mile and a half（一英里半），以此来避开麻烦，但是这种方法在该表达方式不可分割的语言里却行不通，如〔德〕anderthalb（一个半），〔丹〕halvanden（意义同前）；德语似乎用复数（anderthalb ellen〔一尺半〕），但丹麦语用单数（halvanden krone〔一个半克朗〕），虽然有一种奇怪的倾向：名词是单数，但前置形容词要用复数：med mine stakkels halvanden lunge（用我那可怜的一个半肺——卡尔·拉森），i disse halvandet år（蓬托皮丹）。英语说 two and a half hours（复数：两个半小时），丹麦语则受吸引的影响：to og en halv time（两个半小时——单数）。

如果若干人中的每个人都只有一样东西，则有时用单数，有时用复数：丹麦人说 hjertet sad os i halsen（意义同后，单数），而英国人则说 our hearts leaped to our mounths（我们大吃一惊——直译：

我们的心都跳到我们的嘴里了),虽然这种用法并不总是一致的(three men came marching along, pipe in mouth and sword in hand〔三个人嘴上叼着烟袋,手中拿着剑齐步走来〕,详见《现代英语语法》Ⅱ,p. 76ff.)。瓦克纳格尔(《句法学讲座》1. 92)从欧里庇得斯处引了一个例子:当时母亲要孩子们把右手给她:dot'ō tekna, dot' aspasasthai mētri dexian khera(孩子们,把你们的右手给妈妈,让我拥抱你们)。

近似复数

(Plural of Approximation)

现在我要来考察我所命名的近似复数。在近似复数中,若干物体或个人虽然严格地说不属一类,但却包括在同一形式中,sixties(60—69,如 a man in the sixties〔一个 60 来岁的人〕,the sixties of the last century〔上世纪的 60 年代〕)的意思不是(一个)60 +(另一个)60……,而是 60 +61 +62 等等,直到 69。丹麦语中有相应的用法(treserne〔60—69〕),但法语等语言则无此用法。

近似复数的最鲜明的例子是"we"(我们),其意义是"我" + 一个或多个我以外的人。根据第一人称意义,只能把 we 看做是单数,因为它在这个具体的例子中指的是说话人。即使当一群人在回答"Who will join me?"(谁愿意同我在一起?)时说:"We all will"(我们都愿意),说话人嘴里的意思不过是"I will and all the others will(I presume)"(我愿意,〔我估计〕其他人也都愿意)。

we 这个词实际上是含糊不清的,并不表明说话人在他自身以外还要包括谁。因此它常常必须予以补充:we doctors(我们医生),we gentlemen(我们男人),we Yorkshiremen(我们约克郡人),we of this city(在这个城市中的我们)。在非洲和其他地方的大量语言中复数有“排他”和“内包”之分。例如有一则闻名的轶事,说的是一位传道士对黑人说“We are all of us sinners,and we all need conversion”(我们都是罪人,我们都要皈依),但不幸的是他用了表示“我们”的形式,意思就成了“我和我的人,不包括我说话对象的你们”,而没有用内包的复数(弗里德里克·米勒)。在某些语言中可以在“我们”后面加上与“我”共同构成复数的人的名字,或不用连接词,或用“and”(和),“with”(与……一起):〔古英〕wit Scilling(我和西林),unc Adame(对于我和亚当来说),〔古挪〕vit Gunnarr(我和冈纳)(比较 peir Sigurðr〔西古尔德和他的人民〕,pau Hjalti〔赫亚尔提和他的妻子〕),〔弗里西安〕wat en Ellen(我们两人,我和埃伦),〔德俗〕wir sind heute mit ihm spazieren gegangen(我们和他……),〔法俗〕nous chantions avec lui(我和他唱歌),〔意〕quando siamo giunti con mia cugina(我的表兄和我到达时),〔俄〕Мы с братом придём(我和兄弟要来)等等。[①]

根据具体情况,第二人称复数可以是常规复数(你们 = 你 + 一个不同的你 + 另一个你,等等)或近似复数(你们 = 你 + 一个或多个谈话中未提到的人)。因此在某些语言里我们发现类似上面提到的那些与“我们”连用的结构:〔古英〕git Iohannis(你们两个〔你和约翰〕),〔古挪〕it Egill(你和 E),〔俄〕вы с сестрой(你们、

① 除一般的语法书外,另见格里姆《人称变换》19;托布勒《法语语法综合论文集》3.14;埃伯林《新语言档案》104.129;《达尼亚》10.47;H.莫勒《德语词汇研究杂志》4.103;尼罗普《法语语法研究》1920,13 页。

〔你〕同你的姊妹)。

“我们”和“你们”除了表示“我”和“你”外,还可以表示另外的某(些)人,这一概念为法语结构 nous(或 vous) autres Français(我〔或你〕和其他的法国人)奠定了基础。在西班牙语中 nosotros(我们),vosotros(你们)的概念推而广之,独立使用或表示强调时,用于取代 nos,vos。

大多数语法中都有这条规则:如果构成主语的词为不同的人,那么复数动词不用第二、第三人称而用第一人称,不用第三人称而用第二人称。但是这条适用于拉丁语法的规则(例如 si tu et Tullia valetis,ego et Cicero valemus〔假如你和杜莉娅身体健康,我和西塞罗身体也就健康了〕)实际上是多余的,因为第一人称复数其实就是第一人称单数加其他某人,第二人称复数亦然。在英语语法中(例如 he and I are friends〔他和我是朋友〕;you and they would agree on that point〔你们和他们在这一点上会达到意见一致〕;he and his brother were to have come〔他和他弟弟会来〕——奥尼恩斯,《高级英语句法》21),这就更是多此一举,因为英语动词从不区分复数人称。

近似复数的第三种情况如下:the Vincent Crummleses,意为“文森特·克拉斯和他的家庭”,〔法〕les Paul = Paul et sa femme(保罗和他的妻子);Et Mme de Rosen les signalait:Tiens...*les un tel*(罗森太太给他们指出……)(多代《永生》160)。[①]

---

① 德语的 Rosners 意为“罗斯纳一家”,原为属格,但常被看做复数形式。关于这一点以及丹麦语的 de gamle Suhrs(老苏尔一家),请参看《现代英语语法》Ⅱ,4. 42;比较蒂塞利乌斯在《语言与文体》7. 126 ff. 中的论述。

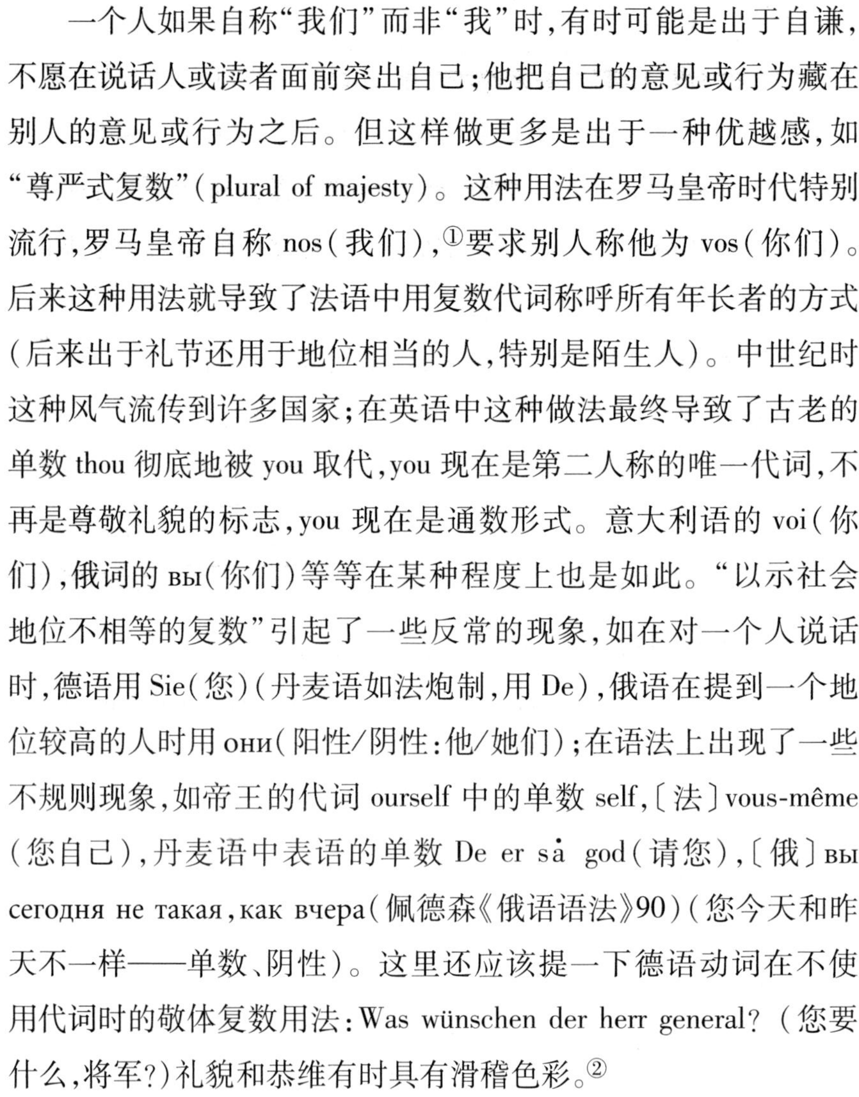

一个人如果自称“我们”而非“我”时，有时可能是出于自谦，不愿在说话人或读者面前突出自己；他把自己的意见或行为藏在别人的意见或行为之后。但这样做更多是出于一种优越感，如“尊严式复数”(plural of majesty)。这种用法在罗马皇帝时代特别流行，罗马皇帝自称 nos(我们)，[①]要求别人称他为 vos(你们)。后来这种用法就导致了法语中用复数代词称呼所有年长者的方式(后来出于礼节还用于地位相当的人，特别是陌生人)。中世纪时这种风气流传到许多国家；在英语中这种做法最终导致了古老的单数 thou 彻底地被 you 取代，you 现在是第二人称的唯一代词，不再是尊敬礼貌的标志，you 现在是通数形式。意大利语的 voi(你们)，俄词的 вы(你们)等等在某种程度上也是如此。“以示社会地位不相等的复数”引起了一些反常的现象，如在对一个人说话时，德语用 Sie(您)(丹麦语如法炮制，用 De)，俄语在提到一个地位较高的人时用 они(阳性/阴性：他/她们)；在语法上出现了一些不规则现象，如帝王的代词 ourself 中的单数 self，〔法〕vous-même(您自己)，丹麦语中表语的单数 De er så god(请您)，〔俄〕вы сегодня не такая，как вчера(佩德森《俄语语法》90)(您今天和昨天不一样——单数、阴性)。这里还应该提一下德语动词在不使用代词时的敬体复数用法：Was wünschen der herr general？(您要什么，将军？)礼貌和恭维有时具有滑稽色彩。[②]

① 关于希腊语中“我们”代替“我”的情况，请看瓦克纳格尔《句法学讲座》98 ff.

② 我记不清在哪里看到这番话：在门达语(Munda-Koh)中如果谈及一个已婚妇女而不用双数就会被人认为粗俗下流，好像这个妇女没有丈夫就活不下去了。

高级单位

(Higher Units)

把若干生物或事物用一个高级的单位来表达往往是有必要的,至少也是便利的。这里我们必须区分可以实施这种结合的种种途径。

首先,复数形式可以单独使用。英语在这方面有一便利条件,而其他语言则不及英语:不定冠词或另一单数代词可以直接放在一复数词组之前:that delightful three weeks(那愉快的三个星期)| another five pounds(另外的五镑)| a second United States(又一个美国)| every three days(每三天)| a Zoological Gardens(动物园)等等。毫无疑问,之所以可以这么说首先是因为前置形容词不表示单数复数,因为像 that delightful three weeks 这样一个词组在 delightful 既可以在形式上是限定单数又可以是限定复数的语言里会被看成是自相矛盾的;但是英语无屈折变化的形容词形式可以很容易地与单数 that 和复数 three weeks 联系起来。

a sixpence(a threepence)(六便士、三便士)的情况略有不同,该词已经成为一个新的单数名词,有一新的复数形式:sixpences (threepences)。丹麦语在表示价值相当于两克朗的硬币时,根据单数 en krone(一个克朗),en eenkrone(一个一克朗)类推出的形式更为普遍,这就是 en tokrone(一个两克朗),复数 mange tokroner (许多两克朗)。这就使我们想起英语中的 a fortnight,a sennight (十四日、七日),然而在这类形式中,第二个成分是古英语的复数 niht(nights 中的词尾 s 是后来根据类推构成的);a twelvemonth(十二个月)(〔古英〕复数 monap)也属这种情况。

其次,复数的统一可以通过单数名词的不同构成法实现。如在希腊语中,从 deka(+)衍生出名词 dekas,〔拉〕decas,从中又衍生出〔英〕decade(十年);法语中有以-aine 结尾的词:une douzaine(一打),vingtaine(二十左右),trentaine(三十、三十左右)等等,其中 douzaine 流传到其他一些语言中:dozen,dutzend,dusin。古哥特语中有一个相当于 dekas 的名词(tigus),众所周知,这个词进入了〔英〕twenty(二十),thirty(三十)等,〔德〕zwanzig(二十),dreissig(三十)等。因而,它们现在虽成了形容词,但原来却是名词。〔拉〕centum(百),mille(千),〔英〕(哥特)hundred(百),thousand(千)原来也是这种名词。在现代语言里,还可见到这种用法的痕迹,如在法语的 deux cents(两百)以及在英语 a,one(一)的应用中:a hundred(一百),one thousand(一千);再请比较 a million(一百万),a billion(一万亿)。拉丁语在表达两三天或两三年时用 biduum,triduum,biennium,triennium,从中可以见到一种独特的折中复合词。

a pair(of gloves)(一双〔手套〕),a couple(of friends)(两三个〔朋友〕)这类词应归于此类。这种用法又扩大到表示一批事物的词,如 a set(of tools,of volumes)(一套〔工具、书〕),a pack (of hounds,of cards)(一群〔猎狗〕、一副〔扑克〕),a bunch(of flowers,of keys)(一束〔白花〕、一串〔钥匙〕),a herd(of oxen,of goats)(一群〔牛、羊〕),a flock(一群——飞禽、牲畜等),a bevy(一群——鸟等)等等。

把这类词叫做集合名词是很恰如其分的,我认为不应像常在语法书里见到的那样,随便使用此术语。使用这一术语时,只应按照其严格的定义，即表示由可以分别计数的若干事物或生物构成的一个单位；那么，在逻辑上，集合名词从一个角度上看是“一个”，从另一个角度上看则是“一个以上”，这就解释了这类词有时接单数结构有时接复数结构的语言特征。（关于集合名词与物质名词之间的区别见下文。）

有的集合名词是从表示比较小的单位的词派生而来的：brotherhood（兄弟关系）派生于 brother（兄弟），再请比较 nobility（贵族阶层），peasantry（〔总称〕农民），soldiery（〔总称〕军人），mankind（人类）。哥特语中有一个冠以前缀 ga-，ge-和接有中性后缀-ja 的有趣词类。哥特语中有 gaskohi（……一双鞋子），这种构词法在古高地德语中变得相当普遍，如古高地德语中有 gidermi（复数：肠子），giknihti（全体佣人），gibirgi（山区），gifildi（田野、平原）。在现代德语中有 gebirge（山脉），gepäck（行李），gewitter（雷雨），ungeziefer（害虫）等等，其意义和结构略有改变。geschwister 最初的意思是“姐妹”（zwei brüder und drei geschwister〔两个兄弟和三个姐妹〕），后来成了“兄弟姐妹”，甚至有时在无须说明性别时还可用于单数，指一个兄或弟、姐或妹，但在日常语言里它已不再作集合名词用，只用作普通的复数。

拉丁语中的 familia（佣人）最初的意思是“famuli”（一群），即“同住在一所房子里的人”，也就是后来的“佣人”；当 famulus 一词废弃不用时，familia 便获得了它目前的在欧洲使用的意义，familia 作为一个不可分析的集合名词必须和 crew（全体船员），crowd（人群），swarm（蜂群），company（同伴），army（军队），tribe（部落），nation（国家），mob（群氓）这类词归于一类。

有的词可能通过换喻（metonymy）获得一种集合意义，如 the

parish（教区）用于指教区的全体居民，all the world（全世界）="all men"（全人类），the sex（性别）="women"（妇女），the Church（教会），the bench（〔总称〕法官），society（社会）等等。

集合名词的双重性反映在语法上。它们是语法单位，惟其如此，它们不仅可以冠以 a 或 one（一），还可以像其他可数名词一样用于复数：two flocks（两群），many nations（许多国家）等等。在另一方面，它们表示复数，因而能接复数动词和表语（my family are early risers〔我们一家人都是早起者〕；〔法〕la plupart disent〔大部分〕，其他许多语言也有类似情况），可以用 they（他/它们）来指代。然而值得注意的是这类复数结构只与表示有生命的东西的集合名词连用，从不与 library（图书馆）或 train（火车）这类词连用，虽然"图书馆"和"火车"的意思是"书的集合"、"火车车厢的集合"。有时一个集合名词会在一个句子中体现出其两种特征：this（单数）family are（复数）unanimous in condemning him（这家人一致谴责他）。不应该把这情况归于不合逻辑或"反语法"（如斯威特所说的，《新英语语法》§116）现象，只是应把它看做这类词双重特性的一种自然结果。

有时语言还要超出一步，允许实际意义为单数的形式用作表示比较小的单位的词的复数词组：those people（那些人 = those men），many people（许多人，与 many peoples〔许多民族〕有别，后者 = many nations），a few police（一些警察），twenty clergy（二十名牧师）。丹麦语中 folk（氏族）一词就有这种用法（英语中亦如此，该词在英语中拼法与丹麦语相同），folk 在 et folk（一个民族，其复数为 mange folkeslag）中是一个名副其实的集合名词，但现在亦被用作复数：de folk（那些人），mange folk（许多人），尽管我们不能说

tyve folk(二十个人);在 de godtfolk(那些勇敢的人)中有一种有趣的混合现象,godt 是单数、中性(《现代英语语法》Ⅱ,p. 100ff.[①]上有引自英语的例子:80,000 cattle〔80,000 头牛〕,six clergy〔六名牧师〕,five hundred infantry〔五百名步兵〕,six hundred troops〔六百人的部队〕等等)。

在雅利安语中以-a 结尾的名词中也可看到集合名词过渡为复数的现象。它们原来是阴性单数集合名词;我们在〔拉〕familia(佣人)中见到一个例子。在很多情况下,这些集合名词相当于中性,如 opera(操作),属格,operœ(工作):opus(工件),因此-a 最终成为构成中性复数的常规方式,尽管在希腊语的如下规则中可见到该词尾原意义的痕迹:复数中性接单数动词(详见 J. 施密特《印度日耳曼语中性复数结构》;我的《语言》一书中有一简短小结,395 页)。观察罗曼语言中的这种变化是很有意义的,现在意大利语中词尾-a 仍然用于构成许多词的复数(frutta〔水果〕,uova〔蛋〕,paja〔铁锹〕),但-a 普遍成为阴性单数,虽然不具有集合意义;比较来自〔拉〕folia(树叶)的〔意〕foglia(树叶)与〔法〕feuille(树叶)。

凡是在本节中提到的任何一个词的复数,我们都可以说它是一个"提高到第二等级的复数",如 decades(数十),hundreds(成百),two elevens(各有十一名队员的两个队),sixpences(若干六便士),crowds(人群)等等。但是"提高到第二等级的复数"这一术语还可指其他情况,如〔英〕children(儿童们),其中复数词尾-en

① 再请注意〔德〕ein paar(一对),按照其不定的意义"一些"(即两个或三个或更多)成为无屈折变化的修饰词(mit ein paar freunden〔与几个朋友〕,而不是 einem paar),甚至还可接复数冠词:die paar freunde(几个朋友)。在丹麦语中还有 et par venner(几个朋友),de par venner(这几个朋友)。

加在原来的复数形式 childer 之后，最初也许是指若干家庭的孩子。如默里提到的在斯堪的纳维亚方言中，shuins 的意思是好几个人的鞋子，而 shuin 只意味着一双鞋子（《南部各郡的方言》，161；另见《现代英语语法》Ⅱ，5.793）。然而，不能认为创用双复数的人的脑中时刻都有双复数（复数的复数）的这种逻辑意义：有时它们也许从一开始起就纯粹是多余，至少它们现在在 children，kine（亲属），breeches（马裤）等词中被当做纯粹的复数。布雷顿的语言（Breton）中就有复数的复数：bugel（孩子），复数 bugale，但 bugale-ou（几伙孩子）；loer（长袜），复数 lerou（……双长袜），但 le-reier（若干双长袜）；daoulagad-ou（若干人的眼睛——H. 佩德森《凯尔特语比较语法》2.71）。我们有一种形式上而不是意义上的双复数，如〔德〕tränen，zähren（眼泪）。这里古老的复数形式 träne（trehene），zähre（zähere）现在成了单数。

在拉丁语中，表示复数的复数有专门的一套数词。litera 是“一封信”（buchstabe），复数 literœ 可以表示“字母”（buchstaben）或表示合成单位“一封信”（epistle）或这个“数封信”（epistles）的逻辑复数。现在 quinque literœ 的意思是“五个字母”，但 quinœ literœ 的意思是“五封信”。castra（一个营地）原先是 castrum（一个堡垒或营地）的复数；duo castra（两个堡垒），bina castra（两个营地）。同样，在俄语中，表示“一只手表”或“钟”的词是 часы，原先是 час（小时）的复数；“两个小时”是 два часа，但“两只手表”则是двое часов；数词较大时，加用“штука”（件）：двадцать пять штук часов，сто штук часов（25 只，100 只表或钟）。

关于这一点还应注意在说 my spectacles（我的眼镜），his trousers（他的裤子），her scissors（她的剪刀）时，任何人都无法知道我们指的是一件还是多件，因此，也无法确定译成其他语言时应译为meine brille(〔德〕我的眼镜〔单数〕)，son pantalon(〔法〕他的裤子〔单数〕)，ihre schere(〔德〕她的剪刀〔单数〕)，还是应译为meine brillen(〔德〕我的眼镜〔复数〕)，ses pantalons(〔法〕他的裤子〔复数〕)，ihre sheren(〔德〕她的剪刀〔复数〕)。(但当我们说：he deals in spectacles〔他做眼镜生意〕；the soldiers wore khaki trousers〔士兵们穿卡其布裤子〕时，意义显然是复数)。因此，从意念的角度出发，复数形式spectacles，trousers，scissors的本身就表示一种"通数"。

通　　数
(Common Number)

我们有时会感到缺少一种通数形式(即没有单、复数之别的一种形式)，但通常唯一的补救方式便是借助"a star or two"(一两颗星星)，"one or more stars"(一颗或多颗星星)，"some word or words missing here"(这里省掉的某个词或某些词)，"the property was left to her child or children"(财产留给她的孩子或孩子们)这类累赘的手段[①]。"Who came?"(谁来过了?)和"Who can tell?"

① 在法语中，大多数名词就其语音而言确属"通数"，但修品常常有单独的形式，因而有下面结构：il prendra son ou ses personnages à une certaine période de leur existence(他的人物是从他们生活的某个时期中选来的——莫泊桑)│le ou les caractères fondamentaux(这个或这些基本的特性——巴利)│le contraire du ou des mots choisis comme synonymes(选为同义词的这个或这些词的矛盾——同上)。比较〔德〕erst gegen ende des ganzen satzes kommen der oder die tonsprünge, die dem satze seinen ausdruck geben(决定整个句子意义的句调直到句末才出现——《语言学教程》241)。

(谁知道?)中有通数,但是在"Who has come?"(谁来了?)中我们必须在动词上使用一种特定的数的形式,尽管问句的意义并不特定。再请注意在"Nobody prevents you, do they?"(没人拦你,是吗?)中,如果能在前句中避免用单数,在后句中避免用复数,也许能把意义表达得更清楚些。(比较《性》一章,351 页)

物质名词
(Mass-Words)

在一种根据纯逻辑原则构成的理想语言中,如我们离开可数的世界(如房子、马匹;日子、英里;声音、词语、罪恶、计划、错误等),进入不可数的世界,我们就更需要一种既不表示单数,也不表示复数的形式。有许多词并不能使人想到有一定的形状或确定的界限的特定的东西。我把它们叫做"物质名词";它们可以是物质,也可以不是物质,是物质时它们表示本身独立于形式之外的某种物质,如银、水银、水、黄油、煤气、空气等;不是物质时如空闲、音乐、交通、成功、策略、常识,特别像来自动词的 satisfaction(满意),admiration(仰慕),refinement(优美)或来自形容词的 restlessness(不安),justice(正义),safety(安全),constancy(持常)等连系式名词。

可数名词用 one(一个),two(两个),many(许多),few(很少)这类词"修饰",而物质名词则被 much(很多),little(很少),less(较少)这类词修饰。如果 some(一些)和 more(更多的)可以用于这两类词,那么翻译成其他语言时就会反映出实际意义的不同:some horse, some horses, more horses(某匹马、一些马、更多的马)——some quicksilver, more quicksilver, more admiration(一些水银、更多的水银、更多的仰慕):〔德〕irgend ein pferd, einige pferde mehr(mehrere)pferde(任何一匹马、一些马、更多的马)(〔丹〕flere heste〔若干马〕)——etwas quecksilber, mehr quecksilber, mehr bewunderung(一些水银、更多的水银、更多的仰慕)(〔丹〕mere beundring〔更多的仰慕〕)。

由于没有独立的语法"通数",语言在处理物质名词时必须在现有的两种数的形式中作一选择;或是单数,如迄今为止引证的例子,或是复数,如 victuals(食物),dregs(残渣),lees(酒糟)——proceeds(收益),belongings(财物),sweepings(垃圾)——measles(麻疹),rickets(佝偻病),throes(阵痛)以及 the blues(忧郁),creeps(战栗),sulks(愠怒)这类表示不愉快心境的口语说法。在很多情况下,在两种数之间有摇摆现象(coal(s)〔煤〕,brain(s)〔脑子〕等),一种语言用单数,另一种语言则可能用复数。有趣的是南部英语和标准丹麦语把 porridge(麦片粥)和 grød(麦片粥)看做单数,而这两个词在苏格兰和日德兰(Jutland)却被当做复数。相当于英语复数 lees 和 dregs 意义,德语和其他语言则用单数物质名词:hefe。无形的物质名词亦如此:much knowledge(很多知识)译成德语时必须译为 viele kenntnisse,译成丹麦语时必须译为 mange kundskaber。

确定物质名词的界线有些麻烦,因为许多词有好几种意义。有些东西自然而然地适合于不同的意义,如 fruit(水果),hair(头发)(much fruit〔很多水果〕, many fruits〔很多种水果〕;"she hath *more hair* then wit, and more faults then *haires*"〔她头发比智慧多,错误比头发多〕——莎士比亚)。再比较 a little more cake(再来一点糕),a few more cakes(再来几块糕)。在拉丁语的一条规则中,干蔬菜和干肉作为单数,即为物质名词,而鲜蔬菜和鲜肉作为复数,因为可对它们计数(瓦克纳格尔《句法学讲座》1.88)。再请注意verse(诗、诗句):“He writes both prose and verse”(他既写散文也写诗),“I like his verses to Lesbia”(我喜欢他写给勒斯比的诗句)。

下面是同一个词有时作物质名词用,有时作事物名词用的另外一些例子:

a little more *cheese* (稍多一些奶酪)	two big *cheeses* (两块大奶酪)
it is hard as *iron* (它坚如铁)	a hot *iron* (一个热熨斗)
cork is lighter than water (软木比水轻)	I want three *corks* for these bottles (我要给这些瓶子买三个木塞)
some *earth* stuck to his shoes (他鞋子上沾了些泥)	the *earth* is round (地球是圆的)
a parcel in brown *paper* (用棕色纸包的包裹)	state-*papers* (国家文件)
little *talent* (才疏学浅)	few *talents* (人才甚少)
much *experience* (阅历很深)	many *experiences* (经验丰富)

原来的意义有时属于这一类,有时属于那一类。有时还分出

一个词,如 shade(阴凉)和 shadow(影子)是从同一词的不同的格形式派生出来的(〔古英〕sceadu,sceadowe)。shade 总是作为物质名词用,shadow 总是作可数名词用,但有时 shade 和 shadow 一样也是事物名词,如颜色的不同 shades(浓淡 = nuances)。cloth(布)在一种意义上是表示一种具体材料的物质名词,但是表示一件具体的东西(如一块台布或披在马身上的一块布),它就是一个事物名词,并衍生出新的复数形式 clothes;而古老的复数形式 clothes 现在已从 cloth 中分出,必须把它看做另一个词:有复数形式的物质名词。

一种树(如橡树)的名字可以成为物质名词,不仅表示从那种树上截取的木材,还可表示众多的生长着的树(比较"大麦","小麦"):"oak and beech began to take the place of willow and elm"(橡树和山毛榉开始取代柳树和榆树)。在其他语言里也会见到类似的用法。在 fish 一词的用法中可以见到一个与之有关的情况,fish 不仅表示我们吃的鱼肉,也表示作垂钓的目标的生物。除英语外,其他一些语言亦如此,如〔丹〕fisk(鱼),〔俄〕Рыба(鱼)(奥什博特《语法》68,〔匈〕西蒙尼《匈牙利语》259)。在英语和丹麦语中,这种情况是导致使用无变化的复数(如〔英〕many fish〔许多鱼〕,〔丹〕mange fisk〔许多鱼〕)的原因之一。

物质名词常常转而用作可数名词的名称,尽管各种语言在这方面差异很大。如在英语中 tin(锡)用于表示一个锡制容器(盛沙丁鱼等的罐头),在丹麦语中则不同。在英语中,bread(面包)只是一个物质名词,但是许多语言里所用的与之相应的词都是英语中叫做 a loaf(一个面包)的东西:〔法〕un peu de pain,un petit pain = a little bread(一点面包),a small loaf(一小块面包)。

无形的物质名词在表示某种特性的一次动作或一个例子时，其意义也发生类似的变化，如 a stupidity = a stupid act（一个愚蠢的举动），many follies or kindnesses（很多愚蠢或友好的行为）。然而这种用法在许多其他语言里并不像英语中那样普遍，把〔德〕eine unerhörte unverschämtheit 译成最好的英语便是 a piece of monstrous imprudence（一种极为厚颜无耻的行径）。再请比较 an insufferable piece of injustice（一件令人难以忍受的不平之事），another piece of scandal（又一件丑闻），an act of perfidy（一个背信弃义的举动）等（例见《现代英语语法》Ⅱ，5.33ff.）。这种结构与 a piece of wood（一块木头），two lumps of sugar（两块糖）等十分相似。

此外，物质名词还可成为事物名词，如 beauty 组成的一个连系式名词表示拥有此特征的一件东西或一个人时即属此种情况。最后我们还要提一下物质名词表示物质的一个种类的用法：this tea is better than the one we had last week（这种茶比我们上周喝的好）；以及很自然地用于复数中的情况：various sauces（各种酱油）；the best Italian wines come from Tuscany（意大利最好的葡萄酒产于托斯卡纳）。

通过术语"物质名词"以及通过把"集合名词"局限于界线分明的一类词语范围内，使得两个术语能自始至终地相互对立（在逻辑上，数的概念不适用于物质名词，用于集合名词时却非常合适），我希望能对说明一个难题起到帮助作用。在词典的许多地方可以看出采用诸如物质名词这样一个术语的必要；如在《新英语词典》中，我们常常见到下面这类意义："claptrap（1）与复数连用：诡计……（2）不与 a 或复数连用：旨在博得赞美的言语"——这就是说（1）作为一事物名词，（2）作为一物质名词。我自己的划分似乎比我所知道的斯威特和诺林的两种最周到的划分法更好。

斯威特（《新英语语法》，§150ff.）的主要分法是把名词分为物质或具体

名词和抽象名词(即“红”、“愚蠢”、“会谈”)这样的两种词。具体名词又分为:

- 普通名词
  - 类别名词
    - 个体(人)
    - 集体(人群)
  - 物质名词(铁)
- 专用名词(柏拉图)

斯威特没有看到他的“物质名词”和“抽象名词”大体相同;他起的“物质名词”这一名称也不尽妥当,因为无形现象的许多名称亦表现出与“铁”或“玻璃”类似的特点。我也看不出他区分单数类别名称(如与科学语言相对的大众语言中的“太阳”)和复数形式(如“树”)的价值何在,两者都代表“可数名词”,即便在使用这个词的复数形式时一种情况要多于另一种情况。

诺林的划分法很有独到之处(《我们的语言》5. 292ff.)。——“抽象名词”(“美”、“智慧”一类词)除外。

Ⅰ. 不可分割的名词(impartitiva)。表示不能分成若干同类部分的事物。I(我),Stockholm(斯德哥尔摩),the Trossachs(特罗萨奇一家)这一类词不可以计数;parson(牧师),man(人),tree(树),trousers(裤子), measles(麻疹)这类可以计数的词便属于此类。就连“horses are quadrupeds”(马是四足动物)一句中的 horses 也是不可分割的,因为它的意思只是不可被分割的叫做“马”的动物(此句与“a horse is a quadruped”同义,463 页)。

Ⅱ. 可分割的名词(partitiva),又可分为两类:

A. 物质名词,如“铁现在很贵”,“他吃鱼”,“这是木制的”。

B. 集合名词,这类词又可分为:

(1)整体集合名词,如 brotherhood(兄弟关系),nobility(贵族阶层),army(军队);(2)复数集合名词,如 many a parson(很多牧师),many parsons(很多牧师),every parson(每位牧师),更普通的复数名词如 fires(火),wines(葡萄酒),waves(波浪),cows(母牛)等。复数集合名词还可分为(a) horses 这类同类词;(b) we(我们),parents(双亲——其相应的单数是 father〔父亲〕或 mother〔母亲〕)这类异类词。这类词与我们称做的近似复数虽不完全相似,但却十分相似:正巧瑞典语中没有与 föräldrar(双亲)相应的单数,诺林因此把“父亲”或“母亲”作为它的单数。其他的语言有一单数 a parent(双亲之一)(如丹麦口语中的 en forælder),因而这种情况不能与“我们:我”相提并论,由于有一自然的复数 fathers(父亲们),如:“the fathers of the boys were in-

vited to the school”(男孩子们的父亲们应邀到学校去),情况就更加如此,而“I”的正常复数则是不可思议的。在我看来,诺林的体系总的来说是很不自然的,对于一个语言学家来说,价值甚少。因为它不仅滥用“集合名词”这一术语,还把原本自然属于一体的东西强行拆开,创造出像“不可分割的名词”这类没有意义的类别。我们首先要提的问题无疑是什么样的概念可以被“一”、“二”这样的词修饰,而不是什么样的概念或东西可以被分成若干同类部分。数的整个概念在日常生活中虽然十分重要,但在诺林的体系中事实上却被丢在破烂物体堆藏室的一个角落里。因此在第298页上,他以复数为起点,他说“我们”的正确的单数是“我们中间一员”。这番机灵的话当然不错,但他没有接着说,在同样的意义上,the horses的单数不是the horse,而是one of the horses。但是one of us(one of horses)的复数并不总是we(the horses),而是some of us(我们中的一些人)(some of the horses〔马群中的一些马〕)。

第十五章　数
(Number)——(续完)

各类异体现象　全称单、复数　双数
次品词中的数　动词概念的复数

各类异体现象
(Various Anomalies)

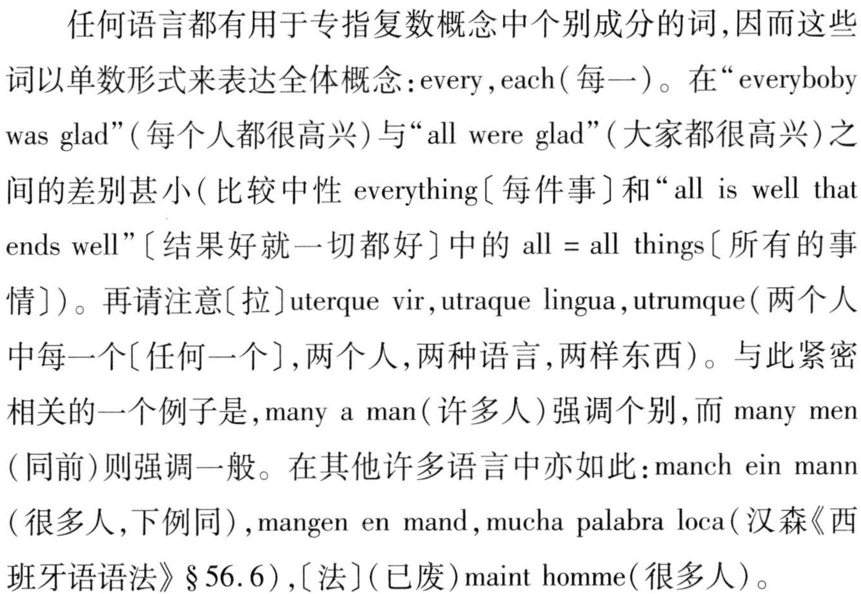

任何语言都有用于专指复数概念中个别成分的词,因而这些词以单数形式来表达全体概念:every,each(每一)。在“everyboby was glad”(每个人都很高兴)与“all were glad”(大家都很高兴)之间的差别甚小(比较中性 everything〔每件事〕和“all is well that ends well”〔结果好就一切都好〕中的 all = all things〔所有的事情〕)。再请注意〔拉〕uterque vir,utraque lingua,utrumque(两个人中每一个〔任何一个〕,两个人,两种语言,两样东西)。与此紧密相关的一个例子是,many a man(许多人)强调个别,而 many men(同前)则强调一般。在其他许多语言中亦如此:manch ein mann(很多人,下例同),mangen en mand,mucha palabra loca(汉森《西班牙语语法》§56.6),〔法〕(已废)maint homme(很多人)。

在使用数的种种形式时,我们不时地发现异体现象,这些异体现象很难解释,但它们至少说明人不是绝对有理性的生物。如在古英语中,10 用于单数;如在《贝奥武甫》3042 中,se wæs *fiftiges fotgemearces* lang(它 50 英尺长),《贝奥武甫》379,*pritiges manna* mægencræft(30 个人的力量),因此前后矛盾,“英尺”用单数,“人”用复数——在中世纪英语中,我们发现单数 a 用于数词前:a forty men,意思是“大约 40 人”。这种现象在丹麦语中也很常见:en tyve stykker(大约 20〔件〕),此例类似于〔英〕a few(一些)(在日德兰方言中为 œn lile fo)。这里的单数冠词把复数词从一种准否定的量(he has few friends〔他的朋友无几〕)转为一种肯定的量(he has a few friends〔他有一些朋友〕)。但是 a few 也许是由 a many 导致而成的,其中 many 可能是集合名词,而不是形容词——它们的形式最初是分开的,现在已混为一体了。〔法〕vers les une heures(大约一小时)以及(vers les midi〔接近中午〕)中数的不一致显然是因为类推了诸如 vers les deux heures(大约两小时)这类时间表示法;vers-les 好像成了表示时刻的一种融合性的介词。〔德〕疑问代词 wer(谁)同 292 页上提到的〔英〕who(谁)一样,不受数的限制,但是如需要明确表示问的不止是一个人,就可以加上 alles,用单数中性!“Wer kommt denn alles?”(谁要来?——复数——“Wer kommt?”〔同前〕——单数)“Wen hast du alles gesehen?”(你都看见了谁?)——言下之意是他见到了好几个人。比较下文《性》一章中关于 beides(两个)和 mehreres(几个)为中性的论说和作为人称的 beide(两个)mehrere(几个)(358 页)。

全称单、复数
(The Generic Singular and Plural)

这里我们将论说表示整个一类事物的语言表达法,在这类表达法中不使用all(all cats〔所有的猫〕),[①]every(every cat〔每一只猫〕)或any(any cat〔任何一只猫〕)这类词。布雷亚尔(《神话学与语言学论丛》394)创造了与"dual"(双数),"plural"(复数)平行的"omnial"(共数)一词,表示这种概念。在一门具有一种独立表达这种"数"的形式的语言里,这可能是一个行得通的语法术语。但是我不知道哪一门语言有这样一种形式;事实上,为了表示整个一类的这种概念,语言有时用单数,有时用复数;有时不用冠词,有时用定冠词,有时用不定冠词。由于英语没有复数不定冠词,这样就有5种组合法,如下例所示:

(1)单数不带冠词。在英语中,这只见于man和woman(man is mortal〔人终有一死〕|woman is best when she is at rest〔女人安歇

① "All cats have four feet"(所有的猫都有四只脚)="any cat has four feet"(任何一只猫都有四只脚)——但是all的这种"全称"用法应与"区别性"的all区分开:"all his brothers are millionaries"(他的兄弟们都是百万富翁)与"all his brothers together possess a million"(他的兄弟们共有一百万财富)不同。在区别性的意义上,所有的猫(加在一起)有很多只脚。逻辑学家们举了一个表示区别的例子:"All the angles of a triangle are less than two right angels"(一个三角形的所有的角〔=任何一个角〕都小于两个直角),"All the angles of a triangle are equal to two right angles"(一个三角形的所有的角〔=加在一起〕等于两个直角);请看《现代英语语法》Ⅱ,5.4.

时是最好的〕)——以及物质名词,[①]不论是有形物质,还是无形物质(blood is thicker than water〔血浓于水〕| history is often stranger than fiction〔历史常常比小说更奇怪〕)。在德语和丹麦语中,不带冠词的单数只用于有形的物质名词,但在法语中即便有形的物质名词也不可用不带冠词的单数。[②]

(2)单数带不定冠词:*a cat* is not as vigilant as *a dog*(猫不如狗警觉);可以把冠词看做弱化的 any(任何),或是把一条狗看做是整个狗类的代表。

(3)单数带定冠词:*the dog* is vigilant(狗很警觉)。属于哲学用语的(中性)形容词亦如此:the beautiful = everything that is beautiful(一切美的事物)。乔叟说"*The lyf* so short, *the craft* so long to lerne"(生命如此短暂,学会手艺的过程如此漫长),在现代英语中则不用冠词(朗费罗:*Art* is long, but *life* is fleeting〔艺术是长久的,但生命是短暂的〕);在这里,乔叟与希腊语(希波克拉底"Ho bios brakhus, hē de tekhnē makrē"〔生命有限,艺术无边〕)、法语、丹麦语和德语习惯用法(歌德的《浮士德》中的瓦格纳说:"Ach gott! die kunst ist lang; Und kurz ist unser leben"〔啊,上帝!生命有限,艺术无边〕)是一致的。

(4)复数不带冠词:*dogs* are vigilant(狗很警觉)| *old people*

---

① "全称"概念在物质名词中指的是量,而不是数的本身:"lead is heavy"(铅是重的)即"所有的铅","不管哪儿的铅"。

② 斯威特(《新英语语法》§1)写道:"从理论上说,语法就是语言的科学。'语言'指的是一般的种种语言,与一门或多门特殊的语言相对的语言。"把这种用法与法语中的情况相比较是很有意思的,法国人表达这两个概念时用的不仅是两种数,而且是两个不同的词:"Le langage et les langues"(如,文德里《语言》273)。

are apt to catch cold(老人容易感冒)| I like *oysters*(我喜欢吃牡蛎)。

(5)复数带定冠词:Blessed are *the poor* in spirit(穷人在心灵上受到祝福),这种用法在英语中只见于形容词(*the old* are apt to catch cold = *old people*〔老人〕,见上文第4条,*the English* = the whole English nation〔英国全民族〕),但在某些语言里却是正常的说法,如〔法〕*les vieillards* sont bavards(老人话多)| j'aime *les huîtres*(我喜欢吃牡蛎)。

同一条普遍真理,在德语和英语的谚语中的表达方式不同。德语是"*Ein unglück* kommt nie allein"(祸不单行),英语是"*Misfortunes* never come singly"(祸不单行)(比较莎士比亚:"When sorrows come, they come not single spies, But in battalions"〔悲伤从不单独,而是成队而来〕)。——再请比较 twice a week(每周两次)和 deux fois la semaine(同前)。

我们可以把表示"不确定的"人称或更准确地说"通用人称"的说法归入这类全称表达法:

(1)单数不带冠词。如德语和丹麦语中的 man 与名词 mann, mand 有别,在德语中只是由于失去了重音,在丹麦语中还由于缺少"stød"(喉塞音)。在中世纪英语中不仅有 man,还有 men (me),后者常与单数动词连用,因此它们可能是 man 的一种语言弱化形式。此外,还有〔法〕on,这是拉丁语主格 homo(人)的发展结果。

(2)单数带不定冠词。这种情况常见于含有各种名词的口头英语:what is *a man*(*a fellow*, *a person*, *an individual*, *a girl*,〔苏格兰〕*a body*) to do in such a situation?(在这种情况下,一个人〔一个

年轻人、一个人、一个姑娘,(苏格兰)一个人〕该怎么办?)。在许多语言里常用"一"这个词,其指导思想其实是一样的,如英语one,德语ein(尤其是在间接格中),丹麦语en(主要用于标准语言,不作主语,但是在方言中也作主语),意大利语有时用uno(塞劳《桑索尼上尉》135 uno si commuove quando si toccano certe tasti〔一个人摸到键盘时很激动〕;同上136)。

(3)单数带定冠词。法语的l'on现在被看做是简单的on的一种语音变体。

(4)复数不带冠词。fellows(伙伴们)和people(人们)常这样使用,可译做〔法〕on(fellows say, people say = on dit〔人们说〕)。再请比较和复数动词连用的〔中古英语〕men。they(他们)(〔丹〕de)用于这种意义时,可与上文提到的名词带定冠词的复数"全称"用法并论。——关于you(你,你们)和we(我们)作通用人称的用法,见第十六章。

这种"不定人称"和("man is mortal"〔人终究要死的〕中的)man的全称用法之间的区别很难确定,这种区别常常似乎是感情上的,而不是理性上的。因此人们在试图避免提及自己时,常把man, one, si用作一种隐晦的"我",所以当说话人不想提到自己时,就使用全称,类似的动机导致了you用于同一意义。但是值得注意的是,与"不定人称"的"全称"特点有关的man或on的后面常常跟一复数词。〔丹〕man blev *enige*(达成了协议) | 〔法〕la femme qui vient de vous jouer un mauvais tour mais voudrait qu'on reste *amis* quand même(那个刚刚和您恶作剧的女人希望仍做您的

朋友——多代《永生》151)。[①] 意大利语中的 si 亦如此:塞劳,同上 223 si resta *liberi* per tre mesi(他自由了三个月)|罗雷塔《公爵夫人》49 Si diventa ministri, ma si nasce *poeti*, *pittori*!(他做了部长,但也成了诗人,画家!)

双　　数

(Dual)

在有双数形式的语言里,可以见到关于它的两种不同的概念。一种概念表现在格陵兰语中,其中 nuna(土地)有双数形式 nunak 和复数形式 nunat;这里"双数"主要用于说话人想明确指出问题具有二重性的场合;如果相反,二重性是显而易见、毫无疑问的时候,如身体成双部位的情况,几乎总是用复数形式。如习惯上说 issai(他的眼睛),siutai(他的耳朵),talê(他的膀子)等等,而不说 issik, siutik, tatdlik(他的两只眼睛,等等)。复数甚至常用于本身为双数的数词 mardluk(二),如 inuit mardluk(两个人)(小施密特《格陵兰语语法》13)。

另一个概念表现在雅利安语系中,根据这个概念,双数多用于自然成双出现的东西的名称,如〔希〕osse(眼睛)。双数出现在雅利安语系中许多较老的语言中;随着时间的推移,双数趋于消失,现在只保留在一些孤立的方言中(立陶宛语,索布语,斯洛文尼亚

① 韦斯顿《挪威标准语语法》451 引用的挪威语:En blir lei *hverandre*, naar en gaar *to mennesker* og ser ikke andre dag ut og dag ind(两个人待在一起,终日见不到他人时,就会互相厌烦)。

语;以及在一些巴伐利亚方言的人称代词中)。雅利安语系中双数形式的逐渐消失[①]有许多有趣的特点,不过在这里不能予以细述。双数的存在通常被(莱维—布吕尔,梅耶)看做原始心理的一种标志;它的消失因此也被看做文明进步的结果或副产品(根据我对语言发展的观点,任何一种简化,对于古老的多余的区别所作的任何摒弃都是进步,虽然我们不能详细地演示一般文明与具体的语法现象之间的因果关系)。

希腊语的双数在殖民都市的初期就已消失,当时文明较为发达,但在大陆希腊,如拉塞达蒙(Lacedæmon),比奥提亚(Bœotia),阿提卡(Attica),双数却顽固地保存下来。在荷马史诗中,双数很常见,但是它们似乎是用于诗歌,尤其是为照顾韵律而采用的一种艺术加工的古风,而复数常常用来指两者,甚至与双数同时使用(见 amphō kheiras〔手〕这类搭配,《奥德赛》8.135)。在哥特语中,双数形式只见于第一人称和第二人称代词及相应的动词,但这些动词为数甚少;在其他古老的日耳曼语言里,只有代词"我们"和"你们"还保留古老的区别,而这种区别后来也普遍消失了。(相反,在现代冰岛语中,双数 við(我们),þið(你们)取代了旧的复数 vér,þér;在丹麦语的 vi(我们),I(你们)中也许亦如此。)在一些名词的形式中可以见到古老双数的孤立残迹,如"门"(原先是两扇)和"乳房"。但是即便是这类情形,从最古老的时候起也不是把它们看做双数,而是单数。现在可以说成是双数的词只有 two(二)和

① 见库尼《希腊语的双数》,巴黎,1906;布鲁格曼《比较语法概论》Ⅱ,2.449ff.;梅耶《语法》189.226.303;瓦克纳格尔《句法学讲座》Ⅰ,73ff.。载于《汤姆森纪念文集》(p.127ff.)上的戈蒂奥很有意思的一篇文章比较了雅利安语和乌格罗—芬兰语中的双数。

both(两者),但是应该注意,后者用作"连接词"时常常用于两者以上的东西,如"both London, Paris, and Amsterdam"(伦敦、巴黎和阿姆斯特丹);虽然这种用法出于许多优秀作家之笔,但某些语法学家对此仍持有异议①。

在戈蒂奥看来,〔梵〕akṣī',〔希〕osse,〔立陶〕akì 这类双数形式的确切意义不是"两只眼睛",甚至也不是"这只眼睛和那只眼睛",而是"在成双意义上的这只眼睛"。因此,mitrā 是"成双意义上的米特拉",即米特拉和瓦伦纳(Varuna),因为瓦伦纳和米特拉是一对。同样,梵语中有 áhanī(白天和〔黑夜〕),pitárāu(父亲和〔母亲〕),mātárāu(母亲和〔父亲〕),还有 pitárāu matárāu(父亲和母亲)(两者均为双数),稍有不同的如〔希〕Aiante *T*eukron te(埃阿斯〔双数〕和特克罗斯)。乌格罗—芬兰语中有与上述大部分类似的情况,如在 īmeŋen igeŋen(老头子和老太婆),teteŋen tuŋgen(冬天和夏天)这类词组中,两个词都用复数。

有时,双数虽已消失,但仍留有痕迹,而其真正的特点已被遗忘。如在古挪威语中,代词 þau(他们俩)是一种古老的双数形式,但是由于它正巧也是中性复数,于是便导致产生了这样一条句法规则:当同时提及两种性别的人时用中性复数。

在俄语中,某些词中的古双数正巧与单数属格同形;два мужика(两个农民)这类情况造成了在其他词上使用单数属格。很有意思的是这种情况出现在双数的概念完全被遗忘之后,甚至是在表示 3 和 4 的词被遗忘之后:четыре года(4 年)等等。

① 双数的另一种扩大的用法是,名词与 52 这类数词连用时采用双数,如《奥德赛》8 卷 35 行:kourō de duō kai pentēkonta(五十二个儿子)(又见 48 行)。

次品词中的数
(Number in Secondary Words)

斯威特(《新英语语法》,§269)说动词与名词共同的唯一语法范畴是数。就具体的(英语)语法而言,他这话不错;但是应该记住,动词中的复数和名词中的复数意义不同。在名词中数指的是由该词表示的东西的复数概念,而在动词中数所指的不是由该动词表示的动作或状态,而是主语:比较(two)sticks(〔两根〕棍子)或(two)walks(〔两条〕路)与(they)walk(〔他们〕走路),后者为复数,其含义不是一条以上的路,而是一个以上的行路人。同样,在拉丁语及其他语言里,修品形容词采用复数,如urbes magnœ(大城市),〔德〕grosse städte(大城市),这并不表示形容词概念的复数,复数指的是"城市"而不是其他任何东西。在这两种情况下,我们见到叫做"一致关系"(concord)的纯语法现象,这种现象虽与逻辑毫无关系,但渗透到雅利安语族各语言的所有较早的阶段;它不仅影响数的形式,还影响形容词的格形式,形容词要和它们所属的首品"保持一致"。但是一致关系这条规则其实是多余的(见《语言》,335 ff.),由于复数的概念在逻辑上只属于首品词,所以许多语言较为一致地放弃了次品词中数的标志这并不奇怪。

丹麦语和德语一样,在形容词中还保留着en stor mand(ein grosser mann〔一个伟大的人〕)和store mœnd(grosse männer〔伟大的人们〕)之间的区别。而英语在这方面则更进一步,在形容词的单数与复数之间不作区分(a great man〔一个伟大的人〕,great men〔伟大的人们〕,一致关系这一古老规则的仅有残余是that man)

(那个人),those men(那些人),this man(这个人),these men(这些人)。——在一种理想的语言中,修品和动词都不应有独立的复数形式。①

在匈牙利语中有一条相反的规则,数体现在次品词中,而不是在首品词中,但名词必须伴有一数词。这时名词就用单数,相当于在英语中说"three house"(三座房子)。当地著名的语言学家西蒙耶把这种现象叫做"不合逻辑";我倒认为这是明智的简洁的一则范例,因为在这种情况下,用任何手段明确地表示名词的复数都是多余的。这条规则还见于其他语言。在芬兰语中,还有一条奇怪的附加规则:在主语中不用主格单数,而用部分格单数;在其他情况下,数词和名词要保持一致。在丹麦语(tyve mand stœrk〔二十人之多〕,fem daler〔五元〕,其数值不同于 fem dalere〔五元的钱币〕;to fod〔两英尺〕),德语(zwei fuss〔两脚〕,drei mark〔三马克〕,400 mann〔四百人〕),甚至英语(five dozen〔五打〕,three score〔六十〕,five foot nine〔五英尺九英寸〕,five stone〔五呫〕,具体情形详见《现代英语语法》Ⅱ,57ff.)中都有类似的规则。

复合名词的第一部分在许多方面都类似于该词第二部分的修品。众所周知,在雅利安语古老的复合词中使用词干的本身,因此不表明数:〔希〕hippo-damos 也许是给一匹马装勒链的人,也许是给多匹马装勒链的人。在英语中通常用单数形式,即使意思显然是复数的:如 the printed book section(印书部)| a three-volume

① 在世界语中,不管主语是什么数,动词的形式不变(mi amas〔我爱〕,ni amas〔我们爱〕),但是形容词则有不同的形式(la bona amiko〔好朋友——单数〕,la bonai amikoj〔好朋友——复数〕,不过总要用冠词,虽然不尽连贯一致)。与此相反,伊多语在这一方面是十分合逻辑的(la bona amiki〔好女友〕)。

novel(三卷本小说)。但是在许多主要是最近构成的词中,复数只见于第一部分:a savings-bank(一个储蓄银行)|the Contagious Diseases Act(传染病法案)。在丹麦语中有一种两部分都发生屈折变化的很有意思的情况:bondegård,复数:bøndergårde =〔英〕peasants' farms〔农庄〕;复数中一般保留第一部分的单数形式:tandlæger(牙医),等等。

在动词中,英语已抛弃了所有过去时(gave〔给〕,ended〔结束〕,drank〔喝〕等,唯一的例外是 was 与 were〔是〕)以及某些现存时(can〔能〕,shall〔将〕,must〔必须〕等,它们原先是过去时)中单、复数的区别;所保留下来的区别只见于第三人称(he comes〔他来〕,they come〔他们来〕),而第一人称和第二人称现在时则无区别(I come,we come,you come〔我来、我们来、你来〕);丹麦语已全然抛弃了动词中数的区别,而古老的单数形式已成为一种"通数";在丹麦口语中历来如此,现在在文学语言中几乎总是如此。

在各种语言里似乎都有一种强大的趋势:当动词位于主语之前时,动词用单数形式而不是复数形式(而且不能相反);原因常常是,说话人在说出动词的瞬间还没有决定下面要说什么。从古英语中我可以援引 Eac wæs gesewen on ðæm wage atifred ealle da heargas,从莎士比亚中可以援引 that spirit upon whose weal depends and rests The lives of many(很多人的生命有赖于那个精灵的安危)为例。这种情况尤其多见于 there is 句型(萨克雷:there's some things I can't resist〔有些事我抗不住〕)。在其他语言中也是如此。在丹麦文学语言中,规范的要求曾经是:主语为复数形式,要用 der er。而同时在其他情况下,复数形式的主语要用 ere。意大利语常常也有类似情况(in teatro c'era quattro o sei persone〔剧院里有四至六人〕)。在意大利语中也可见到动词前置时使用单数的这一倾向,如 Evviva 与复数主语连用(罗雷塔:Evviva le bionde al potere!〔金发女人掌权万岁!〕)。

在次品词中保留着旧的一致规则的语言常常因此而陷入困境,语法教科书必须列出多少有点复杂的规则,而人们在日常生活中,甚至“最佳作家”也并不总是遵守这些规则。且从英语里摘取一些例子(摘自《现代英语语法》Ⅱ,第六章)便可说明在动词上会遇到什么样的困难:not one in ten of them write it so badly(他们十个人中无一写得这么糟糕)| ten is one and nine (十是一加九)| none are wretched but by their own fault(沮丧者无不是因为自己的过错)| none has more keenly felt them(没有人对它们的感觉更为敏锐)| neither of your heads are safe(你们两人的脑袋都不安全)| much care and patience were needed(需要倍加小心,不可轻举妄动)| if the death of neither man nor gnat are designed(如果策划的死既不是针对人也不是针对蚊子)| father and mother is man and wife; man and wife is one flesh(父亲和母亲是丈夫和妻子;丈夫和妻子是一体)| his hair as well as his eyebrows was now white(他的头发和眉毛现在都白了)| the fine lady, or fine gentleman, who show me their teeth(把牙齿给我看的高贵夫人,或高贵先生)| one or two of his things are still worth your reading(他还有一两样东西值得你读)| his meat was locusts and wild honey (他的食物便是蝗虫和野蜜)| fools are my theme(傻瓜们便是我的主题)| both death and I am found eternal (死和我都是永恒的)。这些句子都是出自著名作家的作品,如最后一句是出自弥尔顿之手。在修品要同首品在数的(及性、格)方面保持一致的语言里,形容词也会遇到类似的

困难。简单地比较一下〔法〕ma femme et mes enfants(我的妻子和孩子)或 la presse locale et les comités locaux(地方报纸和委员会)和〔英〕my wife and children, the local press and comittees(地方报纸和委员会)就足以说明一种彻底抛弃了次品词中这类多余的区别的语言的优越性。①

动词概念的复数

(Plural of the Verbal Idea)

“一个或一个以上”的概念并非与动词本身所表示的概念不相容。我在这里想到的不是 R. M. 梅耶(《印度日耳曼语研究》24. 279ff.)称做的“verba pluralia tantum”(集合复数词),因为他谈到的是 wimmeln(蜂拥),sich anhäufen(集合),sich zusammenrotten(聚集),umzingeln(包围),这类德语动词(即英语的 swarm〔云集〕,teem〔充满〕,crowd〔挤满〕,assemble〔集合〕,conspire〔密谋〕),其中必然的复数概念不是寓于动词中,而是寓于主语②中,

① 当主语的概念只是由动词形式表达时(雅利安语言常常如此),在动词上标示复数当然不像主语和动词截然分开时那样多余,如〔拉〕amamus Lœliam, amant Lœliam(我们〔他们〕爱娄利阿姆)。在〔意〕furono soli con la ragazza(= egli e la ragazza furono soli,egli fu solo con la ragazza 他独自和姑娘待在一起)中尤其如此。法语、德语、斯拉夫语、阿尔巴尼亚语等的例子见梅耶—卢布克《罗曼语族语言学研究导论》,88,德尔布鲁克《印度日耳曼语比较句法》3. 225。在 Come,Joseph,be friends with Miss Sharp(来,约瑟夫,跟夏普小姐交朋友)一句的表语中,相应地用了复数;〔丹〕ham er jeg gode venner med (我和他是好朋友)。

② quarrel〔吵架〕是另一个例子,因为要吵架至少就得有两个人,如果我们发现该词用的是单数,如 I quarrel with him(我同他吵架),这就得归入 129、281、311 页上提到的一类例子。

我想到的却是事实上造成复数的是动词概念本身。如果我们先来看一看相应的动词性连系式名词(见第十章),就不难理解这番话的意思。如果 one walk(一次散步)或 one action(一个行动)的复数是"(几次)散步","(几个)行动",那么动词的复数概念就一定是"进行几次散步,完成一个以上的动作"。但是在英语和大多数语言中没有表示这种意义的独立形式;当我说 he walks (shoots)(他散步〔射击〕),they walk (shoot)(他们散步〔射击〕)时,无法确定指的是一个人还是一个以上的人在散步(射击)。如果我们说 they often kissed(他们常常接吻),我们可以看出副词表达的复数概念与(many)kisses(〔多次〕吻)中的复数形式(及形容词)表达的复数概念一模一样。换句话说,动词的真正复数即是在某些语言里所谓的反复或多次动词(frequentative or iterative)的表达形式——有时是动词的一种独立"形式",常常归于所属语言的时态[①]或体的体系。如在闪语里,反复是由加强(双写,延长)中间辅音表达的;在查莫罗(Chamorro)语里由在动词词根上重复读音节表达的(K. 伍尔夫,《汤姆森纪念文集》49)。有的语言构成一种单独的动词用以表达反复或习惯性的动作。现在拉丁语里,有时借助于词尾-ito:cantito, ventito(经常唱,经常来);visito(来)从形式的角度看是一种双重意义的反复,因为该词是由 viso 构成的,而 viso 的本身又是 video 的反复动词,但是复数概念趋于消失,〔法〕visiter,〔英〕visit 可用于指一次的"来"。在斯拉夫语中,复数动词或反复动词的这一类则十分发达,如〔俄〕стреливать(发数枪),来自 стрелять(发一枪)。在英语中,若干以-er,-le 结尾的动词含有

① 见关于未完成的论述,第二十章。

反复或习惯动作的意义：stutter（结结巴巴地说话），patter（发出嗒嗒声），chatter（喋喋不休），cackle（咯咯叫），babble（潺潺作声）。其他的反复动作必须用另外的各种方法表达：he talked and talked（他谈了又谈）| he used to talk of his mother（他过去常谈他的母亲）| he was in the habit of talking（他惯于谈话）| he would talk of his mother for hours（他过去常常一连几小时谈他的母亲）| he talked of his mother over and over again（他三番五次地谈他母亲）等等。

谈过了 walk，shot，kiss 这类动词性名词的复数后，我们可以提醒读者注意另一种"连系式名词"，即注意连系式中含有一表语的名词，如 stupidity（蠢笨），kindness（善意），folly（轻率）。这些词也可用复数，但正如上文所说，它们用复数后就由物质名词变成了可数名词（单数与不定冠词连用时，它们就确是可数名词：a stupidity = a stupid act，an instance of being stupid〔一件蠢事，愚蠢的一则例子〕）。

副词当然没有明确的数，仅有的例外是 twice（两次），thrice（三次），often（常常）这类副词，它们可以看做是 once（一次）的复数，因为这些副词在逻辑上等于 two，times，three times，many times（两次、三次、许多次）；因此复数概念指的是次修品中含有的名词概念，正如在 at two（three，many）places（在两个〔三个、多个〕地方）这样的次修品词组中一样。同样，词组 now and then（不时地），here and there（到处）可以看做含有复数概念，因为它们表示的是"在各种时候，在各个地方"的意思。但这种解释并不影响下面一般原则的正确性：数的概念不适用于副词。

关于数专章的附录

为了表示某种系列中的位置,大多数(所有的?)语言中都有从(基数)数词派生出的词,这些词叫做序数词。开头几个序数词常常不是按照通常的方式由相应的基数词构成的:primus,first,erst(第一)与unus,one,ein(一)没有关系,但是它们从一开始就表示地点或时间上的最前者。〔拉〕secundus原来的意思是“后随的”,它的前面还有多少则留给人们去想、推测;我们常常有一个表示“第二”的词,该词同时还有“另外的”不确定意义,如〔古英〕oðer(保留在现代英语中other的不确定意义中,而作为序数词则源自法语),〔德〕ander(另外的),〔丹〕anden(同前)。在法语中有一种根据deux的规则构词法:deuxième(第二)(最初也许用于vingt-deuxième〔第二十二〕这类词组中,比较vingt-et-unième〔第二十一〕)。

从严格的逻辑观点出发,在很多用序数词的地方需要使用基数词;这是为了便于思考,尤其是涉及大数字时,如在1922 = 耶稣出生后的第1922年(俄语在这里用序数词);此外,还在“line 725”(第725行),“page 32”(第32页),“Chapter XVIII”(第十八章),等等,这类说明中,在法语中还有“Louis XIV”(路易十四),“le 14 septembre”(九月十四日),等等。

在表示“数”(number,numero等)一词的后面不用序数词而用基数词是带有普遍性的:number 7的意思是系列中的第7。再请比较“时刻”表示法:at two o'clock(两点),at three fifty(三点五十分)。

注意〔德〕drittehalb(两个半),〔丹〕halvtredie(两个半)(第3个只是一半)中序数词的用法以及在〔苏格兰〕at half three(三点半),〔丹〕klokken halv tre(三点半)〔德〕um halb drei uhr(两点半)中略有不同的习惯用法。

在许多语言里,序数词(带或不带表示“部分”、“一份”这样的词)能够表示分数;five-sevenths(七分之五,下例同),cinq septièmes,fünf siebentel,fem syvendedel等。然而表示1/2却有一个单独的词half,demi等。

第十六章　人称

(Person)

定义　通指人称和全指人称　意念人称和语法人称　间接引语　第四人称　反身代词和相互代词

定　　义

(Definitions)

在《新英语词典》中，语法所用“人称”的定义是：“三种人称代词中的各种人称，以及动词相应的区别形式，它们分别表示说话人（第一人称），对话人（第二人称）和说到的人或物（第三人称）。”然而，虽然在其他好词典以及大多数语法书中也可看到这种定义，但它显然是错误的，因为当我说“我病了”或“你必须走”时，“我”和“你”无疑都是被谈到的人；因此，三种人称之间的区别在于（1）说话人，（2）对话人，（3）既不是说话人也不是对话人。说话人使用第一人称指说话者本人，使用第二人称指说话对象，使用第三人称指这二者以外的人或物。

此外，必须记住，第一、第二、第三人称中的“人称”这个词在这里所用的意义与“人称”的一般意义截然不同，它不表示“人，一个有理性的动物”；在 the horse runs（马跑）和 the sun shines（阳光照耀)中我们都用了第三人称;如果在寓言中,马说"I run"(我跑),太阳说"I shine"(我照耀),那么这两句用的都是第一人称。"人称"这个词源自希腊词(prosōpon),后为拉丁语法学家所沿用。该词的这种用法是传统语法术语中许许多多的麻烦之一,这些麻烦根深蒂固,现已无法铲除,尽管一个头脑简单的人在学到"无人称动词"总用于"第三人称"(如 pluit, it rains〔天下雨〕)这一规则时会感到多么奇怪。有些人曾反对把 it 这样一个代词归入"人称代词",但如果我们所用的"人称代词"指的是这里所说的"表示人称的代词"这种意义,那么便证明把 it 归入代词这种做法是正确的。然而,在谈到 who 和 what 这两个疑问代词之间的区别时,我们发现前者指人,后者指人以外的任何事物,因此我们也许倾向把 who 称做人称代词——这样做无疑是很笨拙的。

这个定义导致的一个简单结果是,第一人称严格地说只用于单数;[①]前一章(281 页)已提到这样一个事实,那就是,所谓的第一人称复数"我们"事实上是"我+其他某个人"或"我+其他某些人"。在某些研究美洲印第安语言的著作中,数字$\frac{1}{2}$和$\frac{1}{3}$能方便地用来表示"我们",因为加在"我"上面的其他那些人分别是第二人称或第三人称。

关于这个问题的奇异性,我在这里可以援引一个句子来说明这三种人称的情感意义。"在拉斯金的作品中,总是用'你们'指

---

① 当 I(或 Me、ego)用作(主要是哲学术语的)名词时,必然也就具有了第三人称的性质,因此可用于复数:several I's(几个我)或 Me's, Egos。因此,下面句子中的动词形式便出现了一些不一致的现象:The I who see am as manifold as what I see(看东西的我与我看见的东西一样五花八门——J. L. 洛斯《诗歌中的因袭与反叛》,6)。

人们;在卡莱尔的作品中,用甚至更远的人称'他们'指人们;但在莫里斯的作品中,总用'我们'指人们。"(布鲁斯·格拉西尔《威廉·莫里斯》)

在许多语言中,三种人称之间的区别不仅见于代词,而且也见于动词,例如在拉丁语(amo,amas,amat〔爱〕)、意大利语、希伯来语、芬兰语等语言中。在这类语言中,许多句子没有任何明确表示主语的词,ego amo(我爱),tu amas(你爱)一开始只用于必须或要求特别强调"我、你"的场合。然而,随着时间的流逝,加用人称代词变得愈来愈普通,甚至在无须任何特别强调的地方也是如此。这就为动词人称词尾的发音逐渐变得模糊铺平了道路,因为它们对句子的正确理解愈来愈成为多余的了。例如法语的 j'aime(我爱),tu aimes(你爱),il aime(他爱),je veux(我要),tu veux(你要),il veut(他要),je vis(我看见),tu vis(你看见),il vit(他看见)中的动词发音完全相同。英语的 I can(我能),you can(你能),he can(他能),I saw(我看见),you saw(你看见),he saw(他看见)中的动词形式相同,甚至在复数中也是如此:we can(我们能),you can(你们能),they can(他们能),we saw(我们看见),you saw(你们看见),they saw(他们看见)——语音上的一致和类推法的一致共同消除了那些旧的人称区别形式。然而,这些旧的人称区别形式并非完全消失,在法语的 j'ai,tu as,il a,nous avons,vous avez,ils ont(我有,你有,他有,我们有,你们有,他们有),英语的 I go,he goes(我走,他走)以及通常在现在时第三人称中仍可见到它们的残存。现代丹麦语中,所有这些区别全都消失:jeg ser,du ser,han ser,vi ser,I ser,de ser(我,你,他,我们,你们,他们看见),在所有的动词、所有的时态中也是如此,这正同汉语和其他一些语言一

样。所有这一切必须被看做理想的或合乎逻辑的状态，因为人称区别应属于首要的概念，而不需在次要的词中再加以重复。

英语中，表示将来时间的助动词产生出一种区别：I shall go，you will go，he will go（我将走，你将走，他将走），以及相应表示条件不真实的助动词：I should go，you would go，he would go。

任何祈使句（还可以加上任何呼语）实际上都用于第二人称，甚至在这样的句子中也是如此：Oh，please，someone go in and tell her（哦，请哪一位进去告诉她）或 Go one and call the Jew into the court（去一个人把那个犹太人叫进法庭——莎士比亚）。如果通过附加成分便能清楚地看出这一点：And bring out my hat，somebody，*will you*（哪位把我的帽子拿出来，好吗——狄更斯）。在英语中，祈使句的动词形式不表明用的是哪一种人称，但其他语言具有一种祈使第三人称。因此，我们应该说，在语法第三人称与意念第二人称之间存在着一种冲突。然而，意念第二人称有时占上风，甚至在形式上也是如此。例如在希腊语中，我们发现有这样的句子：sigan nun hapas *ekhe* sigan（现在，每一个人都保持安静），这里的 ekhe（第二人称）根据瓦克纳格尔（《句法学讲座》106）所说是用来代替 ekhetō（第三人称）的：everyone now hold silence（现在大家都保持安静）。祈使句用第一人称复数时，如意大利语的 diamo（让我们给），法语的 donnons（让我们给），实际意思是“你给，我也给”，所以这里的祈使句总是指第二人称。英语中的旧形式 give we 已由 let us give（让我们给）所代替（丹麦语也是如此，德语在某种程度上也是如此）；当然，这里的 let 在语法上以及意念上都是第二人称，第一人称复数只表现在从属连系式 us give 中。

相当于第一人称的地点副词是 here（这里）。英语中有两个

表示“不在这里”的副词，如北部英语方言中的 there 和 yonder (yon, yond)。我们或许可以说，there 相当于第二人称，yonder 相当于第三人称；①但一般只用一个副词表示这两种概念，如标准英语的 there(yonder 已废弃)。在意大利语中，可以看到第一人称与“这里”之间的联系。意大利语中副词 ci(这里)非常广泛地被用作间接格第一人称复数代词，代替 ni(我们)。德语中有两个运动副词：hin(向那边)表示朝说话人运动，her(到这里)表示背离说话人运动。②

W. 班在他的小册子《乌拉尔—阿尔泰语》(布鲁塞尔，1893)中说，无可争辩，人的头脑在有“我”、“你”这两个概念之前先有“这里”、“那里”这两个概念。因此，他建立了两类代词，一类以 m-、n-开头，表示“这里”、“我”、“现在”；另一类以 t-、d-、s-、n-开头，表示“不是我”、“那里”；它们又分成两小类：

“(a)最靠近的人、那里、你、不久前、马上；

(b)最远离的人、(比那里远些的)那边、他、从前、以后。”

我只是把这作为一个有趣的观点在这里提一下，总的来说，我在本书中不去谈原始语法以及语法成分的起源。

通指人称和全指人称
(Common and Generic Person)

前面(291 页)我们已经看到，在某些情况下有一种“通数”形

① 再请比较拉丁语中的这三个指示词：hic(这)(1)，iste(那)(2)，ille 那(3)。

② 原文如此。——译注

式,它为我们,或者可能为我们提供了很大的方便。同样,我们有时也觉得需要一个“通指人称”。正如所说的那样,“我们”事实上就是这样一种人称,因为它代表“我和你”或“我和其他某个人”;“你们”也常代表“你和其他某个人”,这样便把第二人称和第三人称结合了起来。但这并不能包括这样的情况,即这两种人称并不由“和”连接一起,而是分开的,例如由转折连接词将其分开。关于这点,我们在动词具有人称区别的语言中,会遇到相当大的困难 either you or I *are*(或 *am* 还是 *is*?) wrong(不是你错就是我错);参看《语言》p. 335 f. 中所给的例句。也请注意 our 在 Clive and I went *each to our habitation*(克莱夫和我各自回到自己的住所——萨克雷《纽康氏家传》297)中的用法,这里也可以说…each to his home,而丹麦语中却必须用第三人称反身代词:C. og jeg gik hver til *sit* hjem(克莱夫和我各自回家)(比较:vi tog hver *sin* hat(各人拿起自己的帽子),但用通指人称也许更合乎逻辑)。

瓦克纳格尔提到一种也许可用通指人称形式解决这一难题的很有意思的情况(《句法学讲座》107):Uter meruistis culpam(你俩哪一个应受责备——普劳图斯)——uter 应用第三人称单数,但该动词却用了第二人称复数,这是因为两个人都是说话人的对方。

也许有必要对一种意义更广泛的“通指人称”,即我称为“全指人称”的用法进行考察,如法语的 on(人们)。在关于数的那一章中(301 页),我已考察过全指人称在各种语言中带冠词或不带冠词的全指单数用法和全指复数用法。在关于主语和宾语关系的那一章中,我曾谈到意大利语中 si 及其结构的发展情况(231 页);这里要指出的是,事实上,在实际语言中,这三种语法人称各自都可表示这种意念上的“所有的人”或“没有任何人”的意义:

(1) as *we* know = comme on sait

(如我们所知)

(2) *you* never can tell = on ne saurait le dire

(你永远无法说)

(3) *one* would think he was mad = on dirait qu'il est fou

(可以认为他疯了)

what is *a fellow* to think = qu'est-ce qu'on dolt penser? (...il faut...)

(人应该想什么呢?)

they say (*people* say) that he is mad = on dit qu'il est fou

(他们说〔人们说〕他疯了)

选用哪一种表达形式往往依赖于情感的因素:有时,一个人想要强调他本人也包括在泛指的人中;有时,一个人想要引起当时说话对方的某种特别注意;①有时,一个人不想明确地表示自己,虽然事实上指的仍是第一人称而不是其他人称(one, a fellow)。但"全指人称"这一名称包括了作为各个语法人称的所有这些用法的那个基本的概念。

我们有趣地看到,在一些语言中代词"我们"正在消失,取而

① 我在杰克·伦敦的《马丁·伊登》第65页上看到下面这样一段谈话,它可以很好地表明全指的"你"在口语中的意义。露丝小姐问马丁:"马丁先生,顺便问一下,'布思',是什么? 你看,你好几次用到这个词。""哦,'布思'吗,"他笑道,"这是俚语。意思是威士忌和啤酒——任何可使你醉了的东西。"听了这话,她说:"当你不特指一个人时,不要用'你'。'你'是特指一个人的。你刚才用'你'就很不合你的意思。""我怎么看不出这一点。""你看,你刚才对我说,威士忌和啤酒——任何可使你醉了的东西——要说使'我'醉,你明白吗?""嗯,是这样吗?""当然是这样的,"她笑道,"但最好不要把我带进去。用'一个人'代替'你',你看,这样听起来要好得多。"

代之的是一种全指的表达方式（“一个人”）。例如法语中的 Je suis pret, est-ce qu' *on part*?（我已准备就绪，我们走吧？）代替…nous partons（我们走）（巴利《语言与生活》59）；我从本杰明的《加斯帕德》中援引下面这个句子：Nous, on va s'batte, nous on va s'tuer（我们，我们将相互对打，我们将相互残杀）（为的是着重强调 nous 的对比，p. 13）。还有 Moi, j'attends le ballet, et c'est *nous qu' on dansera* avec les petites Allemandes（我呢，我在等待舞会的到来，我们将和那些小小的德国人一起跳舞——p. 18）。这种用法在意大利语中很普通：韦尔加《埃罗斯》27 中，la piazzetta dove *noi si giocava* a volano（在我们打羽毛球的小广场）|福加扎罗《达尼丹尔·科尔提斯》31 中，*noi si potrebbe* anche partire da un momento all' altro（我们可以随时出发）|同上，《圣者》139 中，la signora Dessalle e io *si va* stamani a visitare i Conventi（德萨莱太太今晨与我将去修道院参观）|216 中，*Noi si sa* che lui non vole andare（我们知道他不想去）。[①]这种现象在意大利语中的频繁出现似乎表明，其原因不可能像巴利（1. c）所设想的那样，即在第一人称复数 nous chantons（我们唱歌）中，动词保留着一种特别的词尾。它毫无作用，并与 je chante, tu chantes, il chante, ils chantent（我唱歌，你唱歌，他唱歌，他们唱歌）中的动词不协调一致，后者发音完全相同（但 vous chantez〔你们唱〕又怎么样呢？）。巴利又说，moi je chante, toi tu chantes, lui il chante, eux ils chantent（我呢，我唱歌；你呢，你唱歌；他呢，他唱歌；他们呢，他们唱歌）这些形式完全自然，而第一人称复数的连用强调形式 nous nous chantons（我们唱歌）却很晦

① 其他例句可见尼罗普《意大利语语法》，1919，66 页。

涩，显得不协调。因此，常用 nous on（我们——强调式）这种形式，因为它听起来和看起来都让人更加满意。他这样说，也许是对的。

意念人称和语法人称
（Notional and Grammatical Person）

在绝大多数情况下，意念人称与语法人称是完全一致的，也就是说，“我”以及相应的动词形式的确用在说话人谈论自己的场合，其他人称亦然。然而，不一致的情况也并非罕见；卑下、尊敬或仅仅为了礼貌的缘故会使得说话人避免直接提到他自己。因此，就有了如“你卑下的仆人”这样一些代替“我”的第三人称词语。比较西班牙语的 Disponga V.，caballero，de *este su servidor*（由您安排吧，先生，他是您的仆人）。在东部语言中，这种用法用得很过分，原意为“奴仆”、“臣民”或“仆人”的这些词已成为代替“我”的标准说法（例见〔法〕米勒《语法》Ⅱ.2.121）。在西欧，这些说法主要用于戏谑语中，表示自称，例如英语的 yours truly（你的真诚的——用于信件的亲笔签名处的套语），this child（本孩儿——〔俗语〕this baby〔本幼儿〕）。代替“我”的一个明显的自称诙谐说法是 number one（第一号）。有些作者通过被动结构等方法尽可能地避免提到“我”，在不可能使用这些方法的场合，他们说 the author（作者），the（present）writer（笔者）或 the reviewer（评论者）。为了给人绝对客观的印象而自我掩饰的一个众所周知的例子是 Cæsar（恺撒），他在自我评论中从头至尾地用了 Cæsar 这个词，代替“我”。然而，当马洛作品中的福斯特斯，莎士比亚作品中的朱利叶斯·恺撒、科迪莉亚或理查二世，莱辛作品中的萨拉丁以及奥

伦施拉格作品中的哈肯这些人物(在格里姆的《人称变换》,7ff. 中有许多引自德语、古挪威语、希腊语等的例子)采用这种用自己的名字代替人称代词的方法时,情况又有所不同。有时,这是一种用来把自己介绍给听众的方法,但一般说来这是出于骄傲或傲慢。还有另外一种情况,大人在对小孩说话时说"爸爸"或"玛丽大婶",代替"我",为的是能够让小孩更容易理解。[①]

有时可用 present company(在场的诸位)代替 we,us(我们):You fancy yourself above present company(你幻想自己高于在座的诸位)。

关于意念第二人称替代词语,我先谈谈具有父亲般口吻的"我们"。教师和医生常用到它(嗯,今天我们觉得怎样?),通过把说话人和听话人的兴趣统一起来,表示仁慈、友爱。这似乎在许多国家都很普通,例如在丹麦、德国(格里姆《人称变换》,19)、法国(布尔热《门徒》94"Hé bien, nous deviendrons un grand savant comme le père?"〔那么,我们将成为像父亲一样的大学者了?〕|莫泊桑《死一般强》224 "Oui, nous avons de l'anémie, des troubles nerveux"〔是的,我们有点贫血,有点神经不舒服〕——后面直接跟 vous)。丹麦语经常说 Jeg skal sige os (让我告诉你),但这里没有任何一点"我们"这个用法通常所包含的那种保护意味。

下面是一些由所有格代词加品质名称构成的表示恭敬意义的替代词语:your highness(殿下,= you that are so high〔如此崇高的

① 一个人自言自语地称自己为"你"时("你又表现得傻里傻气的了,约翰;你为何不能表现得像样点?"),事实上这是一种(意念)第二人称的情况。关于"独白中的'你'和独白中的'我'"的用法,见格里姆《人称变换》,44 ff.。

你〕),your excellency(阁下)、your Majesty(陛下)、your Lordship(大人)等等。众所周知,西班牙语中的 vuestra merced(大人——缩写形式为 usted)已成为代替“你”的一般礼貌性词语。在法语中,Monsieur(先生),Madame(夫人),Mademoiselle(小姐)可用来代替 vous(您——Monsieur désire?〔先生您要吗?〕等等)。在注重头衔的那些国家里,简单而自然的人称代词常常让位于德语和瑞典语中常见的词语:Was wünscht(wünschen)der herr lieutenant?(中尉先生你需要什么?)Darf ich dem gnädigen fräulein etwas wein einschenken(我可以敬这位尊贵的小姐一些酒吗?)等等。在瑞典,很难与一个不明头衔或偶然忘记其头衔的人进行礼貌的谈话;很遗憾,近几年来,我们国家的人已开始越来越多地模仿南部和东部那些邻邦的这种做法,他们用 Hvad mener professoren?(教授意下如何?)代替 Hvad mener De?(您意下如何?)

在德语中,与动词第三人称单数连用时,以往通常说 er(他),sie(她),而不说 du(你),尤其在对下级说话时。在丹麦语中,类似这种用法(han,hun)一直流行到 19 世纪。在德语中,第三人称复数 Sie 现已成为表示意念第二人称(单数和复数)的一个一般礼貌性词语,格里姆把这种用法正确地称之为德语上的一个抹不掉的污点,[1]而丹麦却一味地模仿这种用法:De。

还有一种第三人称表示意念第二人称的不同用法,通过萧伯纳的戏剧可以加以说明。在萧伯纳的戏剧中,坎迪达对丈夫说:“*My boy* is not looking well. Has *he* been over working?”(我的孩子看上去身体不佳。他是不是劳累过度了?)同样,一个情人会说 my

① “目前德语中有一个污点,这个污点我们再也抹不掉了。”(《人称变换》,13)

darling（我亲爱的）或 my own girl（我的小姑娘），用以代替 you（你）。还有一种宠爱的称呼法，即称小孩子为 it（它）。这也许产生于这样一种习惯，那就是在对一个太小还听不懂话的婴儿说话时，一半是谈到它，一半是称呼它。坎迪达的下面这段话也可作为一个例子。坎迪达对马奇班克斯说："Poor boy! have I been cruel? Did I make *it* slicenasty little red onions?"（可怜的孩子！我残忍吗？我要它切臭气烘烘的小红洋葱了吗？）

英语中带有 self（自己）的所有格复合词（myself，yourself〔我自己，你自己〕）的使用表现出语法（第三）人称与意念（第一、第二）人称之间的不一致性；动词通常与意念人称取得一致（myself am〔我自己是〕，yourself are〔你自己是〕），虽然有时用第三人称（莎士比亚有时用 my self hath〔我自己有〕，thy self is〔你自己是〕，等等）。

间 接 引 语
（Indirect Speech）

在间接（引述）引语中，人称的变换在许多情况下是很自然的；直接第一人称根据情况变为间接的第二人称或第三人称，等等。人称变换的各种可能性可列表如下：直接陈述（A 对 B 说）："我很高兴您同他达成协议。"（他 = C）可变为：

（1. A 对 C 说）：我说我很高兴他同您达成协议。

（2. A 对 D 说）：我说我很高兴他同他达成协议。

（3. B 对 A 说）：您说您很高兴我同他达成协议。

（4. B 对 C 说）：他说他很高兴我同您达成协议。

(5. B对D说):他说他很高兴我同他达成协议。

(6. C对A说):您说您很高兴他同我达成协议。

(7. C对B说):他说他很高兴您同我达成协议。

(8. C对D说):他说他很高兴他同我达成协议。

(9. D对E说):他说他很高兴他同他达成协议。

然而应当指出,在2,5,8,9的情况下,为了明确起见,应当用人名代替意思模棱两可的"他"。

复数"我们"常常保持不变,如"他说他仍信仰我们作为一个民族的光荣前途",这是复数"我们"的本质产生的自然结果。

英语中助动词 shall(should)常常用于间接引语中,表示第二人称或第三人称是一个变换了的第一人称:Do you think you shall soon recover?(你认为你很快就会恢复健康吗?)He thought he should soon recover(他认为他会很快恢复健康)——但是请比较这个句子:but the doctor knew that he would die(但医生知道他就要死了)。

在《威尼斯商人》(Ⅱ.8.23)中有一个很不一般的变换人称(所有格)代词:夏洛克呼喊道:"My stones, my daughter, my ducats"(我的宝石,我的女儿,我的钱),当街童们学他的话时,是这样引述的:"Why all the boys in Venice follow him, Crying his stones, his daughter, and his ducats"(于是全威尼斯的小孩跟在他的后面,叫喊着他的宝石,他的女儿和他的钱)。这里如用直接引语反而更加自然。在冰岛的英雄史诗中,通常只在一个间接引语的开头用变换主语,第一个句子过后,其余的句子便采用原话的实际形式。

第 四 人 称

(Fourth Person)

是否可认为在第三人称之外有第四人称呢？拉斯克持这种观点(维杰德宁 1811,96,普里斯克尔 1818,241)。他说,he beats him(他打他)中的 him 是第四人称,而 he beats himself(他打他自己)中的 himself 与该句主语一样是第三人称。(相反,索尔比策在《美洲印第安语言手册》1021 中认为这个反身代词是“第四人称”。)然而,如果我们采纳前面所给的“人称”定义的话,那么不难看出 him 与 himself 这两个词都是第三人称,不可能想象有任何第四“人称”,尽管同一个代词或(第三人称)动词形式的确可以指这些句子或相继的句子中不同的人或物。

在一些美洲印第安语言中存在着十分微小的区别,见乌伦贝克 *Grammatische onderscheidingen in het Algonkinsch* (Akad. van Wetensch. Amsterdam,1909):在奇普威语(Chippeway)中,第一个提到的第三人称无特别标志,但第二个提到的第三人称(tertia persona,也叫做 obviativus)却以词缀-n 为标志,第三个提到的第三人称(叫做 superobviativus,乌伦贝克称之为 subobviativus)以词缀-ini为标志。在“约瑟夫带着孩子和他的母亲”中,“孩子”是第二个第三人称,“他的母亲”是第三个第三人称,并明确表示“他的”是指“约瑟夫”还是指“孩子”。布里顿(《一位美洲土著人语言专家的论文》,费城,1890,324)因此为英语的贫乏感到遗憾,因为英语句子 John told Robert's son that he must help him(约翰告诉罗伯特的儿子他必须帮助他)能有六种不同的意思,而这六种不同的意思在奇普威语中是可以精细地加以区分的。然而必须说,情景和上下文几乎总能足够清楚地表明 he,his 这些代词的意思,甚至在下面这些句子中也是如此(奥尔福德):Jack was very respectful to Tom,and always took off his hat when he met him(杰克对汤姆十分尊敬,当他遇见他时杰克总是脱去他的帽子),Jack was very rude to Tom, and always knocked off his hat when he met him(杰克对汤姆十分粗鲁,当他遇见他时杰克总是把他的帽子打掉)。萨利讲述了一个五岁小姑娘是怎样对下面这段赞美诗感到大惑不解的:And Satan trembles when he sees the weakest saint upon his knees(当他看见最虚弱的圣人跪下时,撒旦发抖了)——小姑娘问,他们为什么要坐在撒旦的膝盖上啊?[①]

再请注意皇帝给女王储的电报(1914)中的有趣之处:"Freue mich mit dir über Wilhelm's ersten sieg. Wie herrlich hat Gott ihm zu seite gestanden. Ihm sei dank und ehre. Ich habe ihm eisernes kreuz zweiter und erster klasse verliehen"(对威廉的第一个胜利我与你同感欣喜,感谢上帝保佑他,荣誉归于他,我已授予他一、二级铁十字勋章)。

在口语上,外加重音在许多情况下可以消除句子的模糊意思,明确所指对象。在约翰·斯图尔特·米尔的《诗歌随笔》中,我们读到:"Shelley is the very reverse of all this. Where Wordsworth is strong,he is weak;Where Wordsworth is weak,he is strong."(雪莱与所有这一切恰恰相反。华兹华斯的长处正是他的短处;华兹华斯的短处正是他的长处。)如果不重读 he 的话,这段话便毫无意义,因为

① upon his knees:1)跪着,2)在他的膝盖上。——译注

he 指 Wordsworth;但如果重读 he 的话,它便指 Shelly,这样这段话就完全有意义了;如果先重读第一个 he,然后用一个弱读的 he 代替第二个 Wordsworth,句子也许不难理解。在兰姆的句子中,斜体 *they* 表示这种用来明确意思的重音:Children love to listen to stories about their elders,when *they* were children(孩子们喜爱听有关他们的前辈小时候的故事)。在萨默塞特郡方言中,Bill cut's vinger 指的是"自己的手指",Bill cut ees vinger 指的是"另一个人的手指"。

反身代词和相互代词

(Reflexive and Reciprocal Pronouns)

许多语言演变出了反身代词。通过反身代词可消除许多歧义。反身代词的作用在于表明与前面所说的同一性,通常表示跟主语是同一的,因此反身代词一般没有主格形式。

在雅利安语言中,反身代词原先以 sw-开头,但使用范畴并不到处一样。因此,扼要地观察一下它们在我们最熟知的那些语言中的用法是有一定意义的。

(1)原来,反身代词用于所有的三种人称,不管是单数还是复数,如在梵语和最古老的希腊语中。这种用法至今还保留在立陶宛语和斯拉夫语言中,例如俄语的 Ты вреди шь себе(你伤了你自己),Мы доволъны собою(我们对我们自己感到满意)(例句引自 H. 佩德森的语法书)。

(2)在许多语言中,反身代词限用于第三人称单数或复数;例如拉丁语的 se(自己)以及罗曼诸语言中由 se 派生出的那些形式;还有德语的 sich,古挪威语的 sik,丹麦语的 sig,但正如我们马上就可看到的那样,它们的用法是有一定限制的。

(3)在日德兰方言中,反身代词 sig 只用在指单数的主语的场合;指复数主语时用 dem。dem 代替标准的 sig 的这一用法在丹麦文学语言中也并不罕见,甚至一些非日德兰出生的作家也这样使用,例如克尔凯郭尔写道(《非此即彼》1.294):naar de ikke kede dem(当他们不感到厌烦时)。

(4)然而,德语中表示礼貌的代词 Sie(您——意念第二人称)带反身代词 sich:Wollen Sie sich setzen(您请坐),丹麦语中仿用的 De 现在总接 Dem:Vil De ikke sœtte Dem(意义同前)(18 世纪有时用 sig)。

(5)法语的弱读形式 se 用于主语不管是第三人称单数还是复数的场合,但重读形式 soi 只用于靠拢主语是第三人称单数,而且通常是不定主语的场合:ce qu'on laisse derrière soi(这就是人们留在他们身后的)。但主语确定的:ce qu'il laisse derrière lui(这就是他留在他身后的),ce qu'eile laisse derrière elle(这就是你留在她身后的),(ce qu'ils laissent derrière eux〔这就是他们留在他们身后的〕)。这条规则常有一些例外情况,在罗兰的作品中就常常如此,例如《约翰·克利斯朵夫》(7.81)Il était trop peu sûr de soi pour ce rôle(他对这个角色自己缺少信心)(同前 3.213,4.6. 中也有类似情况)。

(6)英语很早就比任何其他同族语言发展得更进一步,因为这些反身代词中唯一保留下来的——只用于最古老时期的——是所有格 sin(见下文)。因此,旧的表达形式是 I wash me, thou washest thee, he washes him, she washes her, we wash us, ye wash you, they wash them(我洗我,你洗你,他洗他,她洗她,我们洗我们，你们洗你们，他们洗他们）。该用法还残存在介词词组中，如 I have no money about me, he has no money about him（我身上没有钱，他身上没有钱），等等。在许多情况下，简单动词除有及物功能外，现在还有反身意义：I wash, dress, shave（我洗脸，穿衣，刮脸），等等。在大多情况下，可通过使用 self 复合词明确表示这种反身意义：I defend myself, you defend yourself (yourselves), he defends himself（我保卫我自己，你保卫你自己〔你们自己〕，他保卫他自己），诸如此类。反身代词就这样发展起来，它们已不同于原先雅利安语中的反身代词，它们有三种人称以及两种数的区别，因此与芬兰语中的反身代词相似。后者以 itse 构成，在此之上再附加上那些所有格后缀：itseni（我自己），itsemme（我们自己），itsesi（你自己），itsensä（他自己或她自己），等等。再请比较近代希腊语中的 emauton（我自己），seauton（你自己），heauton（他自己）等，尤其是现代希腊语中有趣的合成形式 ton emauto mou（我自己），ton emauto sou（你自己），ton emauto sas（你们自己），ton emauto tou, tēs（他自己，她自己），ton emauto mas（我们自己），等等。

反身所有格代词是以同样的方式发展起来的，虽然它与 se 等反身代词的发展并不完全相同。

（1）首先，反身所有格代词原指各种数和各种人称。至今这仍是俄语的习惯用法，例如：Я взял свой платок（我取我的手帕）。

（2）反身所有格代词限于第三人称，但可指单数第三人称和复数第三人称。在拉丁语的 suus 和古哥特语言中可见到这个阶段的这种用法，例如哥特语《路加福音》6.18 qemun hailjan sik sauhte seinaizo（他们来要治他们的病）|《马可福音》15.29 wipondans haubida seina（摇着他们的头）。古英语中诗歌体的 sin 与 his, her

相似,但很少用来指一个复数主语,这个代词似乎很早就在一般的口语中消失了。古挪威语中的 sinn 可指单数主语以及复数主语;在挪威语中仍可见到这种用法:de vasker sine hœnder(他们洗他们的手),在瑞典语中也可见到这种用法。

(3)然而在丹麦语中,sin 只与单数主语连用:han(hun)vasker sine hœnder(他〔她〕洗自己的手);de vasker deres hœnder(他们洗自己的手)。

(4)在日德兰方言中,还有一种限制,那就是,sin 只指一个不定的主语:enhver (en) vasker sine hœnder(各人洗自己的手),但 han vasker hans hœnder(他洗自己的手),hun vasker hender hœnder(她洗自己的手)。

(5)在一些语言中,这种代词已丧失其反身作用,而被用作一个一般的第三人称单数所有格代词,如法语中的 ses mains 可用于任何位置,意为"他的手或她的手"。

(6)在德语中也是如此,但只意味着"他的"(或"它的"):seine hände(他的手),但阴性却是 ihre hände(她的手)。①

由于篇幅所限,我无法在这里讨论反身代词的变化范围问题,

① 关于这个问题,也许应当提醒一下读者,这个所有格代词在某些语言中除表明"所有者"的性别(或性)之外,还表明它所修饰的那个名词的性。通过下面法语、英语、德语和丹麦语之间的互译可以看到可能有的各种区别:

Son frère = his brother, her brother = sein bruder, ihr bruder = hans broder, hendes broder, sin broder.

Sa soeur = his sister, her sister = seine schwester, ihre schwester = hans søster, hendes søster, sin søster.

Son chat = his cat, her cat = seine kaize, ihre katze = hans kat, hendes kat, sin kat.

Sa maison = his house, her house = sein haus, ihr haus = hans hus, hendes hus, sit hus.

因为在具有反身代词的那些语言中它们之间的差别太大,尤其在分词结构,不定式结构以及从句中。①

在所指对象可能是复杂句子中两个不同的人的场合,使用反身代词有时并不能保证消除歧义。如在拉丁语的 Publius dicit Gaium se occidere voluisse(帕布留斯说盖由姆以前曾想自杀)或丹麦语 han fandt Peter liggende i sin seng(他发现彼得躺在他的床上)中,后句与英语的 he found Peter lying in his bed (他发现彼得躺在他的床上)一样意思模糊。比较德语中 dessen(他的——第二格)的用法,用 sein(他的)会有歧义:Der graf hat diesem manne und dessen sohne alles anvertraut(伯爵完全信任这个人和他的儿子)(柯姆《德语语法》168)。

与反身代词密切相关的是表示"相互"(each other)意义的相互代词。在所提到的作为主语的那些事物当中,每部分(each)事物施动于(或涉及)所有其他(other)事物,反过来又受动于所有其他事物。这种"相互"意义常常可由一个简单的反身代词来表达,或单独使用,如法语的 ils se haïssent(他们互相仇恨);或与某些附加成分连用,如法语的 ils se haïssent entr'eux(他们互相仇恨),拉丁语的 inter se confligunt(相互冲突),哥特语《马可福音》1. 27

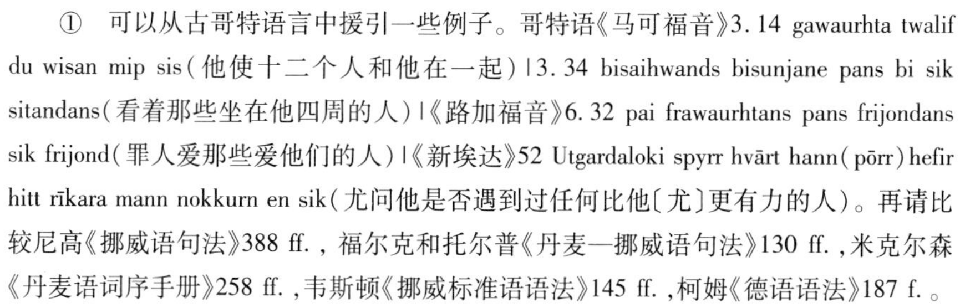

① 可以从古哥特语言中援引一些例子。哥特语《马可福音》3. 14 gawaurhta twalif du wisan mip sis(他使十二个人和他在一起)|3. 34 bisaihwands bisunjane pans bi sik sitandans(看着那些坐在他四周的人)|《路加福音》6. 32 pai frawaurhtans pans frijondans sik frijond(罪人爱那些爱他们的人)|《新埃达》52 Utgardaloki spyrr hvārt hann(pōrr) hefir hitt rīkara mann nokkurn en sik(尤问他是否遇到过任何比他〔尤〕更有力的人)。再请比较尼高《挪威语句法》388 ff.,福尔克和托尔普《丹麦—挪威语句法》130 ff.,米克尔森《丹麦语词序手册》258 ff.,韦斯顿《挪威标准语语法》145 ff.,柯姆《德语语法》187 f.。

sokidedun mip sis misso(他们彼此对问);比较德语的 sie halfen sich gegenseitig(他们互相帮助),或法语的 ils se sont tués l'un l'autre(他们彼此相互杀戮——因为 ils se sont tués 可理解为“他们自杀了”)。在各种语言中,一些像 l'un l'autre(相互)这类的词组也可以不与任何反身代词连用。在这些语言中,它们往往趋向于成为一个不可分割的整体,正如希腊语的 allēlous(相互),丹麦语的 hinanden,hverandre(相互),荷兰语的 elkaar,mekaar(相互),德语的 einander(相互)那样。关于德语词 einander 的发展情况见格里姆的《词典》中的那篇有趣的文章,在《词典》中还列有一些来自其他各种语言(罗曼语,斯拉夫语,立陶宛语,凯尔特语)的相似的词语。在英语中,这些词原先是隔开使用的,如莎士比亚的 gazed each on other(互相凝视)或 what we speak one to another (我们相互说话),但现在在一般语言中已连接在一起使用:gaze on each, other speak to one another。俄语中的 друг друга 由一个介词将其隔开(друг с другом = with each other)。但把这个词组看做一个单位的倾向是,因为它在使用上一致,不考虑性和数的变化(博耶和斯佩兰斯基《俄语学习手册》273)。匈牙利语的 egy-mas(互相)好像仅仅是德语的 einander 译词。①

---

① 像 einander 这样一个单独不可分割的词,可解决构成我们必须在两种数之间加以选择时有时出现的困难。法语中还常说 les trois frères se haissent l'un l'autre(三兄弟互相憎恨),但更合乎逻辑的说法也许是 l'un les autres (相互)或 les uns l'autre(意义同前);在伊多语中,人们曾拿不定主意,是写 la tri frati odias l'unu l'altru 好呢,还是写 l'unu l'altri 或 l'uni l'altri 好;因此使用一个单独的词要方便得多,作为 mutuala 的逆构词 mutu 也就自然出现了。于是,mutuala 好像就成了一个由 mutu 构成的规则形容词,而不再作为一个独立的根词。

相互代词有时用作从句的主语,如在最近的一部英语小说中:Miss C. and I are going to find out what each other are like(C. 小姐和我将了解各自的情况)。在丹麦语中也可听到类似的句子。

许多语法书都在关于各种动词的那一章中考察反身词,它们把"反身动词"列为一类("相互动词"列为另一类)。但毫无疑问,we hurt him(我们伤害了他),we hurt ourselves(我们伤害了我们自己),we hurt one another(我们互相伤害对方)中的动词却完全一样,唯一不同的是主语与宾语的同一性或非同一性。同样,德语的 ich schmeichele mir(我恭维我自己),ich spotte meiner(我自嘲)与 ich schmeichele dir(我恭维你),ich spotte seiner(我嘲弄他)中的动词也完全一样。有的动词习惯上只接反身代词作宾语,只有在这种情况下,我们也许才可以说该动词是反身动词。如英语的 I pride myself(我为自己骄傲),丹麦语的 jeg forsnakker mig(我说得太多了),德语的 ich schäme mich(我自感羞愧)。主语与(直接或间接)宾语的同一性影响到法语句子 il s'est tué(他自杀了),nous nous sommes demandé(我们问过我们自己,或:我们互相问过)中助动词的选择。我们语言中用一个反身代词所表达的内容而在一些语言中可用一个单独的动词形式来表达。这是另一码事。如希腊语"中间语态":louomai(我洗我自己),等等(相同的形式也有被动意义,见第十二章,244 页)。在斯堪的纳维亚语中,反身代词 sik 以一种缩合形式与许多动词融为一体。这时,这些动词一般都具有了纯粹的被动意义:han kaldes 原意是"他叫他自己",现在的意思是"他被人叫"。有时表示的是相互意义:de slås(短元音)(他们互打);该动词另有一个表示被动意义的长元音(和喉塞音)形式:slå(e)s(被打)。俄语中的反身代词也倾向以

同样的方式在-ся 和-сь 这两种形式中与动词融合一起（虽然这种拼写形式发软辅音“с”）；有关它们的各种意义（明显的反身意义、不确定的反身意义、相互意义、近似的被动意义）见 H. 佩德森《俄语语法》190，博耶和斯派朗斯基《俄语学习手册》247。

第十七章　性别和属性
(Sex and Gender)

各种不同的语言　雅利安语的性　性别
通性　生物和非生物　意念中性

各种不同的语言
(Various Languages)

属性(gender)这一术语在这里的意思是对词所作的语法上的类别划分,在一定程度上它类似于雅利安诸语言中阳性、阴性和中性之间的划分。这种类别划分的依据是两种自然的性别,[①]生物与非生物之间的区别,或者其他标准。很多语言,也许是绝大多数语言,虽然没有这种意义上的性,但有的语言却把名词划分成属性不相同的类别。这里只能相当简略地提一下这些类别中的一部分,以说明它们和我们的体系之间的相似和不同。

在南非的班图(Bantu)语中,每个名词都属于几个类别中的某

---

① 最好分别说"性别"(sex)和"属性"(gender),而不要像往常那样说"自然的和语法的性"(natural and grammatical gender)。见60页上关于"雄性,雌性,无性和阳性,阴性,中性"这些术语的区别。

一种，每种类别都以其专有的前缀为标志。该前缀在指代该名词的所有从属词中，不管是修品，还是动词，都以较为弱化的形式重复，作为一种"提示"。有的类别意指单数，有的意指复数，但是没有一个类别涉及性别，尽管有的类别主要用于生物，有的类别主要用于事物。班图语中不同的语言里类别的数量各不相同，最多的有十六种，但是有些种类易于混淆，并且很难说明这种划分的根本原因（见《语言》352 ff. 及该书援引的著作）。

在塔什语（Tush）——高加索语言中的一种——中，根据词所表示的是阳性有理智的生物，还是阴性有理智的生物，还是无理智的生物或者事物，使用不同的前缀。如：

wašo wa	兄弟是
bstuino ja	女人是
naw ja	船是
xaux ba	鸽子是
bader da	孩子是

说一个男人"重"的时候用 watshi，说一个女人"重"的时候用 jatshi，说一个东西"重"的时候用 batshi。"重"的相应的名词分别是 watshol，jatshol 和 batshol。wašo 是兄弟，jašo 是姐妹，woh 是男孩，joh 是女孩。

在与此相关的切特申辛语（Tshetshensian）中，一个男人说"我是"的时候，用 suo wu，一个女人说"我是"的时候，用 suo ju，一个小孩说"我是"的时候，则用 suo du（〔法〕米勒《语言学概论》Ⅲ，2.162）。

在安达曼语（Andaman）中，一类词包括了无生命事物，另一类则包括了有生命的生物，有生命的生物又分成人和非人两类。对人体有一种七分法,但这种分法也移用于和人体这几个部分有关的无生命事物(P. W. 施密特《俾格米人的位置》121)。

在阿尔贡金(Algonkin)诸语言中,生物和非生物有别,尽管有很多地方在我们看来很奇怪,如人体的各个部分一般被看做非生物(见 J. P. B. 若斯兰·德·琼的 *De Waardeeringsonderscheiding van Levend en Levenloos*, Leiden,1913,该书比较了此体系和雅利安语中的各种性,考察了各种有关后者起源提出的种种不同的理论)。

在含语(Hamitic)系语言中,有两类词,一类包括人、大的或重要的东西以及阳性生物的名称,另一类则包括事物、小东西以及阴性生物的名称。有时还有一种奇怪的规则,这就是复数的第一类词属于第二类词,反之亦然。通过相同前缀的互换,我们就可以把大人变成小孩,把兄弟变成姐妹,把公狗变成母狗或小狗;在波岛由语(Bedauyo)中,ando(粪便)如果是马、牛、骆驼所排出的就属于阳性,如果是较小动物排出的则是阴性。女人的乳房属于阳性,而男人的乳房(因较小)则属于阴性(迈因霍夫《含语》23 页和其他各页;《非洲现代语言研究》,134ff.)。

闪语(Semitic)系诸语言的性一般被认为与雅利安语的性最为相似,虽然没有中性,而且在闪语中就连动词的形式也和主语的性(性别)保持一致。如在阿拉伯语中有 katabta(你〔阳性〕已经写了),katabti(你〔阴性〕已经写了),kataba(他已经写了),katabat(她已经写了),复数第二人称 katabtum(阳性),katabtunna(阴性),第三人称 katabū(阳性),katabna(阴性);第一人称中没有这种区别:katabtu(我已经写了),katabnā(我们已经写了)。

雅利安语的性
(Aryan Gender)

我们自己所属的雅利安语系在可追溯的最古老形式中区分了三种性,即阳性、阴性和中性。中性在某种程度上可看做是阳性中的一类,其主要特征是主宾格不分。把词语分成这三类,有时是有理据的,有时是无理据的。有理据指的是许多雄性生物的名称是阳性,雌性生物的名称是阴性,并且许多无性别事物的名称是中性。但与此同时,我们有时又发现雄性生物的名称是阴性或中性,雌性生物的名称是阳性或中性,无自然性别的事物或概念的名称或是阴性或是阳性。[①] 我在《语言》(p. 391 ff.)一书中谈到了解释这种独特的体系或者不成体系的做法的起源的种种说法,[②]并在该书的346页上还谈到这一体系的实际缺陷。也许可以为某些词为什么是某种性找到理由;如汉德尔·雅各布最近指出(《波兰科学院学报》,1919—1920, p. 17ff.),意义为"地球"的词(〔希〕khthōn,khōra,〔拉〕terra,〔斯拉夫〕ziemia,〔德〕erde)用作阴性词,原因是地球被认为是繁殖植物等的母亲;同理,树的名称也是阴性,因为树结出果实;他还引用了闪语中一些类似的例子。但是主

① 从语法学家的观点看,植物学家在植物中分辨出来的性区别当然是不存在的;如果在法语中的 lis(百合花)是阳性,rose(玫瑰)是阴性,这只同这些词的属性有关,而与性别毫无关系,正如 mur(墙,阳性)和 maison(房子,阴性)为不同的属性这一事实与性别毫无关系一样。

② 除了那里引用的文献外,再请参看梅耶《历史语言学和普通语言学》199ff. ,文德里《语言》108 ff. 。

要问题还没有解决，这就是为什么这种分类法包括了所有的词，甚至那些看不出和自然性别有任何关系的词？且举一个例子，为什么雅利安语中表示“脚”的共同的词（pous，pes，fot 等）是阳性，而表示“手”的互无关联的词都是阴性（kheir，manus，handus，ruka）？意为“桌子、思想、果实、雷”等的词在一种语言里是阳性，而在另一种语言里则是阴性。在这种杂乱无章的情况中要找到某个指导原则是根本不可能的。

性，部分表现在形式上，如主格和宾格在拉丁语的 rex regem（国王，主格/宾格，阳性），lex legem（法律，主格/宾格，阴性）中有别，然而在 regnum（帝国，中性）中这两个格的形式却是一样的。但是性主要是一种句法现象，不同的性要求形容词和代词用不同的形式：ille rex bonus est（这个国王好），illa lex bona est（这个法律好），illud regnum bonum est（这个帝国好）。①

在绝大多数情况下，词的性是世代相传、一成不变的；但有时也有变化。在不少情况下变化纯粹是由于形式上的偶发事件；如我们已经注意到，在法语中以元音起首的词特别容易发生性的变化，因为在法语中定冠词的形式在任何情况下都是一样的，即 l'（不定冠词 un，une 原先在以元音起首的词前也发〔yn〕音）。以阴性-e 结尾的词（或根据实际发音，也许可以说以辅音结尾的词）易于成为阴性。这两种原因促使 énigme（谜语），épigramme（题诗），épithète（品评）成为阴性而不是阳性。在其他情况下，性的改变是由词的意义所造成的。有一种自然倾向，语义相关的词的性相同

---

① 由于俄语的过去时原先是分词，所以它有属性的屈折变化：знал（知道，阳性），знала（阴性），знало（中性）。在某种程度上这与闪语动词中的性的区别类似。

(这样的词常常罗列使用),如法语的 été(夏季)由于其他季节的名称 hiver(冬季),printemps(春季),automne(秋季)(automne 一词以前游移于原先的阳性和阴性之间)而从阴性变为阳性;la minuit(午夜)受到 le midi(中午)的影响成了 le minuit(午夜)。同样,德语的 die mittwoche(星期三)受到 der tag(白天)和其他星期名称的影响变成了 der mittwoch。

同样,新词(或新近引入的外来词)的性在许多情况下是由形式决定的,如德语的 etage(层)是阴性(在法语中是阳性);但是在其他情况下则是由语义类比决定的,如德语中 beefsteak(牛排)成了中性(根据 rindfleisch),lift(电梯)成了阳性(根据 aufzug)。在丹麦语中我们说 et vita(一个生命)(根据 et liv),en examen(一次考试)(根据 en prøve)等等。甚至有时同一个词用于不同的意义其处理方法也不同,如 fotografien(摄影术)(根据 kunsten),fotografiet(相片)(根据 billedet),imperativen(måden)(强制〔方式〕),det kategoriske imperativ(buddet)(绝对的强制〔命令〕)。当开始使用度量制的时候,gram(克)和 kilogram(公斤)根据 et pund(一磅),et lod(一砝码)被用作中性,但我们根据 en pot(一夸脱),en pægl(一品脱)说 en liter(一升),根据 en alen(两英尺),en fod(一英尺)说 en meter(一米)。

我们看到了偶然的形式在更广阔范围内的影响:雅利安语中原先性的三分法在某些语言中削减为两分法。在罗曼语中,阳性和中性的明显特征已经消失了,这主要由于词尾语音失去了其显著特征,而带有全元音-a 的阴性词尾都独立发音,由此产生的后果是只有两个性:阳性和阴性(关于以前中性的残余现象,见下文)。相反,在丹麦语中,阳性和阴性冠词(〔古挪〕enn,en 或 inn, in,einn,ein 等)之间的区别消失了。因此,古老的阳性和阴性融为一体,构成一个“通性”(common gender),如与中性 dyret(动物),det gamle dyr(老动物)有别的 hesten(马),bogen(书),den gamle hest(老马),den gamle bog(旧书)。但是在古老的词尾 -nn,和 -n 还独立发音(前者有一个腭化鼻音形式)的丹麦方言里,原先的阳、阴和中三分法保留了下来。

在下文中,我主要谈意念(在这里指的是自然范畴)与语法范畴的关系,我将试图说明各种语言是怎样在时间的进程中发展出比旧的传统的归类更合理的其他的归类。

性　　别
(Sex)

尽管如上所述不一致的例子很多,但是雄性和阳性之间的对应以及雌性和阴性之间的对应十分鲜明,足以给人们留下深刻的印象。有时一些必需的词组,如〔德〕eine männliche maus(一只公老鼠),ein weiblicher hase(一只母兔),总是使人觉得不协调,冠词的形式(前一例是阴性,后一例是阳性——译者注)和形容词的意义之间存在着矛盾。在一份幽默杂志上,我看到下面这个例子:“L'instituteur. Comment donc? Vous êtes incapable de faire l'analyse grammaticale de cette simple phrase: ‘L'alouette chante.’ Vous avez écrit dans votre devoir: Alouette, substantif masculin singulier. ——L'élève. Sans doute. Et je maintiens energiquement ‘masculin’: chez les alouettes, il n'y a que le mâle qui chante.”(教师:怎么?你不能对“云雀唱歌”这个简单句进行语法分析。你在作业中写道:云

雀——阳性单数名词。学生:当然了,我坚持认为“阳性”:在云雀当中只有雄性的才唱歌。)再比较瑞典语的例子:“Hvad heter den här apan? —Hon heter Kalle,för det är en hanne”(那个类人猿〔阴性名词——译者〕叫什么名字?——她叫查尔斯,因为这是雄的呀——诺林《我们的语言》314)。还有北日德兰语的例子 i honkat nöwne wiȧse me haj(格伦堡《笔记》72,即我们说他是一只母猫;但如冠词 i 所表示的 kat〔母猫〕是阳性)。

因此产生了一种使语法的属性和自然的性别相协调一致的自然倾向。[①] 达到这一目的首先可通过形式的变化,如〔拉〕lupa(母狼)取代了以前使用的 lupus(狼),如罗米拉斯的母狼(Havet),还有在此很晚以后根据无自然性别之分的〔拉〕leo(狮子),senior(老人)构成的〔西〕leona(母狮),〔法〕lionne(意义同前)和〔意〕signora(夫人),〔西〕señora(意义同前)。在希腊语中,旧的 neania(年轻)采用了阳性词尾 -s 成了 neanias(年轻人)。此外还可保持形式不变,而改变句法结构,如〔拉〕nauta,auriga 用于男人(一个“水手,马车夫”)时变成了阳性(即接阳性形容词):原先它们是抽象词,意思是“开船,驾车”;再如西班牙人说 el justicia(法官),el cura(副牧师),el gallina(胆小鬼),el figura(可笑的家伙)(la justicia〔正义〕,la cura〔副牧师身份〕,la gallina〔母鸡〕,la figura〔人物〕)。再如〔法〕le trompette(号手)(la trompette〔号〕);再请比较 la jument(母马)。在瑞典语里,statsråd(州议员)原意是“委员会”,现在仍是中性,但是通常使形容词表语用阳、阴性所共有的形式:

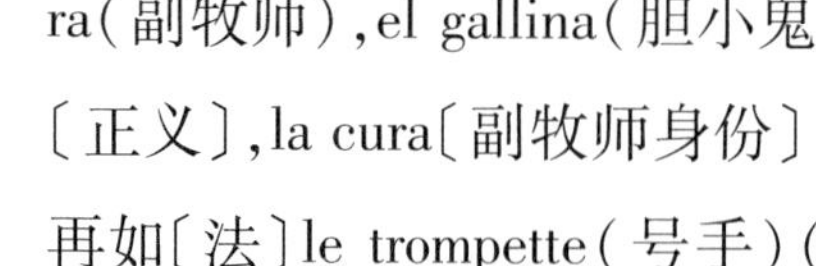

① 一个意大利小孩曾问过为什么 barba(胡子——阴性)不被叫做 barbo(-o 是意大利语中的阳性名词词尾。——译注)(萨利,引自隆布罗索)。

statsrådet är sjuk（国务委员病了）（不用 sjukt〔病人〕）；丹麦语里作此义解的词已经完全抛弃了中性：statsråden er syg（意义同前）。再如丹麦语中的 viv，原先是中性（类似于〔德〕das weib〔妇女〕，〔古英〕pœt wif〔意义同前〕，〔瑞典〕vivet〔意义同前〕），现在是通性，我们现在不再说 gudet，troldet（上帝，巨人），而说 guden，trolden。

通　　性
（Common Sex）

在谈论生物的时候，使用不涉及性别，既可用于雄性又可用于雌性的词，常常是理想的，甚至是必需的。〔德〕mensch（人），〔丹〕和〔挪〕menneske（人），〔瑞典〕människa（人）就是这样的词，尽管很奇怪，在语法上 mensch 是阳性（因此德国人有时不大肯把该词用于妇女），människa 是阴性，menneske 是中性。在英语里 man（人）从最早时候起就用于两性，但是由于它也可以专门用于男性，有时就会产生歧义和混淆，如使雪莱非常感兴趣的希契纳小姐的诗行：

All，all are men—women and all！

大家都是人——妇女和所有的人（男人）！

另注意下面几段引语：Atrabiliar old men，especially old women，hint that they know what they know（脾气乖张的老人们，特别是老太太们，暗示他们知道自己懂得什么——卡莱尔）| the deification of the Babe. It is not likely that Man——the human male——left to himself would have done this…But to women it was natural（把婴儿奉为神

明。人——男人——即使是听任其自行其是的你，也不会这样做的……但是对于妇女来说则是很自然的）。通称单数 man 有时表示两性（God made the country，and man made the town〔立国在天，筑城在人〕）。有时仅用于一性（man is destined to be a prey to woman〔男人注定是女人的牺牲品〕），见《现代英语语法》Ⅱ，5，4. 中的众多引语。毫无疑问，这是英语中的一个缺陷，近来的倾向是使用无歧义的，诸如 human being（人）这样的说法，虽然有些累赘（Marriage is not what it was. It's becoming a different thing because women become human beings〔婚姻已今非昔比了。由于妇女成了人，婚姻也就变样了——韦尔斯〕），或更简短的 human，复数 humans（在高尔斯华绥，W. J. 洛克，卡彭特等人的近作中很常见）。注意，派生词 manly（有男人气概的），mannish（男子气的），manful（果敢的）以及复合词，如 man-servant（男仆）指的是男人，而 manlike（男子似的）和 manhood（成年期）通常指两性（manhood suffrage〔成人选举权〕等）。先前的复合词 mankind（现在重读第二个音节）包括所有的人，但是后来的 mankind（重读第一音节）与 womankind（女子）相对（然而《新英语词典》作出的重音区别并没有得到人们的一致认可）。

法语的 homme（人，男人）和英语的 man 一样都是有歧义的，因此人们有时得说 un être humain（一个男人），在科技书籍中，我们甚至能看到冗长的 un être humain，sans acception de sexe（一个不考虑其性别的人）；而其他语言除了 mann 以外还有非常简单的 mensch（〔德〕人），希腊语除了 anēr（男人），还有 anthrōpos（人），等等。（比较梅耶《历史语言学和普通语言学》273 ff.）

很多专门表示人的特殊名称可用于两性，如 liar（说谎者），

possessor（所有者），inhabitant（居民），Christian（基督徒），aristocrat（贵族），fool（笨蛋），stranger（陌生人），neighbour（邻居）等。而另一些词虽然没有明确的标记，但事实上却主要或甚至完全用于某一性别，原因是相应的社会职能仅限于男子或女子。如一方面有minister（牧师），bishop（主教），lawyer（律师），baker（面包师），shoemaker（鞋匠）等等。另一方面有nurse（护士），dressmaker（女服裁缝），milliner（女帽及头饰的设计者）。奇怪的是，有些词随着时间的推移仅限用于女子，尽管原先也可用于男子，如leman（〔古英〕leofman〔亲人〕，在乔叟甚至在莎士比亚的作品中指男人，后来仅指女人，现在已废弃不用），bawd（鸨母），witch（女巫），girl（姑娘）。

如果希望把通性的词限用于某一性别，可以采取各种办法，如man-servant（男仆）或servant-man，maid-servant（女仆），sevant-girl（意义同前），a he-devil（一个男坏蛋），a she-devil（一个女坏蛋），her girlfriend（她的女朋友），a poetess（一位女诗人）（但是说布朗宁夫人是一位伟大的poet〔诗人〕要比说她是一位伟大的poetess〔女诗人〕有更高的赞美意义。）虽然有authoress（女作者）一词，但author（作者）在很大程度上仍是一个通性名词，不过没有相应的表示女教师（teacher）或女歌唱家（singer）的构词法。大多数语言中都有类似的不一致的现象，并且在许多情况下，由于近来妇女活动扩大到了从前仅限于男人的领域，①从而造成了语言上的困难。

① 举一个远在妇女解放时代之前的例子，《拉克斯达尔人的传说》54. 11 Þorgerðr húsfreya var ok mikill（阳性）hvatamaðr, at þessi ferð skyldi takaz（她是这次袭击的主要煽动者）。

在各种人造语言中只有一种成功地解决了既有通性词又有单性词的问题,这就是伊多语。在该语言中,所有无任何特殊词尾的名称都可用于两性,而男性是由词尾 -ulo 表示,女性由-ino 表示,如frato(兄弟或姐妹),fratulo(兄弟),fratino(姐妹),frati(〔德〕兄弟姐妹),homo(人),homulo(男人),homino(妇女),sposo(配偶),spozulo(丈夫),spozino(妻子),还有 dentisto(牙医),dentistulo(男牙医),dentistino(女牙医)等等。①

复数比单数自然更需要通性词,但是只有为数不多的几种语言可以像意大利语那样使用阳性复数:gli zii(叔叔和婶婶)(lo zio e la zia〔意义同前〕),i fratelli(兄弟们)(il fratello e la sorella〔兄弟姐妹〕),i suoceri(岳父母)(但不是用 i padri〔父亲〕取代 i genitrici〔父母亲〕)或〔西〕los padres(父母亲),los herm anos(兄弟〔们〕和姐妹〔们〕),sus dos hijos,Juan y Perfecta(他那两个孩子,胡安和蓓菲达——加尔多斯《佩尔菲克塔太太》29)。

至于动物,只有少数对人类具有最重要意义的才有单独的通性和单性词或形式(如 horse〔马〕,stallion〔公马〕,mare〔母马〕);这些词往下还有几个层次(如 dog〔狗〕,he-dog〔公狗〕或干脆用 dog 指公狗,用 bitch 或 she-dog 指母狗;sparrow〔麻雀〕,cocksparrow〔公麻雀〕,hen-sparrow〔母麻雀〕),一直到(普通说话人)对其性别不感兴趣的动物(fly〔苍蝇〕,worm〔虫〕)。

代词和形容词由于没有通性形式,如 somebody(某人),every-

① 对已婚妇女根据其丈夫的地位或职业进行称呼,不同的国家有很大的不同(〔英〕Duchess〔公爵夫人〕,〔瑞典〕professorska〔教授夫人〕,〔德〕frau professor〔意义同前〕),这里不便详述。

body(各人),each(每个),所以常用阳性形式,如法语 quelqu'un(某人),chacun(各人),Jean et Marie étaient très contents d'eux-mêmes(让和玛丽对他们自己感到很满意);在下面这类句子中不一致的现象是不可避免的:"Was Maria und Fritz so zueinander zog, war, dass *jeder* von ihnen *am anderen* sah, wie *er* unglücklich war"(玛丽亚和弗里茨那样情投意合的原因是他们各自都在对方身上看到对方是多么不幸),"Doña Perfecta...su hermano...pasaron unos pocos años sin que *uno y otro* se vieran"(蓓菲达太太……和她的兄弟……他们没见面的时间并不很长——加尔多斯《佩尔菲克塔太太》32)。

创立一个通性的疑问代词似乎具有特别重要的意义,因为在问"Who did it?"(谁干的?)的时候,发问者事先并不知道是男的还是女的;所以大多数语言在这种情况下只用一种形式(常常是一个词尾为阳性的形式),如〔希〕tis,〔哥特〕hwas(语法书中列出的阴性形式 hwo,可能从来不用作疑问首品),〔古英〕hwa,〔英〕who,〔德〕wer,〔荷〕wie,〔丹〕(hvo),hvem,〔俄〕кто,等等。例外的是〔古挪〕阳性:hverr,阴性:hver,阳性:hvárr,阴性:hvár 以及〔拉〕阳性:quis,阴性:quœ。但是在现代冰岛语中,这种区别已经消失,至少在主格(hver,hvor)中已经消失,在罗曼诸语言中只有阳性形式作为通性形式保存了下来:〔意〕chi,〔法〕qui,〔西〕quién。(以上原文的中文意思均为"谁"——译者)

在第三人称代词中,英语和我们语系中的其他语言一样区分 he(他)和 she(她);需要用通性代词时,可用 he 来代替 he 或 she,但在口语中常常使用复数 they(他们)("Nobody prevents you, do they?"〔没有人阻碍你,是不是?〕等,《语言》347,《现代英语语法》Ⅱ,5.56)。在复数中大多数哥特语言使用现在表示两种性别的

概括形式（〔英〕they，〔德〕sie，〔丹〕de，等等），这是非常自然的，因为人们常常要谈论一群不必划分性别的人。俄语中也一样，只是主格例外，在主格中分出 они，она。在罗曼语言中，两种性别是分开的：eglino（他），elleno（她）；ellos（他们），ellas（她们）；ils（他们，它们）（eux〔他们，她们，它们〕），elles（她们），但与格：loro（他的），les（他们的，她们的，它们的），leur（他们的）和法语中接动词的宾语：les 为例外。古挪威语在主格和宾格中用不同的形式：þeir，þœr；þá，þœr，但是在与格中只用一种形式：þeim。在主格和宾格中古挪威语用不同的中性形式：þau，这一形式还被用作通性复数，对这一现象通常作出的解释根据的是下述的偶然事实：古老的双数（常用于表示"he and she"〔他和她〕）在语音上逐渐和中性复数相同。如果情况的确如此，把中性单数用作通性形式，可能就是从双数复数（dual-plural）移植而来的；在《拉克斯达尔人的传说》59.20 中可看到两者的例子：Eptir petta skilja pau Guðrún talit，ok bað hvárt þeira annat vel fara（此后古兹伦和他〔斯诺里〕停止了谈话，互相道别）（þau 是中性复数，hvárt 和 annat 是中性单数）。关于哥特语和古高地德语中相应的规则，见威尔曼斯《德语语法》3.768，施特赖特贝格《哥特语初级教程》166，〔古丹〕（吉斯克 1.4.3）*hwat* lengær liuær mothær æthe barn（谁活得长，是母亲还是孩子）。

生物和非生物

（Animate and Inanimate）

有生命的和无生命的，或生物和非生物之间的区别，有时称做人与非人，人称与非人称（并非总是很容易区分开的事物）之间的区别在许多语言的语法的许多部分都占有篇幅,有时与性别—属性紧密地联系在一起,有时独立于性别—属性之外。这种区别在语法上有着迥然不同的种种表现方式,我不敢说下面的一览表是全面的,虽然它们是我所最熟悉的语言。

在英语里,这一区别最明显地表现在代词上,如下表所示:

生　物	非生物
he,she(他,她)	it(它)
who(谁)	what(疑问代词—什么)
who(谁)	which(关系代词—哪个)
somebody,someone(某人)	something(某事)
anybody,anyone(任何人)	anything(任何事)
nobody,no one(没有人)	nothing(没有事)
everybody,every one(所有人)	everything(所有事)
all(复数—所有)	all(单数—所有)
the good(复数—好人)	the good(单数—好的)

很早以前就有一种用代词 it(它)(〔古英〕hit)表示事物的强大趋势。即便是在以前,当阳性、阴性、中性三种性还存在并表现在修品(冠词、代词、形容词)形式中时,也是如此。如(且举几个摘自很有意思的《中古英语中的语法属性和自然属性》〔S. 穆尔,《现代语言协会会刊》1921〕一文中的例子):hlœw...beorhtne(宾格,阳性)...hit | anne arc...hit | ænne calic...hit | þisne calic,hit | þeos race...hit。还有摘自安克因・里乌尔的例子:þene kinedom...hit | þeo ilke scheadewe...hit(同样的阴影) | þene drunch...hit。(在穆尔的文章中,当这一形式指的是 wif〔女人〕,mœgden〔少女〕这类中性词或 wifman〔女人〕这样的阳性词时便与 heo〔她〕的用法,或者

中性词 cild〔孩子〕的用法混同起来;这些词最好分别处理:后一用法,不同于前一种用法,在现代德语里非常普遍)。格和性的古老区别在修饰性代词和形容词中消失以后,it 的这一用法自然而然地变得更为流行了。大约在 1600 年左右便导致了一个新的所有格 its 的产生,从前在所有格中 his 既用于阳性又用于中性,its 还取代了开始用于标准英语中的方言所用的所有格 it。

然而要在英语的 he(他)或 she(她)为代表的生物的性和由 it(它)为代表的非生物的性之间划一条明确的界线是不可能的。因为 it 可以用来指小孩或动物,如果说话人不知道他们的性别或对小孩或动物的性别不感兴趣的话;说话人对小孩或动物的兴趣越大,他就越不会用 it,而在许多情况下 he 或 she 甚至可用来指动物,而不管知道不知道说话对象的实际性别(兔子...she,金丝雀...he,鳄鱼...he,蚂蚁...she 等)。另一方面,事物在多少有点诙谐的文体中也可被说成是 he 或 she,以此表现出一种个人的情趣。这方面最著名、最普遍的例子便是船员称船为 she;在狄更斯的作品中,马车(coach)被称做 she,今天开汽车的人也是这样来称呼他们的汽车。

从不同的角度出发,既可把国家当做非生物,也可当做生物。在谈到法国时,一方面我们可以说"It certainly is smaller than Spain,but then it is much more fertile"(毫无疑问,它比西班牙小,但却比它富饶得多),另一方面,我们也可以说"I do not approve of her policy in the reparations question"(我不赞成她在赔款问题上的政策):在后一例中,法国被看做是一个施事人,因此选择了标明性别的代词。如果说尽管政府领导人是(仍然是!)男子,但该代词是阴性的话,这是由于法语和拉丁语文学传统影响的结果,在法语和拉丁语中国家的名称正巧是阴性。在德语和丹麦语中,这一影响不很大,所以即使提到看做是政治施事人的国家也以中性相称,es,det(尽管我们有时可以代之以人名 Franskmanden〔法国人〕,在不指任何一个具体的法国人的情况下说“Ja, Franskmanden, han veed nok hvad han vil”〔是的,法国人,他肯定知道他想要什么〕)。

heaven(天)的情况有些类似,当含蓄地指上帝的时候,可以称之为 he。nature(自然)作为施事者看时,根据拉丁语(和法语)的性,是 she。布朗宁不管拉丁语的性,把这种用法移用于 fate(命运)(“Let fate reach me how she likes”〔让命运任意摆布我吧〕[①])。

当太阳被称做 he,月亮被称做 she 的时候,这与把它们当做生物的实在感情毫无关系,而是自拉丁语而来的纯粹人为的文学传统:众所周知,在古英语中和在其他哥特语中一样,太阳是阴性,月亮是阳性。

毫无疑问,在诗歌中有使无生命的事物或抽象概念拟人化的倾向。例如在 death(死)一词后用 ’s,似乎把它看成是活着的生物;再如这类概念在造型艺术中的有关表现,大都是由于受到有性

---

① “Donnerwetter! was ist doch manchmal diese verdammte welt niederträchtig schön! Man sollte gar nicht glauben, dass sie dabei einen so hundsgemein behandeln kann!”——“Kein wunder,”meinte Hermann Gutzeit,“es heisst ja *die* welt!”——“*Frau* welt!”rief doktor Herzfeld und lachte.(“哎呀!有时候这该死的世界无耻到了何种程度!人们绝不会相信,她会那样待人。”——“毫不奇怪,”赫·古特莱特说道,“这才叫世界!”——“世界太大!”海尔兹费尔特博士大笑着喊道——G.赫尔曼)。这一段粗鲁的话之所以成立是因为德语 welt(世界)一词是阴性,意思是(1)整个外部世界或自然界——既不是雄(男)性,也不是雌(女)性;(2)人类——既包括男子也包括女子。此段话不可能出现在法语(le monde〔世界—阳性〕)或英语或土耳其语中。

别—属性区别的语言的影响，其中主要的语言当然是拉丁语。但是正如人们正确指出的那样（如詹尼西，1796），这种拟人化在英语里比在其他语言例如德语，更为生动。因为代词 he 或 she 用在日常语言使用 it 的地方，立即把人们的注意力吸引到理想化的境界，而这种理想化在德语中却不那么引人注目，因为每一把椅子，每一块石头都是 er（他），而每一株植物，每一个鼻子都是 sie（她）。英国诗人们在为这类概念选择性别时也有更大的自由。[①] 图姆把莎士比亚的诗句“See how the morning opens *her* golden gates，And takes her farewell of the glorious sun”（看清晨怎样打开她那金色的大门，向灿烂的太阳道别）和施莱格尔的译文“Sieh，wie *sein* tor der goldene morgen öffnet，Und abschied von der lieben sonne nimmt”作比较，在原文中，清晨是告别了情人的女子；在第二句中，由于清晨（阳性——译者注）和太阳（阴性——译者注）的性与原文相反，两者之间的关系正好颠倒了过来。在弥尔顿的诗文中，*Sin* is talking to Satan who has begotten on her his son *Death*（罪恶与撒旦在谈话，撒旦和她生下他的儿子“死”）这句话翻译不成法语，因为 le péché（罪恶—阳性）不可能是母亲，并且 la mort（死—阴性）不可能是儿子。再请注意布鲁诺的话（《思维与语言》87）：“le hasard des genres a créé aux artistes de grands embarras. *La Grâce*，*la Beauté*，*la Science*，prenaient facilement figure de femme，

① Thy wish was *father*，Harry，to that thought（哈里，希望是思想之父——莎士比亚）。——Your wish is *mother* to your thought（希望是思想之母——高尔斯华绥《忠诚》第二幕）。——It is small wonder—the wish being *parent* to the thought—that some accepted the rumour（难怪——由于希望是思想的父母——有些人相信了谣言——麦克纳《我还记得》，149）。

mais *la Force*? On a eu recours à *Hercule*!"(性别的偶然性给艺术家们造成了很大的困难,文雅、美丽、科学、从容的女性形象,但是力量呢?人们向大力神求援!)

在353页上列出的一些区别相对而言是最近才出现的;如关系代词which一直到17世纪初还可以用于人。this和that用作首品时,是非生物的;请注意下面词典定义中的区别:"Rubber—*one who*, *or that which* rubs"("擦东西的人或物")。当指代词(prop-word)one用于前指时(即指一个已经提到的词),既可是生物又可是非生物(this cake...the only one I care for〔这块饼……我唯一喜欢的〕)。但是one如不是像刚才那样指一个刚刚提到的词,便总是指人的(the great ones of the earth〔世界上的伟人〕)。所有这些问题在《现代英语语法》卷2中作了较详尽的阐述。

值得一提的是,集体名词只有在表示生物(family〔家庭〕,police〔警察〕)的时候才可接复数动词,在其他情况下一律接单数动词(library〔图书馆〕,forest〔森林〕)。还应注意:除了在生物名称中以外,所有格(-s)已经消失了(the man's foot〔人的脚〕,但是the foot of a mountain〔山脚〕,还有几个残存下来的固定短语out of harm's way〔在安全的地方〕,a boat's length from the ship〔离船有一艇身之远〕)。[①]

在德语中,生物和非生物之间的区别不像英语中那么明显:许多事物都被指做er(他),sie(她),dieser(这个),jene(那个)等等,也就是使用称呼人的代词来称呼这些东西。但是除了wer(谁),

① 如果我们用"England's history"(英国史)来取代更常用的"the history of England",我们就是为了表明把国名用得近于拟人化(布拉德利《英语的发展》60)。

was(什么)的明显例子外,生物与非生物的区别还有所表现:与格 ihm(他),ihr(她)不常用于事物,不用 mit ihm(采用它),mit ihr(意义同前),in ihm(在此中),in ihr(意义同前)等,而用复合词 damit,darin 等。人们更倾向于用 derselbe(相同的,阳性——译者注),dieselbe(意义同上,阴性——译者注)来指非生物而不指生物;物主代词 sein(他的)通常只用于生物:sie legte die hand auf den stein und empfand *dessen wärme* 或 *die wärme desselben*(她把手放在石头上,感觉到它的热度——柯姆《德语语法》168)。古老的与格已在中性词 was(什么),etwas(某事),nichts(无)中消失了,起用了以 wo—构成的复合词(womit,wovon),但在指生物时现在我们用 mit wem(和谁),von wem(谁的)。

中性概念的重要性在某些情况下从下述奇怪的事实中可以看出:中性概念可以改变 beides 的复数概念,beides 与 beide 不同,beides 的意思是"两样东西",而 beide 的意思则是"两个人";再如 mehreres"几样东西",而 mehrere"几个人"。alles(一切——比较〔拉〕omnia 复数,中性)也是如此。在其他语言中,当然也有类似情况:〔英〕all(一切)单数,中性(常为 everything〔一切〕取代,用于复数指人时仅单独使用 all),〔丹〕alt(一切),等等。〔丹〕alting 原先是复数:"一切事物",但现在用作中性单数:alting er muligt(一切都是可能的)。另比较 much(viel,vieles〔许多〕) = many *things*(viele dinge〔许多东西〕)。

在丹麦语中,生物和非生物之间的区别在语法上的界限不清。但是我们见到相当于 who(谁)和 what(什么)的疑问代词 hvem 表示人,hvad 表示物。不把 begge(两个)单独用作首品词,而倾向于用 begge to 来表示两个人,begge dele 表示事物,相当于 alle(allesammen)“一切”(复数)和 alt(alting)“一切,每一事物”。表示性别的代词 han,hun(他,她)用于人及谈话人感兴趣的高级动物;其他动物根据其名称的性称做 den,或 det:lammet,svinet…det,hesten,musen…den(羊羔、猪、马、鼠)——与这些代词表示事物时一模一样,如 huzet…det,muren…den(房子、墙)。如同英语一样,虽然程度不同,丹麦语也不硬把 -s 所有格用于非生物名称:我们经常谈 taget på huset,trœerne i haven,很少说 husets tag,havens trœer(房顶,花园里的树)。

瑞典文学语言和丹麦语相比保留了更多的旧的性的体系,但是在谈到事物的时候,有着和丹麦语用 den 而不用古老的阳性、阴性 han,hon 的同样倾向。参看蒂格内尔的《论瑞典语中的性》(1892)中的精辟论述。

在法语里,与 que(什么)(qu'est-ce que)和 quoi(什么)相比 qui(谁)(qui est-ce qui)当然更占上风;此外,en 表示非生物,生物则用物主代词。说到钟表时用 j'en connais la précision(我知道它的准确性),说到人的时候用 je connais sa précision(我知道他的精确)(但有时即使表示的是事物,也须用 son〔他的,她的,它的〕,相应于 en 的关系代词 dont〔他的,她的,它的〕,既适用于生物也适用非生物)。

西班牙语中,有一条规则:宾语如果指的是一生物,前面须冠以介词 á:he visto al ministro(我见到了牧师),但 he visto Madrid(他到过马德里)。在俄语和其他斯拉夫语言中通行着这样一条规则:生物的名称与所有格连用而不与宾格连用。在印度的一些现代语言中,如兴都斯坦语(Hindusttani),作宾语用的生物名词以词尾 -ko 为标志,而在非生物东西的名称中,宾语与主格的形式相同(见S. 科诺,《A. 托普纪念文集》99)。因此在各种语言里,可以看出这两类词之间的区分反映在它们表示宾语的方式上。但是由于它们表示宾语的方式截然不同,所以在这里,我们似乎看到了一个植根于全世界人民心理共性中的特点。再请比较雅利安语的主格词尾 -s。如果它原先是表示生物名称的典型词尾——然而这种说法很令人怀疑,因为一方面 -s 见于〔立陶〕naktis,〔拉〕nox(夜)这类非生物词;另一方面,许多生物词似乎从未有过 -s,如 pater(父亲),〔希腊〕kuōn(狗)。

生物(或人)和非生物(或非人)之间的区别有时间接地表现为,某些格的形式被允许存在,而另一些格的形式则消失了。较之非生物词,与格更常用于表示生物的词;因此,出现在最古老的英语中的宾格形式 mec,þec,usic,eowic,很早就被与格 me,pe,us,eow(现在是 me〔我〕,thee〔你〕,us〔我们〕,you〔你们〕)取代了。稍后一些,旧的与格 hire(她),him,hem(现代的 'em〔他们〕),hwam(谁)取代了旧的宾格 heo,hine,hie,hwane;them 也是与格。相反,在中性词中,倒是旧的宾格 hit(it),that,what 取代了与格而保存下来。同样在丹麦语中旧的与格 ham(他),hende(她),dem(他们),hvem(谁)取代了宾格(尽管在 mig〔我〕,dig〔你〕中宾格的寿命的确超过了与格);在北部德语中 wem(谁)取代了 wen,我们在下列词中可看到同样的倾向,〔法〕lui(他,她),〔意〕lui(他),lei(她),loro(他/她们)(不与动词连用时),但是在〔德〕was(什么),〔法〕quoi(什么)等中的宾格获胜了。

在名词中,古老的主格有时在生物的名称中取代了间接格,而在非生物名称中却正相反,间接格取代了古老的主格。如贝哈格尔、博荣格和蒂格内尔曾说过的在德语的 n- 词尾变化中,旧的不

带 -n 的主格仅在生物名称中保留了下来：bote（信使），erbe（继承人），knabe（男子），而非生物名称却沿用了间接格：bgen（弓），magen（胃），tropfen（滴）。同样在瑞典语中，宾格在 maga（胃），båga（轭），strupa（喉），aga（惩罚），vana（习惯）这类词中取代了主格，而人的名称却保留下来并沿用了以-e 结尾的主格：gubbe（老头），granne（邻人），bonde（农民）（蒂格内尔《论瑞典语中的性》221）。时样，另一个主格词尾也只在人的名称中保留了下来：slarver（马马虎虎的人），spjuver（开玩笑的人），luver（帽子）（同上书 225）。古法语有主格和间接格之分；一般来说后者被普遍化了，但是布雷亚尔曾说过（《语言学会论文报告》6.170）保留下来的所有主格都表示人，如 traitre（叛徒），sœur（姐妹），fils（儿子），maire（市长）。

由于非生物的地位自然地比生物低下，由于在有中性的语言中，中性总是用于事物，所以中性用于人和动物时就带有某种贬义色彩。值得注意，在丹麦语中许多骂人的字眼都是中性：et fjols（笨蛋），pjok（讨厌鬼），fœ（蠢驴），bœst（畜牲），drog（笨蛋）；一些主要用于贬义的表示动物的词在其发展过程中改变了原先的性，而成为中性词：øg（牛），asen（腐肉），œsel（驴子），kreatur（牛）。可以把这种现象与下述众所周知的事实加以比较。在许多语言里昵称常常为中性，即便是派生它们的根词并非中性：〔希〕派生于 pais 的 paidion（小家伙），〔德〕fischlein（小鱼），fräulein（姑娘），bübchen（小家伙），mädchen（小姑娘）等。[①] 我猜想意大利语中有

① 有意思的是，这些在其他情况下总是中性的词尾加到了专有名词上后，阴性冠词便可以和-chen 连用：die arme Gretchen（可怜的小格里特），但却不能与-li 连用（方言）：das Pädeli，尽管对于男子的名字我们可以说 der Jakōbli（托布勒《法语语法综合论文集》5.7）。

那么多派生于阴性的 -ino 结尾的昵称词，它们原先并不是真正的阳性而是中性：派生于 casa（房子），tavola（木板），ombrella（伞）的 casino（小房子），tavolino（小桌子），ombrellino（小伞），还有派生于 donnina（小妇人），manina（小手）的 donnino（聪明的小女子），manino（小手—褒义）。我大胆地假设用 -a 结尾的词表示大东西，用-o 结尾的某些词表示小东西，这一耐人寻味的现象的原因仍是中性具有贬义：buca（一个大洞），coltella（一把大刀）；buco（一个小洞），coltello（一把小刀）。在日德兰东南部的一些方言中，一些表示小动物的词成了中性：et kelv（小牛），hvalp（小狗），gris（小猪），kylling（小鸡）（M. 克里斯坦森《新丹麦语》57），而这些词在丹麦语中却是通性。在瑞典语中，individ（个人）如果指人及高级动物，总是用 en，但是如果指低级动物，则说 ett individ（一个人）（蒂格内尔《论瑞典语中的性》39）；在丹麦语中和拉丁语、德语中一样总是用中性。

除了在《数》一章（第十四章）中所考察的区别外，我们还不时发现有一种在事物名词（可数名词）和物质名词（不可数名词）之间建立语法区别的倾向。在英格兰西南地区方言中，“完整的成形的事物”（full shapen things）被称做 he，宾格是 en（来自〔古英〕hine），与代词性修品 theäse，thik 连用；而“不成形的数量的事物”（unshapen quantities）被称做 it，与 this，that 连用：Come under theäse tree by this water（来到水边的这棵树下）| goo under thik tree，an zit on that grass（走到那棵树下，坐在草地上）（巴恩斯《多塞特语法》20，埃利斯《论早期英语的语音》5. 85，赖特《方言语法》§393，416ff.）。其他语言中的倾向是物质名词多用中性。如〔德〕das gift，das kies（毒药，小石子）。同样，在丹麦语中现在用

støvet 代替了较老的 støven(灰尘)。但是丹麦语并非仅仅如此。修品的中性形式用于表示物质名词的数量,即使这些词在其他方面是通性。如我们说 mælken,osten(牛奶、乳酪),但 alt det mælk, noget andet ost(已有那些牛奶,另外一些乳酪)(作为物质——作为事物名词的“另一块乳酪”是 en anden ost);jeg kan ikke nøjes med det te(我对那〔么多〕茶不满),但如果指的是种类或质量则说...med den tea。日德兰的许多方言走得更远,所有物质名词都被用作中性,不管其原来的性是什么。在汉赫里特语(Hanherred)中发生了一种相辅变化,即所有事物名称都被用作通性:iset, jordet, skiben, husen(冰,地球,船,房子)。而标准丹麦语则用 isen, jorden, skibet, huset(意义同前)。

意 念 中 性
(Conceptional Neuter)

在结束关于属性这一章之前,我们还要考察一种现象。由于找不到一个更好的名称,我把这种现象叫做“意念中性”。可以说意念中性是真正的,或概念性的或普遍性的中性,与明确的或具体的中性相对,并与任意式的中性相对。明确的或具体的中性即是,在英语中我们用 it 来指代前面提到过的一所房子或一个虫子等;任意式的中性即是,在德语中我们用 es 指代前面提到过的一所房子或一位姑娘,因为该词正巧是中性。下面几段将表明中性要起若干自然的或意念上的作用,尽管在许多语言里没有中性这一类别,只有几个代词性形式表明在它们的语法体系中存在着这种中性。

这种不定的或意念性中性的第一种用法在下面这类句子中可以看到:〔英〕it rains(下雨,下几例同),〔德〕es regnet(同前),〔丹〕det regner,〔法〕il pleut,口语中说 ça pleut。此外,还有 it snows,thunders(下雪,打雷)等。在这些句子中要确定 it 代表什么,是很难的或是根本不可能的。如果你硬要问,那么就是大气层的整个情况,但至少是某个被认为是特定的东西,正如我们在 the weather is fine(天气好)或 the day is bright(阳光明媚)中使用的定冠词一样。许多语言在这种情况下没有代词,〔拉〕pluit(下雨),〔意〕piove(意义同前)等,布鲁格曼和其他一些人把 it 的这种用法看做一种纯粹的语法手段,是由于句子总要有一个明确的主语这一习惯而产生的(he comes〔他来〕,il vient〔意义同前〕,拉丁语和意大利常常只用动词形式 venit,viene〔来〕)。无疑这一看法有不少道理,但并不是全部事实,格里姆《词典》说 das geisterhafte(幽灵的),gespenstige(鬼怪的),unsichtbare(看不见的),ungeheure(庞大的)是非人称(impersonals),他并未全错;斯皮策用了"das grosse neutrum der natur"(大自然中性)这一术语,并认为这个 it 和 Juppiter tonat(朱庇特统治者)一样是人类神话时代想象的产物。[①] 这里我也许一方面可以从贝内特的一部小说中引证下面一段话:"It only began to rain in earnest just as we got to the gate. Very thoughtful of it,I'm sure!"(我们刚到了大门口,雨才开始下大。老天想得真周到,真的!)。另一方面,可以从一截然不同的领域来

---

① 载《理想的新语文学,卡尔·沃斯勒纪念文集》(1922)中的一篇文章《法语中的合成和象征性中性代词》。大自然中性还表现在(不用任何代词的)俄语中,отца дерево убндо(我父亲被一棵树砸死了——佩德森《俄语语法》110)。

引证,布朗宁用大写的 That 作为 God(上帝)的同义词:“Rejoice we are allied To That which doth provide And not partake, effect and not receive!”(上帝赐予而不分享,惠赠而不索取,同上帝结盟真是一件乐事——本·埃兹拉博士)。同样,哈代用了 It:“Why doth It so and so, and ever so, This viewless, voiceless Turner of the Wheel?”(为什么它这样反反复复地做,这个看不到听不着的车轮转动者?)哈代为这种用法辩解道:“在提及第一或原动力(the First or Fundamental Energy)时不用阳性代词,这似乎是思想家们很早以来就抛弃了对前者拟人化概念的必然和合乎逻辑的结果。”(《君主们》)

在某些习惯用法中,我发现这种不定的或意念性的 it(尽管不是自然界的中性)用作宾语,如,to lord it(称王称霸)| you are going it!(你走着去!)| we can walk it perfectly well(我们完全可以走着去)| let us make a day of it(今天就到这儿吧),等等。在下一句中,由于 it 有歧义,既可是确定的,又可是不定的,因此造成喜剧效果:He never opens his mouth but he puts his foot in it.(一种意思是:“他不开口则已,一开口就把脚放进去。”——确定意义;另一种意思是:“他不说话则已,一说就错。”——不定的意义——译者注)。

在其他语言的习惯用法中也有相应的用法,如〔德〕sie hat es eilig(她匆匆忙忙)| er treibt's arg(他太过分了)|〔丹〕han har det godt, sidder godt i det(他生活得很好)| han skal nok drive det vidt(他肯定要再进一步)|〔法〕l'emporter(占上风), le prendre sur un certain ton(用某种口吻)。在丹麦语中,很奇怪,中性 det 和通性形式 den 通用:ta den med ro(不要紧张)近年来取代了 ta det med ro。den 出现在许多习语中：brœnde den a（烧了它），holde den gàende（不断前进），等等。

这里还须注意〔德〕es klopft an der tür（有人敲门），〔丹〕det banker på døren（意义同前），相当于〔英〕*someone* is knocking at the door（＝there is a knock at the door）（意义同前），〔法〕*on* frappe à la porte（意义同前）。

其次，在 what（什么），nothing（无），everything（一切），something（某物）这类词中也有意念中性。有趣的是在丹麦语中，ting 是通性，而 ingenting 和 alting（无，一切）都接中性表语：den ting er sikker（那件事毫无疑问），但 ingenting er sikkert（一切都不肯定）等等。在罗曼语族中我们可见到同样的现象，其中拉丁语的中性已经合并到阳性中去了，但是这些词，甚至是那些原先是阴性的词，现在被当做阳性，即中性。如来自〔拉〕阴性 rem（东西）的〔法〕rien（什么东西）：rien n'est certain（什么都不肯定），还有：quelquechose de bon（一些好东西）。在意大利语中 qualche cosa（某些东西），ogni cosa（每件事），che cosa（什么东西）（以及缩略的疑问词 cosa＝che cosa）接阳性即中性表语：che cosa fu detto（没说什么？）再如 nulla fu pubblicato（什么都没出版）| una visione（一种观点），un nulla che fosse femminile（没有一点女性的气质）（塞劳《桑索尼上尉》，87，123）。

在类属（generic）形容词中也有意念中性，如 the beautiful，即"一切美丽的事物"，the good（一切好的事物）等。注意西班牙语在这里以冠词的形式保留了拉丁语的中性：lo bueno，与阳性的 el bueno（那个好的）有别。

意念中性的另一种作用是表示表语，如：All men my brothers?

Nay, thank Heaven, *that* they are not(所有人都是我兄弟吗？不，谢天谢地，他们不是——吉辛，比较《现代英语语法》Ⅱ. 16. 377)| you make him into a smith, a carpenter, a mason: he is then and thenceforth *that and nothing else*(你使他成为一个铁匠、木匠、石匠；因而他从此后再不干别的了——卡莱尔)| Marian grew up *everything* that her father desired(她爸爸想要玛丽安干什么，她长大了就干什么——吉辛)| his former friends or masters, *whichever* they had been (他以前的朋友或主人，管他们是什么——史蒂文森)| She had now become *what* she had always desired to be, Amy's intimate friend(她已经成了她一直想要成为的人，即艾米的好朋友——吉辛)| she treated him like a tame cat, *which is what* he was (她把他当做一只温驯的小猫，而他正是一只温驯的小猫——麦克纳)| *What* is he? Just *nothing* at all as yet (他是干什么的？现在他什么也不是)。斯威特(《新英语语法》§212)不了解 what 的这种用法，他把 what 说成是“用于指人”；注意对问句的“What is he?”的回答可带任何表语：“鞋匠”或“好心肠的人”，等等。

在其他语言里也有同样的中性。〔丹〕Er de modige? (他们勇敢吗?) Ja, *det er* de. (是的，他们勇敢。) *Hvad* er han? (他是干什么的?)〔德〕Sind sie mutig? (他们勇敢吗?) Ja, *das sind* sie. (是的，他们勇敢。) Vom papst ist es bekannt, dass er, als er *es* noch nicht war, seine verhältnisse geregelt hatte (教皇在他任职之前就已安排好了他的各种关系，这事尽人皆知)。*Was* ist er? Er ist noch *nichts* (他是干什么的？啥也不是)。〔法〕Si elles sont belles, et si elles ne *le* sont pas(如果她们漂亮，如果她们不漂亮)。〔意〕Pensare ch'egli era libero e che anche lei *lo* era! (她自认为是自由的，她也

就自由了！——福加扎罗）。〔西〕Personas que parecen buenas y no lo son（表面看上去是好人，其实并非好人——加尔多斯）。再请比较〔希〕Ouk *agathon* polukoiraniē（并不好，很多人的统治），及〔德〕中性单数 *Welches* sind Ihre bedingungen？（您的条件都有哪些？）①

在代表动词或连系式的代词中也有意念中性：Can you forgive me？ Yes，*that* is easy enough（能原谅我吗？那容易得很）| The Duke hath banished me. *That* he hath not（公爵放逐了我，他没有——莎士比亚）| I'll write or，*what* is better，telegraph at once.（我将写信，或者最好立即发电报）。在有中性的语言中，不定式和整个从句总是接中性的冠词、形容词等：〔希〕to pinein（饮酒），〔德〕das trinken（饮酒）；〔拉〕humanum est errare（人总是要犯错误的），等等。

① 再请比较"Are there not seven planets？ —That there are，quoth my father"（没有七个行星吗？——有七个行星，我父亲说的——斯特恩）一句中 that 的用法。

第十八章　比较的级

(Comparison)

比较级和最高级　平等和不平等　弱化了的最高级和比较级　潜在的比较　形式上的比较级　差距的表示　次品词和三品词

比较级和最高级

(Comparative and Superlative)

所有普通的语法书都告诉我们有三种"比较等级":

1. 原级:old(老的)　　dangerously(危险地)
2. 比较级:older(更老的)　　more dangerously(更危险地)
3. 最高级:oldest(最老的)　　most dangerously(最危险地)

毫无疑问,这种三分法同人们最熟知的语言中的实际形式相对应。在这些语言里,"原级"是基本形式,根据这一基本形式,或借助于词尾变化,或借助副词(次修品)more,most 派生出其他两个比较等级。在某些常见的例子中,比较级和最高级不是由原级,而是由其他词干构成的:good,better,best(好,更好,最好)|bonus, melior, optimus（意义同前），等等。[1]

现在让我们从逻辑的角度进一步地考察这一体系。首先，无须多加思索就会发现“原级”严格地说不能算做一种“比较等级”，因为我们在说一匹马老了或一本书旧了的时候，我们并没有把它们与其他任何马或书加以比较；那么这种形式与其说是“原级”，还不如说是“否定的比较”（negative of comparison），老的语法学家怪僻地不屑用恰当的、连贯一致的术语，而把这种现象叫做“原级”。然而这一术语也无伤大雅，因为它不会与“肯定”意义上的positive[2]混淆。

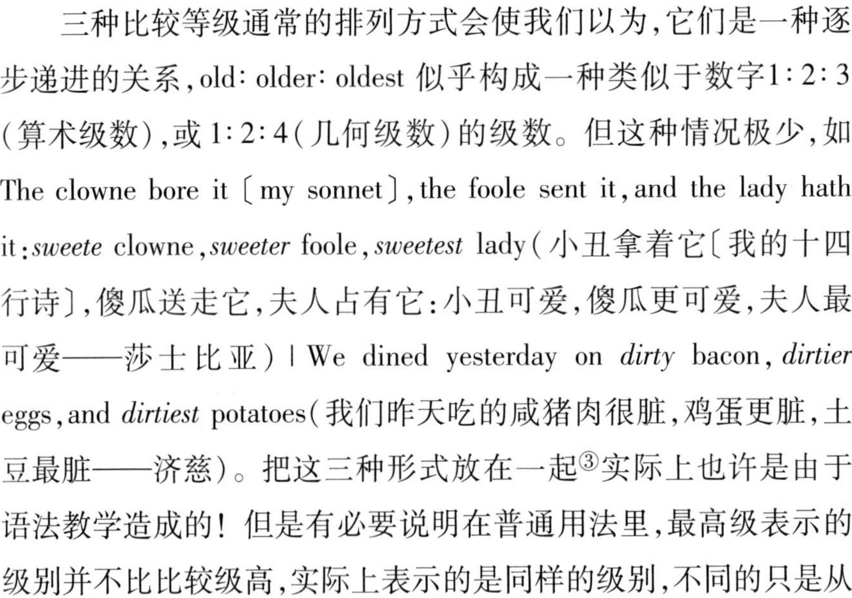

三种比较等级通常的排列方式会使我们以为，它们是一种逐步递进的关系，old: older: oldest 似乎构成一种类似于数字1:2:3（算术级数），或1:2:4（几何级数）的级数。但这种情况极少，如 The clowne bore it〔my sonnet〕, the foole sent it, and the lady hath it: *sweete* clowne, *sweeter* foole, *sweetest* lady（小丑拿着它〔我的十四行诗〕，傻瓜送走它，夫人占有它：小丑可爱，傻瓜更可爱，夫人最可爱——莎士比亚）| We dined yesterday on *dirty* bacon, *dirtier* eggs, and *dirtiest* potatoes（我们昨天吃的咸猪肉很脏，鸡蛋更脏，土豆最脏——济慈）。把这三种形式放在一起[3]实际上也许是由于语法教学造成的！但是有必要说明在普通用法里，最高级表示的级别并不比比较级高，实际上表示的是同样的级别，不同的只是从

① 有些形容词和副词不能比较，如 other（其他的），several（若干），half（半），daily（每日的），own（自己的）。关于名词的比较见第97页。

② 英语的 positive 有两个意思：1.“原级”，2.“肯定的”。——译注

③ 其中最高级表示的即是由 still（还要）表示的内容：still sweeter（可爱得多），still dirtier（脏得多）。

另一个角度出发。如果我们比较 A,B,C,D 四个男孩的年龄,我们可以用两种不同的方法来陈述同一事实:

A is older than the other boys.

(A 比其他男孩都大。)

或

A is the oldest boy (the oldest of,or among,all the boys).

(A 是最大的男孩〔男孩中最大的〕。)

在两个句子中,A 都同 B,C,D 比较;但结果在前句中针对三者(其余的男孩),在后句中针对所有的男孩,包括他自己在内。因此比较级必须辅以一个成分(给出或不给出),即加上 than,than 的后随部分与被比较的对象不同,所以常常使用 other 一词。最高级别不能有这种附加,相反,最高级常常接有 of 或 among all(在所有之中)。但是由于这两种形式表示的实际上是同一概念,因此难怪常常出现一种混乱现象,表现在 the best of all others(在所有其他人中最好的)这类混合物中,再如,a king,whose memory of all others we most adore(在所有其他人中,我们最为怀念的国土——培根) | parents are last of all others to be trusted with the education of their own children(在所有其他人中,教育子女的任务最不能托付给他们自己的父母——斯威夫特)。

现在我们就能看出原先具有真正最高级的语言可以多么容易地放弃这种形式,只用比较级。在罗曼语言中,表示最高级概念的唯一方法是用冠词或其他某个限定词使比较级变得特定:le plus grand malheur(最大的痛苦) | mon meilleur ami(我最要好的朋友)等。(有时不需要限定词,如 la vie,dans tout ce qu'elle a de *plus intensif*〔他生活得很紧张〕)。在俄语中,比较级形式常常也当做一

种最高级形式使用。这种用法很便利，因为比较级的第二部分是加在属格中的，属格亦可用作部分格，因此相当于英语的 than 和 of：лучше всего＝"比一切都好"或"一切中最好的"|богаче всех＝"比所有的人都富"或"在所有的人中是最富的"（此外，放在比较级前的 наи-以及 самый〔自身〕可以表示最高级）（H. 佩德森《俄语语法》，p. 89；比较冯德拉克《斯拉夫语比较语法》1. 494 及 2. 71ff.）。

在 the next best（第二好的），the largest but one（two，etc）（第二〔三……〕大的），the third best（第三好的）等说法中，有一种可叫做有限最高级的比较等级，其意义是"除了一个（两个，等），比其他所有的更好"。在丹麦语和德语中也如此，然而在这些语言中没有相当于英语带 but（除了）的说法。相反，有许多语言都没有表达这种最高级的便利方式。

在德语中，最高级如果被"可能的"一词修饰就会出现一种很有意思的混合现象，该词代替另一形容词（或副词）采用最高级形式。约德尔教授在他的一次讲话中把这两种方法结合在一起使用，das problem der *grösstmöglichen* glücksbefriedigung für die *möglichst grosse* zahl（为尽可能多的人争取尽可能大的幸福的问题）。相应的英语是 the greatest happiness possible for the greatest number possible。

平等和不平等

（Equality and Inequality）

我们如果不把最高级看成是一种真正的比较级，就可建立下面这种比较级的体系：

1. (>) more dangerous(better) than ——superiority
 比……更危险(更好) ——高等

2. (=) as dangerous(good) as ——equality
 和……一样危险(一样好) ——平等

3. (<) less dangerous(good) than ——inferiority
 没有那样……危险(好) ——低等

显然,1 和 3 有着密切的关系,因为它们表示的都是不平等。英语在 1 和 3 中使用 than,在 2 中使用 as,而其他语言在三种情况下都用同一词,如〔法〕meilleur que(较好),aussi bon que(一样好)。丹麦语和英语一样有 end(=〔英〕than)和 som(=〔英〕as)之分,但是丹麦的某些地方(菲英州)即使是在比较级之后也用 som。同样,在德国某些地方在三种比较等级中都用 wie(=〔英〕as),而另一些地方只用 wie 表示平等,用 als(=〔英〕than)表示比较级。因此在法语中可以说 il a autant ou peut-être plus d'argent *que* moi(他的钱和我的相当,可能比我的多),而其他语言则没有这种便利的说法,如 he could box as well or better *than* I(他的拳击和我一样好或比我更好——威尔斯)一句在英语里给人以随便、拖沓的印象。

我们的语言常常为我们提供两种意义相反的表达法,这样我们在某种程度上就能颠倒 1 和 3 等级之间的关系:worse than(比……坏)的意思与 less good than 相同。因为 old(老的)和 young(年轻的)是反义词,我们就可以建立起下面的等式:

1. older than(比……老) = less young than(不如……年轻)

2. as old as(跟……一样老) = as young as(跟……一样年轻)

3. less old than(没有……老) = younger than(比……年轻)

但是在实际运用中,含 less 的说法自然很少用;此外 2 中的两种形式并不完全同义:显然不能用 as young as the hills(和山一样年轻)取代 as old as the hills(和山一样老)。这是下述事实的自然后果:old 除了"具有(这个或那个)年龄"的中性意义(如 vox media)如 the baby is only two years *old*(这宝宝只有两岁)外,还有"年龄大,老年"的意义;该词实际上是在第二个意义上与 young(年轻)构成反义。在某些语言里,这两种意义有着明确的分界,如〔法〕âgé de deux heures | vieux(出生才两小时|年老的),〔伊多〕evanta du hori | olda(意义同前)。

同样,虽然 more unkind than(比……更不和善) = less kind than(不如……和善),但 as unkind as(和……一样不和善)和 as kind as(和……一样和善)并不同义,因为前者意味着进行比较的两个人都不和善,后者意味着两个人都和善。因此借助 as 进行比较一般来说绝不是中立的或中性的,虽然有时如此,如 I don't think man has much capacity for development. He has got *as far as* he can, and that is not far, is it?(我认为人类没有什么发展的能力。他们已尽了自己最大的努力,可走得并不远,不是吗?——王尔德)。

相反,含有 than 的比较则全是中立的,Peter is older than John(彼得比约翰年龄大)并不意味着彼得年老。因此,比较级实际上也许比 Peter is old(彼得年老)中的原级表示更小的程度。Peter is older than John 一句也没有"约翰年老"的意思;但是我们如果加上

次修品 still:Peter is still older than John(彼得比约翰老得多)则有这种含义。再如:〔法〕Pierre est *encore* plus vieux que Jean(同前)| Peter er *endnu* ældre end Jens(同前)|〔德〕Peter ist *noch* älter als Hans(同前)——顺便提一句,在不同的语言里有一种有趣的类似现象,因为 still 的这种用法根本不是不言而喻的;这种用法也见于俄语。

如果我们否定第一级(Peter is not older than John〔彼得不比约翰大〕),其意义或许是第二级(平等),或许是第三级(低等);英语中 not more than(不超过)和 no more than(不过)之间有一种很有意思的区别,not more than 的意义模糊,可以是第 2 级,也可以是第 3 级,no more than 的含义是第二级,平等。第 2 级如被否定,采用 not so old as 的形式其意义实际上总是第 3 级 less old than, younger than(比……年轻);含有 as 的否定不很普通,如果重读 as 的话,有时则意味着第 1 级,如 A is as old as B(A 和 B 年龄一样大)被否定时:Oh no, not *as* old as B, but much older(哦不,不是和 B 一样大,而是老得多)。

弱化了的最高级和比较级
(Weakened Superlatives and Comparatives)

有一种自然的倾向,用最高级表示一个非常高,但不是最高的程度,以示夸张。这种用法有时叫做"absolute superlative"(绝对最高级),有时叫做"elative"(感情级),如 with the greatest pleasure(很高兴),a most learned man(一位博学的人),等等。这种用法在意大利语和西班牙语中已经成为一条严格的规则,以致老的拉丁语最高级形式从不用作真正的最高级;〔意〕bellissimo(很好),

〔西〕doctísimo(很有学问)等等。① 在挪威语的口语中,当表示否定时有同样的情况:ikke så værst(不很糟)。在丹麦语中,无屈折变化的最高级形式与有屈折变化的最高形式有别,前者的本身(不用冠词)意味着真正的最高级,后者意味着绝对最高级:med *störst* veltalenhed(比其他任何人更为雄辩)|med *största* veltalenhed(非常雄辩)。

有时,比较级同样也不意味着比较,如〔丹〕en *bedre* middag(一顿好的,或相当好的晚餐)。再如〔英〕rather:Does it rain? —Rather!(天下雨吗?——大得很!)

类似的弱化比较级也见于〔丹〕flere(若干),如 ved flere lejligheder(几次),而英语通常则更明确地说 more than one(一个以上),即 one 的复数。这个例子很有意思,其中没有任何的比较。有的语言有一种双重比较级词尾形式,〔德〕mehrere(=〔英〕more,以前此词可接 als〔=〔英〕than〕,现在则不能),后期的〔拉〕plusiores(若干),由它又产生了〔法〕plusieurs(几个)——尽管它们的形式相同,但该词实际上要比"原级"viele(许多),beaucoup(意义同前)更弱。

潜在的比较

(Latent Comparisons)

在某些语言表达法里,比较的概念是潜在的,如在动词 prefer

① 再请注意〔意〕medesimo(同样的),〔西〕mismo(意义同前),〔法〕从 metipsimus 而来的 même(甚至);甚至〔西〕mismisimo(同样的——强调式)。

（更喜欢）中：I prefer A to B = I like A better than B（我喜欢 A 而不喜欢 B）——〔法〕je préfère A à B|〔德〕ich ziehe A dem B vor；伊多语在这种情况下用普通的比较连接词：me preferas A kam B = me prizas A plu kam B（意义同前）。这种情况在英语里也很少见，如萨克雷《随笔》（138 页）中的 preferring a solitude，and to be a bachelor，than to put up with one of these for a companion（喜欢一种孤独，当单身汉，不喜欢与单身汉为伴）。此外在 too（〔法〕trop，〔丹〕for，〔德〕zu）中也有一种潜在的比较，too 的意思是"过分"或"过于正派、妥当、好"。这里也可以表示度量：*an hour* too late（晚了一小时，下同）|*en time* for sent | *eine stunde* zu spät | trop tard d'une heure——再请比较 outlast = last longer than（比……经久），outlive（survive）（比……活得长），〔丹〕over-leve（意义同前），〔德〕überleben（意义同前）；exceed（超过）。

作为潜在的比较级，还必须考虑 before（在……之前）和它的反义词 after（在……之后），〔法〕avant，après（意义同前），〔德〕vor，nach（意义同前）等；注意，英语的 after 和丹麦语的 efter 也是形式上的比较级；表示时间长短，如 *an hour* before sunrise（日出前一小时）|〔法〕*une heure* avant le lever du soleil（意义同前）|〔德〕*eine stunde* vor dem sonnenaufgang（意义同前）等。但是我们如果说 *after an hour* he came back（他回来一小时后）或〔法〕*après une heure* il rentra（意义同前）等，我们实际上就混淆了度量的表示和介词宾语，因为它的意思是 an hour after（his departure，or whatever was mentioned）（〔他回来，或做完提到的任何事情〕后的一小时）。这种用法可看做是数学里使用加法和减法时的情景，加 = 由……增加，减 = 由……减少，比较文字解释：four less two（4 - 2），〔法〕

quatre moins deux(意义同前),〔德〕vier weniger zwei(意义同前)。

法语的 cadet(年幼的)和 aîné(年老的)也是潜在的比较级,il est mon cadet de deux ans =“他比我小两岁”。再请比较 il avait un frère *cadet*, *de dix ans moinds* âgé, ingénieur comme lui(他有一个弟弟,比他小 10 岁,像他一样是工程师——罗兰)。英语中某些来自拉丁语比较级的词中也可见到类似的句法现象,虽然从形式的角度看,它们在英语里不能看做是比较级,如 he is *my senior by two years*(他比我大两岁)等。

语法表达法的不合理性表现在下述事实中。如我们所见,〔拉〕post(在……之后),ante(在……之前)是纯粹的比较级,它们只有在比较的第二个成分是一个完整的从句时才接 quam;用普通的语法术语来说就是 post 和 ante 是介词,而 postquam 和 antequam 是连接词;但是很容易看到这不是 quam 的通常作用,quam 在这里相当于英语的 that 而不是 than。〔英〕after 和 before 既可接词,也可接从句(既可作介词,也可作连接词),试比较 he came after (before) the war(他是战后〔前〕来的)和 he came after (before) the war was over(他是在战争结束后〔前〕来的)。在丹麦语中,这两个词的处理方法不同,因为 efter 要作连接词就需要加上 at:han kom efter krigen(他是战后来的)| han kom efterat krigen var forbi(他是在战争结束后来的),而用 för(在……之前)时则不需 at:han kom för krigen(他是战前来的)|han kom för krigen var forbi(他是在战争结束前来的);这两种情况都可代之以 förend (end 的意思是“比”〔than〕,是比较级后的关联词),但是在粗俗的话语中倾向于加一个 at 使之成为连接词:“han kom förend at krigen var forbi”。在德语中,为了把介词 nach(在……之后)变成连接词 nachdem

（意义同前），需要用指示—关系代词 dem 的与格，而 vor（在……之前）（früher als〔早于〕）是与连接词 ehe（意义同前）相对应的介词。在法语中，après（在……后）和 avant（在……前）是介词，après que 和 avant que（意义同前）是连接词，后二语中的 que 是“than”还是“that”不可能确定；再请比较〔意〕poscia che（后来）。（接不定式时，法语有如下结构：avant que de partir〔在动身之前，下同〕，avant de partir，avant que partir，avant partir）

形式上的比较级

（Formal Comparatives）

相反，有一类词在形式上是比较级，但是不能接 than，所以在意念上又不是比较级：upper（上的），outer（外的）及其同源异形词 utter（完全的），former（以前的）等。这些词也许从未起过真正的比较作用；但是 latter（后面的）和 elder（年龄较大的）虽然现在也不能接 than，但先前却是 late（后的）和 old（老的）的真正的比较级，在莎士比亚作品中我们可见到 elder than。那么这些词也许可叫做“先前的比较级”（ex-comparatives）。

other（其他的）是一个形式上的比较级，虽然不存在相应的原级；它能接 than（在其他语言中也是如此，〔法〕autre que〔其他的，除……〕等）。在英语中 other 有时影响其同义词 different（不同的），所以 different 也接 than，而不是正规的 from，如：things will be made different for me than for others（情况对他人将一如既往，但对我则会不尽相同——王尔德）；相反在 another 后面，我们会见到 from：I hope to be another man from what I was（我希望变成一个与我先前不同的人——狄更斯)。

在我们的语言里还有其他一些众所周知的词,它们是用同一词尾构成的,但更加不被人看成是比较级,这就是与数字“二”有关的代词性词,如〔拉〕uter(两者之一),neuter(两者都不),〔古英〕œgðer(两者之一),hwœðer(两者都不),〔英〕either(两者之一),neither(两者都不),whether(是否)等。

雅利安语的后缀-ter-是原来就属于这些指“二”的代词性词,还是从一开始起就是一个比较级的词尾,①也许值得怀疑。但是尽管如此,我们在许多语言里发现了这样一条规则:在没有(用than)进行直接比较的情况下,指两个部分时用比较级,指两个以上的部分时用最高级;比较拉丁语,某样东西分成两部分时用major pars(大的部分),分成三部分或更多部分时用maxima pars(最大的部分)。在英语中同样如此,如:If Hercules and Lychas plaie at dice Which is *the better* man, *the greater* throw May turne by fortune from *the weaker* hand(如果赫尔克里士和里查斯靠掷骰子决定谁是强者,那么骰子就总是把运气带给弱者——莎士比亚)。但是除了the lower lip(下嘴唇)和the upper end(上端)这类固定短语外,现代英语中的自然倾向是在任何地方都用最高级,如whose blood is reddest, his or mine(他和我的血,哪个最红——莎士比亚),见《现代英语语法》Ⅱ,7.77。这种倾向在丹麦语中十分普遍。很有意思的是,德语在这里有一种由古老的最高级加上比较级词尾的形式:ersterer(前者)。同样,英语的对等词the former是

① 比较,在芬兰语中,疑问词kumpi(两者中的哪一个)以及关系代词jompi(意义同前)的构成和屈折变化与比较级相同。

由古英语中的最高级 forma(=primus)和比较级词尾-er 构成的。

差距的表示
(Indication of Distance)

在不平等级的比较中,常常表示出差异(差距)的程度,如 he is *two years* older than his brother(他比弟弟大两岁);也可由 by 表示;拉丁语在这里用离格,德语常用 um,等等。

因此可以把这两种比较合为一体,如 She is *as much better than* her husband *as* champagne is *better than* beer(她比其夫好得多犹如香槟比啤酒好得多)(比较 she is as superior to her husband as champagne is to beer〔她强于其夫犹如香槟强于啤酒〕;她和她丈夫之间的差距如同……和……之间的差距,等等)。

比较级中的差距有时是由源自古英语中工具格 py 的 the 表示的。在下列说法中,the 是指示代词:I like him all the better on account of his shyness(他腼腆怕人,我因此更喜欢他)|that makes it all the worse(这使情况更糟糕)|so much the better(这样更好)(在最后两个例句中,除了 the,all 和 so much 也表示差距,the 在这里只不过被看做一个无意义的虚词)。但是在 the more,the merrier (越多越快活)及两成分的类似搭配中,第一个 the 是关系代词,第二个 the 是指示代词;第一个成分可以叫做限定成分,第二个成分可叫做被限定成分。通常在英语中,这两个成分结构完全相同,没有任何东西能说明在 the more he gets,the more he wants(他得到的越多,想要的也就越多)中哪一个是从句,哪一个是主句;但是丹麦语和德语(英语先前也相同)在这些句子中的语序说明了第一

个是限定成分,第二个是被限定成分;比较 jo mere han får, des mere ønsker han 和 je mehr er bekommt, desto mehr wünscht er(他得到的越多,想要的也越多)。这两者之间的差距有时是靠在第一个 the 后加 that 表示的,如 The nearer that he came, the more she fled(他走得越近,她逃得就越远——马洛)。

在俄语含有 чем…тем 的结构中,第一个词在形式上是关系代词,第二个词是一表示区别的工具格的指示代词。但是在法语中同在英语中一样,这两者之间在形式上没有区别,甚至连 the 这样的词也不用:*plus* on est de fous, *plus* on rit(人们越疯,笑得就越厉害)。因此这两个部分比英语更叫人觉得在语法上是并列的,这常常表现在两个独立句之间加上 et:plus il a,et plus il désire(他占有的越多,想得到的就越多)。①

英语(古英语)和俄语同样都有一种表达法似乎表示精确的比例关系(by how much more …by so much more〔由多少……就由多少〕);但是实际上不存在这种精确的比例,表示如 the more books he reads, the more stupid he becomes(他读的书越多,就变得越笨)这种句子大概可用公式作它的唯一的数学公式:其中 S(n) 的意思是在读了 n 本书后表现出的蠢笨程度。

$$S_{(n+1)} > S_{(n)}$$

在大多数情况下,限定部分放在前面,正因为这种近乎固定的用法,才使得英语和法语中两成分之间获得语法一致性。如果这

① 在意大利语中情况相同:ma più ti guardo,e più mi sento commuovere(我越看你就越激动——塞劳)。比较相反的情况:Quanto più ti costa,tanto più devi parlare(你花钱越多就越应该讲——贾科萨)。关于法语中用 que plus,quant plus(越……越……)等的早期说法,见托布勒《法语语法综合论文集》2. 59 ff.

两个成分易位相处，在法语中就不能使用通常的结构，而要用其他更详细或更累赘的结构，la figure est *d'autant plus* admirable *qu'*elle est *mieux* proportionnée（外形越匀称，越美妙 = mieux la figure est proportionnée，plus elle est admirable）| Si la vie réalise un plan，elle devra manifester une harmonie *plus* haute à *mesure qu'*elle avance *plus* loin（如果生活实现了一个计划，它将随着它前进得越远而表现出越高的和谐——伯格森）。在英语中要使意思清楚，通常所需要的就是改变语序：they liked the book the better，the more it made them cry（这本书越使他们流泪，他们就越喜欢这本书——戈德史密斯）。

这些成比例的相互关系的表达法有一个有趣的次类，其中限定成分是时间长度，但并不明确地表示出。不同的语言有不同的表示法：英语通常用一重复的比较级，如 it grew *darker and darker*（天越来越黑）（ = the longer it lasted，the darker it grew）| he became "*more and more* impatient"（他变得越来越不耐烦）等等。在丹麦语和其他语言中也如此。诗人常常用原级取代第一个比较级，如 and swift and swifter grew the vessel's motion（船运行得越来越快——雪莱）；还有一种表达法，如 her position was becoming *daily more* insecure（她的地位一天不如一天牢靠）；第三种表达法是借助于 ever（比以往任何时候都）：he spoke ever more indistinctly（他说话比以往任何时候都不清楚）。这在英语里很少见，但是德语中与此相对应的结构是很普通的：es wurde immer dunkler（天越来越黑）| er sprach immer weniger（他说的话越来越少）。法语中通常的对等说法是 de plus en plus（越来越）（de plus en plus obscur〔越来越黑〕| il parla de moins en moins〔他的话越来越少〕，等等）。这

里的意思是在开始时已经(比先前)黑了,然后变得更黑(但"still"〔更〕没有表示出来)。

次品词和三品词
(Secondaries and Tertiaries)

在绝大多数情况下,比较是在两个首品词之间进行的,如John is older than Tom(约翰比汤姆大)|this house is bigger than ours(这所房子比我们的大)|I like claret better than beer(比起啤酒,我更喜欢红酒)。但有时两个次品或三品概念("品质")也可比较,如his speech was more eloquent than convincing(他的话虽没有说服力,但却很激昂)|he spoke more eloquently than convincingly(意义同前)。这里英语需要用含有more① 的迂回说法(丹麦语与德语也同样),而拉丁语却用十分不合逻辑的说法:不仅在第一个形容词(副词)中用比较级,还在第二个中用比较级:verior quam gratior(虽不愉快,但很真实)。

两个动词也可比较:he felt rather than saw her presence in the room(他是感觉到,而不是看到她在房间里的)。实际上这意味着是一种修辞上的比较而不是真正的比较,其意思大体是"与看相比感觉也许是更正确的说法"。下面这些说法的言下之意同样如此,this rather frightened him(这倒是吓了他一跳),其中比较的第二项没有说出,但本来的意思是"吓了一跳是比其他任何动词更

① 不过试比较oblong的词典定义:longer than broad(长方)。略有不同的:Aunt Sarah,deafer than deaf(萨拉姑母聋得不能再聋)。

准确的说法”。因此这就使我们想到这类说法：there are some things which I *more than dislike*（有些东西，我远不是不喜欢），其中第一项的成分也略去了：“不喜欢”是一种过弱的说法。

第十九章[①] 时间和时态

(Time and Tense)

划分九种时态的系统　七种时态　时间的主要划分　时间的次要划分　言语的经济　时态的非时间性用法

划分九种时态的系统

(The Nine-Tense System)

在本章我们要谈的是关于“时间”这一自然(或意念)概念及其分类在语言上的表达方式。在许多语言中我们都能发现由动词形式所体现的各种时间标示,即所谓的“时态”。这对于许多语法家来说是那么自然,以致他们一直把区分时态作为动词的主要特征(因而德语称动词为 zeitwort〔即“时间的词”——译者注〕)。但是有些语言的动词不区分时态,甚至在英语这种一般区分时态的语言中我们也能找到 must(必须)和 ought(应该)这样的动词,它们在现代语言中只有一种“时态”;另一方面,时间经常由其他词而不由动词来表示,而且这种方式表示时间常常要比用动词形式表

① 第十九、二十章是根据《丹麦科学学会辩论摘要》(1914,367—420)中《时间和时态》一文重新编写而成的,其中许多部分做了缩减,有些部分做了补充。

示时间精确得多,譬如我们说“1923 年 2 月 3 日下午 11 点 23 分”。

然而,首先让我们专门看一看由那些最熟知的语言中的动词所表示的那些时间上的划分。第一个问题是,我们是否能建立一个可普遍使用的“时态”格式?

在马德维格《拉丁语法》一书中,我发现了下面的系统。任何一件所说的事情要么简单地归于现在、过去、将来这三种主要时态中的一种,要么根据某一特定时间(过去或将来)相对地表示为那一特定时间的现在、过去或将来。因此,我们得到以下九种划分,这里我们采用马德维格的术语和例子,只加上数码Ⅰ、Ⅱ、Ⅲ和 1、2、3 作为下文的参照符号(所用例词的意思是“写”——译注)。

	Ⅰ præsens (现在时)	Ⅱ præteritum (过去时)	Ⅲ futurum (将来时)
	1. *scribo*	*scripsi*	*scribam*
in præterito (过去)	2. *scribebam*	*scripseram*	*scripturus eram*(*fui*)
in futuro (将来)	3. *scribam*	*scripsero*	*scripturus ero*

第一行没有特殊的名称;如要和其他两行相比较的话,它应该是“in præsenti”(现在)。

在其他著作(马岑,克罗曼,诺林的著作,有关细节和评论请见《时间和时态》374)中可见到一些与三乘三的时态有密切联系的系统,在这些著作中,这些系统是被作为纯粹的逻辑系统提出来的,丝毫不考虑这九个范畴在实际语言中的表现方式。马德维格可能是把他的系统当做一种仅运用于拉丁语的经验系统(在他的《希腊句法》中他没有提出这一系统,也许很难确定不定过去时在该系统中的位置),但是即使作为对拉丁语时态的描写,该系统也还是有一些缺点。scribam 出现在两种位置上,如 futuro 中的 præsens(Ⅰ3),和 præsenti 中的 futurum(Ⅲ1),而其他形式仅出现一次。在第Ⅲ系列中,人们很自然地期待出现 1. scripturus sum 来与其他形式相平行。出现目前这种不协调的原因是因为,scripturus sum 含有最近将来的意思,马德维格不想让时间差距成分和他的系统混杂在一起。但是,要把这一表示最近的成分和其他含有 scripturus 的复合形式分开却是很困难的。在他的《希腊句法》(§116)中,马德维格把术语 futurum in præsenti(现在将来时)和 futurum in præterito(过去将来时)用到了带有 mellō(我将)和 emellon(意义同前)的组合中,这些组合被公认是含有最近时间意义的。在克罗曼和诺林所制定的系统第Ⅲ系列中也有这种划分。另一方面,如果去掉这一成分的话就没有必要再有 præsens in futuro 和 futurum in præsenti。它们必须被看做一样东西,由 scribam 来表示,但是这时类推法也要我们把Ⅰ2 præsens in præterito 与Ⅱ1 præteritum in præsenti 统一起来:scribebam 和 scripsi 之间的区别并没有由它们在该系统中的位置而得到足够精确的表示,马德维格把 scripturus eram 和 scripturus fui 放在同一位置上(Ⅲ2)恰好说明了这一点。这两者并非同义,它们之间的区别正像 scribebam 和 scripsi 之间的区别一样,然而这一区别——对此我们在后面还要谈到——却与该格式中的其他

时间区分确实没有任何直接联系。因此最好把这一格式从九个位置减少到七个位置，把Ⅰ2和Ⅱ1合并，同样也要把Ⅰ3和Ⅲ1合并。

七 种 时 态
(Seven Tenses)

如果现在要把这七种时态排列在连贯一致的格式中，我们首先就要遇到术语上的困难。最好有两套不同的术语，一套表示意念的或自然的时间划分，一套表示语法（句法）的时间划分。在丹麦语以及德语中，用本族语术语表示前者，用拉丁语术语表示后者极为方便；因为有 nutid，fortid，fremtid（jetztzeit，vorzeit，zukunft〔现在，过去，将来〕）表示三种主要时间划分，præsens（现在），præteritum（过去）futurum（将来）表示三种动词时态。但是在英语里我们却不能如法炮制，因为没有对应于现在和将来的本族（盎格鲁—撒克逊）词语，因而只能用现在和将来既表示自然时间又表示语法时态（因为几乎不可能区分 present 和 præsens，以及 future 和 futurum）。但是我们可以保留 past（过去时间）这个词来表示意念上的过去，用 preterit 表示过去时态。在任何需要明确区分的地方，我将分别用 present time（现在时间）或 present tense（现在时态），future time（将来时间）或 future tense（将来时态）。至于一些次分类，我建议使用 before（前）、after（后）作为意念上的名称，ante 和 post 作为句法上的名称（如 before-past〔先于过去时间〕，ante-preterit〔先于过去时态〕）。

下一个问题是如何排列以上认可的那七种“时间”。一种方

法是把它们排在一个三角形里：

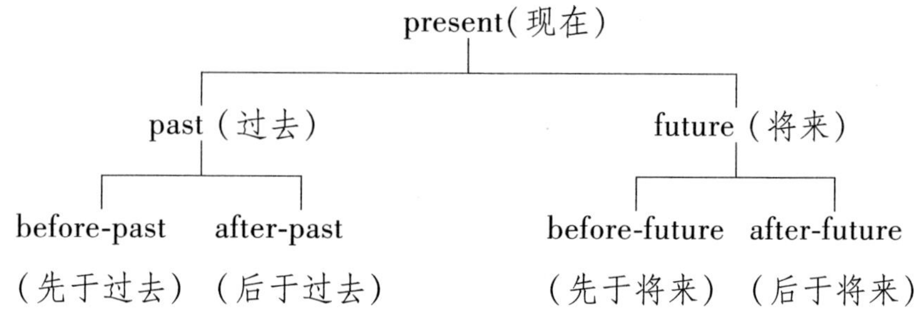

但是这一排列并不令人满意，最好把七种“时间”排列在一条直线上。先于过去很明显是“过去的过去”，同理，后于过去是“过去将来”。依此类推，先于将来是“将来的过去”，后于将来是“将来的将来”，使用这些笨拙的术语是为了提醒人们注意马德维格的系统。

这样我们就得到这样一个系统，它避免了马德维格的两个严重的逻辑错误，(1)把“现在”三分开来的错误，“现在”作为一个点没有线度，不可划分，(2)把时间排列在一个具有三种时间、三个部分的二维格式中，这是一个更严重的错误。因为毫无疑问，由于时间本身的性质，或者不管怎么说由于我们思维的需要，我们也须把时间当做一个仅有一维的东西，所以可以用一条直线表示之。

因而时间的三种主要划分必须依照下面的方法来排列：

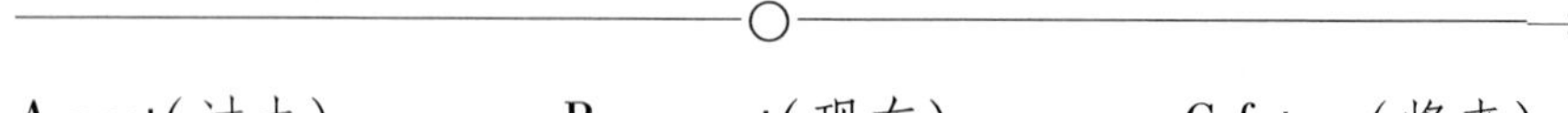

A past(过去)　　B present(现在)　　C future(将来)

插入中间过渡时间之后，我们就得到下面的系统，其中意念术语在上，相应的语法术语在下，中间的直线表示时间进程：

	A past(过去时间)				C future(将来时间)	
before-past (先于过去)	past (过去)	after-past (后于过去)	present (现在时间)	before-future (先于将来)	future (将来)	after-future (后于将来)
Aa	Ab	Ac	B	Ca	Cb	Cc
ante-preterit (先于过去时或过去完成时)	preterit (过去时)	post-preterit (后于过去时或过去将来时)	present (现在时)	ante-future (先于将来时或将来完成时)	future (将来时)	post-future (后于将来时或将来将来时)

这一图表,以及表示各种划分的字母,表明七个点的相对意义,从属"时间"分别以过去的和将来的某一点(Ab)和(Cb)为准,这就同主要时间(A 和 C)以现在时间(B)为准一样。

这样所得到的系统在逻辑上是站得住脚的,但是正如我们将要看到的那样,这一系统并没有声称包括所有可能的时间范畴,也没有包括所有那些在语言中实际发现的时态①。我们现在的任务是将全面考查一下这七种划分,首先考查时间的主要划分,然后再考查时间的次要划分,并且考查一下它们在各种语言里的实际表达方式。

① 在谢菲尔德《语法与思维》131 中可发现一种有些类似的排列,它试图包括大量的时间区分,在我看来这些区分和简单的时间直线毫无关系。评论请见《时间和时态》383f. 。

时间的主要划分

(Main Divisions of Time)

(A)一般过去时间——英语有一个时态表示这一时间即过去时(preterit),如 wrote(写)。其他语言有两个时态,如拉丁语 scripsi,scribebam(写);两者的区别情况见下文(421 页)。由于在这些语言中,距现在时刻的差距并不太重要,有些语言便把过去时态分成较远的过去和较近的过去。后者在法语中用迂回法表示,例如 je viens d'écrire(我刚才写字)。

在一般过去时间的表达方式中,我们这里还必须提一下所谓的历史现在时,较好的说法应是非历史现在时,或采用布鲁格曼所提的说法,戏剧性现在时(dramatic present)。说话人在使用这一时间时跨出了历史的框子,把过去发生的事情看成并表现为好像就在眼前。正如诺林所说的那样,它的作用是产生一种艺术性的幻觉。然而不管这一手段如何具有艺术性,我们绝不可想象它的起源同大众的语言无关。人们只要听一听社会最底层的人们是如何叙述他们亲眼看到的事件,就可明白这一形式是多么自然,甚至是不可避免的。但是斯威特认为,在英语中它是受法语和拉丁语文学影响的结果。在冰岛的英雄史诗中,这一用法非常普遍,它是借用爱尔兰语的(《语文学会会议录》,1885—1887,p. xlv,《新英语语法》§2228)。艾南科尔和其他一些人认为。中古英语中的这一用法源于古法语。但是当时这一用法常见于大众诗歌,在这里外语的句法影响是极不可能的。我认为,这种现在时不出现在古英语中或很少出现是因为古英语文学没有给我们提供任何一点自然散文中那种生动的叙述。而冰岛却正是以此闻名的。总的来说,戏剧性现在时属于那种日常的话语表达法,这些表达法在书面语中出现得较晚,因为它们被认为不配进入文学语言的殿堂。在《荷马史诗》中,根本找不到这种时态,但在希罗多德的著作中却很常见。德尔布鲁克说它“完全是古代民间的”(gewiss uraltvolkstümlich)(《印度日耳曼语比较句法》2. 261)。这话无疑是正确的。

(B)一般现在时间——凡区分动词时态的语言一般都使用现在时来表示这一时间。

但是什么是现在时间？从理论上说,它是一个点,不能延续,就像理论几何学中的一个没有大小的点。现在时刻即“现在”只是过去和将来两者之间永远移动的界线,它沿着上文图表中的那根线不断地“向右”移动。然而实际上,“现在”所表示的时间有很明显的延续,延续的长度根据不同的情况有很大变化,试看下面的句子:he is hungry(他饿)| he is ill(他有病了)|he is dead(他死了)。这与相应的空间词“here”(这里)完全一样,该词根据不同的情况可表示完全不同的东西(在这个房间里,在这所房子里,在这座城里,在这个国家里,在欧洲,在这个世界),而且也和“we”(我们)这个词完全一样,该词可包括除说话人之外不等数量的其他的人,唯一的条件是,(对于 here)说话人当时的所在地点以及(对于 we)当时的说话人必须被包括进去。至于现在时,所有语言似乎都有这样的规则,即唯一的要求是理论上的零点即最严格意义上的“现在”,必须包含在所提及的时间范围内。这一定义可应用于如下情况:he lives at number 7(他住在七号)|knives are sharp(刀快)| lead is heavy(铅重)| water boils

at 100 degrees Celsius(水在摄氏 100 度时开) | twice four is eight(四乘二等于八)。对于这些"永恒的真理",有人曾(错误地)说道,我们的语言有缺陷,因为它们仅依据现在来陈述这些永恒真理,但却没有办法表示,这些真理在过去和将来也同样有效。然而当我们考虑到我们就现在时间所做的大多数或全部陈述都同严格意义的过去和将来时间不可避免地联系在一起时,上述怀疑也就站不住脚了。如果"现在时间"像这里所定义的那样,它甚至可用于如下反复发生的事情:I get up every morning at seven(我每天早上七点起床。——这话甚至也可以在晚上说)[①] | the train starts at 8:32(火车在八点三十二分开出) | the steamer leaves every Tuesday in winter, but in summer both on Tuesdays and Fridays(轮船冬季每星期二开,但在夏季星期二、五两天都开)。在后一句中,现在时刻包含在所谈及的时间范围内,因为这句话是关于现在的安排,它既对目前这一年有效,也对过去几年有效并可能对将来几年也有效。

这种看待事物的方法在我看来要比斯威特所采取的方法更可取。斯威特写道(《新英语语法》, §289):"为了做这样的陈述(如 the sun rises in the east〔太阳从东方升起〕, platinum is the heaviest metal〔铂是最重的金属〕),现在时是最合适的,因为它在所有的时态中是最不确定的"——为什么说是最不确定的? 我们

① 如果我们用一个点来表示每个(在七点)起床的动作,用○表示现在时刻,就可以得到下面的图示,它表明使用现在时的条件得到了满足:

…………………………○……………………………,等。

更没有理由像人们通常那样称这类句子是“无时间的”(zeitlos)①。最好说是共时(generic time)的,正如我们说“共数”和“全指人称”一样。如果一般都是用现在时表达这类判断的话,那么我们就可以证实这些判断现在也是有效的。但是有时也可以使用其他时态:我们所谓的“gnomic preterit”(表示永恒真理的过去时),如在莎士比亚的作品中有 Men were deceivers ever(男人永远是骗子)(试比较希腊语中表示永恒真理的不定过去时)——这是一种文体上的手段,以便使听话人自己得出结论,到目前为止一直是真实的事物现在仍然是并且将永远是真实的。另一方面,在法语 rira bien qui rira le dernier(谁最后笑,谁就笑得最好)中,将来时态是用来“表示格言”的,而这个格言在其他语言中则使用现在时。法语使用这一时态的原因是,引用这一格言常常是当别人都在笑时,说话人想说他将稍后一些笑,那样将更好一些。②

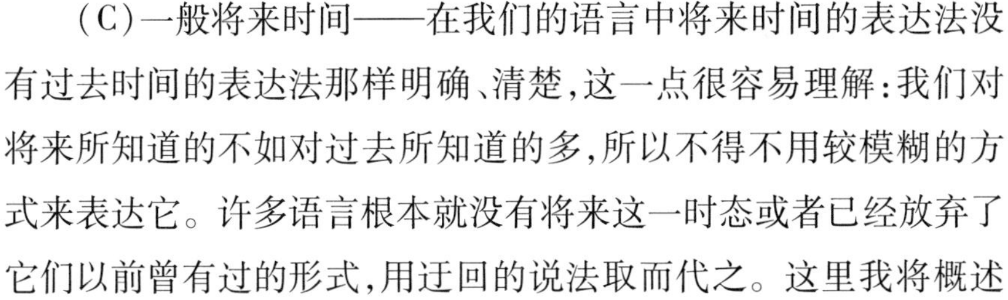

(C)一般将来时间——在我们的语言中将来时间的表达法没有过去时间的表达法那样明确、清楚,这一点很容易理解:我们对将来所知道的不如对过去所知道的多,所以不得不用较模糊的方式来表达它。许多语言根本就没有将来这一时态或者已经放弃了它们以前曾有过的形式,用迂回的说法取而代之。这里我将概述

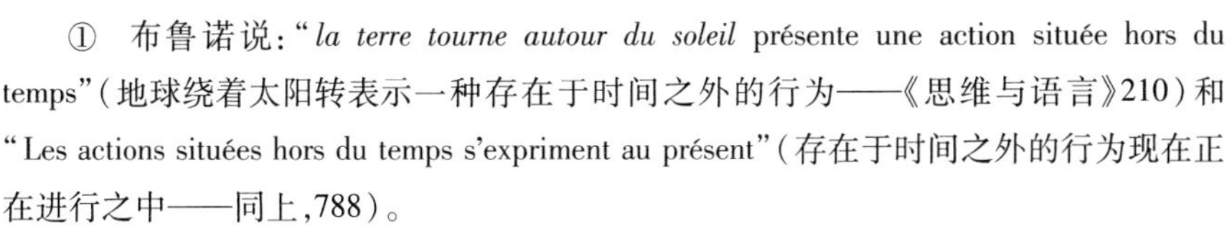

① 布鲁诺说:“*la terre tourne autour du soleil* présente une action située hors du temps”(地球绕着太阳转表示一种存在于时间之外的行为——《思维与语言》210)和“Les actions situées hors du temps s'expriment au présent”(存在于时间之外的行为现在正在进行之中——同上,788)。

② 我们可以有一种共同过去时间:last year the early morning train started at 6:15(去年早车六点十五分开)。这里我们不可能考察现在时态的一些有趣的用法,如 I *hear* (I *see* in the papers) that the Prime Minister is ill(我听说〔我在报纸上了解到〕首相病了)|I *come* to bury Cæsar, not to praise him(我是来埋葬恺撒,而不是来歌颂他的)等。

一下不同的语言表达将来时间的主要方式。

(1)现在时用于将来意义。当句子含有一个精确表示时间的次修品时,以及当该时间与现在时刻之间的距离并不太大时,特别容易使用这一方法:I dine with my uncle to-night(我今晚和我叔叔一起吃饭)。现在时态这种用法的使用范围因语言而异;对表示“去”这种意义的动词来说,该趋势最为强烈:I start to-morrow(我明天动身)| ich reise morgen ab(同前)|jeg rejser imorgen(同前)| je pars demain (同前)|parto domani(同前)等。希腊语的 eîmi(我去)几乎总是“我将去”的意思。现在时态还广泛用于以 when(什么时候),if(如果)所引导的从句:I shall mention it when I see him (if I see him)(当我见到他时〔如果我见到他〕我将提到这件事);在法语中与 si(如果)连用:Je le dirai si je le vois(如果我看见他我将提到这件事),但却不与 quand(什么时候)连用:quand je le verrai(当我看见他时)。

(2)意愿(volition)。英语的 will 和丹麦语的 vil 在某种程度上都保留着原先表示意志意义的痕迹,所以英语的 will go (将去)不可作为一个纯“将来时态”,尽管它接近这个功能,特别当它用于自然现象时,如 it will certainly rain before night (天黑前肯定会下雨)。还有一种日益增长的趋势,那就是(wi)ll 代替 shall 用于第一人称,如 I'm afraid I'll die soon(恐怕我很快就要死了)(尤其在苏格兰和美国),这就使 will 更成了一个表示将来的普通助动词。在德语里,wollen 必须用于下句:es scheint regnen zu wollen (看样子要下雨),因为通常的助动词 werden 不能用于不定式。将来时态在罗马尼亚语中也是用意志来表示的:voiu canta(我将唱);再比较偶然使用的意大利语 vuol piovere(天将下雨——罗雷塔《公爵夫人》155)。在现代希腊语中,意志概念好像从带有 tha(将来式助词)的词组中完全消失了:tha graphō 和 tha grapsō(我将写)(经常或一次);tha 原先是 thena,它派生于第三人称的 the = thelei + na(那),thelei + na 又派生于 hina(目的连词),它现在已成为一个纯粹的时间小品词。[①]

(3)思想(thought),意图(intention)。古挪威语的 mum。这一种情况很难同意愿区分开来。

(4)义务(obligation)。这是古英语的 sceal,现在的 shall,荷兰语的 zal 的原意。在英语中,义务的意义几乎已经消失了,但是在陈述句中,这一助动词用于第一人称,在疑问句中只用于第二人称,尽管在某些种类的从句中它可用于所有的三个人称。[②]义务的意义起初也依附在来自 scribere-habeo(我必须写)罗曼语形式上,这一形式现在已成为纯粹的将来时态——即意大利语的 scriverò(将写),法语的 écrirai(将写)等等。我们还可以把英语句子 he is to start to-morrow(他明天得起程)中的 is to 归入这一项内。

(5)运动(motion)。表示"去"、"来"意义的动词常用来表示将来,如法语中的 je vais écrire(我将写),表示近期将来;英语的 I

① 在意大利语 sta per partire(他将起程)中,将来的概念似乎是由表示目的的 per(为了)所造成的,再请比较 la bottega è per chiudersi(商店将要关门)。

② 在德语中,sollen 有时作为将来助动词使用,如 Es handelt sich hierbei freilich meist um dinge, die erst werden sollen(当然这主要与首先做的事有关——伯恩哈迪),这里如用 werden werden 当然是很别扭的。在法语中我发现了 L'ouvrage semble devoir être très complet et précis(工程看起来将是很全面和很精密的——赫重《英语史》vii,该句是他在谈到一本他仅看到了片断的著作时说的):devoir être 代表消失了的将来不定式 = "sera, à ce qu'il semble"(看上去将是……)。

am going to write(我将写),有时也有这种表示近期的细微差别,尽管并非总是如此。最后没有这种细微差别的有瑞典语的 jag kommer att skriva(我将写),法语的 quand je viendrai à mourir(当我要死时),英语的 I wish that you may come to be ashamed of what you have done(我希望你会渐渐地为你所干的事而感到羞耻的)| they may get to know it(他们可能会知道这件事)。(但是丹麦语的 jeg kommer til at skrive 要么表示偶然或必然,要么表示“我碰巧写”或“我〔将〕必须写”。)

(6)可能性(possibility)。英语的 may(可能,也许)经常表示比较模糊的将来:this may end in disaster(这可能以灾难而告终)。这里我们也许可提一下那些原先的现在虚拟式变为将来时态的例子,如拉丁语的 scribam(将写)。

(7)还有其他一些可以表示将来的方式。德语句子 ich werde schreiben(我将写)按照某些人的看法产生于分词结构 ich werde schreibend,但是这种解释并没有得到所有人的承认。这种用法在保罗的《语法》4.127 和 148 中也没有提到,该书对将来时的解说总的说来是很不令人满意的。希腊语将来时词尾-sō(leipsō〔写〕,等等),被断定原先是用来表示愿望的。

意念的祈使语气必然和将来时间有关。如在拉丁语的祈使语气中有两种时态,事实上都是指将来。所谓现在时祈使语气,要么指最近将来,要么指将来某一不定时间;所谓将来时祈使语气,主要用于某一特定的时间。“完成时祈使语气”指的也是将来时间,完成时的使用是一种文体手段,表示说话人想使他的命令能尽快得到执行:be gone!(走开!)当我们说 Have done!时,意思和说 Stop at once!(立即停下)或 Don't go on!(不要再继续下去!)是一样的。但下一句是一种迂回说法：let that which you have already done(said) be enough(你已经做过的事〔说过的话〕已够多的了)。

时间的次要划分

(Subordinate Divisions of Time)

现在我们来考察时间的次要划分，即某些时间上的点，它们先于或后于有关句子所提到的或暗示的某个另外时刻(过去或将来)。

(Aa)先于过去时间。因为常常需要提到这一时间，所以许多语言产生出表示这一时间的专门时态：先于过去时 ante-preterit (pluperfect, past perfect)。该时态要么是简单形式，如拉丁语的 scripseram(已写了)，要么是迂回形式，如英语中的 had written(已写了)以及其他的日耳曼语和罗曼语中的对应形式。在古英语中，先于过去时间经常用一般过去时加副词 œr 来表示：pœt pe he œr sœde(他以前说过的话)，逐字译过来是 that which he before said。

一般过去时和先于过去时这两种"时间"之间的关系可用图表示出来，直线表示写信的时间，C 点表示他来的时间：

I had written the letter before he came(他来之前我写完了信) = He came after I had written the letter (他在我写完信之后才来)：——C。

He came before I had written the letter(他在我写信之前来了) = either I finished writing the letter after he had come, or I wrote the letter after he had come(或是他来之后我才写完信，或是他来了之

后我才写信)：——┬—— 或 C——。
　　　　　　　　C

(Ac)后于过去时间。据我所知,没有任何一种语言具有表达这一概念的简单时态(后于过去时)。通常的表达方式是借用表示必定(destiny)或义务(obligation)的动词。英语中最常用的是was to:Next year she gave birth to a son who *was to cause her great anxiety* (第二年她生了个儿子,他后来给她带来了许多烦恼) | It was Monday night. On Wednesday morning Monmouth *was to die* (那是星期一夜里,星期三早上蒙茅斯就要死了——麦考利) | he *was not destined to arrive* there as soon as he had hoped to do(他注定不能像他所希望的那样快地到达那里——金斯利)。其他语言亦然。〔丹〕:Næste år fødte hun en søn som skulde volde hende store beky-mringer(第二年她生了个儿子,他后来给她带来了许多烦恼) |〔德〕Im nächsten jahre gebahr sie einen sohn, der ihr grosse bekümmernis *verursachen sollte* (意义同前) |〔法〕Quand Jacques donna à l'électeur Frédéric sa fille qui *devait être* la tigc des rois actuels d'Angleterre(当杰克把他也许能成为英国这些现行国王们的始祖的女儿交给选举人弗雷德里克时——朱瑟朗) | Je ne prévoyais point tous les malheurs qui *allaient nous frapper* coup sur coup(我一点也没有预见到所有这些不幸将会一个接一个落到我们身上——萨尔赛)。有时在法语中使用将来时,它相当于戏剧性将来时:lrrité de l'obstination de Biron et voulant donner à la noblesse un de ces exemples que Richelieu *multipliera*, Henri IV laissa exécuter la sentence(由于为此亨利四世固执而恼怒以及想给贵族树立赫谢利将增加的那些榜样中的一个榜样,准许执行这个判决)。希腊语:

tēn hodon hēi de *emellen* emoi kaka kēde' *esesthai*（《奥德赛》6. 165〔将会给我带来灾难的远征〕；见同书 7. 270，8. 510）。[①]

（Ca）先于将来时间。对应的时态（先于将来时）通常称做 futurum exactum 或 the future perfect（将来完成时）。拉丁语 scripsero（将写完），在我们现代的语言中，用迂回法：I shall have written（我就要写完了）（he will have written〔他就要写完了〕），er wird geschrieben haben，il aura écrit（意义同前）等等；在丹麦语中，将来成分通常并不表达，Hvis du kommer klokken 7，*har han skrevet* brevet（你如果七点钟来，他就已经把信写好了）（…har vi spist〔我们已吃过〕，…er solen gået ned〔太阳已落山〕）。在英语和德语的时间连接词后也是这样：I shall be glad when her marriage *has taken place*（她的婚礼举行过后我将很高兴）| ich werde froh sein wenn die hochzeit *stattgefunden hat*（意义同前）。

同上文 Aa 节一样，这里我们也可以用图示来表现时间关系：I shall have written the letter before he comes（他来之前我将已写好了这封信）= he will come after I have written（shall have written）the letter（他将在我写好信之后来）：——C。

He will come before I（shall）have written the letter（他将在我写好信之前来）= either I shall finish writing the letter after he has come, or I shall write the letter after he has come（或是在他来之后我将写完信或是在他来之后我才写信）：——┬——（C 在竖线下）或 C——。

① 下面援引狄更斯的一句话，请将其中 came 的用法与 397 页（5）做一比较：the influence for all good which she came to exercise over me at a later time…（她后来对我施加的好影响……）。

(Cc)后于将来时间。这主要具有理论上的意义。我很怀疑像 I shall be going to write(我将要写——该句暗示与主要将来时间很近)或 scripturus ero 这类形式是否很常用。马德维格援引了西赛罗的一个例子:Orator eorum, apud quos aliquid aget aut acturus erit, mentes sensusque degustet oportet(演说家必须揣摩他要接近,并达到自己目的的人的心理和智力),但是我们将会看到,这里表示将来的 aget 带有表示后于将来时间的意义,实际上是一个共同现在时,由于 oportet 的原因而成了将来时:演说者(现在和永久)的责任是要考虑到他正在对着讲话或将要对着讲话的那些人。否则必须说,对将来某一时间仍要到来的事的自然表达形式将是一个否定句:If you come at seven, we shall not yet have dined(如果你七点钟来的话,我们将还没有吃饭)(...the sun will not yet have set...〔太阳将还没落山〕)| si tu viens à sept heures, nous n'aurons pas encore dîné(...le soleil ne se sera pas encore couché)(意义同前)。在丹麦语中,将来的成分一般是不表示的:hvis du kommer kl. 7, har vi ikke spist endnu(...er solen ikke gået ned endnu)(意义同前)。①

言语的经济
(Economy of Speech)

语言在使用时态和其他方面经济的程度有很大不同。那些允

① 很清楚,在(Tomorrow he will go to Liverpool, and) not long after that he will sail for America(〔明天他将去利物浦,〕不久之后他将乘船去美国)中,没有后于将来时间,而仅有一般将来时间。

许有 I start tomorrow(我明天起程)这类句子的语言用一个符号(副词)表示将来时间,而别的语言则强迫它们的说话者们使用两个符号,如 cras ibo(我将于明天起程)。这与下面这些简洁的表达式相类似:my old friend's father(我老朋友的父亲),同 pater veteris mei amici(同前)相比前者只用了一个属格标记;ten trout(十条鳟鱼),与 ten men(十个人)或 decem viri(同前)相对。拉丁语经常因其在这些方面的逻辑性而受到称赞,正如魏泽写道:"Der gesunde menschenverstand befähigte den römer besonders zu genauer scheidungder begriffe, schärfe der darstellung, klarheit und durchsichtigkeit der rede. ...Der gebildete römer ist peinlich sorgfältig in der tempusbezeichnung: 'Ich werde kommen, wenn ich kann' heisst bei ihm: *veniam, si potero*: 'wie du sähest, so wirst du ernten': *ut sememtem feceris, ita metes*; 'so oft er fiel, stand er auf': *cum cecider-at, surgebat*"(健康人的智力使得罗马人能够极其准确地区分概念,敏锐地描写,清晰而透彻地讲话……受过教育的罗马人对于时态名称则非常讲究:"如果可能的话,我将来"被他们称做 veniam, si potero;"种瓜得瓜,种豆得豆"被称做 ut sememtem feceris, ita metes;"跌倒了,就爬起来"被称做 cum ceciderat, surgebat)。在这个方面英语和丹麦语同德语是一致的。但是我们必须记住,省去不言而喻的标志不应被认为是不合逻辑:情景和上下文能清楚地表明许多东西,而严格的逻辑学家在学究式的分析中则希望把这些东西明确地表示出来。我们也不应忘记拉丁语在其他方面是足够经济的。postquam urbem liquit(离开城市之后):这里先于过去时间是由 postquam(前)和 liquit(过去)的结合来表示的;英语既允许比较简短的表达方式,也允许比较详细的表达方式:after he left the town

(在他从城里离开之后),after he had left(在他离开之后);丹麦语和德语要求双重表达方式:efterat han havde forladt byen | nachdem er die stadt verlassen hatte(他离开了城之后)。拉丁语的另一个经济之处是省略过去时间标志,如 hoc dum narrat,forte audivi(在她讲这个故事的时候,我碰巧偷听到了)。在下面莎士比亚的两句诗文中事实上省去了两个(相对)时间标志:our vizards wee will change after we *leaue* them(=after we shall have left them)(在我们丢掉它们之后,将改换面盔)。you must leave the house before more harm is done(=shall have been done〔在被进一步伤害之前你必须离开这所房子〕)。这种动词时态中时间标志的省略在时间和条件连接词之后尤其常见;所以要注意在两个 when-从句之间的区别:We do not know when he will come,but when he comes he will not find us ungrateful(我们不知道他什么时候来,但是当他来的时候他将会发现我们不是忘恩负义的)。第一个 when 是疑问词,第二个 when 是关系副词或连词。法语中我们用 quand(当……时候),这时在这两个从句中都用 il viendra(他将来),但如果我们代之以 if(如果),那么区别就和英语的区别一样:Nous ne savons pas s'il viendra,mais s'il vient il ne nous trouvera pas ingrats(我们不知道他是否要来,但如果他来的话,他不会发觉我们不讨人喜欢的)。

时态的非时间性用法

(Non-temporal Use of Tenses)

通常用于表示时间关系的语法符号有时可以用于其他意念目的。例如,将来时态常用于仅仅表示一个有关现在时间的假设或猜测：il dormira déjá = he will already be asleep = er wird schon schlafen（他可能已经睡着了，我假设他已经睡着了），同理 il l'aura vu = he will have seen it = er wird es gesehen haben（他可能已经看到它了）。诚然，我们无法断定将来的任何事情，而只能对它作些假设和猜测，然而这一事实在语言表达上却颠倒了过来，好像将来和假设是一回事似的。或者人们可能是这样认为的：他（现在）已经睡着了这件事（在将来某个时间）将会出现，正如我们可以使用暗指将来的动词 hope（希望）一样，其从句是现在时或完成时：I hope he is already asleep（我希望他已经睡着了），I hope he has paid his bill（我希望他已付了账），即以后将会证明他现在睡着了或已付了账。

过去时形式最重要的非时间性用法是表示非现实性或不可能性。这见于祝愿句和条件句。如果我们想在这一用法和过去时的正常时间用法之间找到某种逻辑上的联系的话，可以说共同的联系是在所有这些情况中相对于现在时间的某些事情给否定掉了。At that time he had money enough（那时他有足够的钱），I wish he had money enough（我希望他有足够的钱）以及 If he had money enough（如果他有足够的钱）——以上每个句子都以各自的方式同 he has money enough（他有足够的钱）形式对立。

I wish he had money enough（我希望他有足够的钱）一句通过过去时表达了一个同现在时间有关的愿望，同时还表示这一愿望是不可能的或不真实的（即不幸的是他现在没有足够的钱）；同理，在 I wish he had money enough（我希望他当时有足够的钱）一句中先于过去时表示一种同过去某一段时间有关的愿望，同时又否定了他当时有足够的钱。但是关于将来的事情，一般说来不可能如此地绝对否定,所以相应的时态变换(would 代替 will)只能表示实现这种愿望的不定性。I wish he would send the money tomorrow(我但愿他明天会寄钱来),而 I hope he will send the money(我希望他明天会寄钱来)也表达这种愿望,但对实现的可能性没作任何说明。

在条件从句中也有这种时态变换。If he had money enough(如果他有足够的钱的话)一句指的是现在时间并否定了他现在有足够的钱,if he had had money enough(如果他当时有足够的钱的话)指的是过去时间,并否定他当时有足够的钱;If he should have money enough(如果他将有足够的钱的话)一句指的是将来时间,但是却没有否定他将有足够的钱,而仅仅表示不肯定他将来是否能得到足够的钱。但最后这种形式也可以用来表示一个同现在时间有关的怀疑,If he should be innocent——在大多数情况下这句的意思也许是 If it turns out(fut. time) that he is(now) innocent(如果〔将来〕证明他〔现在〕是清白的)等等。——在谈及将来的时候也可使用(不带 should 的)一般过去时:It would be a pity if he missed the boat tomorrow(如果他明天坐不上船的话,那将太遗憾了)。①

有时我们还遇到更进一步的变换,主要是在口语中,即先于过去时不仅用来指过去时间,还用来指现在时间,目的仅是强化非真实性,与时间无关。例如我们可以说:If I had had money enough(at

① 在没有用 if 这类连接词明确表示从句的假设性质的情况下,也可见到这种时态变换:Fancy your wife attached to a mother who dropped her h's(想不到你妻子竟喜欢一个老漏掉 h 音的母亲——萨克雷)。

the present moment),I would have paid you(如果我〔现在〕钱够的话,我就会付给你了)以及 I wish I had had money enough(now)to pay you(我希望我〔现在〕有足够的钱来还你)。

同样有趣的是,我们注意到,使用过去时表示现在时间的非现实性导致了还可以用它表示将来的情况,如 It is high time the boy went to bed(孩子该睡觉了)。

在祈愿句和条件句中,非现实性或不可能性原先并不仅是由时态本身的变换来表示的,而且还需要从陈述语气到虚拟语气的变换,例如德语中仍有这种变换。但是现在在丹麦语中,这两种语气在过去时(和先于过去时)中没有任何形式上的差别,意义的改变仅取决于时态。英语中百分之九十九以上的情况也是这样,因为在古时候过去时虚拟语气和陈述语气一致,除了 be 这一个动词的单数以外,目前 was 和 were 仍有区别。所以,很容易理解,对这两种形式之间的区别的本能感觉不可能强烈到防止在几个世纪前可能需要 were 的地方使用 was。自从大约 1700 年以来,was 越来越经常用于下述这些地方:I wish he was present to hear you(我希望他到场听你讲——笛福)| a murder behind the scenes will affect the audience with greater terror than if it was acted before their eyes(幕后凶杀会给观众带来比台上凶杀更大的恐怖感——菲尔丁)。在文学语言中最近出现了一股偏向 were 的逆流,该词受到了大多数教师的青睐,但在口语里 were 比较少见,除非在 if I were you(如果我是你的话)这个短语中。值得说一说的是,was 明显要比 were 更有强调意味,因而可以说它比旧的虚拟式更适合于做不可能性的标志:I'm not rich。I wish I was(我不富有,我希望我富有)|I am ill. If I wasn't,I should come with you(我有病,如果我没病就

会跟你去的)……所以经常用于否定形式。这样,我们就区别了下面两个句子:If he were to call(如果他要喊的话),这里 were 弱读,表示一种模糊的将来可能性,而在 If he was to call 中,was 重读,这就否定了 he *is* to call(now)(他〔现在〕要喊),使用的 is to 几乎是 has to(必须),is bound to(一定,必定)的同义词:If I was to open my heart to you,I could show you strange sights(如果我要把我的心向你打开的话,我会让你看到奇怪的景象的——考珀) | If I was to be shot for it I couldn't(如果我因此而必定要被枪毙的话,我也不能干——萧伯纳)。

在法语的条件句中,我们有过去时和先于过去时的相似用法。这里,陈述语气也压倒了虚拟语气,虽然其形式与英语和丹麦语中的情况有更大的不同:s'il avait assez d'argent,il payerait(如果他有足够的钱,他是会付账的),从前是 s'il eût…。[1]

这里我仅仅谈到了条件(从属)分句的时态,然而这些规则原先还应用于受条件限制的(主要)分句中,例如:But if my father had not scanted me…Yourselfe,renowned Prince,than *stood* as faire As any commer(但是我的父亲如果没有限制我……你,有名的王子,就不会如此美丽——莎士比亚) | She *were* an excellent wife for Benedick(她会是本尼迪克最般配的妻子——莎士比亚)。先于过去时也用于类似情况:If thou hadst bene here,my brother *had not died*(如果你在这儿的话,我兄弟就不会死——《圣经》译文)。然

① 为了说明用来表示非现实性的叙述式过去时的用法,有时使用术语"情态过去时"modal past tense——《新英语词典》和"语气时态"(mood-tense——斯威特);这些术语不尽妥当,因为语气没有固定的意义,至少人们不能从该术语中看出这些时态表示的是什么语气。

而正如有这样一种强烈的趋势一样，即主句要比从句更清楚地表达将来时间（在英语中这主要是通过使用 will 或 shall 来实现的），这些受条件限制的句子中的简短表达形式同样已由较完整的表达形式 should 或 would 所取代：you should stand（你就会站着）| she would be（她就会是）| my brother would not have died（我兄弟就不会死）等等。could 和 might 现在仍以过去的方式在主句中使用，因为这些动词没有不定式，因而不能和 should 或 would 连用，如 How *could* I be angry with you?（我怎么能和你生气？）| He *might* stay if he liked（如果他愿意他可以留下来）。在法语中我们看到有一种相似的发展，il vint（venait 他来），在受条件限制的句子里已由 il viendrait（他将来）所取代，该句原先表示一种过去的义务（“他必须来”），但现在 il viendrait 主要当作所谓“条件式”（le conditionnel）使用，如 s'il pouvait，il viendrait（如果他能够，他将来）。同样也可表示过去：mon frère ne serait pas mort，s'il l'avait su（我兄弟如果知道要死的话，他就不会死了）。

表示非现实性的过去时在下面这些情况中有其特殊用法：should 和 ought 用以表示现在时间的义务或职责，等等；could 代替 can，would 代替 will，might 代替 may，表示“谦恭”（Could you tell me the right time〔你能否告诉我正确的时间〕）| Would you kindly tell me ...（劳驾你告诉我……了）| Might I ask ...（我能否问问……）。这最终导致了 must 从过去时态变成了现在时态；请比较瑞典语的 måste（必须）。更进一步的详细考察只能留给专门的语法书去完成了。

第二十章　时间和时态

(Time and Tense)——(续完)

完成时　内包时间　被动时态　不定过去时和未完成时　英语的扩展时态　时态术语　名词(包括不定式)的时间关系　体

完　成　时

(The Perfect)

也许有人会反对前面列出的时态体系,理由是该体系没有把 have written(已写好,下同),habe geschrieben,ai écrit 等完成时包括在内。〔拉〕scripsi(已写好)两种形式之一的完成时,在拉丁语中常被叫做 perfectum absolutum(独立完成时)或 perfect definite(限定完成时)。然而实际上这并不是该体系的缺陷,因为完成时不宜放入简单时态的系列中,原因是完成时除了含有纯粹的时间因素外,还含有结果的因素。它属于现在时,然而却是一种稳定的现在时(permansive present);它把现在的状态体现为过去事件的结果,因此可以称做一种追溯性的现在时。它是现在时的一种而不是过去时的一种,这表现在下述事实中:副词 now(现在)可与它连用:Now I have eaten enough(现在我已经吃饱了)。He has become mad(他疯了)的意思是他现在疯了,而 he became mad(他那时变疯了)所说的与他现在的状态毫不相干。Have you written the letter? (你信写好了吗?)是一个关于现在时间的问句,Did you write the letter? (你写信了吗?)是关于过去某一特定时间的问句。再请注意从句中时态的区别,如 He has given orders that all spies are to be shot at once(他已下了命令,立即枪毙所有的间谍)和 He gave orders that all spies were to be shot at once(他命令立即枪毙所有的间谍)。我们也许可以用字母 BA 或 B(A)来表示这一区别——字母 A、B 的意义如上文 391 页所示。

很可能古雅利安语的完成时原先是加强的现在时或"稳定的"(permansive)现在时;沙劳夫有说服力地倡导这一观点(《汤姆森纪念文集》60 页):完成时原先表示的是状态:odi(我恨),memini(我记得),hestēka(我站着),kektēmai(我拥有),kekeutha(我藏在心里),heimai(我穿),oida(我眼前有)。完成时的意义在下列句子中可以通过推导获得:he who possesses has acquired(拥有的人已获得了),he who wears a garment has put it on(穿着衣服的人已经穿上了)。

完成概念的两个方面很难保持稳定平衡。一些古旧的完成时现在专门作真正的现在时用,如〔拉〕odi(我恨),memini(我记得);日耳曼语言中所谓的 præteritopræsentia 最好叫做 perfectopræsentia①(完成现在时),如〔英〕can(能),may(可以),〔哥特〕wait(等待),相当于〔希〕oida(知道),〔古挪〕veit,〔古英〕wat(什么),废弃的〔英〕wot(知道)等。除此之外哥特语言中以前的完成

① 〔英〕must(必须)是一个真正的过去现在时动词,其原来的现在时形式 mot 是完成现在时。

时已经失去了现在的因素,成了纯粹的过去时,如〔英〕drove(驾驶),sang(唱),held(持有)等。为了表示完成意义曾经用 have 来构成复合形式,I have driven, sung, held 等。最近,其中一种复合式,已成了纯粹的现在时(因而也是一个新的完成现在时动词):I have got(I've got,我有):在 I've got no time(我没有时间)| you've got to do it(你必须做这事)中追溯性成分已完全失去了。[①]

拉丁语的完成时,原先是由古的过去时(不定过去时)和完成时[②]合并而成的,所以综合了这两种时态的句法功能。然而在罗曼语的动词中我们见到了和大多数哥特语动词一样的发展变化:古的完成时形式失去了它们的完成时功能,成了纯粹的过去时,它们和哥特语动词的区别就是它们是不定过去时(现在叫做 passé defini〔一般过去时〕,passé historique past historic〔历史过去时〕)因为与它们并存的还有未完成时(见下文)。罗曼语的真正的完成时同在哥特语中一样,是用迂回法表示的:ho scritto(写过),ai écrit(写过)等等。(关于 have 作为许多语言中完成时的一个成分的问题,见梅耶《历史语言学和普通语言学》189。)

尽管在这些新的完成时里使用了现在时形式的 have,但要明确区分过去事件的现在结果的概念和这些过去事件本身的概念似乎是很困难的:完成时倾向于变成一种单纯的过去时,虽然这一趋势的大小在各种语言中不同。英语比大多数语言更严格,如果指的是过去某一特定的时间,不管句子是否明确地表示这个时间,都

① 盎格鲁-爱尔兰语中有一种非常奇特的完成时:he is after drinking = has drunk(他喝醉了)。

② Dixi 是古的 s-不定过去时,pepuli 是重叠完成时。

不允许用完成时。含有 yesterday(昨天)或 in 1879(在 1879 年)这类词的句子要求用一般过去时,谈及死人的句子也是如此,除非所陈述的是这些死人行为的现在结果。如:Newton has explained the movements of the moon (the movements of the moon have been explained—namely by Newton)(牛顿解释了月球的运动〔月球的运动由牛顿作了解释〕),相反的情形是:Newton believed in an omnipotent God(牛顿相信全能的上帝)。我们可以说 England has had many able rulers(英格兰有过很多卓越的统治者),但是我们如果用 Assyria(亚述)来代替 England,时态就得改变(布拉德利《英语的发展》67)。

德语在这方面就随便得多,南部德语倾向于在任何地方使用复合完成时:Ich habe ihn gestern gesehen(我昨天见到了他)。相反,德国人(北方的德国人?)经常说:Waren Sie in Berlin?(你去过柏林吗?),这里英国人就得说 Have you been in Berlin? 一个英国人听到一个德国人问:Were you in Berlin?(你到过柏林吗?)他自然会倾向于反问:When?(什么时候?)丹麦语介于严格的英语和自由的德语之间;例如丹麦人总是问:Har De været i Berlin?(你到过柏林么?)但是也不反对使用 jeg har set ham igår(我昨天见过他)这一类句子。但是如果时间标志先表达出来的话,那么就要用过去时:igår sår jeg ham(我昨天见过他)——其心理上的原因是,在前一情况下,造句时最初似乎没有准备表示时间,时间的标志事实上是事后才想到的,时间的标志加在一个实际上已完成的句子 jeg har set ham(我见了他)上,而如果我们一开始就说 yesterday(昨天),时态自然就要随之变化了。

西班牙语似乎严格地遵循这种区别;汉森(《西班牙语语法》

95)列举了相当于上文英语例子的西班牙语例句:Roma se hizo señora del mundo(罗马成了陆地的主人)|La lnglaterra se ha hecho señora del mar(英国成了海洋的霸主)。但是在法语中,这种区别已经模糊,至少现代巴黎人的口语,法国北部法语的口语是如此,这两种方言已完全摒弃了一般过去时:Je l'ai vu hier(我昨天见到他)|ils se sont mariés en 1910(他们于1910年结婚)。从完成时向过去时的过渡,显然是一种普遍的趋势;至少我们在匈牙利语这种偏僻的语言中见到这种现象,在匈牙利语中 írt(已写好)= has written,在日常语言中取代了íra(曾写)="wrote"(西蒙尼《匈牙利语》365)。

追溯性的过去时间与过去某段时间的关系和完成时与现在某段时间的关系一样,因此不能和上文提到的先于过去时间(过去完成时)分开:had written(已写过)。[①]

同样,上面叫做先于将来时间的时态(ante—future)不能和追溯性将来时分开:will have written(将写好),带有动词 have 不同形式的迂回说法似乎表明,人们倾向把这两种时态看做是和完成时平行而不是和一般过去时平行的,所以才有 past perfect(过去完成时)和 future perfect(将来完成时)这样的术语。

---

① R. B. 麦克罗(《英语语法与其他语法》载《英语学会会员论文集》1922,162页)机灵地指出"Cæsar had thrown a bridge across the Rhine in the previous autumn"(前一年的秋天恺撒就已经在莱茵河上架好了一座桥)通常的意思是,在这位历史学家讲述的时候就有这座桥存在,但是加上 but it had been swept away by the winter floods(但是桥却被冬天的洪水冲掉了)这样的话,就抵消了上述的推断。用我的术语,前例中的 had thrown 是追溯性过去时,但在后一例中则是纯粹的先于过去时。

内 包 时 间

(Inclusive Time)

人们也许常常需要谈论某个既属于过去时间又属于现在时间的事情。两个时态可以结合使用:I was (then) and am (still) an admirer of Mozart(我〔当时〕是,现在〔仍〕是莫扎特的崇拜者)| I have been and am an admirer of Mozart(我过去一直是现在还是莫扎特的崇拜者)。但是如果加上一个延续时间的标记,我们就能将两者结合成一个所谓的内包过去现在时(inclusive past—and—present)。由于这一概念具有综合性质,所以有些语言使用完成时,如英语和丹麦语,另一些语言则使用现在时,如德语和法语:I have known him for two years(我认识他已有两年了。下同)| jeg har kendt ham i to år | ich kenne ihn seit zwei jahren | je le connais depuis deux ans。请注意不同例子中使用的不同介词。拉丁语中的规则与法语相同,只是没有介词:annum jam audis Cratippum。显然这种时间关系无法使我们在上文提出的时间序列里给它找到一个位置;不过这种时间关系可用字母 B 和 A 来表示。

过去时间和将来时间也有相应的表达法:in 1912 I had known him for two years(到 1912 年为止我已认识他两年了。下同)| i 1912 havde jeg kendt ham i to år ‖ in 1912 kannte ich ihn seit zwei jahren | en 1912 je le connaissais depuis deux ans ‖ next month I shall have known him for two years(到下个月为止我认识他将有两年了。下同)| næste måned har jeg (vil jeg ha) kendt ham i to år ‖ im nächsten monat werde ich ihn seit zwei jahren kennen | le mois prochain je le connaîtrai depuis deux ans。不用说,后面这些表示法都不很常用。

被 动 时 态

(Passive Tenses)①

当我们考察罗曼和哥特语言中动词被动语态所使用的迂回时态时,一定要牢记完成时的两重性。古典拉丁语中有以-r 结尾的真正现在时被动语态:scribitur,复合式 scriptum est 是完成时 it is written(写好的),即 has been written(已被写好的),表示写好之后的状况。但在罗曼语言中,以-r 结尾的被动语态已经消失,迂回表达式的意义也有部分更动。对这个问题的研究最有成效者是迪茨(《罗曼语言语法》3. 202)。他从早期文献中引用了这类例子:表示 aspiciuntur(被看)的 quœ ibi sunt aspecta(在这里可以看到的东西),表示 possideetur(被占有)的 est possessum(已被占有),然后他又把动词分成两类。在第一类动词中,动作或限于一个单一的时刻,如 catch(抓),surprise(吃惊),awake(醒),leave(离开),end(结束),kill(杀死);或意指一个最终的目的,如 make(制造),beat(打击),这里被动分词表示动作已完成或结束。在罗曼语言中带 sum 的结构和在拉丁语中一样是完成时,如 il nemico è battuto,1'ennemi est battu(敌人被打败)= hostis victus est;era battuto(被打败),io sono abandonato(我给留下了),sorpreso(惊奇);la cosa è tolta via(事情在继续)。迪茨把这些动词叫做完成体动词。第二

① 被动时态在这里指的是被动句中的时态。——译注

类(未完成体)包括表示一种不是旨在完成的行为,如 love(爱),hate(恨),praise(称赞),blame(责备),admire(羡慕),see(看),hear(听)等。这里与 sum 连用的分词表示现在时间:egli è amato da tutti(他被大家爱),il est aimé de tout le monde(意义同前)= amatur ab omnibus;è biasimato(斥责),lodato(赞美),odiato(痛恨),riverito(尊敬的),temuto(吓破胆的),veduto(被看见的)。在罗曼语中如同在拉丁语中一样,第一类动词的分词由于失去其时间意义,倾向于变成形容词 eruditus est(聪明的),terra ornata est floribus(可爱的大地永远万紫千红)。如果一定要把给倾向于变成形容词的分词加上过去时间的概念,就要使用新的分词 esse:il nemico è stato battuto(敌人已被打败),l'ennemi a été battu(敌人已被打败)。对于现在时间,最好使用主动语态结构:batton il nemico(我们战胜了敌人),on bat l'ennemi(他们战胜了敌人)。在意大利语和西班牙语中还可以把 venire(来)用作表示现在时间的被动语态助动词。

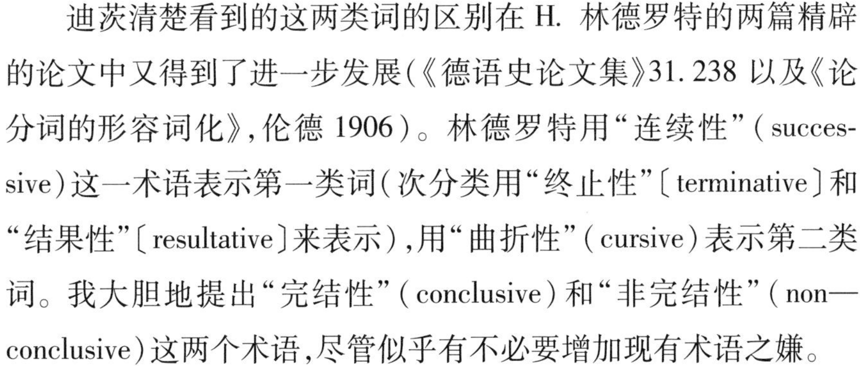

迪茨清楚看到的这两类词的区别在 H. 林德罗特的两篇精辟的论文中又得到了进一步发展(《德语史论文集》31. 238 以及《论分词的形容词化》,伦德 1906)。林德罗特用"连续性"(successive)这一术语表示第一类词(次分类用"终止性"〔terminative〕和"结果性"〔resultative〕来表示),用"曲折性"(cursive)表示第二类词。我大胆地提出"完结性"(conclusive)和"非完结性"(non—conclusive)这两个术语,尽管似乎有不必要增加现有术语之嫌。

在德语和丹麦语中有两个助动词,一个是 werden,blive,另一个是 sein,vœre,选哪一个助动词和第二类动词(非完结性)连用关系不大:er wird geliebt(ist geliebt)von jedermann(他为大家所喜爱),han bliver elsket(er elsket)av alle(同前)= edermann liebt ihn(大家都喜爱他),alle elsker ham(同前)。[①] 不同的助动词与第一类动词(完结性的)连用表示不同的时态:er wird überwunden(他被战败),han bliver overvundet(同前) = man überwindet ihn(人们战胜了他),man overvinder ham(同前);但是 er ist überwunden(他已被战败),han er overvundet(同前) = man hat ihn überwunden, man harovervundet ham(同前)。在后一种情况下,用复合式 er ist überwunden worden,han er blevet overvundet,可以更明确地表达完成被动语态。

英语中相当于德语 werden 的古助动词 weorðan 已经消失了,情况和法语非常相似。如果我们先来考察非完结性动词(迪茨的第二类词),我们会看到,当 honoured(受尊敬的),admired(受崇拜的),despised(受蔑视的)这类分词作修品时,如 an honoured colleague(一位受人尊敬的同事),与时间毫无关系,并且根据不同情况可以用于任何时间(an honoured colleague of Bacon〔培根的一位受人尊敬的同事〕)。因此 is honoured(受到尊敬),is admired(受到羡慕)等所属的时态和一般的 is 所属的时态相同(现在时)。

像 paid(付过钱的),conquered(被征服的),lost(失去的)这类完结性的分词情况则不同。作为修品词,它们表示过去动作的结果:a paid bill(付过钱的账单)| conquered towns(被征服的城镇)| a lost battle(失败了的战斗)。与助动词 is 连用的结构,根据占支配

---

① 某些非完结性动词用不同的助动词意义上会有细微差别。在丹麦语中还有以-s 结尾的被动语态:elskes(爱),overvindes(征服),这些被动式使某些动词的意义产生了细微的差别。——在意大利语中 venire(来)用作助动词,与德语的 werden 和丹麦语的 blive 相当:viene pagato(付给)不同于 è pagato(付清)。

地位的是分词内在的完成意义还是 is 的现在意义可能有两种不同的意义;比较下面两句:his bills are paid so he owes nothing now(他已付过账单,所以一分钱也不欠)(sind bezahlt〔已付钱了〕;he has paid〔他付过钱了〕) | his bills are paid regularly on the first of every month(他每月一日按时付账)。过去时 his bills were paid(他的账付了)当然可以有两种对应的意义。比较下面的例子:he was dressed in the latest fashion(他身着时髦的服装) | the children were dressed every morning by their mother(孩子们每天早上由母亲给穿衣) | at that time they were not yet married, but they were married yesterday(当时他们还没有结婚,不过他们昨天结婚了)。让我最后从柯姆的一篇论文摘引一个例子,我略作了一点改动:When I came at five, the door was shut(war geschlossen), but I do not know when it was shut(geschlossen wurde)(我五点钟来的时候,门已关上了,但我不知道门是什么时候给关上的)。我认为说明这种区别的最好办法就是指出相反的陈述是什么样的:When I came at five, the door was open(因此是形容词), but I do not know when it was opened(我五点钟来的时候,门是开着的,但我不知道门是什么时候开的)。

显然这里存在着歧义的根源,[①]但是必须承认在过去几个世纪中已经找到了一些补救办法。首先,在伊丽莎白时代英语中很少见的 has been 和 had been 与分词连用的结构变得越来越普通。在现代作家无疑要使用 has been 的地方,莎士比亚却常用 is,如第

---

① 英语没有确切的办法翻译歌德的下面这句话:Was heute nicht geschiecht, ist morgen nicht getan(今天没发生的事,明天也不能做出来)。

76 首十四行诗 Spending againe what *is already spent*…*so* is my loue still telling what *is told*(把已经说过的事再说几遍……我的爱也就永远把旧话重提)|(《约翰四世》2. 165)Arthur, whom they say *is kill'd* tonight on your suggestion(据说亚瑟今晚在你的授意下被吊死了)。在钦定本《圣经》中也有这种情况,如《马太福音》5. 10 Blessed are they which *are persecuted* for righteousness sake(祝福那些为着正义而受迫害的人们),在修订本《圣经》中则是:Blessed are they that *have been persecuted*。① 其次,动词 become 和特别在口语中使用的 get 越来越多地用于 be 可能会产生歧义的地方,如 taking it into his head rather late in life that he must *get married*(他耄耋之年才想到他必须结婚——狄更斯)|"I am engaged to Mr. W"——"You are not engaged to anyone. When you do become engaged to anyone, I or your father will inform you of the fact"(我已和 W 先生订婚了——你没有和任何人订婚,如果你确实同什么人订过婚的话,我或者你爸爸会告诉你的——王尔德)。② 最后,较新近出现的结构 is being 在某些情况下可以使意义明白无误。因而我们发现在现代英语里除了原有的 the book is read(书读过了)外,最少还有三种新的表达法,即 the book has been read(书已读过

① 在 1611 年钦定本《圣经》路德福音开头中有如下例子:thy prayer is heard(你的祈祷已经被听到了)|am sent(被送去了)|is borne this day(今天出生)|which was told them(已经告诉了他们)|it was revealed(已被揭露了),20 世纪的译本则是:has been heard|have been sent|has been born|what had been said|it had been revealed。

② 在萧伯纳的一个剧本中下列句子很有意思,因为在第二段话中没有用强调形式,they *are* killed(他们被杀死了)很容易被误解:No man goes to battle to be killed(没人上战场是为了送死)——But they do get killed(但是他们确实被杀死了)。

了),gets read(被读了),is being read(正在被读)。这种专义化的现象无疑是语言的一大进步。

不定过去时和未完成时
(Aorist and Imperfect)

我们在上文看到,拉丁语的 scripsi 除了是完成时(have written〔已写好〕)外还是过去时(wrote〔写〕),但作过去时用时,除它之外还有一个过去时 scribebam。我们现在用希腊语法中的术语,不定过去时和未完成时,来考察这两种过去时之间的区别。正如我们所见到的那样,在法语语法中,不定过去时有各种各样的名称,le passé défini(一般过去时)或 le passé historique(历史过去时)。第二种名称,已为语法术语委员会所采纳,尽管历史学家们需要的似乎不仅是那种过去时,还需要有完成时。

在希腊语、拉丁语以及罗曼语中,这两种时态是在相同的动词上加不同的词尾构成的。在斯拉夫语中,也有大体相似的差别,但表现方法不同,是由所谓的完成体(perfective)和未完成体(imperfective)动词之间的区别体现的(这些术语的意义差不多,但和上文 417 页上所说的迪茨的术语的意义不完全一样)。一般说来,两个对立的动词常常(尽管并不总是)通过在同一词根上加不同的后缀构成的。它们互相补充从而使只有两种时态的斯拉夫语动词能够表达时间意义的细微差别。这种情况可以列表如下:

	现在时态	过去时态
完成体动词:	将来时间	不定过去时
未完成体动词:	现在时间	未完成时

现在来谈谈不定过去时和未完成时的意义。这两者都表示过去时间并且不能置于391页上所制订的时间线的不同点上,因为它们与现在时间的关系相同,而与“前于”、“后于”词缀表示的时间层次分类毫无关系。它们本身与有关动作的延续时间亦无关系。我们不能说一个是瞬时的或一次性的,另一个是延续性的。两者都可以加上表示时间延续长度标志,如:ebasileuse tessera kai pentēkonta etea(他在位五十四年)| Lucullus multos annos Asiæ præfuit(卢库卢斯担任了多年的小亚细亚的领导人)| Louis XIV régna soixante-douze ans et mourut en 1715(路易十四在位七十二年,卒于1715年)| De retour de ces campagnes il fut longtemps malade(他打完这些战役后,长期患病)| il languit pendant des années entières(在这几年中他一直体弱)。

这两种时态相当于英语then的两个意义:(1)然后,随后,如then he went to France(他随后到法国去了)(〔丹〕dœrpå);(2)当时,如then he lived in France(当时他住在法国)(〔丹〕dengang)。不定过去时使叙述传递下去,它告诉我们随后又发生了什么事,而未完成时则徘徊于当时的情况上,多少有些琐细地叙述这些情况。一种时态给人以运动的感觉,另一种给人以停顿的感觉。有一个拉丁语学家(我忘了在什么地方看到过有人引述他的话)曾简明扼要地表达了此意:Perfecto procedit,Imperfecto insistit oratio(完成时一往直前,未完成时驻足不进)。克鲁格说过类似的话,不定过去时凝聚(zusammenfasst)而集中,未完成时则涣散(entfaltet)。沙劳夫(《比较语言研究杂志》38.151)对此进行了扩展,说在不定过去时态中“说话人对无关紧要的事情,对动作发生时的情况和对可能发生的中断进行了抽象,事实上一个完整的动作序列被压缩成了一个动作,然而该动作的时间长短却没有缩略”。正如沙劳夫所强调的,在古斯拉夫语中不定过去时不仅可由完成体动词构成,也可由未完成体动词构成,这是值得注意的。同样,法语中的任何动词都可用作不定过去时(历史过去时),不管其意义如何。我们也可以用《圣经》的话稍加夸张地说,对于使用未完成时的人来说,一天等于一千年,而对于使用不定过去时的人来说,一千年则等于一天。我们至少知道像德语“aktionsart”(行为方式)这样的术语是很不准确的:两种时态的区别,与动作本身毫无关系。如果我们说这只是叙述速度的不同,那么我们就接近事情的真相了。如果说话人在叙述事实时,急于向现在时间接近,他就会选择不定过去时;相反,他如果慢条斯理,耽于叙述细节,他就会选择未完成时。因此,这种时态上的差别其实是一种速度差别:未完成时是舒缓的,而不定过去时则是急速的,或许我们应该分别称之为“渐慢的”和“渐快的”。

这还会使我们明白,在未完成时中,常常有一种在不定过去时态中所没有的独特的感情色彩。

在法语中复合式的先于过去时态里,j’avais écrit(我写了)和j’eus écrit(我已经写了)存在着相应的差别。在法语的通俗话语中*ai eu*也被eus取代了,如Quand ma femme *a eu trouvé* une place, elle a donné son enfant à une vieille pour le ramener au pays(我妻子找到一个地方后,把孩子交给一个老妇人,让孩子在那里得到恢复——多代)。

拉丁语的完成时有两种功能,同样,拉丁语、罗曼语和希腊语等的未完成时也有两种功能,因为除了我们刚才说到的缓慢动作外,未完成时还表示过去某段时间内的一种习惯性动作。因此在这里,时间概念和重复性概念紧密相连,而重复性概念事实上是一种数的概念(见《数》章 312 页):与未完成时的这种用法表达的动词行为有关的复数概念和由体现反复性或多次性结构所表达的复数概念完全一致。

现在我们能够列出下面这张关于某些我们熟知语言的时态的表格。第一行表示真正完成时,第二行表示不定过去时,第三行表示习惯性未完成时,第四行表示描写性未完成时。这张一览表清楚地显示了某些语言是怎样混淆了在另一些语言里得到严格区分的时间差别。

1. gegraphe	scripsit	a écrit	has written	hat geschrieben
2. egrapse	scripit	écrivit, a écrit	wrote	schrieb
3. egraphe	scribebat	écrivait	wrote	schrieb
4. egraphe	scribebat	écrivait	was writing	schrieb①

英语的扩展时态

(The English Expanded Tenses)

在上列的一览表中,我们发现拉丁语的 scribebam 在英语中有两种译法,wrote 表示习惯性行为,was writing 表示描写性未完

① 关于与现代希腊语中将来时态和祈使语气相对应的区别,请见萨姆《现代希腊语手册》1895,p. 73 第二版,1910;p. 119,C. 巴克《古典语文学》,1914,92。

成时。在现在时态和其他时态中也有相应的表示法,如英语有一整套复合的时态形式:is writing(现在进行时),was writing(过去进行时),has been writing(完成进行时),will(shall) be writing(将来进行时),will(shall) have been writing(将来完成进行时),would (should) be writing(过去将来进行时),would(should) have been writing(过去将来完成进行时),被动语态的有 is being written(现在进行时),was being written(过去进行时)——斯威特在他的时态体系里甚至列出:I have been being seen(我一直在被人看到),I had been being seen(我过去一直在被人看到),I shall be being seen(我将正被人看到了),I should be being seen(我那时将正被人看到了),I shall have been being seen(我将一直正在被人看到)。毫无疑问,把英国的全部文学作品通读一遍也不会找出几个这样的"形式"。关于这些时态,语法学家们已写得很多了,它们被称之以各种各样不同的术语:definite tenses(限定时态),progressive tenses(进行时态),continuous tenses(进行时态)。我认为把它们叫做扩展时态(expanded tenses)比较好,因为这一名称足以概括其构成的特点,但是又不事先判断其运用的价值。

关于这些形式的历史演变,我已在《时间与时态》406—420页中初步介绍了我的研究结果,并且评述了以往各家观点,这里我只做一个简短的小结。我的主要研究结果是现代的结构与古英语结构 wœs feohtende(正在战斗)关系甚少,古英语中的这种结构在现代英语中作用不大,现代结构的产生主要是由于词首元音从带介词 on 的动词性名词结构中脱落造成的:is on huntinge(正在打猎),is a-hunting(意义同前),is hunting(意义同前)

(如 burst out on weeping〔大哭起来〕, a weeping〔意义同前〕, weeping〔意义同前〕; set the clock on going〔开钟〕, a going〔意义同前〕, going〔意义同前〕)。这就解释了由于词首短元音的脱落(back 来自 on bœc, aback 等等, 等等)成为十分常见的现象, 这些形式也变得更加普遍了。它还解释了在宾语前使用介词 of 的原因(这种形式粗俗的话语中还可听到)以及 the house was building(房子在修建中)一句中的被动含义。最后, 不过并不是最不重要的, 它还有助于我们理解现代英语中扩展时态的确切意义, 这种意义比古英语和现代英语中分词结构的意义精确得多。我们必须记住, 我们现在用介词 in 的地方过去常用 on: he is on hunting 的意思是 he is in(the middle of) the action of hunting(他正在打猎), 因此含有两个成分, 第一个 being, 是时间标志, 第二个 hunting, 实际上构成 is 周围的一个框架。由 hunting 一词所形容的行为在 is(was)所表示的时刻之前就已发生, 但尚未停止; 比较〔法〕il était à se raser, quand est venu son beau-frère(他妹夫来的时候, 他将在刮脸)。

扩展时态的意义不是表达时间延续本身, 而是与另一行为占据的较短时间相比较的相对的时间延续。Methuselah lived to be more than nine hundred years old(玛士撒拉活了九百多岁)——这里的 lived(活)是一个表示很长一段时间的非扩展的时态。He was raising his hand to strike her, when he stopped short(他举起手来正要打她, 突然又停住了)——这是一个由扩展时态表示的延续很短的行为。我们可以用一条直线表示相对而言较长的时间延续, 线上的一点表示较短的时间, 或者现在时间(不必总是表示出来), 或者过去的某一时间, 这个时间在大多数情况下需要专门表

示出来:

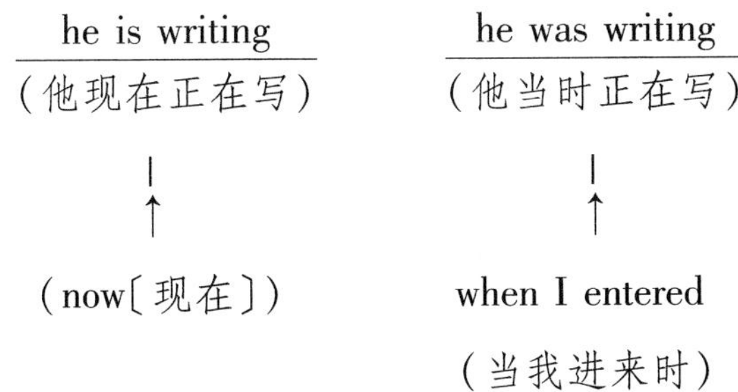

表示心理状态、感情等的动词一般不能用扩展时态;如果我们从 is on-ing 结构入手,就很容易解释这一点,因为我们不能说:he is on(engaged in,occupied in)liking fish(他正〔从事,忙于〕喜欢鱼)等。然而在谈及一个短暂的状态时却可以说 I am feeling cold(我正感到冷)。

表示运动的动词,如 go(去),come(来)的扩展形式必须特别提一下。首先,只要当动词具有某种特殊意义,本身不能给人以动作开始的印象,它们就按普通的方式运用:My watch has stopped, but the clock *is going*(我的表停了,但钟还在走)| things *are coming* my way now(我的机会来了)| you *are going* it, I must say(我得说,你要大干一下)。其次,它们可用于"来"和"去"的动作不可能是单一动作的场合:the real hardships *are now coming* fast upon us(我们很快就要遇到真正的艰难了)| she turned to the window. Her breath was *coming* quickly(她转向窗口,呼吸急促起来)| cigarettes *were then coming* into fashion(香烟时髦起来了)。但在大多数情况下,is coming,is going 用于将来,正如许多语言中相应的现在时动词具有将来时间意义一样(〔希〕eîmi〔我去〕等,见 396 页)。拍卖商人会说:*going*,*going*,gone(卖了,卖了,卖掉了)。再如 I *am go-*

ing to Birmingham next week(我下个星期到伯明翰去) | Christmas *is coming*, the geese are getting fat(圣诞节马上要到了,鹅越长越肥)。因此我们有了表示一个较近将来的说法:he *is going* to give up business(他就要不做生意了);甚至:he *is going* to go(他这就走)。

这里列举的规则包括现代英语中扩展时态的大部分用法;关于较长时间延续作为其他行为的时间框架的论述将特别有用处。但不可否认,有很多情况用这种方法很难解释,如许多带有 always(总是),ever(永远),constantly(不断),all day long(整天),all the afternoon(整个下午)这类次修品词组就是如此。但是值得一提的是,在由于词首元音脱落(如在 a-hunting 等中)所引起的大量现象改变了时态结构的整个性质之前,上述形式在现代英语中十分普通。

扩展时态常常表示某种与需要用非扩展时态表达的永久性状态相对的瞬息状态,这是用扩展时态构成另外的时间框架的自然结果。扩展的形式使我们想到时间限制,某一件事在此限制范围内发生,而一般的形式则不表示时间限制。试比较 he is staying at the Savoy Hotel(他住在沙佛埃饭店)和 he lives in London(他住在伦敦),或比较 What are you doing for a living? I am writing for the papers (你现在以什么为生? 我暂时为报纸写稿)和 What do you do for a living? I write for the papers(你以什么为生? 我为报纸写稿)。一般必须用非扩展时态来表示习惯,如以下各句 :A great awe seemed to have fallen upon her, and she *was behaving* as she *behaved* in church(人们似乎对她肃然敬畏,她当时的举止就像平时在教堂里一样) | Now he *dines* at seven, but last year he *dined* at halfpast(现在他七点吃饭,可是去年他在七点半吃饭) | Thanks, I *don't smoke*(谢谢,

我不吸烟)(比较 I am not smoking〔我目前不吸烟〕)。

但是,如果习惯性行为被看做另外一个行动的框架,就需要用扩展时态:I realize my own stupidity when I *am playing* chess with him(我一和他下棋就意识到我的愚蠢)| Every morning when he *was having* his breakfast his wife asked him for money(每天早上他一吃早饭,他妻子就问他要钱)(而时间持续长短完全相同的行为在两句中都可用扩展的过去时:Every morning when he *was having* his breakfast his dog *was staring* at him〔每天早上他吃早饭时,他的狗就瞪着眼看他〕)。

用扩展形式表示与永久状态相对的瞬息状态近来已扩大到简单的动词 be,虽然人们刚刚开始注意到现在时间的 he is being polite(他此刻很客气)和表示此人永久性特点的 he is polite(他很客气)之间的差别。但是很值得注意的是在其他语言中,类似的区别有时却用与动词时态系统毫无关系的手段来表示。在丹麦语里 av sig(他的 =〔英〕of him)有时候用来表示独特的品质(han er bange av sig〔他天生胆小〕),而 han er bange 的意思是他现在害怕;但是这种附加形式的使用范围很有限。在西班牙语中表示 to be 的两个动词意义不同,ser 表示共时,estar 表示时间延续中的某一段:mi hermano es muy activo(我兄弟非常活跃)| mi hermano está enfermo(我兄弟病了);我在考尔德伦的《萨拉曼卡的法官》3.275 页中发现了一个很好的例子:Tu hija soy, sin honra estoy(我是你的女儿,但是我感到耻辱)。至于其他动词,和在英语中一样几乎均用扩展形式:él está comiendo(他正在吃饭)[①] | él come á las siete

① 比较〔意〕sta mangiando(正在吃饭)。

（他七点吃饭）。在俄语里，如果句子所指的是共时，表语用主格名词：он был купец（他是商人〔永久性的〕）；但如果所指的是一个具体的时间阶段，表语则用工具格：он был купцом（他当过商人〔一段时间〕）；然而这种区别仅适用于名词，形容词表语总是以主格形式出现。关于现代爱尔兰语中的类似区别见 H. 佩德森《凯尔特语比较语法》2. 76。在芬兰语中，所指的如果是共时，表语用主格：isäni on kipeä（我父亲病了）（永久性的，他是个老病号），相反的情况则用持续格（essive）：isäni on kipeänä（我父亲病了〔此刻〕）。（另见《格》章 268 页）

最后，我们还要考察在废弃了的 *the house is building*（房子正在修建中）句中的被动结构，以及在现在通常用的 while the tea *was brewing*（煮茶的时候）| my MS. *is now copying*（我的手稿正由人抄写）句中的被动结构。在以前的论文中，我已陈述了我为什么不相信很早就有这种结构的理由，我也不相信这些结构起源于英语动词的意念性被动用法的理论（his prose *reads* like poetry〔他的散文读起来像诗歌〕| it looks ill, it *eats* drily, marry 'tis a wither'd pear〔它不好看，吃起来干巴无味，哎，这是一只干巴的梨子——莎士比亚〕）。后一种用法也许有助于解释 is -ing 结构（preparing〔准备〕，brewing〔煮〕，maturing〔成熟〕）的一些例子，但却不能解释所有的例子，尤其不能解释也许是最常见的例子：the house is building（房子正在建设中），因为不可能用被动的意义说 the house builds。在我看来这种结构的主要来源是 on 和以-ing 结尾的动词性名词所组成的结合体，这种名词和其他动词性名词一样本身既不是主动的又不是被动的（参见上文第 251 页），因此允许作被动的解释（比较 the house is *in construction*〔房子正处在建设的过程之

中〕)。以前,带有介词 a 的被动意义的结构绝非少见:as this *was a doyng*(当这事正在被做的时候——马洛利)| there *is* some ill *a-brewing* towards my rest(有个病魔正在酝酿要扰乱我的安宁——莎士比亚)| while my mittimus *was a making*(当我的免职通知正在下达时——布尼安);很自然,这就解释了下列结构:while grace *is saying*(当正作感恩祷告时)| while meat *was bringing in*(肉正被拿进来时)。my periwigg that *was mending* there(正在那里修理的我的假发——佩皮斯)和 he is *now mending* rapidly(他正很快地恢复)之间截然有别,因为在第二句而不是在第一句中才可以使用非扩展形式的 mends, mended。再比较 while something *is dressing* for our dinner(已在为晚餐着装时——佩皮斯)和 while George *was dressing for* dinner(乔治正在为晚餐着装时)(比较 George dresses for dinner〔乔治穿着晚餐礼服〕)。

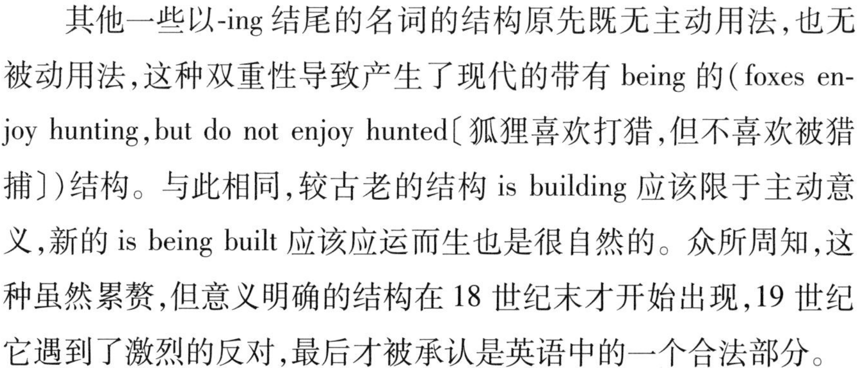

其他一些以-ing 结尾的名词的结构原先既无主动用法,也无被动用法,这种双重性导致产生了现代的带有 being 的(foxes enjoy hunting, but do not enjoy hunted〔狐狸喜欢打猎,但不喜欢被猎捕〕)结构。与此相同,较古老的结构 is building 应该限于主动意义,新的 is being built 应该应运而生也是很自然的。众所周知,这种虽然累赘,但意义明确的结构在 18 世纪末才开始出现,19 世纪它遇到了激烈的反对,最后才被承认是英语中的一个合法部分。

时　态　术　语

(Terms for the Tenses)

关于术语,最后再说几句。随着现代语言中各种助动词的广泛使用，用一种专门术语来表示所有可能出现的结构已是不可能的或至少是行不通的，尤其是由于许多结构的功能不止于一种(He would go if he could〔能去的话他就会去〕中的 he would go 同 He said he would go tomorrow〔他说他明天去〕中经过变换的 I will go〔我要去〕就不一样)，情况就更加如此。为什么 would go 和 would have gone 有专门术语，而 might go 和 might have gone 或 dared go 等却没有专门术语呢？唯一的理由就是这些形式是用作翻译其他一些语言的一般时态形式的。实际上没有必要用“过去将来完成时”这类术语来表示 would have written(将已经写过)，因为如我们所看到的，would have written 的主要用法与将来时间毫无关系，其第一个成分中还留有原来的意愿意义的某些痕迹。如果我们把 I shall write，you will write，he will write(我将写，你将写，他将写)当做将来时态的范式，我们在考虑 he says that he shall write(他说他将写)中作为 I shall write(我将写)的变换(间接)形式的 he shall write 时就会遇到困难。如果我们单独看待每一个助动词，弄清楚原先的意义及其后来弱化了的意义，然后再说明英语中将来(将来时间)是如何用各种方式表示的，有时是用弱化的 will(意志)，有时用其他方式(is coming〔就要来〕)，还要说明将来时态是如何常常在没有任何形式标志的情况下由上下文表示出来的。这样，我们就会说，I shall go 和 he will go 不是一种“将来时态”，而是含有一个现在时态的助动词和一个不定式。也许唯一有理由需要一个专门时态名称的例子是 have written(had written)(现在已经写过〔过去已经写过〕)，原因之一是 have(有)的普通意义在这里已完全消失，原因之二是这种结构完全用作表示一种非常特殊的时间关系。但是即使在这种情况下，人们也许还会怀疑不用“完成”这个术语是否更好一些。

名词(包括不定式)的时间关系
(Time-Relations in Nouns〔including Infinitives〕)

详细考察了用限定动词的时态表示的时间关系之后,我们现在还要考察在这个范围之外是否不会发现相类似的语法现象。当然可以想象有一种语言,我们在其结构中根据词的形式就可以看出我们所谈论的“日落”属于过去、现在、还是将来。在这样一门语言中,表示“新娘、妻子、寡妇”的词会是同一词根的三种时态形式。在前缀 ex-中我们可以见到第一种勉强类似这种情况的形式,前缀 ex-近来常用于好几种欧洲语言;ex-king(前国王),ex-roi(〔法〕,意义同前)。否则我们就要借助于各种修饰语:the *late* Lord Mayor(已故的市长);a *future* Prime Minister(未来的总理);an owner,*present or prospective*,of property(一个现在或将来的财产所有者);he dreamt of home or of *what was home once*(他梦想到家或那一度是他的家的地方);the life *to come*(未来的生活);she was already the *expectant* mother of his child(她已是待产的母亲),等等。在一本小说中我发现了这样的短语“governors and ex-governors and prospective governors”(总督、前总督和未来的总督)。[①]

在一些偏僻的语言中,名词的时态区别得到了较好的表现。如在阿拉斯加爱斯基摩语中,我们发现 ningla(冷、寒)有一种过去

① 比较带有形容词的短语:this august or once-august body(这具令人敬畏的或曾令人敬畏的尸体)。

时形式 ninglithluk 和一个将来时形式 ninglikak。根据 puyok(烟)构成的过去时 puyuthluk(已是成为烟的东西)和将来时 puyoqkak(将成为烟的东西),是火药的一个巧妙的名称(巴纳姆《阿拉斯加因纽特语语法基础》,波士顿,1901,p. 17)。其他美洲语言也如此。如在阿萨巴斯卡语(Athapascan,即休巴语〔Hupa〕)中,后缀-neen在名词和助动词中都表示过去时间,如 xontaneen(废墟中的房子),xoutneen(他的亡妻)(博厄斯《美洲印第安语手册》,华盛顿,1911,pp. 105,111;另见乌仑贝克 *Grammatische onderscheidingen in het Algonkinsch*,Amsterdam Ac. 1909)。

在那些派生于动词或者同动词有着密切关系的名词中有时态区别似乎是很自然的。但是施事名词一般来说和其他名词一样不表示时间:虽然 creator(创造者)通常的意义是"已做出创造的人",但这绝非是必然的;baker(面包师),liar(说谎者),beggar(乞丐),reader(读者)等根本没有告诉我们行为发生的时间。[①] 在大多数情况下表示的是习惯性行为,但也有例外(英语比丹麦语更多一些),如 the speaker(说话者),the sitter(被画像者) = the person who sits for his portrait(坐着让人画像的人)。

在主动语态分词中,有的语言已建立起时态区别,如〔希〕graphōn(写,下同——进行时),grapsōn(将来时),grapsas(过去时),gegraphōs(完成时),〔拉〕scribens(进行时),scripturus(将来时)。日耳曼语只有一个主动语态分词,〔德〕schreibend(书写

---

① 因此,在不同的情况下,施事名词和 is 等的黏着结构,能发展成将来时态或完成时态。关于各种语言中的例子,请看 L. 哈梅里希《斯堪的纳维亚语文学档案》,38. 48ff.。

的),〔英〕writing(书写的)。再请比较罗曼语,〔意〕scrivendo(写的),〔法〕écrivant(书写的),这种分词一般叫做现在分词,尽管它和其他任何时态一样并不表示现在,时间概念取决于主句动词的时态;比较I saw a man sitting on a stone(我曾看见一个人坐在石头上)|I see a man sitting on a stone(我看见一个人坐在石头上)|you will see a man sitting on a stone(你将会看见一个人坐在石头上)。再请注意短语 for the time being(暂时)。复合式 having written(已写过),avant écrit(同前)更配得上其完成时分词的名称。

关于〔意〕scritto(写,下同),〔法〕écrit,(英)written,〔德〕gesckrieben 和其他语言中的分词,上文(416 页)已论述了它们所表示的时间关系。在某些情况下,常用的术语,过去分词,或完成时分词也许很恰当,如 *printed* books(印好的书)。但有时不恰当,如:*Judged* by this standard,the system is perfect(用此标准衡量,这种体系是完美无缺的)|He can say a few words in *broken* English(他能说几句蹩脚的英语)|my *beloved* brethren(我可爱的兄弟)|he is *expected* every moment(他随时可能到来)|many books are *printed* every year in England(英国每年出版很多书),等等。有些语法学家看到术语上的这种困难,就用"主动分词"和"被动分词"来表示 writing 和 written。就前者而言这是正确的(除了老式的the house building now〔正在建造的房子〕= a-building);但是另一个分词并不总是被动的,在下面情况下显然是主动的:a well-*read* man(博览群书的人)|a well-*spoken* lad(一个很会说话的年轻人)|*mounted* soldiers(骑兵)|he is *possessed* of landed propriety(他拥有地产)。即使这种分词在原先的复合完成时结构中是被动的(I have caught a fish〔我抓到了一条鱼〕原先是 I have a fish〔as〕

caught〔我有一条被抓到的鱼〕),但这种被动的用法很早就过时了。这在 I have lost it〔我把它搞丢了〕例句中看得很清楚,特别是在使用不及物动词时尤其如此:I have slept, come fallen, been(我已经睡了,来了,倒下了,去过了)全句毫无疑问是主动的。布雷亚尔甚至说(《语义学评论》224)分词本身已(par contagion)是主动的了,他的证据是人们用电报体写道:“Reçu de mauvaises nouvelles. Pris la ligne directe”(收到坏消息。打直线)。由于不可能给实际语言中使用的这两种分词起真正有描写性的名字,我认为要解决术语上的这种困难就只有采用一种不很圆满的办法,这就是给分词编号,把-ing-分词称做第一分词,把另一个分词称做第二分词。①

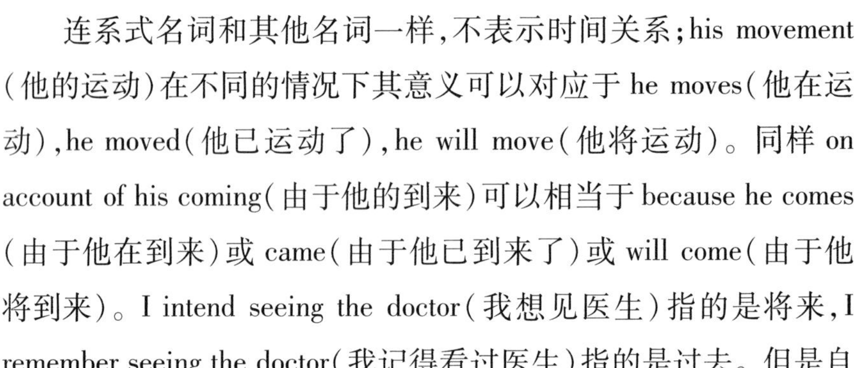

连系式名词和其他名词一样,不表示时间关系;his movement(他的运动)在不同的情况下其意义可以对应于 he moves(他在运动),he moved(他已运动了),he will move(他将运动)。同样 on account of his coming(由于他的到来)可以相当于 because he comes(由于他在到来)或 came(由于他已到来了)或 will come(由于他将到来)。I intend seeing the doctor(我想见医生)指的是将来,I remember seeing the doctor(我记得看过医生)指的是过去。但是自

---

① 在某些结构中带 to 的不定式可以看做是消失了的将来分词的一种替代,如 a chapter in a book soon *to appear in London*(不久将要在伦敦出版的一本书中的一章)和被动态 a book soon *to be published* by Macmillan(一本即将由麦克米兰公司出版的书);再请比较 A National Tricolor Flag; victorious, or *to be victorious*, in the cause of civil and religious liberty(一面三色国旗;在争取人身和宗教自由的事业中,胜利或即将取得胜利——卡莱尔)。在意大利语中 Notn c'era nessuna tavoletta, nè abbozzata, nè *da abbozzare*(没有小木板,没有草图,也没有打草稿——贾科萨)。

从 1600 年左右以来人们一直用带 having 的复合式,如 He thought himself happy in *having found* a man who knew the world(他为自己找到了一个见过世面的人而感到高兴——约翰逊)。

正如我们在 199 页上所说的那样,不定式是一种古老的动词性名词,现在仍保留有不表示时间区别的某些特征:I am glad to see her(我很高兴见到她)指的是现在,I was glad to see her(同上)指的是过去,I am anxious to see her(我非常想见到她)指的是将来。[①] 但是在某些语言中,如希腊语,不定式产生了时态形式;再请比较拉丁语中的 scripsisse 与 scribere(写)。这种完成时不定式在罗曼语中已被废弃,现在用的是复合完成时不定式〔法〕avoir écrit(已写好)等;在哥特诸语言中也有相应的复合形式,〔英〕(to) have written(已写好),〔德〕geschrieben (zu) haben(同前)。

英语的完成不定式不仅相当于完成时('Tis better *to have loved and lost* than never to *have loved* at all〔爱而失恋要胜过什么也没有爱过〕),还相当于常用的过去时(You meant that? I suppose I must *have meant* that〔你是那个意思吗?我想我一定是那个意思〕)和先于将来时(将来完成时:This day week I hope to *have finished* my work〔下星期的今天我希望我已完成了我的工作〕)。从前这种形式常用来表示一个没有实施的愿望(With hat Leander stoopt to *hare imbrac'd* her, But from his spreading armes away she cast her〔利安德说完就弯下腰来要拥抱她,但是她却从他伸出的

---

① 不定式表示目的时,还可指(相对的)将来,如:He said this (in order) to convert the other(他说这话是为了使另一个人改变看法),在有关的用法中,如 In 1818 Shelley left England never to return(1818 年雪莱离开英国就再也没有回来),不定式在这里表示的是 400 页上提到的后于过去的时间。

手臂中挣脱了出来——马洛〕);这种用法不能和其相当于非现实性过去时的用法分开,这种用法一般来说为语法学家所忽视,但其具有的有关特征却比我能在这里一一指出的要多得多,我只能不加分类、不加评论地列举我自己的几个例子:To *have fallen* into the hands of the savages, had been as bad(落入野蛮人之手同样不幸〔笛福, = it would have been as bad if I had fallen〕)| it would have been wiser to *have left* us(离开我们就更明智了——拉斯金)| it would have been extremely interesting to *have heard* Milton's opinion(要是能听到密尔顿的意见就太有趣了——圣斯伯里)| a Iew would haue wept to *have seene* our parting(要是看到我们分手,有几个人准会哭的——莎士比亚)| she would have made Hercules *have turnd* spit(她会使海尔库勒斯吐唾沫的——莎士比亚)| she was old enough to *have made* it herself(她到了可以自己做这件事情的年龄了——兰姆)| it seems likely to *have been* desirable match for Jane(这对简来说似乎是很般配的婚姻——〔奥斯丁小姐, = that it would have been〕)| We were to *have gone and seen* Coleridge tomorrow(我们明天将去看科尔里奇——卡莱尔)。在 it would have been better for him to have stayed outside(他还是待在外面的好)一句中不定式形式就表示着(与 if he had stayed 一样)他没有待在外边,而 it would have been better for him to stay outside(他还是待在外边的好)中简单的 to stay 却没有这种含义;在现实性或非现实性的问题上后一种不定式和 staying outside would have been better(待在外边倒更好一些)一样是"中性"的。同样,较之 he ought to come here(他应该来这里),he ought to have come here(他应该到了这里)表示他还没来。

因此,我们发现在 I should have liked to see(我本应喜欢看的)之外,I should like to have seen(我希望我已看到了),I should have liked to have seen[①](同上)是同义的说法。在某些复合的动词表达法中,过去时间的标志本身有着同样的理由加在其中任何一个动词上:如相当于〔英〕he could have done it(他可能已经做好这事了)和〔丹〕han kunde ha gjort det(同前)的〔法〕il aurait pu le faire(同前),〔德〕er hätte es tun können(同前)。[②] 在丹麦语中我们还可以说 han havde kunnet gøre det(可能是他干的),但这在英语中是行不通的,因为 can(能)没有分词形式;正是由于同样的原因,在 he might(must,should,would,ought to)have done it(他可能〔一定,应该,会,应该〕已经做好此事)中必须使用完成时不定式。

you needed not say that(你不必说那话,比较〔德〕das brauchten sie nicht zu sagen〔同前〕)是对过去时间必须性的否定,现在已经不这样说,习惯上把时间的标志转移到不定式上:you needn't have said that(同前)。

在 I shall hope to see you tomorrow(我希望明天能见到你)中有相反的变换。该句实际表达的意思是对将来拜访的现在希望;由于英语中没有将来不定式,所以把将来的标志加到了 hope 上。[③]

---

① 在这里以及在上文提到的一些例子里,语法家们认为完成时不定式是多余的或者是错误的。

② 另比较托布勒著《法语语法综合论文集》2. 38ff. il a dû venir(他一定已经来了),il a pu oublier = il peut avoir oublié(他可能忘记了)等等。

③ 可与这类变换相比较的结构是 I can't seem to remember(我似乎是记不起来了),而不是 I seem not to can remember,原因是 can 没有不定式。

体
(Aspect)

这里我必须扼要地谈谈上文已经涉及而且在近几十年来一直为人们热烈争论的一个问题，即在英语中通常所称的动词的体(aspect)，在德语中叫做 aktionsart 的问题，尽管有的作者会用这两个术语指两样不同的东西。人们一般认为，我们的雅利安语言原先在某些动词中没有表示时态区别的真正形式，而只表示各种体：完成体、未完成体、一次体、延续体、开始体或其他一些体。人们还认为从这些区别中逐渐演变出我们在最古老的雅利安语言中所见到的时态体系，这些体系是现存体系的基础。学者们从斯拉夫语的动词中引进了体的概念，在斯拉夫语动词中体是重要的、比较清楚和界限分明的概念。但是当这些学者们在其他语言中开始发现与此相似的现象时，他们一般来说或是部分地或全部地摒弃前人的体系，提出自己的术语。所以，今天人们如果有时间和兴趣，就可以开出一个很长的术语单子，其中许多术语有两个、三个或更多的定义，有的意义还不很好懂。①

① 如果我没弄错的话，下面就是关于这一问题的主要著作和文章的书目：米克洛希奇《斯拉夫语比较语法》第四卷，施特赖特贝格《德语史论文集》15. 71ff，赫尔比希《印度日耳曼语研究》6. 157ff.（附有详尽的书目），德尔布鲁克《印度日耳曼语比较语法》2. 1. ff. 参见施特赖特贝格《印度日耳曼语研究》11. 56ff.，H. 佩德森《比较语言研究杂志》37. 220ff.，沙劳夫《比较语言研究杂志》38. 145ff.，林德罗特，见上文 417 页。——诺林《我们的语言》5. 607ff. 和 645ff. 杜茨本《英语研究》54. 79ff.，伯拉克《德语史论文集》44. 352ff.，瓦克纳格尔《句法学讲座》1. 153。——关于术语的混乱现象请见 H. 佩德森《印度日耳曼语研究》12. 152。

对于表示“体”的四种可能的表述,这些作者们也并不是总能加以区分的。这四种表述是(1)动词本身的普通意义,(2)由上下文或情境所引起的动词的偶然意义,(3)派生的后缀,(4)时态形式。在这样批评我的前人时,我似乎是住在一个玻璃房里,因为我现在就要提出自己的分类法,而这种分类法也许比前人的尝试好不了多少。不过我还是大胆地希望我的分类法会被看做明显向前迈进的一步。我提出下面体系的目的不是为了表示动词的各种“体”或“行为方式”,而是明确地表明,那些由其他人归于这一类(或这两类)的不同现象,从纯意念的角度出发不应该归在一起,而应该分属完全不同的类别。我区分和描写这些现象的原则如下:

(1)不定过去时和未完成时之间的速度区别;在某些语言中这影响到时态的形式(不管动词本身的意义如何);见上文421页。

(2)完结性和非完结性动词之间的区别。在这里动词的意义影响罗曼和哥特语言中的第二分词的意义,从而也影响到被动结构的时间意义;见上文416页。

(3)延续性或永久性和一次性或瞬时性之间的区别。我们还在上文中看到,这是英语区别非扩展时态和扩展时态的功能之一。其他语言用完全不同的方法表达这一区别。

(4)完成概念和未完成概念之间的区别。后者是英语中扩展形式的功能之一:he was writing a letter(他当时正在写信)与he wrote a letter(他写了一封信)相对;在丹麦语中未完成概念常常用介词på表示:han skrev på et brev(他当时正在写信);比较〔德〕an etwas arbeiten(做某件工作)。

(5)仅发生一次的动作和反复或习惯性行为、事件之间的区别。如上所述,它们实际上应属于“数”那一章的内容。习惯性的动作常常不用专门的方式表达(he doesn't drink〔他不喝酒〕);在某些语言里我们用后缀来表示习惯性的动作,我们把这里的动词叫做反复性或多次性动词。许多以-er 和-le 结尾的英语动词都属此类:totter(蹒跚),chatter(喋喋不休地说),babble(唠叨)等等。

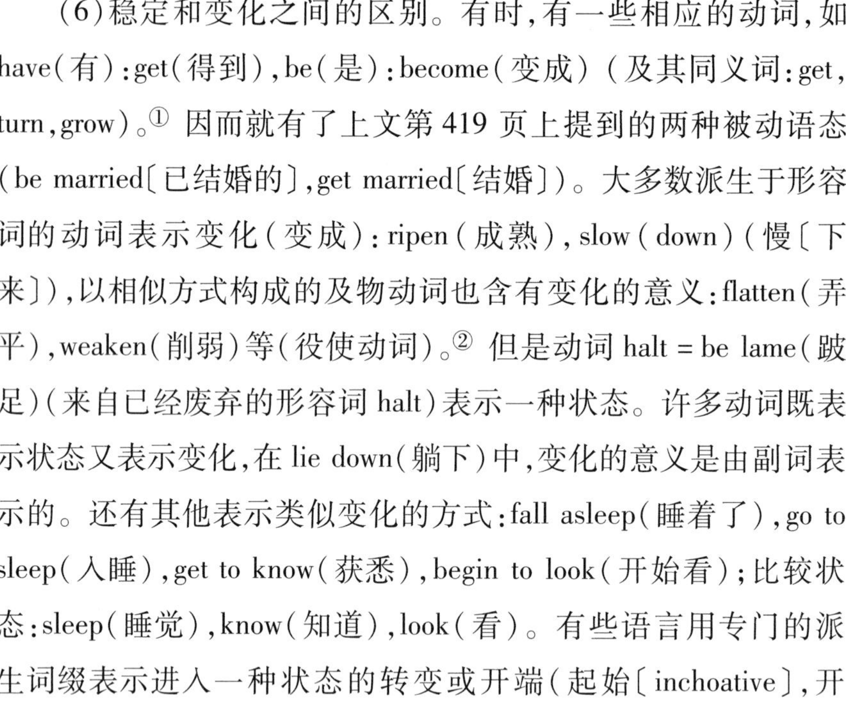

(6)稳定和变化之间的区别。有时,有一些相应的动词,如 have(有):get(得到),be(是):become(变成)(及其同义词:get, turn, grow)。[①] 因而就有了上文第 419 页上提到的两种被动语态(be married〔已结婚的〕,get married〔结婚〕)。大多数派生于形容词的动词表示变化(变成):ripen(成熟),slow(down)(慢〔下来〕),以相似方式构成的及物动词也含有变化的意义:flatten(弄平),weaken(削弱)等(役使动词)。[②] 但是动词 halt = be lame(跛足)(来自已经废弃的形容词 halt)表示一种状态。许多动词既表示状态又表示变化,在 lie down(躺下)中,变化的意义是由副词表示的。还有其他表示类似变化的方式:fall asleep(睡着了),go to sleep(入睡),get to know(获悉),begin to look(开始看);比较状态:sleep(睡觉),know(知道),look(看)。有些语言用专门的派生词缀表示进入一种状态的转变或开端(起始〔inchoative〕,开

① 芬兰语的表语在表示变化或转变的动词之后有一种特别的格形式(转变格 the translative)。

② 许多这样构成的词既当做及物动词用,又可做不及物动词用。

始〔inceptive〕，肇始〔ingressive〕）。[①] 但是有趣的是这种开始的意义常常随着时间的推移而被削弱或消失了；如出自以-isco 结尾的拉丁语起始动词的罗曼语动词就是如此，如〔法〕je finis（我结束），je punis（我惩罚），由此而产生了〔英〕finish（结束），punish（惩罚）。同样〔中古英〕gan 失去了原有的作用，he gan look 仅仅表示 he did look，he looked（他看）。to 原先只有在表示变化意义的时候才和一个表语连用（take her to wife〔娶她为妻〕），但后来也可以不表示这种意义（he had her to wife〔意义同上〕）；〔丹〕til（=〔英〕to）亦然。

相反的一种变化，即某种状态的停止，有时是用一个单独的形式表达的，如〔德〕verblühen（凋谢），〔丹〕avblomstre（同前），但一般是用 cease（停止），stop（同前）这样的动词来表达。

请注意在 fall in love with（begin to love）（爱上，开始爱上）：be in love with（love）（与……相爱）：fall out of love with（cease to love）（不再与某人相爱，停止）| fall asleep（入睡）：sleep（睡觉）：wake（wake up〔醒，醒过来〕）中表示了（a）进入一种状态：（b）处于某种状态：（c）脱离某种状态的三种说法。但是在该意义上的 wake（醒）也可以看做进入一种状态，与之相应的稳定态动词便是 to be awake（醒着）或有时是 wake（醒）。（比较〔丹〕vågne：våge =〔法〕s'éveiller：veiller〔睡醒：不眠〕）。

（7）结果意义和不含结果意义之间的区别。冠有 er-前缀的德语复合词常常是表示结果的，如 ersteigen（蹬上），这种情况通常被

① 如〔伊多〕：staceskas（升起）（stacas〔站起〕），sideskas（坐下），jaceskas（躺下），dormeskas（入睡），redeskas（脸红）等。

当做 perfektivierung durch zusammensetzung(通过复合词而产生的完成性)的主要例子之一;但是很难弄明白,为什么 ergreifen(抓住)这样的词要比 greifen(抓)更有完成的意味。

我认为最好不要用完成体和未完成体这样的术语,除非是在研究斯拉夫语动词的时候。在斯拉夫语动词中,完成体和未完成体有确切的含义,而且长期以来一直被普遍运用。至于其他语言,最好根据每一具体的情况认真研究有关动词表达式的实际意义,认真研究该意义是产生于动词本身,还是产生于前缀或后缀,是产生于时态形式还是产生于上下文。完成体这一术语含有不同的意义。因此我们如果分析一下施特赖特贝格在其《哥特语初级教程》(第五版,1920,第 196 页)收集的含有前缀 ga-的有关的哥特语例子,我们就会看到"完成体化"(perfectivation)在这里的意义首先是完结(finishing):swalt(待毙),gaswalt(死了),sagq(正在下落),gasagq(落下了)(上文第四种区别)——其次是变化(change):slepan(正在睡),gaslepan(入睡),þahan(安静),gaþahan(静了下来),等等(上文第六种区别)——第三是通过动作而获得(obtaining through the action):fraihhan(问),gafraihnan(通过问而获悉),rinnan(跑),garinnan(通过跑而到达,获得)。[①]

① 在古英语中我们见到类似的情况:winnan(战斗),gewinnan(通过战斗而获得);在以后的英语中前缀 ge-脱落了,动词仅保留了"gewinnan"的意义,而失去了"战斗"的意义。大多数哥特语的例子:hausjan,gahausjan,saihwan,gasaihwan 都应归入第六类(听到,见到,看到),因此 wildedun saihwan þatei jus saihwiþ jah ni gasehwun(想看你看的东西,但却没看到)。不过这种区别并不总是很清楚的,在下面的诗句(《路加福音》10. 24)中原文是 jah hausjan þatei jus gahauseiþ jah ni hausidedun(你们看见了这一切是多么的幸福啊),而施特赖特贝格大胆地把手稿的原文改成 hauseiþ jah ni gahausidedun。在 14. 35 一节他又改动了原文,使上下文连贯一致,但这很可能不是伍尔费拉的本意。

这与上文第七种区别很接近,虽然并不完全相同,因那个爬上(ersteigt)一座山的人并没有得到那座山。另一方面,它又与上文称做结果宾语的现象有一定的联系,如 dig a hole(挖个洞)(比较 dig the garden〔挖花园〕),但是同时又显而易见,它与时间或时态的区别毫无关系。

第二十一章　直接引语和间接引语

(Direct and Indirect Speech)

两种类型　时态转换　语气转换　间接引语中的疑问句　间接祈使句　结束语

两　种　类　型

(Two Kinds)

一个人要想转述另一个人说的或说过的(想的或已想过的)话,或者转述自己在以前某个场合说的或想到的话,有两种方法可供使用。

他可以说出或者暗示某个说话人(或写作者)的原话,这就是直接引语(oratio recta)。

他还可以根据引用时的情景改动这些原话,这就是间接引语(oratio obliqua)。

直接引语(直接的原话)的句子可以冠以"他说"或"她问"之类的话,但是表明说话人的标志常常置于引语的某个部分之后:I wonder, she said (or, said she), what will become of us? ("我不知道,"她说,"我们会怎么样?")拉丁语中有一个专做此用的表示"说"的词 inquam, inquit。

对过去的事情进行生动的想象要求用“戏剧性现在时”（见392 页）。这种心理状态制约着对直接引语的运用。所以我们经常发现插入部分的时态是现在时：says he，say（s）I（他说，我说），而不是过去时 said。

间接引语（间接的原话）有两类，我把它们叫做从属性引语（dependent）和介绍性引语（represented speech）。前者[1]通常从属于前面最接近的动词，“他说（想，希望，等等）”或“他问（感到奇怪，想知道，不知道，等等）”；而在第二类中，动词在上下文中一般来说是不言自明的。

举个例子也许能最好地说明什么是第二类间接引语。彭登尼斯在大学里考试落第后，萨克雷写道（《彭登尼斯传》p. 238）：“I don’*t* envy Pen’s feelings as he though of what he had done. He had slept, and the tortoise had won the race. He had marred at its outset what might have been a brilliant career. He had dipped ungenerously into a generous mother’s purse; basely and recklessly spilt her little cruse. Oh! it was a coward hand that could strike and rob a creature so tender ... Poor Arthur Pendennis felt perfectly convinced that all England would remark the absence of his name from the examination lists, and talk about his misfortune. His wounded tutor, his many duns, the undergraduates of his own time and the years below him, whom he had patronised and scorned——how could he bear to look any of them in the face now?”（我并不羡慕彭想到自己所做过的事时的感情。

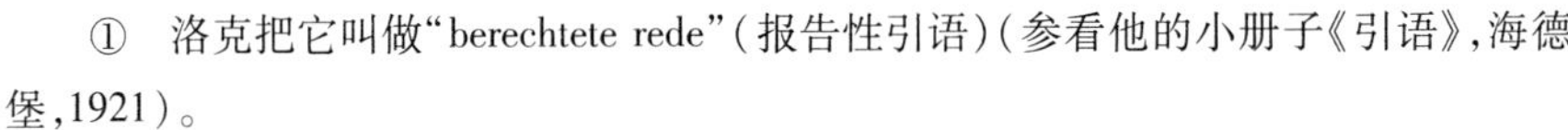
① 洛克把它叫做“berechtete rede”（报告性引语）（参看他的小册子《引语》，海德堡，1921）。

他睡了觉,乌龟赢了赛跑。他一开始就把可能会出现的光辉前程给毁了。他贪婪地掏一位慷慨大方的母亲的钱包;卑鄙地、肆无忌惮地打翻她的小钱罐。啊! 只有懦夫的手才会攻击并抢劫这样柔弱的人。……可怜的亚瑟·彭登尼斯确信:整个英格兰都会议论他榜上无名,谈论他的不幸,他那受到伤害的导师,众多的催债者,那些他曾傲慢对待并加以蔑视的与他同年和比他小的学生们,——现在他有何面目再见他们?)在这几页之后有一段描写他母亲的话:“All that the Rector could say could not bring Helen to feel any indignation or particular unhappiness, except that the boy should be unhappy. What was this degree that they made such an outcry about, and what good would it do Pen? Why did Doctor Portman and his uncle insist upon sending the boy to a place where there was so much temptation to be risked, and so little good to be won? Why didn't they leave him at home with his mother? As for his debts, of course they must be paid;——his debts! ——wasn't his father's money all his, and hadn't, he a right to spend it? In this way the widow met the virtuous Doctor”(校长可能说的一切都不可能使海伦感到一点气愤或不高兴,除非那孩子不高兴,他们大吵大闹要得到的学位有什么用,能给彭带来什么好处? 为什么波特曼医生和他叔父坚持要把这孩子送到一个潜伏着众多引诱危机,但又得不到什么好处的地方? 为什么他们不把孩子留在家里和他母亲待在一起? 他的债,当然是要还的;——他的债! ——难道他父亲的钱不全是他的,他没有权力花这些钱吗? 这个寡妇就是这样对待这个正直的医生的),等等。

给这种间接的引语找一个适当的描写性名称并不容易。洛克正确地拒绝了托布勒的术语(mingling of direct and indirect discourse〔直接和间接话语的混合〕)、卡莱基的术语(veiled speech〔掩饰性引语〕)和巴利的术语(style indirect libre〔自由间接式〕),但是他自己的术语 erlebte rede,也许可译成“经历性引语”(experienced speech),似乎也好不了多少。我还没找到比“介绍性引语”(represented speech)更好的术语。(德语是 vorgestellte rede,丹麦语是 forestillet tale。)①

巴利以为这种现象是法语独有的,但是勒奇和洛克举出了大量德语例子,虽然他们认为在德语中这种现象可能是受法语的影响,特别是左拉的影响(!)。但是这种现象在英国也很多(早在左拉之前就有,如在简·奥斯丁的作品中),在丹麦,也许还有另外一些国家(我最近在西班牙语里也找到了例子)都很普遍。总的说来,这一现象极其自然,在不同的地方也许会很容易地自行出现。这种引语主要用于连贯的大段叙述中,其中外界事件之间的联系由于转述了当事人当时说的话和想的事而被打断——常常没有“他说”或“他想”之类的过渡话——好像这些话语或想法是外部事件的直接延续。写作者并没有体验到或“有”过(erleben)这些想法或言语,而只是把它们表示出来,所以我选择了这个名称。

介绍性引语总的说来比第一类间接引语更生动。由于它更接近直接引语,所以它也就保留了直接引语中的某些最有特色的成分,首先是那些具有感情色彩的成分,不管这种感情是用语调表示的,还是用“啊”、“哎呀”、“感谢上帝”等这类词单独表示的。

---

① 柯姆《德语语法》(第一版 248 页,第二版 245 页,洛克没有提到)称其为“直接引语的独立形式”。

间接引语的特点是善于同变化了的环境取得一致,这可以通过以下方式实现:

人称转换

时态转换

语气转换

疑问句形式转换

命令句或祈使句形式转换

从属性引语和介绍性引语的区别主要表现在最后两种转换中。人称转换已在第十六章中说过了,这里我们只考察其他几种转换。

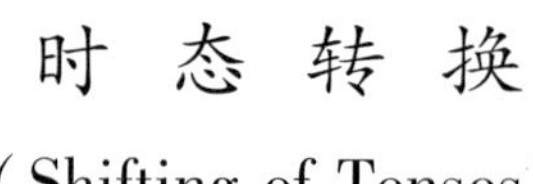

时 态 转 换

(Shifting of Tenses)

(1)I am ill

我病了

(2)I saw her the other day

日前我见过她

(3)I have not yet seen her

我还没有见到她

(4)I shall soon see her, and then everything will be all right

我马上就要见到她,到时一切都会好的

(5)I shall have finished by noon——

中午前,我会做完——

上述句子的时态在间接引语中将转换如下:

He said that(他说,……)

——(1)he was ill(间接现在时)

——(2)he had seen her the other day(间接过去时)

——(3)he had not seen her yet(间接完成时)

——(4)he should soon see her, and then everything would be all right(间接将来时)

——(5)he should have finished by noon(间接先于将来时)

先于过去时不能进一步转换:I had already seen her before she nodded(她还没点头,我就看到她了)在间接引语中变成 He said that he had already seen her before she nodded(他说她还没点头他就看到她了)。非真实性条件句中的过去时常常不变,所以 He said that he would pay if he could(他说如果他能付钱的话他就付)既可能是从 I will pay if I can 变来,也可能是从 I would pay if I could 变来。由于 must 现在只有一种形式,在间接引语中其形式不变:He said that he must leave at once(他说他必须立即动身)。在现代口语中,实际上这是 must 可用于过去时的唯一方式。

我们会看到,间接过去时和间接完成时在形式上和先于过去时一模一样;间接将来时在形式上与条件句一样;同样,法语中的 j'écrirais(我将写)也具有条件句的两种作用:表示条件(j'écrirais si je savais son adresse〔如果我知道他的地址,我就会写信的〕)和表示间接一般将来时(il disait qu' il écrirait le plus tôt possible〔他说他将尽早写信〕= 直接引语:j'écrirai le plus tôt possible〔我将尽早写信〕)。

如果我们现在要问这些间接时态和上文建立的时态系列(参见第 391 页)之间有什么关系的话,回答就是:间接时态不应置于那个系列中去,它们和那个系列毫无关系,因为它们的基点(“那时”)与该系列的基点(“现在”)不同。诸如(He said that) he should come as soon as he could(他说他将尽快来) 这个句子一点也没有告诉我们他在与现在有关的哪个时刻到来,它告诉我们的只是与他说话时有关的时刻。他或许已经来了,或者正在来,或在将来的某个时刻来——这一切都不得而知。我们现在得知的唯一情况是,他说话时,他提到他的到来只属于将来某个时刻要发生的动作。

为由于这种转变而产生的时态寻找专门术语同样毫无必要。《新英语词典》(shall 14b)谈到了 He had expected that he *should* be able to push forward(他希望能够向前进)中的时态是“先于将来时”或“过去将来时”——这不过是转换了的(或间接)将来时,《新英语词典》还谈到了“过去将来完成时”,虽然没有举例,但是指的一定是 he said that he *should have dined* by eight(他说到八点钟时他一定已经吃过饭了)之类的句子。上句相当于直接引语:I shall have dined by eight(到八点钟我将一定吃过饭了),因此是转换了的(或间接的)先于将来时间(如果把它看做是一种时态的话,它就是:转换了的或间接的将来时)。

间接引语中的时态转换是很自然的,在许多情况下甚至是不可避免的:He told me that he was ill, but now he is all right(他告诉我他病了,但是现在他好了)——这里使用过去时 was 是实际情况要求的,was 既是直接的过去时,又是间接现在时。但是情况并不总是如此,动词经常用于过去时,不过是因为主句动词用的是过去时以及说话人没有止住自己的话来细细考虑他说的事情以现在为基点是属于这一段时间还是另一段时间。范・欣内肯曾提到这

点："*Je ne sauais pas qui il était.* Est-ce que je veux dire par-là qu'il est quelque autre maintenant? Nullement. *Etait* se trouve là par inertie，et par *savait* seul on comprend qu'il faut entendre la chose ainsi：était et est encore"（他不知道他是谁。这里我难道想说他是另外一个什么人么？决不是。这里自然用了〔过去〕是，仅仅根据〔过去〕知道这个词，人们明白应该这样理解：〔过去〕是就是〔现在〕是——《心理语言学概论》499）。我们或许可以说，句中避而未谈现在的情况和过去的情况是否一样，I told you he was ill（我告诉你他病了）——他也许还在生病，也许已经好了。在下面所举的现在时的例句中，现在时是由被说明的事物的本质，而不是由词所表示出来的，但是转换却非常自然：What did you say your name *was*?（你说你的名字是什么？）| I didn't know you *knew* Bright（我不知道你认识布赖特）| How did you know I *was* here?（你怎么知道我在这里？）。最后一个例子由于说话人的在场和形式 was 之间的矛盾而特别有意思：I am here now，but how did you know that?（我现在在这里，但你怎么知道的？）

不用过去时而用更合乎逻辑的现在时是要费些脑筋的，即便你是在宣布某个普遍真理时也不例外。所以我们不能指望说话人在实际讲话过程中对时间的顺序总是连贯一致。在下句中，我们可能会拿不定主意：He told us that an unmarried man was（or，is）only half a man（他告诉我们一个未婚的男人只是半个男人）。但是在下面句中我们很可能倾向于不变换时态：It was he who taught me that twice two *is* four（就是他教会我 2 ×2 =4 的）。

这里使用没有转换的现在时，暗示着实际说话人本人对以上陈述的真实性深信不疑，而使用转换时态也就把说这番话的责任推到了原说话人的身上。因此下面两句意义不同：He told us that it *was* sometimes lawful to kill（他告诉我们有时杀人是合法的）（不过他也许说错了）；I did not know then that it *is* sometimes lawful to kill（当时我不知道有时候杀人是合法的）（不过的确如此）。注意下面这段话中的过去时：Did I say you were an honest man？（我说过你是一个诚实的人吗？）接下来他又说：Setting my knighthood and my soldiership aside，I had lyed in my throat，if I had said so（暂且不谈我的骑士地位和军事才干，我要是说过这话，那我是在撒谎）。有时句子的声调起决定作用：I thought he was married（我以为他结婚了）用一种语调说意思是我现在发现我认为他结过婚是错的，用另一种语调说意思是当然他结过婚了，我不是告诉过你了吗？

转述在会议上提出的建议时，现在时虚拟语气不转换成过去时：He moved that the bill be read a second time（他提出动议再读一遍这项法案）。这里，be 的形式表示的是将来，所以要比 were 更合适，were 则暗示非真实的或假设的事情。其他动词的过去时没有陈述与虚拟的区别，因此尽管有连接词 that，但动词的形式保持不变。①

① 在俄语中通行这样一条规则，即间接引语中使用与直接引语中一样的时态；所以唯一要变换的是人称。对西欧人来说，一定觉得这条规则很不自然，但它（和其他一些斯拉夫语特点一起）被世界语的创造者柴门霍夫引进到世界语中。这条规则又从世界语传到伊多语中。在伊多语中，He said that he loved—that he had heard—that he should come（他说他爱——他听说了——他要来）要分别转换成现在时、过去时和将来时：il dicis ke il amas—ke il audis—ke il venos。赞成这一人为的规则的唯一理由是，不采取这种方法，就要创造一个专门的时态来表示转换了的将来时，因为如果像我们西方语言一样（viendrait，should come，würde kommen）〔将要来〕用表达条件意义（venus）的形式来表达转换了的将来时是与这一语言的逻辑精神格格不入的。

在大多数转换时态的例子中，主句动词指的是过去某个时间；但是在将来时的主句动词之后，我们也可进行类似的转换，尽管这种情况比较少见。我们如果想象某个人现在不在场，在将来某个时刻说 I regret I was not with them then（我很遗憾当时我没和他们在一起），我们自然会说 He will regret that he is not with us now（他现在没跟我们在一起，他将来会后悔的）。但是莎士比亚剧中的亨利五世（IV. 3. 64）却使用了有关的绅士所说的直接引语中的过去时（虽然他说了 here〔这里〕，这就表明了他自己的角度）：And gentlemen in England, now a bed, Shall thinke themselues accurst they *were* not here, And hold their manhoods cheape, whiles any speakes, That *fought* with vs vpon Saint Crispines day（而这会儿正躺在床上的英格兰绅士抱怨自己的命运，悔恨怎么轮不到他上这儿来，而且以后只要听到那个在圣克里斯宾节跟我们一起打过仗的人说话，就会面带愧色，觉得自己够不上大丈夫），这就使我们想起了拉丁语中的"书信体时态"（epistolary tenses）。写信的人用这种时态把自己放到了将来对方读信的时间，因此使用未完成时或完成时，而在我们看来现在时则是唯一自然的时态。

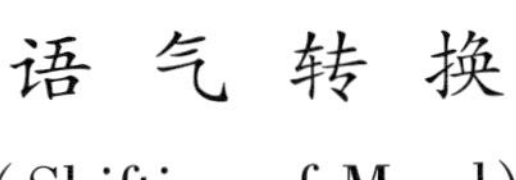

语 气 转 换

(Shifting of Mood)

在现代英语和丹麦语的间接引语里，陈述语气不转换成其他语气，但是在其他与之有联系的语言中则要转换。拉丁语不仅在独立性较大的从属句中及其他从句的虚拟语气中，而且还在直接引语应为主句的地方也普遍使用宾格接不定式形式。其他语言有其他的规则,在间接引语中使用虚拟语气或希求语气表明我们这个语系中的各种古老的语言之间差异之大,似乎这种语气是在不同的地方出于不同的原因而独立发展起来的。弗兰克(见《英德语文学刊》7. 64ff.)在摒弃早先从“主观性”和“潜在性”角度所作的“先验性”解释的同时,提出了充分理由证明在哥特诸语言中虚拟语气的使用是由于它通过类推法用在某些从句中而逐渐扩展的结果。这些从句依赖于〔哥特〕wenjan,〔古英〕wenan,〔德〕wähnen这类动词,这些动词原先的意思是“希望”、“要求”,所以自然要用希求语气。当这些动词逐渐具有“想象”、“想”的意义,然后又转移到具有“想”、“说”等意义的动词之后,该语气保留了下来。

德语里间接引语形式的发展特别给人以启示,因为它使各种不同的并且经常相互矛盾的趋势确定下来了:一方面,具有促使间接引语中的动词时态和主要动词(出现的或未出现的)时态相协调的趋势,而另一方面,具有保留在原来叙述中所使用的时态的趋势,还有把虚拟语气用于表示怀疑或不肯定的趋势,在根本没有怀疑意义的句子中把虚拟语气作为从属标记的趋势,最后还有限制虚拟语气的使用代之以陈述语气的普遍趋势。由于这些趋势的力量在各个不同的历史时期,在同一国家的不同地方不尽相同,因此德国的作家和语法学家们对于使用和提倡什么形式,意见并不总是一致的。事实上,在实际应用中我们发现有这样的结构:

Er sagt, dass er krank ist.

他说他病了(下同)。

Er sagt, er ist krank.

Er sagt, dass er krank sei.

Er sagt, er sei krank.

Er sagt, dass er krank wäre.

Er sagt, er wäre krank.

Er sagt, dass er krank war.

(以下各句意义与上面各句一样，只是主句动词为过去时态，从句时态做了相应的变化——译者注)。

Er sagte, er war krank.

Er sagte, dass er krank sei.

Er sagte, dass er krank wäre.

Er sagte, er wäre krank.

(参看德尔布鲁克《现代高地德语句法基础》73 ff. 贝哈格尔《从属句的时间顺序》，1878，柯姆《德语语法》237。)当然情况并不像这个单子所表现的那样混乱，但是我不能在这里加以详细解释。然而，我想提醒大家注意那种甚至不惜牺牲一致性也要使用明白无误形式的愿望造成的后果，柯姆对此曾作过如下精辟的论述：

“尽管我们可以采纳这个新的时序(即间接引语和直接引语的时态相一致)……但更经常地只是在虚拟式与相对应的陈述式能明确区别的地方才用这个时序，在其他地方仍用旧有的时序。因此，由于过去时态比现在时态更能清楚地表明虚拟语气……在主句的过去时态后面，一个现在时态通常为过去时态取代……：Sokrates erklärte, alles, was er wisse, sei, dass er nichts wisse(苏格拉底解释道，他知道的一切是他啥也不知道)；vele wüssten(现在时虚拟语气同陈述语气一样)aber auch dies nicht(许多人本不该也不知道这事)。Sie sagten, sie hätten(不用现在时 haben 而用过去时)es nicht getan(他们说他们还没做那事)。Sie sagten, sie würden(不用现在时 werden 而用过去时)morgen kommen(他们说他们明天来)。对于使用明确的虚拟形式的要求是这样的强烈,结果只要能保证有明确的虚拟形式,即使在现在时之后也不用现在时而用过去时:Sie sagen,sie hätten es nicht gesehen(他们说他们没看到那东西)等等。Sagen Sie ihm,ich käme schon(请您告诉他我已经来了)。——在形式不明确的情况下,最好选用过去时态,哪怕它们本身并不是明确的虚拟形式:Die bildhauerei, sagen sie, könne keine stoffe nachmachen(他们说雕刻艺术什么也不能模仿);dicke falten machten eine üble wirkung(皱纹太多给人不舒服的感觉—莱辛)。这里选择过去时态表现出要表达虚拟语气的愿望。"(《德语语法》240)(这也许是至少部分因为,人们有这一感觉:过去时表示某个远离现实实际情况的事情,如 If he was well,he would write〔如果他身体好了,他会写的〕等等,比较第405页。)

间接引语中的疑问句
(Questions in Indirect Speech)

这里我们将触及从属性和介绍性两种引语的主要区别。我们先谈从属性疑问句。

转述疑问句时,通常用来表示疑问句的主要手段——疑问语调必然要失去或减弱,但是也还有弥补的办法,或是使用引导性(或插入性)套语,其中用动词 ask(问)而不用 say(说),或是在没有疑问代词的地方使用疑问连接词。该连接词通常出自表示"两者之一"意义的代词:〔英〕whether(是否),〔冰〕hvárt(同前),〔拉〕utrum(同前),但是在其他情况下,词源就不同了。我们经常见到使用条件连接词:〔英〕if(如果),〔法〕si(同前),〔丹〕om(同

前),〔德〕ob(同前)。不同的语序往往表示出直接疑问句和间接疑问句的区别[①]:Who is she?(她是谁?)——He asked who she was(他问她是谁)|How can I bear to look any of them in the face?(我怎能忍心面对他们?)——...how he could bear to look...(……他怎能忍心面对……)|Hasn't he a right to spend his money?(他难道没权花自己的钱吗?)——...whether he had not...(……他是否没有……)。其他语言也是这样,如〔丹〕:Hvem er hun? ——Han spurgte, hvem hun var(她是谁? ——他问道,她是谁)|Hvor kan jeg holde det ud? —...hvor jeg kunde holde det ud(我岂能容忍)|Har han ikke ret? —...om han ikke havde ret(他不对吗? —……他是否对)。〔法〕:Qui est-elle?(她是谁?)Qui est-ce?(这是谁?)——Il a demandé qui elle était(他问她是谁)(qui c'était〔这是谁?〕)|Comment peut-on le souffrir? —...comment on pouvait le souffrir(人们怎么能够容忍它?)|N'a-t-il pas raison? —... s'il n'avait pas raison(不对吗——……如果不对)。丹麦语中还有一个不同之处,如果疑问代词作句子的主语,在间接疑问句中要加 der:Hvem har ret? —Han spurgte(om)hvem der havde ret?(谁是对的? ——他问谁是对的?)|Hvad er grunden? ——...hvad der var grunden(是什么原因)(但是在这里如果把 grunden 当做主语的话〔这也是可能的〕,那么词序要颠倒:Han spurgte om hvad grunden var〔他问原因是什么〕)。

除了从属性间接引语所特有的形式以外,英语现在越来越多

① 在英语中不用 do,do 的作用构成疑问词序:what does she see? —I ask what she see(她在看什么? ——我问她在看什么)。

地使用在介绍性引语中也能发现的形式，不用引导词 if 或 whether，并且词序要颠倒。如 I know not yet, was it a dream or no（我不知道这是不是个梦——雪莱）| he said was I coming back, and I said yes and he said did I know you, and I said yes, and he said if that was the case, would I say to you what I have said and as soon as I ever saw you, would I ask you to step round the corner（他说我还回来吗？我说是的，他说我认识你吗？我说认识；他说如果情况是那样的话，我是否会告诉你我说过的话，我一见到你，是否把你叫到拐角去——狄更斯）。确实，这一现象近来在作家们的笔下屡见不鲜。这种用法与从属形式交叉使用：They asked where she was going, and would she come along with them?（他们问她上哪儿去，她是否愿意和他们一块走——卡莱尔）。德语中也有同样的形式，虽然很少，如 man weiss nicht recht, ist er junggeselle, witwer oder gar geschieden（人们根本不知道他是个单身汉，鳏夫，还是离了婚的人——G. 赫尔曼）。

间接疑问句除了用来转述直接疑问句外，还经常用在 know（知道），doubt（怀疑），see（察看）等动词之后（作为从句首品），如：I want to know if he has been there（我不知道他是否到过那里）| Go and see who it is, and try to find out where he comes from（去看看是谁，搞清楚他是从哪儿来的）| it is not easy to say why the book is so fascinating（很难说这本书为什么如此迷人）。——间接疑问句还可用作主语，如：Whether this is true or not is still an open question（这事是真是假，还很难说）。有时主句可省略，因而（形式上的）间接疑问句成了（意念上的）直接疑问句：If I may leave it at that?（我问是否…… = 我可以就到此为止了吗？）。

在介绍性引语间接疑问句中，唯一需要转换的是人称和时态，这是所有的间接引句都需要转换的，否则疑问句就和在直接引语中一样保持不变。所以彭登尼斯那段话中的疑问句 How can I bear to look any of them in the face now? 和 Hasn't he a right to spend it? 变成 How could he bear…和 Hadn't he a right…, What does she see? 变成 What did she see?[①] 即可。在法语中未完成时态取代完成时态，德语中采用过去陈述式（不用虚拟式），等等。

由疑问词引导的感叹句除了变换时态和人称外，其余部分保持不变：What a nuisance it is to change!（换来换去真讨厌）变成 What a nuisance it was to change!（同前），条件是感叹句从属于 He said（他说）中的这类动词以及构成介绍性引语一部分。

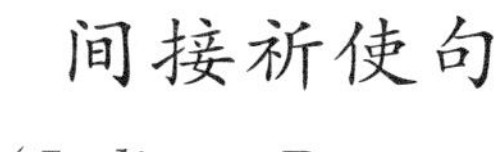

间接祈使句

(Indirect Requests)

在直接引语中，用祈使句表示的请求（命令，等等）必须变换。在从属性引语中，或是用主句动词来表示请求的内容，如把 Come at once（马上来）变成 He ordered (commanded, told, asked, implored) me (her) to come at once（他命令〔指挥、叫、要、恳求〕我〔她〕马上来），或是主句动词不表示请求的内容，而必须在从句中

① 当 he asked（他问）加到疑问句中时，间接引语的形式不变：Hadn't he a right, she asked, to spend his money?（难道他没有权利——她问道——花他的钱吗？）丹麦语也如此：Havde han ikke, spurgte hun, ret til at bruge sine egne penge?（意义同前）还要注意英语的惯用语，Mrs. Wright presents her compliments to Mrs. Smith, and might she borrow a saucepan, please?（赖特夫人向史密斯夫人表示敬意，她能否借一只平底锅？）

另外表示该内容:He said (wrote) that I (she) *was to come* at once (他说〔写道〕我〔她〕要马上来)。后者是介绍性引语中常用的形式,不过祈使句形式偶尔可以保留下来,如下面狄更斯的一段话:"Mr. Spenlow argued the matter with me. He said, *look* at the world, there was good and evil in that; *look* at the ecclesiastical law, there was good and evil in that. It was all part of a system. Very good. There you were."(斯宾娄先生就这件事和我争论。他说,看看这个世界吧,美丑皆有;看看教规吧,善恶并存;这一切都是一个体制的组成部分。很好。你说对了)。带有 let us(让我们)的祈使句在两种间接引语中的变法不同: He proposed that we(they) were to go(他建议我们〔他们〕应该走了)和 Let us(them) go(让我们〔他们〕走吧)。

结　束　语

(Final Remarks)

直接引语和间接引语之间的区别并非总是泾渭分明。直接引语可以由通常用于间接引语的连接词(that) 引导,这种现象在希腊语中也不少见。如 kai legōn autōĭ, hoti ean thelēĭs, dunasai me katharisai(他对他说,如果你肯,你是能使我洁净的),伍尔费拉模仿了上述希腊语句子:jah qiþands du imma þatei jabai wileis, magt mik gahrainjan(《马可福音》1. 40 及 1. 37)。我从坦尼森那里引一个现代的例子:she thought that peradventure he will fight for me(她想他也许会为我而搏斗)。[1] 法语中有 je crois que non(我相信不),虽然 non(不)只用于直接引语。

人的忘性,或者说不能长时间地记住在间接引语中改变了的说法,这往往导致下列常见的现象:转述引语以间接的方式开始,然后突然又以直接的形式继续下去。在希腊句法手册中列出了摘自诸如克赛诺丰这类希腊作家的例子。冰岛英雄史诗中这类例子也比比皆是,如第一卷:segir at Breði hafi riðit frá honum á skóginn, ok var hann senn ór augliti mér, ok veit ek ekki til hans(他说 B. 从他那儿骑马进入树林,我很快就看不见他了,我对他一无所知) | mælti at hann skyldi gera til brauð þeira, en ek man sœkja eldivið(他说他〔另一人〕要给他们做面包,但是我要去取燃料——同前书第六卷) | hann spyrr, hverir par væri, eða hví eru-þér svá reiðuligir?(他问谁在那儿,你为什么这样生气——同前书第九卷)。在戈德史密斯的《韦克菲尔德的牧师》2. 166 上有一个类型不同的两种引语混用的例子:But tell me how hast thou been relieved, or who the ruffians were who carried thee away?(告诉我你是怎样得救的,再不就告诉我把你带走的暴徒是谁?)

德语和丹麦语有一种奇特的方法,即用动词 soll, skal(=〔英〕shall)来表示意念中是间接引语的句子:Er soll sehr reich sein (gewesen sein)(据说他很富有) | han skal være(ha været) meget rig(据说他〔号称、谣传〕非常富有)。由于 soll, skal 在大多数情况下

① 再请看引自狄更斯的例子:she sat sobbing and murmuring behind it, *that*, if I was uneasy, *why* had I ever married?(她坐在后面抽泣,自言自语,如果我不愉快,我为什么结婚?)I 是由 you 变换来的,问句为"介绍性间接引语"。

只是 muss，mȧ 的一种弱形式，所以我认为可以把这一用法作为与表示逻辑必要性或必然性的 muss，mȧ，must（必须）相对应的一种弱化成分，如 he must be very rich（since he can give so much to the poor）（他一定很有钱〔既然他能向穷人慷慨施舍〕）。

第二十二章　话语的分类

(Classification of Utterances)

为了使别人照我们所说的去做，
为了教育别人去学习，
我们应该如何措辞呢？

《玫瑰传奇》

种类　疑问句　句子

种　　类

(How Many Classes?)

布鲁格曼(《根据句子的内在基本功能进行分类》,1918)对句子或话语进行了精密的分类，分出如下几大类(其中大多数又可分为多达11个小类):(1)感叹句,(2)愿望句,(3)邀请句(aufforderung),(4)让步句,(5)威逼句,(6)拒斥句(abwehr und abweisung),(7)想象的现实性的陈述句,(8)疑问句。[1] 在进行这种分

① 把这些分类法和诺林《我们的语言》5.91 ff. 中的同样详尽但却迥然有异的分类法进行一番对比是很有趣的，对诺林的分类法我在这里不作概述或评论。

类的时候，历史因素常常和纯粹逻辑的分类法交织在一起。很难看出 he is rich(他很富有)这样简单的陈述句该归于哪类，同时也很难看出整个分类的根据何在。但是这些异议并不妨碍人们承认该书中有许多内容具有很高的价值，该书是这位令人仰慕的比较语文学大师所写的最后一批著作之一。从前的分类法要简明一些：(1)陈述句，(2)疑问句，(3)愿望句，(4)感叹句(参看索南夏因的《语法》)。但是就连这种划分法也值得商榷；(3)和(4)之间的界限很不清楚：为什么把 God save the king(上帝保佑吾王)和 Long may he reign(愿他统治长久)排除在感叹句之外，为什么把感叹句局限于那些由 what 和 how 之类的"感叹代词、形容词或副词"引导的句子？

反对索南夏因分类法的另一种意见是：这个分类法，如他所说，只是对"句子"，即含有一个限定动词的话语的分类。但是 what fun！(多好玩)How odd！(多奇怪)Glorious！(好极了)或 Hurrah！(好哇)之类的话语显然和上面提到的含有限定动词的话语同样是"感叹句"；不能把 Waiter, another bottle！(侍者，再来一瓶！)和含有祈使语气的"愿望句"分开，我们还必须把上文(167页)提到过的"名词性"句子归入陈述句中。人们或许可以说"愿望句"这一术语并不是一个包括"命令、请示、恳求和希望"等意义，同时又排除 I want a cigar(我要一支雪茄)和 Will you give me a light, please？(给我对个火好吗？)等句的最好的术语。这些句子虽然在形式上是"陈述句"和"疑问句"，但在意念上确实是愿望句，应与祈使句 Give me(给我)归于一类。因而这一分类法是有毛病的，因为它既不纯粹属于意念，又不纯粹属于句法，而是在两者之间交替的分类：两者都是重要的，但是在这里就像在语法理论的其他领域一样应该严格地加以区分。

我们如果不管话语的语法形式而试图对话语进行纯粹意念性的分类，那么根据说话人是否想直接通过他的话语对听话人的意念施加影响，而把话语分为两大类，似乎是自然合理的。第一类不仅包括一般陈述句和感叹句，还要包括 God save the king 这样的愿望句。对于这一类话语，有没有听话人当然是无关紧要的。What a nuisance！（真讨厌）这样的话语不管是自言自语还是对其他人说都是一样的。

第二类话语的目的是要影响听话人的意志，也就是说，使他做某事。这里又可分为两小类：请求类和疑问类。请求包括许多不同形式的话语、祈使句、无动词表达式（Another bottle！〔再来一瓶〕|Two third Brighton〔两张去布赖顿的三等车票〕|A horse, a horse！〔一匹马，一匹马！〕|One minute〔请稍等一下〕|"Hats off"〔脱帽〕），形式上的问句（Will you pack at once！〔请马上整理行李！〕）和形式上的陈述句（You will pack at once！〔请你马上收拾行李〕），只要说话的情景和语调表明它们相当于祈使句，等等。请求句可有程度的不同，从粗暴的命令经过许多中介性的阶段（要求、命令、恳求、邀请）一直到最谦恭和卑下的乞求（恳求、哀求）。

疑 问 句
（Questions）

疑问句也是一种请求句，即请求告诉问话人某事，向他提供他想知道的信息。疑问句也可有程度的不同，从绝对的命令到客气的恳求:回答可以是所要求的,也可以是所恳求的。疑问句常常接在祈使句之后,从这一点上可以看出一般请求句和疑问句之间的密切关系:Hand me that box, will you? (把那盒子递给我,好吗?)。疑问句 Well? (啊?) 和祈使句 Go on! (说下去!) 或 Speak! (说!)意思一样。

疑问句有两种:Did he say that? (他说那话了吗?)是一种类型的例子,What did he say? (他说了什么?)和 Who said that? (那话是谁说的?)是另一种类型的例子。人们为这两种疑问句起了许多名称:是非问句或断言问句/代词性问句,句式问句/单词问句,整体问句/细节问句或部分问句,判断问句/补充问句或事实问句,证实问句/确定问句。诺林(《我们的语言》5. 118 ff.)研究并批评了这些术语,结果他(用瑞典语)提出了 rogation(请求)/kvestion(问题)一对术语。然而两者的区别在英语(和法语)中是无法表达的,在这两种语言中"疑问句"一词只能作通用术语用。此外这种区别还有一个严重的缺陷,这就是无法记住哪个术语是表示第一类疑问句,哪个是表示第二类疑问句。然而不难找到一个不会产生歧义的术语。只要我们记住第一类疑问句总是在对一个连系式的真实性进行提问:说话人想要解决他的疑问,即把这个特定的主语和这个特定的谓语连系在一起是否正确。所以我们可以把这类疑问句叫做连系式问句(nexus-questions)。在另外一类疑问句中,有一个恰似代数方程中的未知"数",因此我们可以使用大家熟知的符号 X 来代表未知数,用 X-疑问句这一术语来表示一个旨在求得 X 值的疑问句。

有时,在同一方程式中可以有两个未知数,如在口语中:*Who* shall sit *where*? (谁坐在哪儿?)(但是 I don't know *which* is *which*

〔我不知道哪个是哪个〕和 *Who's who*? 〔谁是谁?〕不同:它们的实际意义是:"哪个〔谁〕是这个,哪个〔谁〕是那个?")。

对连系式问句的回答可能是"是"或"不是";对 X-疑问句的回答在不同的情况下是除了"是"或"不是"以外的一切。就语调而言,一般说来连系式问句的句末用升调而 X-疑问句用降调。但是有些疑问句在这两方面类似 X-疑问句,但是在形式上类似连系式问句。如果我们给疑问句 Is it white? (这是白的吗?)加上 or black? (还是黑的?),把 Do you drink sherry? (你喝雪利酒吗?)改成 Do you drink sherry or port? (你喝雪利酒还是喝葡萄酒?),就构成了选择疑问句。在选择疑问句中,升调像在一般疑问句中一样落在第一部分,而附加上的 or white、or port 则用降调。这些疑问句相当于下面这类代词性问句(X-疑问句):What colour is it? (是什么颜色)。但是有趣的是,看上去相同的疑问句用不同的语调就会有不同的意义,如果把 sherry or port 当作一个表示烈性红酒的集合术语,那么对这一疑问句 Do you drink〔such strong wines as〕sherry or port? (你喝雪利或葡萄酒〔这样的烈性〕红酒吗?)的回答自然就是"是"或"不是"(参看《语言学教程》15.54)。带有 neither—nor 的疑问句(Have you neither seen nor heard it? 〔你既没有看到也没有听到这些事吗?〕)是连系式问句,因为 neither—nor 是 both—and 的否定而不是 either—or 的否定。

这里也许可以提一下我称做"提至第二级的疑问句"(questions raised to the second power)(《语言学教程》15.52)的现象。一个人问道 Is that true? (那是真的吗?)另一个人不作正面回答却反问道:Is that true? ——意思是"你怎么问这个问题?"在这一点上,大多数语言使用与间接问句中相同的形式:Om det er sandt?

(那是真的吗?) | Ob das wahr ist?(意义同前) | Si c'est vrai?(意义同前),[①]尽管这些句子由于采用了明显得多的疑问句升调而与间接问句不同。我在卡克斯顿(《雷纳尔》21,摹仿法语的作品?)中发现了同样的形式:Loue ye wel myes? Yf I loue hem wel, said the catt, I loue myes better than ony thing(你喜欢耗子吗?如果我喜欢的话,猫说道,那么没有什么比耗子更令我喜欢的了)。但除此之外,英语的疑问句形式(无连词倒装)在这里应与在直接问句中一样;我从最早的喜剧到最近的小说里收集到大量的例子。由于反诘句一般都暗示问题是多余的,所以就相当于肯定句:Do I remember it?(我还记得吗?) = Certainly I remember it(我当然记得)。结果很有意思,疑问句中是否有否定词常常无关紧要,如:Don't I remember it?(我不记得了吗?)此句同样等于一个肯定句。

由疑问词引导的疑问句(X-疑问句)也可以用作反问,大多数语言在这里同样使用间接问句的形式:Was hast du getan?(你做了什么?)—Was ich getan habe?(我做了什么?) | Hvad har du gjort?(你做了什么?)—Hvad jeg har gjort?(我做了什么?)法语中关系从句取代疑问从句:Ce que j'ai fait?(我做了什么?)乔叟像在其他从句中一样,插入了一个 that: But wherefore that I speke al this?(我为什么说这些?——《百鸟会议》17)。但是从莎士比亚时代起,英语中通常原封不动地重复前一问句(语调除外):Where is it?(在哪儿?)——Where is it? taken from vs, it is(在哪

① Est-ce que vous avez déjà tué beaucoup de lions, monsieur de Tartarin? —Si j'en ai beaucoup tué, monsieur?(你已经杀死很多狮子了吗,塔尔塔兰先生?先生,我已经杀掉很多狮子了吗?——多代)

儿？就是从我们这里拿走的——莎士比亚）。问句由于被提至第二级，其性质发生了变化，这一点同样表现在所要求的回答上：What have you done?（你做了什么？）—What have I done?（我做了什么？）—Yes, that is what I wanted to know.（对，那正是我想知道的）。所以这类疑问句总是连系式问句。[①]

表示疑问句的形式手段是：(1)语调；(2)不同的疑问词，既可是代词也可是语助词，如〔拉〕num，重读词后词-ne（原先是否定词），〔丹〕mon（原先是助动词），〔法〕ti（《语言》358）——在法语口语中，我们可以把〔ɛskə〕当做一个疑问语助词；(3)词序。

但是应该注意，从形式的角度来看是疑问句的句子经常并不表达疑问句的内容，如请求解决问话人心中的某个疑团。除了那些保留部分意念价值的所谓的反问句外，我们在这里还必须提一下表达惊奇的方式，如 What! are you here?（什么！你在这？）说这话的目的当然不是希望被告知对方是否在这里。还有 Isn't he stupid!（他真傻）|〔德〕Ist das unglaublich!（真令人难以置信！）。在这类感叹句中，语调稍有改变，但不能说它们与疑问句的形式完全相同。对于和疑问句词序相同并且原先是从疑问句发展而来的条件句来说更是如此，如 Had he been here, I should have given him a piece of my mind（他要是在这里，我准会责备他的）。

① 还有一种反诘句，其中有两个疑问词。A 说：Why are you doing this?（你为什么在做这事？）B 问道：Why am I doing what?（我为什么做什么？）这是一个对原问句中某一部分加以提问的 X-疑问句。

句　　子

(Sentence)

“句子”的定义不胜枚举,并且分歧太大,这里没有必要把它们全部重复一遍或加以评论。① 仅就这些定义并不是虚假的(虚假的定义用专门术语来掩盖空洞的内容)这一点而言,它们的出发点或是形式的,或是逻辑的,或是心理的,而有的定义则试图在两个或三个观点之间折中。虽然语法学家们在理论上意见不一,但是他们在实践中一般都趋于一致。当他们遇到某个具体的词组时,对于是否应把它当做一个真正的句子,他们是不会犹豫不决的。

根据传统逻辑,每个句子都是一个有主语、系词和谓语的三位一体。逻辑学家们把他们要研究的所有句子(命题)都分析成这三个组成部分,这样就找到一种有利于他们研究的固定模式。但是即使就他们纯理性的命题而言,这种模式也是造作和虚构的,根本不适用于语法学家们所主要研究的多少带有感情色彩的大部分日常句子。

代替过去的“三位一体”,现在习惯上提出“二位一体”:每个句子看做是由两部分组成:主语和谓语。在 The sun shines(太阳

① 参见诺林《我们的语言》5.51.576,索南夏因§1,斯威特《新英语语法》§447,布鲁格曼《简明比较语法》623,《句子结构的区别》15,保罗《语言史原理》§85,《德语语法》3.10,冯特《语言》2.234,韦兰德《语文学》5,松登《省略词》4,E. 奥托《语言学基础》145,克雷奇默《古代文化研究导论》1.515,谢菲尔德《语法与思维》47,韦格纳《印度日耳曼语研究》39.1,等等。

照耀)一句中 the sun 是主语,shines 是谓语。两者都可以是复合的:在“The youngest brother of the boy whom we have just seen once told me a funny story about his sister in Ireland”(我们刚才见到的那个小男孩的小弟弟曾给我讲过一个他在爱尔兰的姐姐的有趣故事)一句中,在 seen 以前的所有词构成主语,余下的构成谓语。至于这种二位一体在心理上是如何造成的,众说纷纭,是把早已在说话人心里分别存在的那个念头结合在一起呢,还是出于交际的需要,把一个念头(gesamtvorstellung)分成两个专门的部分。然而,这里我们不必考虑这个问题。相反,重要的是应记住句子的两部分,主语和谓语,与连系式的两部分,首品和述品相同。但是正如我们已经看到的那样,并不是每个连系式都构成一个句子:只有独立的连系式才构成句子。

然而,语言学家们现在越来越认识到,除了刚才提到的双部句(two-member sentence)外,还有单部句(one-member sentence)。单部句可只由一个词构成,如 Come!(来!)或 Splendid!(妙极了!)或 what?(什么);或者由两个或两个以上的词构成,但是它们之间不能是主谓关系,如 Come along!(快来!)| A capital idea!(好主意!)| Poor little Ann!(可怜的小安!)| What fun!(真有意思!)这里我们首先要提防像斯威特这样一位语法大师所产生过的误解,他说(《新英语语法》§452),“从语法的角度来看,这些缩略句根本不是句子,而是介于词和句子之间的东西”。这就意味着词和句子是一个阶梯上的两个台阶,而不是属于两个不同范畴的东西;独词句既是词也是句,就像一所单间的房子,从一个角度看是房间,从另一个角度看就是房子,但绝不是介于两者之间的东西。

老式的语法学家对单部句的这种理论会有反感,他们往往会用他们的法宝——“省略”加以解释。他们会说在 Come! 中,主语 you 省略了,在 Splendid! 和 A capital idea! 中,不仅主语(this)省略了,动词 is 也省略了。因此在许多感叹句中,我们可以把所说的话看做是述品,而主语(首品)则或是整个话语情景,或是话语情景暗指的某样东西(参看第十章)。大多数语法学家也许会把 Canto(颂歌)或 Pluit(下雨)这类拉丁语中的独词句分析为含有一个未说出的主语,虽然很难确切地说出后一个动词的主语到底是什么。但是语法学家们承认省略的时候应非常谨慎,除非有绝对必要以及对省略的东西确信无疑,如 he is rich, but his brother is not(rich)(他很富有,但他兄弟却不〔富有〕),it generally costs six shillings, but I paid only five (shillings)(通常它卖六先令,但是我仅付了五个〔先令〕)。但是在 Watercresses! (水菜!)或 Special edition(号外!)中省略了什么? 在 I offer you...(我给你……)或 Will you buy...(你要买……)或 This is...(这是……)中又省略了什么?

如果 John! (约翰!)这个词构成一个完整的话语,那么根据说话的情景和语调,可能有各种解释:“我多爱你,约翰”,“你怎么能做那事?”“见到你很高兴”,“约翰吗? 我还以为是汤姆呢”等等。这些不同的“约翰!”怎么能归结到主谓系统中去呢? 省略说又怎能帮助我们对它们进行分析呢? 然而否认它们是句子是不行的。我们还不能到此为止。Yes 和 No 以及像 Alas! 或 Oh! 这样的感叹词,或 Tut 和 Tck 这类拼写不当的弹舌音,实际上也是句子,它们无异于狄摩西尼所说过的或 S. 约翰逊所写过的经过最仔细斟酌推敲的句子。

如果我们承认这一点——坦白地说,我看不出我们应该在约翰逊的结构和弹舌音之间的链条上的哪一点划分界限——那么给句子下定义相对而言就是一件比较容易的事了。

句子是人所说的(相对)完整和独立的话语;完整性和独立性表现在它具有单独存在或可以单独存在的能力上,即它本身可以单独说出来。①

在这个定义中,我特意选择了"话语"(utterance)这个词,这是我能找到的概括性最强的术语。一般说来,话语指的是给他人的信息,但不一定总是如此(自言自语!),然而,一个话语要被承认为一个句子,一定要是一个能够供人听的信息。②

让我们来看一下我们定义中的"独立"(independent)这个词的含义是什么。She is ill(她病了)是一个句子,但是如果把这几个词放到下述结构:He thinks (that) she is ill(他以为她病了)和 He is sad when (if, because) she is ill (当〔如果,因为〕她病了,他很难过)中,它们就不再是独立的话语,而是句子成分,或是(如第一句)thinks 的宾语,或是(如第二句)次修品(严格说来,是次修品成分,因为还需要有连接词)。句子的这些成分在英语中通常称做 dependent clause(从句),在德语中称做 nebensätze,在丹麦语中称做 bisætninger,好像它们本身就是某种特殊的句子,而根据我

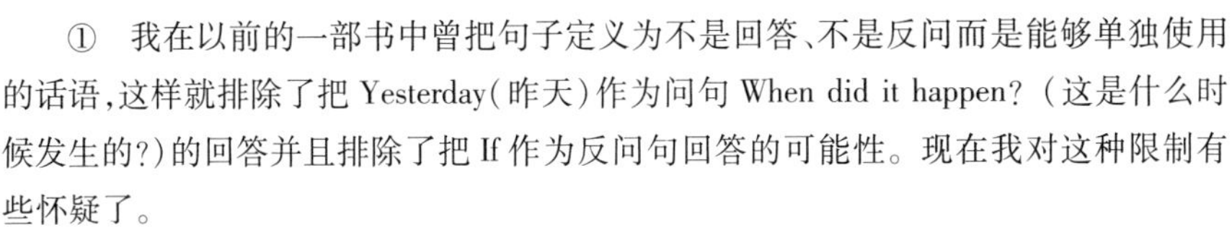

① 我在以前的一部书中曾把句子定义为不是回答、不是反问而是能够单独使用的话语,这样就排除了把 Yesterday(昨天)作为问句 When did it happen?(这是什么时候发生的?)的回答并且排除了把 If 作为反问句回答的可能性。现在我对这种限制有些怀疑了。

② "句子"的有些定义狭窄,很难看出它们怎样才能包括问句。问句因为需要回答,所以是不完整的,尽管如此,它还是一个相对完整和独立的话语。由此可见,我的定义并不狭窄。

们的定义它们都不是。同理，当 what to do？（该做什么？）独立使用时，是一个完整的句子，但是在 He did not know what to do（他不知道该做什么）[①]中，却不再是一个句子，而只不过成了一个从句。

下面这种现象也是这一定义的必然结果，If only something would happen！（但愿能发生什么事！）独立使用时意思是“我希望能发生什么事！”当 If this isn't the limit！的意思是“事情不能再好（坏）了”时，它们是（完整的）句子，尽管我们可以多么轻易地看出，它们是从从句演变而来的，而这些从句需要再加以某种延续才能完整。

人们会注意到，按照现在的定义，句子是一个纯意念性的范畴；使一个词或一组词成为句子，并不需要有特殊的语法形式。我甚至没有模仿某些学者的做法，他们用“标准句子”（normalsatz）这一术语来表示含有一个主语和一个限定动词的句子。这样的句子在悠闲轻松、平铺直叙的散文中可能是标准的，但是说话一旦受到感情的强烈影响，就会广泛使用这种标准范围之外的句子，而它们完全有资格被认为是自然而正常的句子。

也许最好把句子分成以下几类：

（1）不明显的句子（Inarticulate sentences）：Thanks！（谢谢！）（Thanks very much | Many thanks〔非常感谢〕）| what？（什么？）| Off！（拿掉！）。

（2）半明显的句子（Semi-articulate sentences）：Thank you！（谢谢你们！）（Thank you very much〔非常感谢你〕）| What to do？

① 没有必要找一个专门术语（complex sentence〔复合句〕）来表示含有一个或多个从句的句子，参看第七章的结尾。

(做什么?)|Off with his head!(砍掉他的脑袋!)[1]

(3)明显的句子(Articulate sentences):I thank you(我谢谢你)|What am I to do?(我该做什么?)|You must strike off his head!(你必须砍掉他的脑袋!)

明显的句子含有连系式的两个成分,由于上文(第167页)考察过的"名词性句子"(nominal sentences)数量很少,这就意味着大多数明显的句子都含有一个限定动词。

在任何一个语言社团的实践中,总有倾向于有次序和规则、统一和固定模式的强大力量。由于大量模仿常用的词组,某些结构会趋于普遍化。因此,某些原先可能少见以及被认为多少有点多余的词变得越来越常用,最后可能被认为是必不可少的,因此它们使整个句子符合最常用的模式。由于大多数句子都有主语(Petrus venit〔皮特勒斯来〕),所以在原先没有主语的地方,逐渐有了主语。比较:je viens(我来),il vient(他来),il pleut(下雨)和venio(我来),venit(他来),pluit(下雨);英语的情况也同样:I come(我来),he comes(他来),it rains(下雨了)。由于大多数句子在其动词之前都有一个词,所以无意义的there用于there are many(有许多)中。由于大多数句子都含有一个动词,所以在原先没必要有动词的地方插进了一个动词,因此,"系词"is或does用于So John does!(约翰也是这样做的!)之中。由于一些动词一般接一表语,所以就用了无意义的so(德语es,丹麦语det),如:In France the

① 这是一个很有意思的类型(Away with you〔滚开〕|On with your vizards!〔戴上你的面甲〕|To the rack with him!〔让他毁掉吧!〕),其中含有一个意味着动作的次修品和一个由介词with引导的首品。with的作用与它在下例中的作用类似a cage with the bird flown(鸟飞走后留下的笼子)和pale with the pallor of death(死一样的苍白)。

population is stationary, and in England it is rapidly becoming so(法国的人口稳定,英国的人口也将很快变成这样),再如 To make men happy,and to keep them so(使人们幸福并让他们永远幸福——蒲伯)。由于大多数修品的后面都有一个首品,所以使用 one 来支撑修品,如 a grey horse instead of the white one(一匹灰马而不是一匹白的)|birds love their young ones(鸟喜爱它们的孩子)等等。在所有这些例子中,我们的倾向实际上是一样的,这就是把句子修改得符合普遍的句型。

虽然这种单一化的趋势没有贯穿到底,然而它却成为语法学家的下述假设的基础:每个句子,或每个标准句子必须包含一个主语和一个限定动词;但是我们一旦看到这仅仅是一种倾向,而不是一条语言规律,那么给不需要这两个成分的"句子"下一个定义也就势在必行了。

在一切言语行为中,要区分三个概念:表意(expression)会意(suppression)和印象(impression)。表意是说话人说出的话,会意是原先该说而没有说出的话,印象是听话人听得到的东西。重要的是要注意,印象并不仅仅是直接表达出来的东西,而且是未表达出来的东西。联想是通过会意而得到的印象。只有令人厌烦的人才想把一切都表达出来,但是,就连这种人也会发现,要想把一切都表达出来是不可能的。作家的艺术往往在于对一些东西不作明言。不仅是作家,我们在大多数的日常说话中,也保留了许多东西,这些东西如果说出来将会显得啰里啰唆,如 Two third Brighton return 的大意是:Would you please sell me two third-class tickets from London to Brighton and back again, and I will pay you the usual fare for such tickets(请卖给我两张从伦敦到布赖顿的三等往返车票,我将按票价付你钱)。复合名词表明有两个成分,但是并没有表明两者之间的关系:home life—life at home(家庭生活),home letters—letters from home(家信),home journey—journey to home(还乡)。再比较一下 life boat(救生艇),life insurance(人寿保险),life member(终身成员);sunrise(日出),sunworship(太阳崇拜),sunflower(向日葵),sunburnt(晒黑的),Sunday(星期天),sun-bright(阳光灿烂的),等等。

在句子结构中,如同在复合词结构中一样,许多东西留给听话人去想象。那些从训练有素的思想家或书生气十足的教师的角度来看只是片断的话语,却往往是实际说出来的全部东西,并且也是需要向听话人清楚表明意义的全部东西。对于某些种类的句子来说,更是如此。在这些句子中,同一类的会意相当频繁,最终没有人会想到省略了什么,剩下的部分就成了语法学家必须当做完整句子的固定的习惯说法。需要予以特别注意的会意有两类(参看《语言》273)。

(1)句首省略,我们采用学者的术语把它称做 prosiopesis:说话人开始发音或者想开始发音,但是一直到他开始发出想说的话的一两个音节之后才发出听得见的声音(或是由于没有送气,或是由于没有把声带放在正确的位置上)。例如,问候语以 Morning 代 Good morning(早晨好),〔德〕(Guten)tag(早晨好)等。还有口语中的 See?(明白了吗?)代替 Do you see? |(Do you) remember that chap?(〔你〕还记得那个家伙吗?)| Will that do?(那样行吗?)|(I'm a)fraid not(〔我〕想不是)|(When you) come to think of it(〔当你〕想起它〔的时候〕)|(I shall)see you again this afternoon(〔我〕下午再见你)|(God)bless you!(〔上帝〕保佑你!)各种语

言都有类似的例子。

(2)句尾省略:aposiopesis(顿绝句)是学者的术语,我在其他地方(《语言》251)以更加口语化的方式叫做 stop-short 或 pull-up (中断)句。说话人说完 If only something would happen(但愿能发生什么事情)之后,就停了下来,自己也不清楚该怎样说下去。要使句子完整,他不知道该说 I should be happy(我会高兴),还是说 it would be better(那更好),或 things would be tolerable(情况可以对付),或任何他想说的话。但是即使句子不再延续下去,这个 if 从句也超过了其表面价值,对于说话人和听话人来说成了一个表达意愿的完整句子。其他表达愿望的例子有:〔德〕Wer doch eine zigarre hätte!(但愿谁还有支烟!)|〔丹〕Hvem der havde en sigar!(但愿我有一支雪茄烟!)|〔西〕Ouién le diera!(谁能给他就好了!)顿绝语的例子还有:Well, I never!(嗯,我绝不!)|The things he would say!(他会说的事!)|The callousness of it!(真是麻木不仁!)|To think that he has become a minister!(想不到成了一个牧师!)|Dire qu'il est devenu ministre!(意义同前)|Tænke sig at han er blevet minister!(意义同前)|Figurarsi ch'egli è divenuto ministro!(意义同前)在所有这些例子中,某些东西的省略不应妨碍我们承认这些话语是十分完整的,足以叫做句子。

然而在其他例子中,会意太过分了,以致不能满足这一条件。我不能把下列这些东西看做是句子:招牌(J. C. Mason, Book seller〔图书商 J. C. 梅森〕),书名(Men and Women〔男人和女人〕),报纸标题(New Conference in Paris〔在巴黎新近召开的会议〕或 Killed his father-in-law〔他岳父遇刺〕),剧本对白中的人物名称(Hamlet〔哈姆雷特〕),日记中的事项(Tuesday. Rain and fog. Chess with uncle Tom, walk with the girls〔星期二。雨有雾。与汤姆大叔下棋,和姑娘们散步〕)以及类似的简短说法。但是值得注意的是:所有这些现象都只见于书面语,所以超出了语言的本身:口语中可以有许多会意现象,但其结果总是和本段里所列举的不同。

谈到会意,这里不能不再说几句作为最后的补充。[①] 有人说(C. A. 史密斯,《英语句法研究》1906, p. 3),“动词表示行为和变化:它们急促而又繁复”,所以省掉动词之后,说话就给人一种平静的印象。这一点在坦尼森的诗作《悼念》XI 中得到了证实:Calm and deep peace on this high world…(这大千世界一片静谧……)。但是事实上,诗中宁静的印象,首先是由于再三重复 calm 及其同义词所造成的,其次是由于省略了动词 is——一个平静的动词。如果省略了动作动词,这种会意也许反而会加强动作的印象,如下例:Then rapidly to the door, down the steps, out into the street, and without looking to right or left into the automobile, and in three minutes to Wall Stect with utter disregard of police regulations and speed limits(然后飞快地跑到门口,冲下楼梯,奔到街上,目不斜视,一头钻进了汽车,三分钟后就开到了华尔街,根本不管交通法规和时速限制)。朗费罗对保罗·里维尔骑马的描写:“A hurry of hoofs in a village street, A shape in the moonlight, a bulk in the dark, And beneath, from the pebbles, in passing, a spark Struck out by a steed

---

① 在 When in France, he was taken prisoner(在法国时,他曾被捕)和 If indoubt, answer no!(如果拿不准,就说不知道!)中的起首从句里,我们可以说,从一个角度看是缩略(省掉了 he was 和 you are),但是从另外一个角度看,又是 In France he was…和 In doubt answer no! 的扩展。I want to know *the reason why*(我想知道是什么原因)一句亦然。

flying fearless and fleet"（村里的街上传来一阵仓促的马蹄声，月光下出现一个人影，黑暗中隐现着一个轮廓，一匹马飞驰而过时在鹅卵石地上擦起一个火花）。如同这些例子一样，在大量的谚语、格言、警句及其类似的俗语中，由于省略了动词，也可以产生一种简练、富有生气的感觉。〔德〕Ende gut, alles gut（结果好，一切都好）比〔英〕All is well that ends well（意义同前），〔法〕Tout est bien qui finit bien（意义同前），〔丹〕Nȧr enden er god, er alting godt（意义同前）都要简练。再比如：Like master, like man（有其主必有其仆）| Every man to his taste（人各有所好）| No cure, no pay（治不好，不付钱）| Once a clergyman, always a clergyman（秉性难改）| Least said, soonest mended（少说为佳），One man, one vote（一人一票）等等。省略了似乎是多余的部分我们也就能造成快速和干练的印象，它不允许有足够的时间像平常那样完成句子；值得注意的还有谚语等，应当易于记忆，所以不能太长。然而在这些例子中，产生这种效果的并不是省略了动词，因为还有其他的缩略谚语等等，虽然含有动词，也产生类似的效果：Live and learn（活到老学到老）| Rule a wife and have a wife（支配老婆还要供养老婆）| Spare the rod and spoil the child（孩子不打不成器）| Love me, love my dog（爱屋及乌）。[①] 在这两类俗语中，含有主语和限定动词的通常句子结构让位于另一种结构，这种结构可以比作一幅日本画，画中的轮廓里留着大量的空白。这种醒目的画法给观画者留下了

① 这些俗语里的动词形式是什么？它们与下文第485页中要谈到的祈使句非常相似，这类祈使句不是表示请求，而是应当表示条件从句的；它们的区别是，在下文论述的祈使句后面接的是完整的句子，即所有的结论句（apodoses）。但是，在这里后面接的却是处于同一形式中的动词，要把这些形式当做祈使语气更困难。

更多的想象余地,从而有助于造成一种突出的艺术效果。原来,我们的语法现象还是古典主义和印象主义之间持久战中的一个小小的组成部分。

第二十三章　语气

（Moods）

分类　祈使语气　陈述语气和虚拟语气

意念性语气

分　　类

（Classification）

许多语法学家给英语等语言列举了如下语气：陈述、虚拟、祈使、不定式和分词。然而很明显，不能把不定式和分词与其他几种语气等同起来。本书在其他各章对不定式和分词已作了详尽的描写，所以在本章我们仅考察前三种语气。这三者有时又被分别称为事实语气、思维语气和意志语气。但是正如斯威特（《新英语语法》§ 293）所说的，它们并没有“表达主语和谓语之间的不同关系”。更正确一些地说，[①]它们表达了说话人对句子内容的某种态度，尽管有时语气的选择不是由实际说话人的态度，而是由从句本身的特性及它与它所从属的主要连系式的关

① 如布鲁格曼，厄特尔和诺林所说。

系决定的。[1] 此外必须牢记,我们所说的"语气"是以用动词的形式表现这种心理态度为条件的:所以语气是一个句法范畴,不是一个意念范畴。

祈 使 语 气
(Imperative)

上述说法甚至适用于祈使语气,虽然它比陈述语气或虚拟语气都更接近意念范畴。它是意志语气,因为这种语气的主要功能是表达说话人的意志,虽然它应当在相当的程度上影响听话人的行为,这一点很重要;在其他场合,说话人用其他方法来表达自己的意志。因而祈使就是请求,正如我们已见到的那样,可以有不同程度的祈使句,有最严厉的命令,还有最谦卑的乞求。但是我们还看到请求常常用其他方式而不用祈使句来表达(Another bottle!〔再来一瓶!〕| Wollen wir gehen〔我们要走〕| You will pack at once and leave this house〔你马上打行李离开这所房子〕[2],等等)。这里,我们应提醒读者们注意不定式表示请求的用法(Einsteigen!

---

① 如在法语 ma femme veut que je lui obéisse(我妻子希望我服从她)或 ma femme ne croit pas qu'il vienne(我妻子不相信他来)中,很明显,虚拟语气毫不涉及说话人的心理状态。

② 就连爱斯基摩语也经常把将来时用于祈使的意义;torqorumârparase(你们把它捡起来 = 捡起来!)(小施密特《格陵兰语语法》69)。我提起这一点,是因为 E. 勒奇最近根据法语中出现的 tu le feras = fais-le(你做它 = 做它)这种说法,对法国人的心理得出具有深远意义的结论:"den herischsüchtigen, tyrannischen charakter des heischefuturums(请求将来时的粗暴、专制的特性)",格陵兰人性格也许不如任何其他民族那样盛气凌人。

〔上车!〕| Nicht hinauslehnen!〔不要向外靠!〕| Non piangere!〔不要哭!〕)和分词表示请求的用法(Vorgesehen!〔预先想好!〕| Still gestanden!〔站好别动!〕| Wohl auf, kameraden, auf's pferd, auf's pferd, In's feld, in die freiheit gezogen!〔伙伴们,上马,冲向战场,冲向自由!〕)——换句话说,祈使语气和请求不是同义词,它们的外延不相同。

也不能说,祈使语气的形式特别适用于表达请求。祈使句经常表示允许,允许则不是请求,因为说话人不是表示要听话人按某种方式行动。但是表示允许的句子 Take that (if you like)(〔你喜欢〕就拿去吧!),也可用其他方式表达:I allow you to take that(我允许你拿那东西)| You may take that(你可以拿那东西)| I have no objection to your taking that(你拿那东西我没意见)| I don't mind if you take that(如果你拿那个我不介意)。关于禁止 = 否定命令或允许,请参看第二十四章。

祈使语气的第一种用法见于《哈姆雷特》的"Vse euerie man after his desart, and who should scape whipping"——第一部分不是一个真正的请求;第二部分也不是一个真正的疑问;句子的两个部分合在一起的意思是:如果我们使用……,谁也逃不掉惩罚。其他的例子:Spoil foc's'le hands, make devils(伤害好人,自己也会变成魔鬼——史蒂文森)| Give you women but rope enough, you'll do your own business(如果放手让你们女子自由,你们就会干出自己的事业——理查森;把 you 用作间接宾语,表明对谈话人没有任何请求的意思)。

由于英语中祈使语气的形式没有特定的词尾,因此人们可能倾向于认为,这些句子含有不定式(但是如何使用?)。然而,在其

他语言中的这种类似用法却清楚地向我们表明,祈使句中含有祈使语气的形式,如〔德〕Sage das, und du wirst (so wirst du) verhöhnt(要是这样说,你会受到嘲笑的)|〔丹〕Tag hatten ȯpeller lad den ligge, i begge tilfælde får du prygl(不管你拿不拿起帽子,你都会挨打)|〔法〕Obligez cent fois, refusez une, on ne se souviendra que du refus(施恩百次,拒绝一次,人们只会记得拒绝)|〔拉〕Scaevae vivacem crede nepoti Matrem: nil faciet sceleris pia dextera(把你的亲爱的母亲托付给你那个邪恶的孙子:孝顺的手是不会犯罪的——贺拉休)|〔希〕Dos moi pou stō, kai tēn gēn kinēsō(把我所在的地方给我,我就能移动地球)。

由于这种用法的祈使语气是为了表达条件,我们也就能理解,它为什么和过去时态连用,如:Give him time, and he was generally equal to the demands of suburban customers(如果给他时间的话,他一般说来能满足郊区顾客的需要);hurry or interrupt him, and he showed himself anything but the man for a crisis(催促或打断他一下,就可以看出他绝不是个能应付危机的人——吉辛),我们还能理解完成时态的祈使语气的用途:Soyez bon, pitoyable, intelligent, *ayez souffert* mille morts: vous ne sentirez pas la douleur de votre ami qui a mal aux dents(要善良,要有同情心,要理解别人,经受过无数次痛苦,你就不会为你那个患牙疼的朋友感到歉意——罗兰)。还要注意用于从句中间的祈使语气形式,如:Darwin tells us how little curly worms, only give them time enough, will cover with earth even the larger kind of stones(达尔文告诉我们,小小蚯蚓如果给予足够时间的话,是怎样能在大块的石头上盖上泥土的——比勒尔)|an Alpine Avalanche; which once stir it, will spread(阿尔卑斯

山雪崩；只要一碰，就会扩散开——卡莱尔）| I thought that, take them all round, I had never seen their equals（我想，就他们总体而论，我还没有见到过可以同他们相匹敌的人——巴特勒）。[①]

这种所谓的“想象性祈使语气”[②]的使用有助于我们解释为什么有些祈使语气形式变成了介词或连词，如：When you feel that, *bar* accidents, the worst is over（除非发生意外，当你感觉到的时候，最坏的情况已经过去了——奎勒-库奇）| I am not in the habit of beating women at any time, *let alone* at a lunch-party（我没有任意殴打妇女的习惯，更不用说在午餐会时——霍普）| *Suppose* he were to come, what then?（假设他将来，又怎么样呢？）〔丹〕*Sœt* han kom, hvad så?（意义同前）。

陈述语气和虚拟语气
(Indicative and Subjunctive)

如果我们现在来研究陈述语气和虚拟语气，那么首先要指出的是这个问题让一些语法学家毫无必要地搞复杂了，他们把带有助动词的结构，如 may he come（但愿他来）| he may come（他可能来）| if he should come（如果他来）| he would come（他将会来），说成是动词 come 的虚拟语气形式或相当于虚拟语气形式的形式。学者们如果研究的仅是英语，他们就不会采用这种说法，因为这些

① 关于祈使语气形式在叙述文体中的特殊用法，参看布鲁格曼《根据句子的内在基本功能进行分类》79。

② 也许可以说说话的对象不是“第二人称”（听话者）而是第十六章中解释的“通用人称”（generic person）。

结构在某些情况下只是用于翻译德语或拉丁语中的一般虚拟语气的,在这两种语言中可以使用这种术语,正如有的时候人们把 to the boy(给那孩子)称做与格形式一样。所以把 God bless you(上帝保佑你)句中的 bless 说成是希求语气(optative)的形式,把 if he bless you(如果他为你祝福)句中的 bless 称做虚拟语气的形式,同样是不正确的。只有在有关的语言中存在着这种表达形式,需要用"optative"这个专门的术语时,我们才应该使用"希求语气"这一术语,如希腊语中有希求语气形式——虽然在希腊语中,希求语气也不是纯粹用于上面所说到的"希求"意义,而是还有其他意义。如果我们想要了解语法事实,精确的术语应该是 conditio sine qua non①(必不可少的条件)。

这里所提出的观点与索南夏因教授的观点截然相反。虽然我反对他的关于语气的理论实质上与反对他的格理论是一致的,但是就他语气问题所发表的观点加以评论,并指出他的体系中内在的矛盾和困难并不是多余的。他说千万不能认为"语气"这个术语表示词尾屈折变化的不同。这一定义将把任何一种语言的语气体系搅得一团糟;例如,拉丁语的 regam 和 rexerit,德语的 liebte(爱)既可能是陈述语气也可能是虚拟语气,拉丁语词尾-ere 可以成为陈述语气、祈使语气和不定式的形式标志。——我的回答当然是,我们分得出拉丁语的不同语气,因为大多数形式都有明确的标志:rego(领导。下同),regis, rexero, rexeras,其他无数形式每种只能成为一种语气的形式;如果我们调换另一动词的形式或该动

① 有些比较语言学家在论及哥特诸语言时用 optative(希求语气)而不用 subjunctive(虚拟语气)。因为 optative 在词源学上相当于希腊语的 optative(希求式)。

词的其他人称形式，就很容易确定在具体的语境中每一个有歧义的形式究竟属于哪种语气。如果在一个德语句子中不用 liebte（爱），而用 hatte（相当于〔英〕过去时 had——译注），这就是陈述语气的形式；如果用了 hätte（相当于〔英〕过去分词 had，表虚拟——译注），那就是虚拟语气的形式，等等。①

不言而喻，在索南夏因教授看来，语气指的是意义的范畴，而不是形式范畴。陈述语气表示事实（索南夏因 §211）。但是如果我说 Twice four is seven（二乘四得七），我就是用陈述语气表达思想，这个思想却与事实违背。也许有人会以为这种驳论是吹毛求疵，因为索南夏因显然是要说“陈述语气表示的是作为事实的某种东西”。即使如此，这个说法也不能一直成立，试比较常用于条件从句中的陈述语气：if he is ill（如果他有病）和用在 wish（希望）之后的陈述语气，I wish he wasn't ill（但愿他没病）。

接下来，我们看到，“虚拟语气的意义和陈述语气的意义迥然不同”（§214）。然而我们在 §315 中，读到在“Take care that you are not caught”（你小心不要被抓住了）一句中，陈述语气“用以表示虚拟语气的意义”。类似的矛盾现象在其他地方也有所见：在 §219 节，作者承认在“stint not to ride，Until thou come to fair Tweedside”（在你到达特威德赛德之前，不要停下来）和“Who stands ，if freedom fall?”（如果自由倒下了，谁还能站着呢?）两句中可以用 comest 和 falls 来代替虚拟语气，但是他又说，“这些陈述

① 索南夏因教授接着说：“如果理解得当，英语的虚拟语气是了解其他语言中语气用法的佐助。”这和上文提到的谬论如出一辙（见 263 页）！掌握了索南夏因规定的关于英语条件句的内在规则的学生，“只需要被告知”拉丁语和德语使用同样的语气就行了——他就会被引入歧途，至少有时会如此。

语气的形式在这里被用于一种特殊的意义；事实上它们相当于虚拟语气”。同样的意思还见于 §234：“过去时陈述语气有时用于 as if（好像）之后，但它总是具有过去时虚拟语气的意义。”但是根据定义，语气的区别就是意义的区别，因此我们可得出简单的推论：陈述语气就是虚拟语气！与此相反，在 §303（注解）索南夏因谈到了，在 when I ask her if she love me（当我问她是否爱我时）中有一种在意义上与陈述语气没有任何明显区别的虚拟语气。根据 §219 的说法，在表示必要做某事的名词性从句中，根本不可能使用现在时的陈述语气。我们以他本人的句子 Give the order that every soldier is to kill his prisoners（命令每个士兵都要杀死他的俘虏）为例，我们自然要问：这里的 is（to kill）是陈述语气还是虚拟语气？这个时候苦思冥索的莘莘学子怎样才能在这片茫茫的丛林中找到出路？①

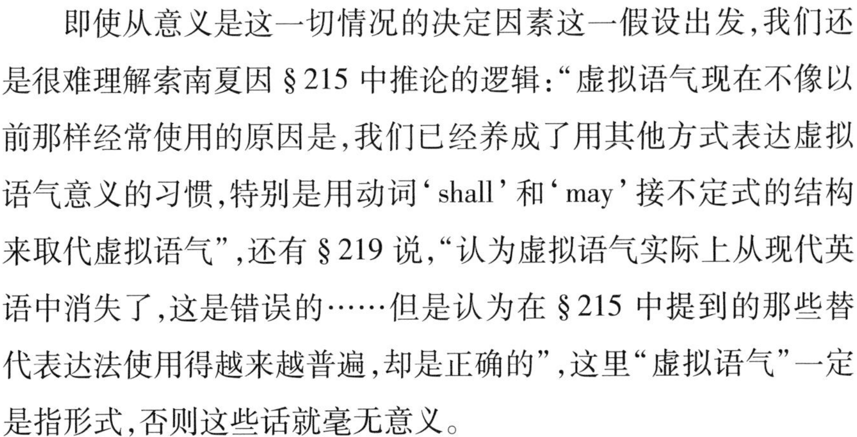

即使从意义是这一切情况的决定因素这一假设出发，我们还是很难理解索南夏因 §215 中推论的逻辑：“虚拟语气现在不像以前那样经常使用的原因是，我们已经养成了用其他方式表达虚拟语气意义的习惯，特别是用动词‘shall’和‘may’接不定式的结构来取代虚拟语气”，还有 §219 说，“认为虚拟语气实际上从现代英语中消失了，这是错误的……但是认为在 §215 中提到的那些替代表达法使用得越来越普遍，却是正确的”，这里“虚拟语气”一定是指形式，否则这些话就毫无意义。

① 还要注意对 I am glad that he should be here（他在这儿我很高兴）一句中 should be 的解释。在 §299 中它被叫做虚拟语气的对等式（subjunctiveequivalent），但是 §475 中说它“几乎与陈述语气的一种时态相当”。

虽然索南夏因教授说虚拟语气的意义区别于陈述语气的意义，他没有在一处把这个意义确定下来（实际上，他只是说明了虚拟语气在一些个别场合下使用的意义），连一个能够概括一种雅利安语的虚拟语气的各种用法的公式也没有找出来，更不用说找到一个能概括所有雅利安语的公式了。我们发现，较接近真实情况的术语是“思维语气”[①]或许更妥当的是与 downright statement（“直接的陈述”）相对的“承担性语气”（non-committal mood）（谢菲尔德《语法与思维》123）：提及某事时，对其真实性有些犹豫、怀疑或不确定。但是就连这个十分模糊的定义也不总是恰到好处，因为有时虚拟语气用来表示纯属想象的或不现实的情况（Wäre ich doch reich！〔要是我阔了有多好！〕），有时候表示纯粹的事实（Je suis heureux que tu sois venu〔你来了，我感到高兴〕）。[②] 实际情况似乎是，虚拟语气开始时含糊地用于种种情况，对于这些情况不可能像对陈述语气的使用那样从逻辑上或概念上加以限定。每种语言都有自己的发展道路，有时限制，有时扩大虚拟语气的应用范围，特别是在从句中。虚拟语气中意义的模糊性促进了虚拟语气的现在时向陈述语气的将来时过渡，亦如拉丁语以-am 结尾的形式的情况，而且还促进了虚拟语气范畴的强动词第二人称单数

---

① 诺林《我们的语言》5. 131 说，连接词（conjunctive）除表示希望外，还表示虚构的概念（尽管不表示允许）和愿望；他认为希求语气（optative）是一种独立的语气（för permissiva och sperativa meningar〔表示允许和希望的意义〕）。他的表述很不清楚。

② 注意斯威特的说法（《盎格鲁-撒克逊语的早期阶段》§ 96）：虚拟语气有时不合逻辑地用于表示事实的陈述中。他的例句摘自《贝奥武甫》696：Gespræc pa se goda gylp-worda sum，Beowulf Geata，ær he on bed *stige*（贝奥武甫说了几句豪言壮语，然后去睡觉了）。

向陈述语气的范畴过渡,例如古英语的 wœre。在许多情况下,两种语气可能产生外部形式上的合并。但是即使撇开这一点,我们在许多语言中也可以观察到一种要排除虚拟语气的强大趋势。在丹麦语和俄语中只有几个孤立的幸存者;①在英语中,虚拟语气自古英语以来一直在衰退,虽然从 19 世纪中期以来,虚拟语气的一些用法在文学中又复活了。虚拟语气在罗曼语中用得比在拉丁语中少,这点在法语的条件句中看得最清楚(s'il était riche il payerait〔如果他富有,他就会付钱的〕,payerait〔要付钱〕出自拉丁语的陈述语气 pacare habebat〔他应该付钱〕)。如果一种语言具有毋庸置疑的事实语气,而又具有一种思维语气,就不会出现普遍的摆脱虚拟语气的趋势。如果我们把陈述语气看做一种在没有什么特殊理由反对的情况下而选择的语气,并把虚拟语气只当做一种在不同语言里互不相同的某些情况下所需要或允许的语气的话,我们就更接近事实了。只有这样,我们才能正确对待常常出现的动摇现象,如〔英〕if he comes (or come)(如果他来),〔德〕damit er kommen kann (or könne)(以便他能来),以及正确对待法语中语气发生变化而意义不变的现象:s'il vient et qu'il dise(如果他来说)。我从三种最为人们所熟知的语言中随手摘些日常用句来说明一下它们在语气使用上的不同:

if he be ill(如果他有病。下同)—if he is ill; s'il est malade; wenn er krank ist.

if he were ill; wenn er krank wäre—if he was ill; s'il était

① 俄语的 бы 或 б 现在几乎不能再被认为是动词的形式:它加在 что 成 если 或动词前,如 если бы я знал 或 знал бы я(如果我知道的话)。

malade.

sie glaubt, er wäre krank(她相信他有病了。下同)—sie glaubt, dass er krank ist; she believes he is ill; elle croit qu'il est malade.

sie glaubt nicht, er wäre krank(她不相信,他有病了。下同); elle ne croit pas qu'il soit malade—she does not believe that he is ill.

damit wären wir fertig(这事我们做完了)—I hope we are through now(我希望我们现在做完了);espérons que c'est fini(我们希望做完了)。

le premier qui soit arrivé(第一个来到的。下同)—the first who has arrived; der erste, der angekommen ist.

je cherche un homme qui puisse me le dire(我正找一个能告诉我那件事的人。下同)—I am looking for a man who can tell me that; ich suche einen mann, der mir das sagen kann(或 könnte).

quoiqu'il soit réellement riche(尽管他确实很有钱。下同)—though he is really rich; obgleich er wirklich reich ist.

尽管差异如此之大,我们语系的各个语言还是有着某种普遍的共同倾向。陈述语气一般用于关系从句,以及由地点和时间连接词(where,when,while)引导的从句,除非(在某些语言中)句中含有某种意愿,或者从句表达的不是说话人或写作者,而是其他某个人的思想。至于表示条件,如果(在“被否定的条件从句”——或更恰当些说——“否定的条件从句”中,或“与事实相反的条件从句”中)含有不可能实现的意义,常常需用虚拟语气,尽管在这一点上英语也倾向于取消虚拟语气;在具有可能实现的意义的时候,动摇性就更大,但是说话人“努力避免担保所说的话是千真万确的或必然会实现的”（《新英语词典》）；最后，如果两个概念并不真正是制约的或被制约的，而同是真实的话，那么需要用陈述语气：if he was rich, he was open-handed too（如果他有钱的话，他也很慷慨）。这就是说，他既有钱，又慷慨，尽管这两者并不总是并存的；可以说条件形式的意义是：如果你承认他有钱的话，你必须还要承认他慷慨；比较 she is fifty if she is a day（她足有五十岁）。[①] 上述看法同样适用于让步句（though he were, was, be, is〔虽然他是〕）。

意念性语气

（Notional Moods）

是否有可能把所有的“语气”都置于一个逻辑上一致的系统中去？早在一百多年前，语法学家们就先后以沃尔夫和康德的哲学为基础进行了这一尝试。沃尔夫在他的《本体论》中确立了三个范畴：可能、必然和偶然；康德在“情态范畴”项下列了可能、存在和必然三个范畴。后来戈特弗兰德·赫尔曼又进一步分出以下几个次范畴：客观可能（连结）、主观可能（希求）、客观必然（以-teos结尾的希腊动词性形容词）和主观必然（祈使）。追述这些理论的以后发展就没有什么意义了。（参看收在《圣路易斯文理科大会》，1904，Vol. Ⅲ中的 W. G. 黑尔的精辟论文《一个世纪以来

---

① 在 If he was successful it was because the whole situation helped him（如果说他成功了的话，那是整个形势对他有利）一句中确实没有条件的含义；另比较 If he were successful in that matter he would go on in the same way（如果他在那件事上成功的话，他会以同样的方式继续干下去的）。

的抽象句法学》)。

最近,杜茨本向我们提出了一个十分类似的系统(《现代英语句法系统》113 ff. ,另见《心理语言学研究》,克滕,1918)。他分出的主要类别是:

Ⅰ. Kogitativus(思虑式),

Ⅱ. Optativus(祝愿式),

Ⅲ. Voluntativus(意愿式),

Ⅳ. Expectativus(希求式)。

其中每一项又被分为四个次类,这些类别用近似数学的公式 1,0,<1 和 >1 表示。据说这些数字是表示思想或愿望与现实性或可实现性之间的比例的。所以在 Lebte mein vater doch(要是爸爸还活着的话)一句中希望(简称 W)和"可实现性"(简称 R)之间的比例据说是 =0,虽然数学家也许更倾向于说 =∞,因为等于 0 的是 R。除了这个奇怪的疏忽外,很明显其意思是以必然性为 >1,以现实性等于 1,可能性为 <1,非现实性或不可能性为 0。如果他的公式就是这样的话,他的观点还是有些道理的,尽管我的三分法——必然性、可能性、不可能性好像在逻辑上更可取些,因为现实性和非现实性确实属于必然性和可能性之外的另一个领域。

就连杜茨本的系统也不是详尽无遗的,他没有十分严格地区分句法和意念范畴。意念思想由各种语言的动词语气和助动词来表达,多少有些含糊。作为这种纯粹意念思想的尝试性的系统,我们也许可以开出下面这个单子,但是我并不认为这个单子有什么重要意义。范畴的跨类现象是很频繁的,有些术语也不是无可非议的。条件语气和让步语气的归属也同样可以商榷,在单子的最后也许还应加上“从属语气”(Subordinative)。

1. 含有意愿成分

命令式(Jussive):go(去)。

强迫式(Compulsive):he has to go(他必须去)。

履义式(Obligative):he ought to go(他应该去) | we should go(我们应该去)。

咨询式(Advisory):you should go(你应该去)。

劝请式(Precative):go, please(请去)。

自请式(Hortative):let us go(让我们去吧)。

容许式(Permissive):you may go if you like(如果你喜欢的话可以去)。

承诺式(Promissive):I will go(我将去) | it shall be done(这事要完成)。

希求式(Optative—可实现的):may he be still alive!(但愿他还活着!)。

愿望式(Desiderative—不可实现的):would he were still alive!(但愿他还活着!)。

意图式(Intentional):in order that he may go(以便他可以去)。

2. 不含意愿成分

绝对肯定式(Apodictive):twice two must be(is necessarily) four(二乘二必为四)。

必然式(Necessitative):he must be rich (or he could not spend so much)(他一定很有钱〔否则他不会花这么多钱〕)。

陈述式(Assertive):he is rich(他有钱)。

推测式(Presumptive):he is probably rich(他可能很有钱);he would(will) know(他可能会知道)。

怀疑式(Dubitative):he may be (is perhaps) rich(他大概很有钱)。

可能式(Potential):he can speak(他能说话)。

条件式(Conditional):if he is rich(如果他很有钱)。

假设式(Hypothetical):if he were rich(如果他很有钱的话)。

让步式(Concessional):though he is rich(尽管他很有钱)。

除了上面提到过的方式以外,还可以用其他许多不同的语言手段来表示所有这些语气。

人们一旦离开了一种语言实际具有的动词形式这一安全区域,就会遇到众多的"语气"。①

① 人造语言——世界语和伊多语非常明智地将语气数量限制为两个(陈述语气除外)。其中之一可以叫做愿望式(在世界语中用词尾-u 表示,在伊多语中用词尾-ez表示)。例如 venez(来),il venez(让他来),por ke il venez(为了让他来);另一个是条件式,用词尾-us 表示:se il venus, me pagus(如果他来,我就付钱)。在其他场合则用助动词或副词来表示:mustas(应当),povas(可能),forsan(也许)。

第二十四章　否定

(Negation)

矛盾和对立的概念　几种三分法　否定的意义　特殊否定和连系式否定　双重否定或多重否定　否定表述的历史　意义否定

矛盾和对立的概念

(Contradictory and Contrary)

逻辑学家区分矛盾的概念(如 white〔白〕,not-white〔不白〕,rich〔富裕〕,not-rich〔不富裕〕)和对立的概念(如 white〔白〕和 black〔黑〕,rich〔富裕〕和 poor〔贫穷〕)。两个矛盾的概念加在一起包含了存在的全部事物,因为排除了中间的词语,而两个对立的概念却允许有一个或一个以上的中介的概念。一方面,语言通常用派生词,如 unhappy(不幸福)。impossible(不可能),disorder(无秩序),或者用含有副词 not(不)的复合结构来表示矛盾的概念。另一方面,语言却经常用不同的根词来表示最常用的对立概念,因此我们见到这样成对的词:young(年轻)——old(年老),good(好)——bad(坏),big(大)——small(小)等等。介于两者之间的概念可用否定方式表达,如 neither young nor old(不年轻又不老)。

但是,在许多情况下我们用特别的说法来表示介于两者之间的概念,如用于较新意义"不好不坏"的 indifferent(无差别)。有时甚至存在着一长串在意义上只有细微差别的词,如 hot(酷热),warm(暖),tepid(暖和),lukewarm(微温),mild(温和),fresh(清新),cool(凉爽),chilly(冷),cold(寒冷),frosty(严寒),icy(冰冷);虽然每个位于这个系列开头部分的形容词都同系列末尾部分的每个形容词相对立,但是不可能在这个系列的两部分之间划出一个明确的分界线。

我们现在来比较两个简单的例子:John is rich(约翰有钱)和 John is not rich(约翰没有钱),我认为它们是对立的概念而不是矛盾的概念,因为它们之间可以有 perhaps John is rich(也许约翰有钱)或 he may be rich, he is possibly rich(他也许有钱,他可能有钱)这种中介概念。我们还必须提及这种中介概念的小类:John is probably rich(约翰大概有钱)或 No doubt John is rich(毫无疑问,约翰有钱)(因为在一般说话时用"毫无疑问"这样的字眼,就暗示有一些疑问)。因此我们可以建立一种三分法的系统:

A. 肯定的(Positive)

B. 有疑问的(Questionable)

C. 否定的(Negative)

A 和 C 是绝对的,含义是肯定的,B 表示不肯定,在这种意义上,B 也就相应地否定了下面两个肯定句:A:It is certain that he is rich(他肯定有钱);C:It is certain that he is not rich(他肯定没有钱)。

这里把 John is rich 和 John is not rich 看做是相互对立而不是矛盾的,也许会使逻辑学家感到震惊。我认为 rich 和 not rich 显然是矛盾的,没有中介的概念。上面提出的三分法指的只是说话人对把约翰归到“有钱”(rich)和“没有钱”(not rich)中哪一类时的态度。我希望这番话能使逻辑学家松一口气。在下面提出的三分法有助于我们理解与疑问句有关的一些语言事实,因为疑问句是对B类的判断加一个向听话人提出的解决疑问的请求。因此疑问句是肯定的还是否定的无关紧要:Is John rich?(约翰有钱吗?)或Is John not rich?(约翰没有钱吗?)意义完全相同,因为真正的疑问句具有双重性:Is John rich, or is he not?(约翰有钱还是没有钱?)。同样,请人喝一杯啤酒时,可以说:Will you have a glass of beer?(喝杯啤酒好吗?)也可以说Won't you have a glass of beer?(你不想喝杯啤酒吗?)否定和肯定在这里意义相同,就像Perhaps he is rich(他也许有钱)和Perhaps he is not rich(也许他没有钱)意义相同一样。

这里所说的只适用于无感情色彩的问句。一种明显的惊讶语调会使两个句子截然对立:因为这时Will you (really) have a glass of beer? 的意思就成了“你想要一杯啤酒,真使我吃惊”,而Won't you have a glass of beer? 的意思正相反。英语中Won't you pass me the salt?(你不愿把盐递给我吗?)很粗鲁,因为这暗示着听话对象不愿这样做。但在丹麦语中Vil De række mig saltet?(把盐递给我)通常是命令,Vil De ikke række mig saltet? 则是客气的请求(把盐递给我,你不介意吧?)。一位荷兰夫人曾经对我说,她在哥本哈根的一家旅馆里第一次听到这样的否定句时,她十分惊讶,她把这样的否定句当成不要把盐递过去的请求。人们经常选择特定的疑问句来暗示特定的回答,在附加疑问句(tag-question)中尤其如此(He is rich, isn't he?〔他很有钱,不是吗?〕| He isn't rich, is he?〔他没有钱,是吗?〕)。结果,疑问句常常会有与它本身形式

相反的意思：Am I my brother's keeper？（我是我兄弟的看护人吗？）=I am not（我不是）| Isn't that nice？（那不好吗？）=It is very nice（那很好）。

由于感叹句在许多情况下是从疑问句演变来的，所以我们现在很清楚，在感叹句中用不用 not 常常是无关紧要的：How often have I (not) watched him！（我看护他的次数太多了！）

几种三分法

(Some Tripartitions)

下面我们要考察几个对语言学家和对逻辑学家都有极其重要意义的概念，这就是两个极端对立的概念 all（所有）和 nothing（无）以及居于中间的概念 something（一些）。我们姑且把两个极端的概念称做 A 和 C，中介性的概念称作 B。它们可以很自然地用下面这种图表予以表示：

A. everything（一切事物），all（所有），everybody（每人）（all girls〔所有的姑娘〕，all the money〔所有的钱〕）

B. something（一些事物），some（一些），somebody（某人）（some girls〔一些姑娘〕，a girl〔一个姑娘〕，some money〔一些钱〕）

C. nothing（没有东西），none（无人或物），noboby（无人）（no girls〔没有姑娘〕，no money〔没有钱〕）。

副词亦然：

A. always（总是），everywhere（任何地方）

B. sometimes（有时），somewhere（某处）

C. never（从不），nowhere（不在任何地方）。

应该注意的是，some（something 等）在这里用其在自然话语中的普通意义，而不用逻辑学家有时赋予它的意义（即被当做是与 no，nothing 相对应的肯定意义）。这样，all① 就能包括进来。中介概念 B 当然可再分为许多次类，我们只举几个语言学家特别感兴趣的次类：

B1：many（girls）　（许多〔姑娘〕），much（money）（许多〔钱〕），very sorry（非常抱歉）

B2：a few（girls）（一些〔姑娘〕），a little（money）（一些〔钱〕），a little sorry（有些抱歉）

B3：few（girls）（没有多少〔姑娘〕），little（money）（没有多少〔钱〕），little sorry（没有多少歉意）

B1 接近 A（all）；B3 接近 C（none），并且在很多情况下甚至可看做是否定概念而不是肯定概念。对于副词 little 来说，尤其如此。如：They little think what mischief is in hand（他们根本没想到近在眼前的是什么灾祸——拜伦）。用不定冠词来区别 B2 和 B3，在语言学上很有意思。这并不只限于英语，比较〔法〕un peu（一些。下同），〔意〕和〔西〕un poco，〔德〕ein wenig。两者的区别在

① 见凯恩斯《形式逻辑研究与练习》100："然而逻辑学家们已经习惯于在解释传统的系统（A = 全称肯定，I = 特称肯定，E = 全称否定，O = 特称否定）时采用另一种意义，这样'某些 S 是 P'也就与'所有 S 是 P'不能并存了。"在 200 页上，凯恩斯不得不承认许多逻辑学家"还没有意识到在使用 some 一词时的陷阱，他们使用 some 来表示'一些，但不是全部'的意义，这样的例子可以举出很多"。但是作为常识，人们不禁要问：逻辑学家们为什么要把平常的词用于不平常的意义，从而让自己的同事们都落入了这种陷阱？凯恩斯在 203 页中提出的论据远远不能使人信服。

莎士比亚的句子里体现得清清楚楚:“When he is best, he is a little worse than a man, and when he is worst, he is little better than a beast”(他最好的时候还不如个人,他最坏的时候与禽兽无异)。B3 被认为与 B1 对立,但是 B2 却与 C 对立;比较 Few of the passengers survived(幸存的旅客寥寥无几)和 A few of the passengers survived(有几个旅客幸存)。

三分法:

A. Necessity(必然性)

B. Possibility(可能性)

C. Impossibility(不可能性)

它们确实是上面提到的三分法中的一个特别情况,因为必然性包含所有的可能性,正如不可能性排除所有可能性一样。表示这三种范畴的词语是:

A. must(or, need)(应当)

B. can(or, may)(能够)

C. cannot(不能够)

如果我们给这三个范畴加上一个针对另外一个人的意志成分的话,结果便是:

A. Command(命令)

B. Permission(允许)

C. Prohibition(禁止)

表达这三种概念的词语是:

A. You must(你应当)

B. You may(你可以)

C. You must not([你不应当],may not[不准];见下文)。

祈使语气(Take that!〔拿那个!〕)既可以表示 A,也可以表示 B。见上文“请求句”部分。

否定的意义

(The Meaning of Negation)

如果我们现在想研究否定的意义,首先必须强调语言否定和数学否定之间的区别。-4 表示的不是与 +4 不同的所有各数,而是这样一个点,其低于 0 的程度与 4 高于 0 的程度相同。与此相反,语言否定则把一个概念变成它的矛盾概念,至少在理论上如此。因为经过仔细的研究,我们就会发现实际上这条规则需要加以某些重大的修改,对于了解这些修改的意义,上文列出的 A、B、C 三个范畴将被证明是有用的,我们应该把它们牢记在心。首先,我们来看一看 B 范畴中的数量词(见上文 503 页):既非“一切(all)”也非“无(nothing)”。

这里所有(或大多数)语言的一般规则是,“不”(not)表示“少于、低于”(less than)或者说“介于所修饰词和零之间”。如“不好”表示的是“差的、次的”,而不包括“好极了”的意义;“不温”低于“温”的程度,介于“温”和“冰冷”之间,而不是介于“温”和“热”之间。如果我们考察一下被否定的数词的一般意义,这一点就非常清楚了:He does not read three books in a year (他不是一年读三本书) | the hill is not two hundred feet high (这山不是二百呎高) | his income is not £ 200 a year (他的年收入不是二百镑) | he does not see her once in a week (他不是一个星期见她一次) | the bottle is not half full (瓶子不是半满)——所有这些说法的意义是表示

“少于三”，等等。因此在许多语言中，“不是一”成了表示“一个也没有”的自然说法，如〔古英〕nan = ne-an，现代英语用 none，no（一个没有，没有，下同），还有〔古挪〕eingi，〔德〕k-ein，〔法〕pas un bruit（一点消息也没有），等等。

但是这一说法有时也可以例外地表示“多于”的意思，只是跟在 not 后面的词必须重读（用表示否定的特殊语调），通常在整个词组后面还跟有一个更精确的说法：not *lukewarm*, but really hot（不是温，而是很热）| his income is not *two* hundred a year, but at least three hundred（他的年收入不是二百，最起码是三百）| not *once*, but two or three times（不是一次，而是两次或三次），等等。注意 not once or twice 的意思总是“好几次”，如坦尼森的诗句“Not once or twice in our fair island-story, the path of duty was the way to glory”（在我们动听的海岛故事中，不止一两次提到，尽职的道路也就是光荣的道路）。

not above 30（不超过 30）的意思，既可以表示是 30 也可以表示少于 30。no more than（不多于）的意思通常是表示 as little as（同……一样少），no less than（不比……少）的意思是表示 as much as（多达），如“the rank and file of doctors are no more scientific than their tailors; or their tailors are no less scientific than they”（普通医生的科学知识不比他们裁缝的科学知识多，或者说他们裁缝的科学知识和普通医生的科学知识一样多——萧伯纳）。注意在这些词组中 no 和 not 的区别：no more than three（只有三个）；not more than three（最多三个）；he paid no less than twenty pounds（他付了足足 20 镑），含有对数量之大的惊奇意味，所付的钱整整 20 镑；he paid not less than twenty pounds（他付的钱不少于 20 镑），含

有对确切的数量不详的意思，所付的钱最起码为 20 镑（《现代英语语法》Ⅱ，16.84）。在拉丁语中 non magis quam（ =〔英〕not more than）和 non minus quam（ =〔英〕not less than）都是经常用来表示等量的说法，不过它们当然用于不同的上下文中：Cœsar non minus operibus pacis florebat quam rebus in bello gestis（恺撒在和平方面和战争方面同样成功）| Pericles non magis operibus pacis florebat quam rebus in bello gestis（佩里克尔斯在和平方面和战争方面都不成功——考尔）。

如果我们来看上文列出的 B1、B2、B3 中各词的否定的对应概念，我们就会发现否定 B1 变成 B3：not much（不多） = little（少），not many（不多） = few（少）。但是 B2 几乎与 B1 同义（或处在 B1 和 B2 之间）：not a little（不是一点儿） = much（多），not a few（不是一些） = many（多）。B3 习惯上不与 not 一起用。

下面我们再来看一看 A 和 C 的范畴，也就是两个极端。这里总的规则是，如果否定词前置，也就排斥了绝对成分，结果便产生了中介性的概念：Not A = B；同样 Not C = B。相反，如果绝对成分前置，那么这个绝对成分就会占据上风，结果就产生了对立的概念：A…not…C；C…not = A。

A 的否定 = B 的例子有：

They are not all of them fools（他们并不都是傻瓜）| he is not always so sad（他并不总是这样悲伤）| non omnis moriar（我不会完全死亡）。

但是，即使否定词置于 A 类词之后也可以获得同样的效果（B），如 All that glisters is not gold（熠熠闪光的并非都是金子——莎士比亚），Tout ce qui reluit n'est pas or（意义同前）这两句相当于

丹麦语和德语的谚语：Ikke alt hvad der glimrer guld 和 Nicht alles was glänzt, ist gold。再比较下面的例子：All things are lawfull vnto mee, but all things are not expedient（一切事物对我来说都是合法的，但并非一切事物都是出于私利的——《圣经》）| all is not lost（并非一切都失去了——弥尔顿，雪莱）| But all men are not born to reign（并不是每个人生来就是统治别人的——拜伦）| For each man kills the thing he loves, Yet each man does not die（并不是每个杀死他所喜爱的东西的人都要为之死去——王尔德）。类似的例子在其他国家的文学作品中也比比皆是。从心理学角度很容易对它们加以解释，这是两种倾向的竞争结果，这两种倾向就是主语前置和使否定靠近动词。托布勒（《法语语法综合论文集》1. 197）试图从逻辑上给它们提供依据，他说"gold sein（是金子）不能由主语 alles glänzende（一切发光的）来作其谓语"。这话不错，但却没有触及下述事实，词序使我们期待的意义是"闪光的都不是金子"（〔德〕was glänzt, ist niemals gold; C），而不是想要表达的意义，"闪光的东西中只有一部分才是金子"（〔德〕was glänzt ist nicht immer gold; B）。①

C 前面带否定 = B 的例子有：

〔拉〕non-nulli（一些），non-nunquam（有时）| he was not the

① 在本节举的例子中 all 具有通称（general）意义（每个人，任何人），但是 all 同样可以用于"分布的"意义（……的总和，见 301 页注）。否定词可以和动词放在一起，如"All the perfumes of Arabia will not sweeten this little hand"（阿拉伯所有的香水都不可能使这只小手变香——莎士比亚），但是出于强调的目的（= not even）它常常置于 all 之前，如"Not all the water in the rough rude sea Can wash the balme from an anoynted king"（即使是咆哮大海中全部的水也不能洗去一位恼怒的国王身上的香脂——莎士比亚）

eldest son of his father for nothing(他不是他父亲徒有虚名的长子) | it is not good for a man to have no gods(人不信神不好 = 信神好)。

A 后面带否定 = C 的例子有:Tous ces gens-là ne sont pas humains(即他们之中谁也不是——罗兰) | the one〔uncle〕I was always going to write to. And always didn't(我总想给他〔叔叔〕写信,但从来没写——狄更斯)。这种情况比较少见,除非否定采用前缀形式或者是暗示的,如 they were all of them unkind(他们都不友好);everybody was unkind(大家都不友好 = 没有人友好) | he was always unkind(他总是不友好) | they all failed(他们都失败了 = 没有人成功)。

带有 A 类词的否定可能产生两种结果,它们之间的区别习惯上用不同的副词来表示:

结果为 B 类:he is not altogether happy(他并不完全幸福) | pas tout-à-fait(不完全) | ikke helt(不完全) | nicht ganz(不完全)。

结果为 C 类:he is not at all happy(他一点也不幸福) | pas du tout(一点不) | slet ikke(根本不) | gar nicht(一点也不)。

请比较从现代报纸上摘录的一则例子:Germany's offer is *entirely unacceptable* to the French and *not wholly acceptable* to the English Government(德国的提议对于法国政府来说根本不能接受,对于英国政府来说则不能完全接受)。

C 类词后接否定词,结果为 A 的例子有:

Nobody was unkind(没有人不友好 = 大家都友好) | he was never unkind(他从不不友好) | nobody failed(没有人失败)。用 not 的例子比较少见,not a clerk in that house did not tremble before her(那座房子里没有一个职员在她面前不发抖 = 职员们都发抖——

萨克雷),这类句子通常由于意思不够明确而应避免使用:听话人很容易被搞糊涂;但是如果两个否定词置于不同的句子里,其结构则无可非议:there was no one present that did not weep(在场的人没有一个不哭)|there is nothing I could not do for her(没有什么我不能为她做的);比较约翰逊为戈德史密斯写的墓志铭:Qui nullum fere scribendi genus Non tetigit, Nullum quod tetigit non ornavit(笔走龙蛇,几乎囊括天下各类文章的天才)

现在我们来看一看504页上提到的三个范畴:A必然性,B可能性,C不可能性。如果加上否定词,我们就会看到如下结果:not necessary(A—不是必然的) = possible(B—可能的);not impossible(C—不是不可能的) = possible(B—可能的);it is impossible not to see(不可能看不到) = necessary(必然);no one can deny(没有人能否认) = everyone must admit(大家都得承认)|nobody need be present(任何人都不必到场) = everybody may be absent(大家都可以不到场)|he cannot succeed(他不可能成功) = he must fail(他必失败)|non potest non amare(你不能不爱)|il ne pouvait pas ne pas voir qu'on se moquait de lui(他不可能看不到人们在嘲笑他)。

至于再进一步的三分法,A命令,B允许,C禁止,我们已经看到祈使语气既可以表示A也可以表示B。因此否定的祈使句,如Don't take that!(不要把那东西拿走!)的意思既可以是否定的命令(=禁止),也可以是客气的请求(或建议):不要把那东西拿走。由于这种结构具有歧义,许多语言都不倾向用否定的祈使句。在拉丁语中否定的祈使句只出现在诗歌里,在其他地方则由带有noli(不要)的释义式(Noli me tangere)〔不要碰我〕或虚拟式(Ne nos inducas in tentationem)〔不要让我们堕落于邪念〕取代。在西班牙语中,用虚拟式取代否定的祈使句已成习惯(例如 No vengas〔不要来〕)。在丹麦语中,Tag det ikke(不要动它)通常是一个忠告,La vær å ta det (Lad være at tage det)(意义同前)已成了表示禁止的惯用形式。在其他语言中,我们发现使用专门的动词形式(jussive)或专门的否定词(如希腊语 mē)表示禁止。

无论 may not(不可以)和 must not(不准)都可表示禁止。may not 中的 not 在逻辑上属于 may(对允许的否定,比较〔德〕du darfst nicht〔你不可以〕)。但是由于 may not 经常用于不同的意义,如 He may not be rich, but he is a gentleman(他未必有钱,但却是一位君子)(这里的 not 属于 be:很可能他没钱),又由于 may 表示禁止语气似乎太弱,人们越来越倾向于使用更强烈的 must not。但暗示要作肯定回答的疑问句(mayn't I = 我想我可以)和与肯定的 may 有紧密联系的句子,如答语(May I take that?〔我可以拿那个吗?〕No, you may not〔不,不可以〕),这些是例外。在 you must not take that(你不可拿那个)中否定词在逻辑上属于不定式:这是一个不可拿那个的明确命令;①但是否定词与助动词同化的强大趋势导致出了 you mustn't 这样的通用形式。这样,在肯定句和否定句中,我们就有不同的助动词,如 You may call me Dolly if you like; but you mustn't call me child(你要是喜欢的话,可以叫我多利,但你绝不可叫我小孩——萧伯纳)| You mustn't marry more than one person at a time, may you?(你绝不可同时和几个人结婚,是吗?——狄更斯)。然而现在 must 也开始用于附加疑问句了,如 I

① 因而可说 you must not-take(你不准拿),而不说 you may not take(你不可以拿)。

must not go any farther, must I?（我不可再往前走了，是吗？——G. 艾略特），虽然在其他场合不可用 Must I? 来代替 May I?

特殊否定和连系式否定
(Special and Nexal Negation)

我们已经知道，句子的意义有时取决于否定成分的位置。一般来说，否定概念在逻辑上既可以属于一个单一的概念（特殊否定），也可以属于连系式两部分的复合概念（连系式否定）。属于特殊否定的有：否定前缀（如 *never*〔永不〕，*unhappy*〔不幸福〕，*disorder*〔不整齐〕），或加在单词前面的副词 not（not happy〔不幸福〕）；有时一个不含有任何否定前缀的单词，也可以看做是含有否定的概念，如 lack（缺乏）（=have not〔没有〕），fail（失败）（=not succeed〔不成功〕；但是我们也可以说 succeed 是与 fail 对应的否定词）。

当连系式被否定的时候，否定副词通常被动词吸引，在许多语言中采用弱化的 ne 或类似的置于动词前的小品词，有时和动词合为一体（比较早期英语 nis, nill）；在现代英语中我们用 do 结构（does not come, doesn't come〔不来，等〕），那些尽人皆知的动词词组（is not, isn't, cannot，等等）除外。

在 many of us didn't want the war（我们许多人不要战争）一句中，连系式被否定了。但是在 not many of us wanted the war（我们当中没有多少人要战争）中，not 只属于 many，即把它变成了 few（很少人）。

在许多情况下，我们究竟否定的只是一个概念，还是否定这个概念和另一个概念的复合概念,似乎无关紧要。She is not happy(她不幸福)既可以解释为对她现状的描述,即不幸福(not happy〔=unhappy〕),也可以解释为对她幸福状态的否定(She is-not, isn't, happy),然而如果加上 very(很),我们就会发现 She is very unhappy(她很不幸福)和 She is not very happy(她不很幸福)之间的区别。

现在的总趋势是使用连系式否定,即使是在那些使用特殊否定才更合适的场合也是如此。I came not to send peace, but a sword(我来不是为了赠送和平,而是赠送战剑——马特,10.34)在逻辑上是一个无懈可击的例子,此外我们常常发现这样的句子:I don't complain of your words, but of the tone in which they were uttered(我们对你的话没有意见,但对你说话的口气有意见)(=I complain, though not..., but of...)|We aren't here to talk nonsense, but to act(我们到这里来不是胡扯的而是要行动的。这里 we aren't here〔我们不在这里〕本身是矛盾的)。在 because(因为)用法中有一个特殊的例子:I didn't go because I was afraid 语义不明确,它的意思可以是"我去了,但原因不是害怕",也可以是"我没去,理由是害怕",在口语中语调可以表明确切的意义。再比较 I didn't call because I wanted to see her(我来拜访不是要见她)(而是出于其他原因)和 I didn't call because I wanted to avoid her(我没去拜访,因为我想避开她)。

对于不定式的和类似的结构来说,知道被否定的是两个动词概念中的哪一个往往是十分重要的。不同的语言运用不同的方法来表明意义。这里只需略举几例:She did not wish to reflect; she strongly wished not to reflect(她不想反省;她强烈希望不去反

省——贝内特)|Tommy deserved not to be hated(汤米不值得恨)|Tommy did not deserve to be loved(汤米不值得爱)|〔丹〕prøv ikke på at se derhen(别想看)|prøv på ikke at se derhen(尽量别看)|il ne tâche pas de regarder(他不努力看)|il tâche de ne pas regarder(他尽力不看)|il ne peut pas entendre(他不能听)|il peut ne pas entendre(他能不听)|(Will he come?〔他会来吗?〕)I am afraid not(我想不会的)|I am not afraid(我不害怕)。

上面提到的把否定词吸引到动词去的趋势不是在实际语言中发现的唯一趋势:我们常常见到相反的趋势,即把否定概念吸引到任何易于成为否定的词上去。在英语书面语中,we met nobody(我们没见到任何人)被看做比口语 we didn't meet anybody(意义同前)更高雅一些;比较 this will be no easy matter(这将不是一件容易的事)和 this won't be an easy matter(意义同上)。我们常常发现诸如 nothing(什么也没有)这类词用于1使用连系式否定才更符合逻辑的地方,如 she loves you so well that she has the heart to thwart you in nothing(她这么深情地爱你,她决不忍心阻碍你干任何事情——吉尔伯特)|you need be under no uneasiness(你不必坐立不安)。这种同化现象还表现在习惯用法上,he was no ordinary boy(他绝不是一般的孩子)要比 he was a not ordinary boy(意义同上)更可取。对于 you and I will go to the smoking-room, and talk about nothing at all subtle(我和你到吸烟室去,我们要谈的事情一点也不微妙)(=about something that is not subtle〔关于不微妙的某事〕——本森)这类句子,大多数人也许会认为是错的。

当否定成分似乎可以紧靠两个词中的任何一个词的时候,它总是紧靠第一个词。我们可以说 no one ever saw him angry(没有

人看见过他生气）或者 never did any one see him angry，但不说 any one never saw him angry 或者 ever did no one see him angry。再比较〔拉〕nec quisquam（没有一个人）（而不是 et nemo〔没有人〕），neque ullus（毫无）等等。without any danger（没有任何危险）比 with no danger 更可取。

当否定词紧靠主语的时候，句子的常见延续方式是要省略与第一个主语相对应的肯定的内容。在日常生活中，这样说不会引起误解，只有那些刻板的或吹毛求疵的语法家才会找出毛病。如 Not one should scape, but perish by my sword（＝but all perish，凡想逃跑的都要死在我剑下——马洛）| none of them are hurtful, but loving and holy（他们都不会害人，他们会爱人，是圣洁的人——布尼安）。另比较 Don't let any of us go to bed to-night, but see the morning come（今晚不要让我们任何人睡觉，一直等到明晨来临——本森）| I quite forget the details, only that I had a good deal of talk with him（细节我差不多全忘了，我只记得我和他谈了许多话——卡莱尔）。①

双重否定或多重否定

(Double or Cumulative Negation)

两个否定应该互相抵消，这在理论家、逻辑学家和语言学家看

① 再请比较 It is always astonishing to me how few people know anything (or very little) about Faraday（了解法拉第的人这么少，我总是感到吃惊）。之所以能用 or very little，是因为句子的意思是"大多数人一无所知"，等等。

来似乎已成定论,因为两个否定在逻辑上构成一个肯定,就像数学中 -(-4) = +4 一样。因此,如果有些语言或者个别作家利用双重否定作为强化的否定必将受到指责。如果这个观点是真实的,始终如一的逻辑学家就会找出乔叟 He *neuere* yet *no* vileynye *ne* seyde In al his lyf unto *no* maner wight(他一生从未恶语中伤过任何人)这句话的岔子,因为这里使用四个否定(因而是一偶数)来当做强化的否定表达式。但是他们在古英语"*nan* man *nyste nan* þing"(没有人知道有什么)中却挑不出毛病,因为这里有三个否定词,其中两个应该互相抵消,而留下一个。但是事实上,似乎没有人这样来计算多重否定,从语言逻辑的观点来看这样做是完全正确的。

语言不是数学。如前所述,语言的否定词不能与数学中的符号 -(负号)相比,因此用数学中两个负号得正的规则来印证是无济于事的。但是某些语言学家为双重否定的使用所作的辩解也同样不能令人满意。范·欣尼肯正确地批驳了罗曼语学者的观点,他们认为法语中的 ne 是半否定——这种解释至少没有说清其他语言中的许多这类现象。他自己的解释是自然语言中的否定不是逻辑否定,而只是表达了一种抵触的感情。在他看来,否定的逻辑或数学概念(根据这种概念,两个否定互相抵消)只在几个文明中心有立足之地,从来没有在大众的心里扎根。对于"抵触性"这一概念要比我们在简单句 He does not sleep(他不睡觉)中所理解的否定概念更加原始这一观点我持怀疑态度。其他作家谈及否定的质与量之间的区别,他们想象中这种区别能在坎特的范畴表里得到论证,虽然事实上坎特把所有的否定都排在"质"的名下。不管怎样，这种区别对于我们理解双重否定毫无用处。[1]

语言有它自己的逻辑，在这里语言的逻辑有其可取之处。只要两个否定词指的确实是同一个概念或同一个词（作为特殊否定），结果总是肯定的。任何语言概不例外，这条规则可运用于下列词组：not uncommon（不是不普通），not infrequent（不是不经常），not without some fear（不是没有些害怕）。但是两个否定词互相抵消的结果并不与简单的 common（普通），frequent（经常），with some fear（有些害怕）相同。复杂的说法，语气总是弱一些：this is not unknown to me（这事我不是不知道）或 I am not ignorant of this（我不是不知道这事），这两句话的意思是“我在某种程度上知道这事”，等等。这种用法的心理上的根据是，用两个互相抵消的否定词兜圈子，涣散了听话人的精力，此外还显示说话人在一定程度上犹豫不决，而这种犹豫不决的含义在直率的、干脆的 common 或 known 中是没有的。同理，I don't deny that he was angry（我不否认他生气了）的语气要比 I assert（我断言）弱。另外，再请比较法语的 il n'était pas sans être frappé（他被打了）。

另一方面，如果两个（或两个以上的）否定词附在不同的词上，它们不再互相影响，结果完全可能是否定的。我们可在许多语言中见到这一现象，在这里多重否定屡见不鲜。我们已经举了古英语和中古英语的例子，多重否定在这段时期内俯拾皆是，但是在伊丽莎白时期的英语中却不多见；在现代英语中，多重否定常常用于方言和粗俗语。从小说和戏剧里所描写的大众语言中可以摘录

① 德尔布鲁克的《否定句》（36 ff.）和我的《否定》（69 ff.）曾批评了这些理论，否定总是量而不是质。

许多例子，如 Nobody never went and hinted no such thing, said Peggotty（佩格提说从来没有人去过，并且暗示过这件事）| I can't do nothing without my staff（不带随从，我什么也干不了——哈代）。

在其他语言中我们发现这种现象多少有些规则。如在中古高地德语中：nu *en*-kan ich *niemanne* gesagen（我不会跟任何人说的）；在法语中：on *ne* le voit *nulle* part（人们一点也没有看见它）；在西班牙语中：aquí *no* vienen *nunca* soldados（士兵从不到这里）；在斯拉夫语言中，如塞尔维亚语：i *nikto* mu *ne* mogaše odgovoriti riječi（没有人能回答他的话——德尔布鲁克）；俄语：Филиппок ничего не сказал（费利波克什么也没有说）；希腊语：aneu toutou *oudeis* eis *ouden oudenos* an humōn *oudepote* genoito axios（没有这一个，你们谁都不会变得高尚——柏拉图，引自马德维格）。

我们语系以外也有这种现象，如匈牙利语（Magyar）：*sëmmit sëm* hallottam，或 *nëm* hallottam *sëmmit*（我什么也没有听到——辛耶）；刚果语（Congo〔班图语系〕）：kavangidi kwandi wawubiko, ka-monanga kwandi nganziko, kaba yelanga kwa-u ko（他没干坏事，没有痛苦的感觉，他们也没有生病）。

这种现象广泛出现在许多不同的语言中，如何解释呢？这里要注意一个非常重要的事实，否则我认为这一现象是不能理解的。这就是，在多重否定成为一种习见现象的语言里，普通否定成分在音丛中是较小的部分：古英语、法语、斯拉夫语中的 ne 或 n-，中古高地（和中古低地）德语中的 en 或 n-，希腊语的 ou，匈牙利语中的 s-或 n-。它们很容易吸引到各种词上（在前面几节里，我们已经看到了这类吸引的例子）。由于这些词首音不太重要或者是弱读音节，因此就有必要在句中多次重复，以防止被人忽略。在强烈的感情影响下，说话者想要绝对保证否定的意义得到充分理解，因此，他不仅把否定词加在动词上而且加在句中任何易于构成否定的成分上：事实上他给整个句子蒙上一层否定的色彩而不是把否定局限在一个地方。如果说在现代英语和德语中这种重复否定比以前少了的话，原因之一也许是，较完整的否定词 not 和 nicht 取代了较小的 ne 和 en①，尽管学校中教的逻辑和拉丁语的影响对此也发生作用。还可以说，句中如只有一个否定词，那么在说话人和听话人谈话的整个过程中都得牢牢记住它，这时需要的脑力劳动要比利用一切机会重复否定的概念，给整个句子蒙上一层否定的色彩所需要的脑力劳动多得多。

如果要我们现在从逻辑学的角度评价这一普遍的多重否定现象，我不会说它是不合逻辑的，因为这些否定的成分没有加在同一个词上。我宁可这样说，虽然在逻辑上一个否定词就已足够了，两个或三个否定，从文体学角度来看，纯粹是累赘，正如肯定句中的任何重复一样（every and any〔所有的〕，always and on all occasions〔总是〕），但除此之外多重否定是无可非议的。从逻辑学的角度出发没有人会反对：I shall never consent not under any circumstances，not on any condition，neither at home nor abroad（我绝不同意，不管是在什么情况下，不管在什么条件下，不管是在国内还是在国外）。诚然，这里的停顿——在书面语中用逗号——把否定词隔开了，好像否定词属于许多不同的句子。而在 he never said

① 在古典拉丁语中，non 也比原先的 ne 语气强，对于伊丽莎白时期英语中较少使用这种多重否定的现象（与带 neither 等的概述否定相对，这类例子很多），我倾向于根据当时使用完整的 not 这一事实进行解释，当时 not 还没有像现代那样缩略成-n't 附加在动词上。

nothing(他从来没有说过)中以及在从各种语言援引的所有例子中,否定词好像属于同一个句子。但是要在哪些词构成一个句子,哪些词构成两个句子之间画一条线是根本不可能的:难道在“I cannot goe no further”(我不能再走了——莎士比亚)中加了个逗号成为“I cannot goe,no further”,就变得更合逻辑吗?

所谓承接否定(resumptive negation,德尔布鲁克称之为ergänzungsnegation〔插入否定〕),必须作为一种单独的双重否定。这种现象在下述情况中特别多见:not 后面跟有一个含有 neither...nor 的选择性词组,或跟有一个含有 not even 的限制性附加部分:he cannot sleep,neither at night nor in the daytime(他睡不着觉,不管是在夜里还是在白天)或 he cannot sleep,not even after taking an opiate(他睡不着觉,甚至在服了麻醉剂以后也睡不着)。再比较下句中的附加部分“loue no man in good earnest,nor no further in sport neyther”(不要真心实意地爱人,戏谑时也不要有失分寸——莎士比亚)。其他语言亦如此,〔拉〕non ... neque ... neque(既不……也不……也不……),non...ne...quidem(不……不……甚至也不……),〔希〕ou...oude...oude(既不……也不……也不……),等等。在这种情况下,所有的语言似乎都很容易承认 neither...nor(既不……又不)和 not ever(甚至不)为双重否定,虽然在这里食古不化的学究们也会提出异议。①

与承接否定密切相关的是意合否定(paratactic negation):它

① 加上一个 hardly(几乎不)而缓和 not(不)的否定意义是承接否定的一个特殊例子:“He wasn't changed at all hardly”(他几乎一点没变——基普林)。其实 hardly 本身就足以表达这种缓和的意思。

用于附属于一个否定意义动词的从句当中，这类动词有 deny（否认），forbid（禁止），hinder（阻止），doubt（怀疑），似乎从句就是一个独立的句子，或者似乎相应的肯定动词用于主句中。例如：First he deni'de you had in him no right（首先他承认你对他拥有权利——莎士比亚）| What hinders in your own instance that you do not return to those habits（对于你来说成为障碍的是你丢掉了那些习惯——兰姆）。众所周知，在某些语言中使用某些词构成意合否定已成为固定规则，如拉丁语的 ne（不），quin（为什么不），quominus（阻止），法语的 ne（现在像用于其他位置上的 ne 一样，正趋于消失）。这里的现象同样是属于累赘和过分强调，而不是不合情理或不合逻辑。

否定表述的历史
（History of Negatives）

在一些人们熟知的语言中，否定表述的一般 历史有一种奇怪的变动现象。否定副词经常弱读，因为句中另外某个词需要重读，以示对比。但是当否定词成为一个纯粹的前附、音节，或者甚至成了一个单个音的时候，人们觉得它太弱了，必须加上某个词使之强化，而这个附加的词渐渐地就被当做否定词本身，然后这个词可能跟原先那个词一样发展。这样就出现了弱化与强化不断交替的现象，由于有把否定词置于容易脱落（通过句首省略）的句首的趋势，弱化和强化的交替现象就引起了一些奇特的结果。这里只能列举从少数语言中摘取的例子来扼要说明这一现象。

首先，拉丁语及其衍生语——法语。这里的出发点和其他地方一样,仍是 ne(不),我认为 ne(及其变体 me)原先是一个表示厌恶的感叹词,主要表现在收缩鼻子肌肉的面部表情。最初的阶段便是:

(1)ne dico(不说)。这种形式主要与一些动词(nescio〔不知道〕,nequeo〔不能〕,nolo〔不愿〕)以及一些代词和副词连用;在其他场合,人们觉得 ne 语气太弱,便加上 oenum(一样东西)来使之强化,结果便产生了 non(决不 = ne-oenum);

(2)non dico(决不说)。随着时间的推移,non 失去了它的重音,变成了古法语中的 nen,后来又成了 ne——因此实际上成了与原始雅利安语的副词相同的音;

(3)jeo ne di(我不说)。这种形式在法语的书面语中保存了下来,一直到今天还出现在某些结构中,je ne sais(我不知道),je ne peux(我不能),口语 n'importe(无论如何);但是一般说来,人们觉得它有必要加以强化;

(4)je ne dis pas(我不说)。随后在法语口语体中,弱读的 ne 消失了;

(5)je dis pas(我不说)。

在斯堪的纳维亚语中也一样,原先的 ne 先是用附加词强化,最后又被附加词所取代,〔古挪〕eigi,ekki,〔丹〕ej,ikke,这些形式原先本无否定意义。

在德语中,在动词前先是只有一个 ni,后来动词前有 ni,ne(或弱化的 n-,en-),动词后有 nicht,最后仅剩下了 nicht。

英语的发展阶段如下:

(1)ic ne secge.(我不说。下同)。

(2)I ne seye not.

(3)I say not.

(4)I do not say.

(5)I don't say.

在一些常见的结构中,特别是 I don't know(我不知道),我们发现了一种新的弱化现象的端倪,因为在其发音中〔ai d(n)nou〕,原先的否定词实际上全部消失了。

否定词的强化效果是由表示一个小东西的词(not a bit,not a jot,not a scrap〔一点也不〕等,〔法〕ne...mie,goutte,point,pas),或者是由表示"曾经"的副词(〔古英〕源于 ne + a 的 na =〔哥特〕ni aiws,〔德〕nie;〔英〕never 有时也失去其时间含义,仅表示 not)来取得的。最后,起强化作用的附加词可以是一个表示 nothing(没有什么)的词,如〔拉〕non,〔英〕not(是 nought 的弱化式),或〔德〕nicht;在中古英语的 I ne seye not(我不说)中有一双重否定。

弱的否定副词的脱落或省略使得肯定词变成了否定词。在法语中可以见到最突出的例子,pas(不),personne(无人),jamais(从不)和其他一些词现在已成了否定词——特别是在没有动词时更是如此:pas de doute(无疑)|Oui le sait? Personne(谁说的? 没有人说)|Jamais de la vie(从不),这类例子还见于粗俗随便的话语中含有动词的句子,但是在后一种情况下文学语言要求用 ne:Viens-tu pas? (你不来吗?)|je le vois jamais(我从未见过他)。至于 plus,有时用流行的发音〔j ãn a ply〕(意思是"不再有了")和〔j ãu a plys〕(意思则是"还有")来避免歧义。孤立的 Plus de bruit(没有声音)是否定的表述,但是 Plus de bruit que de mal(急躁易怒,但无恶意)却是肯定的表述,虽然在这里发音是一样的。plus 的这种否定用法带来了一个奇特的后果,即 moins 有时可以当做 plus

的一种比较级形式:Plus d'écoles,plus d'asiles,plus de bienfaisance, encore moins de théologie(没有学校,没有避难所,没有恩惠,更没有神学——梅里美)。

在其他语言中,肯定意义的词过渡为否定的现象偶有所见,如从〔拉〕(res)nata,nadie(没人)过渡来的〔西〕nada(什么也没有),及〔古挪〕中以-gi 结尾的词,在英语里我们发现来自 ne…but 的 but,比较方言中的 nob-but,以及在英格兰西南部用来表示 no more(不再)的很有意思的 more,如"Not much of a scholar. More am I"(算不上一个学者,我不再是学者——菲尔波茨)。

意义否定
(Implied Negation)

如同在语法的其他领域一样,这里也有意念的意义和语法表达之间不一致的情况。虽然句子里根本没有否定词本身,但往往意义却是否定的。

疑问句常常等于否定的陈述:Am I my brother's keeper?(我是我兄弟的看护人吗?)(参看 502 页)

Me tell a lie! =I cannot tell a lie(我不可能撒谎)这样的结构在第 184 页上已经提到过了。

表示条件意义的说法也能够起同样的作用,如"I am a rogue if I drunke to-day"(我今天要是喝酒了,我就是混蛋 = 我今天没喝酒——莎士比亚)|I'm dashed if I know(我要是知道就不得好死)。条件从句单独使用时情况也是如此:If there isn't Captain Donnithorne a-coming into the yard!(要是唐尼桑上尉不到院子里

该多好！——G. 艾略特；当然在这里直接否定和间接否定相互抵消，结果是肯定的意义：he is coming〔他要来了〕）。

再举数例：(you) *see if* I don't(你看我干不干) | *catch* me going there！(我绝不到那儿去！) | Mr. Copperfield was teaching me. — *Much* he knew of it himself(科波菲尔先生在教我——瞧他自己懂得多少) | When the devil was ill, the devil a monk would be; When the devil got well, *the devil a monk* was he(魔鬼有恙，佛成魔，魔鬼病愈，佛即魔)。类似的习惯说法和讽刺说法在各种语言中似乎很常见。

在否决性条件从句中使用过去时态(虚拟语气)在意念上同样含有否定的意义。

附注：本章考察的全部问题都已在《英语和其他语言中的否定》(《丹麦皇家科学学会历史——语文报告》I，5，哥本哈根，1917)一书论述过，其中有从很多语言援引的大量的例子，而且还讨论了一些这里略去的问题(否定连接词，否定前缀，not 缩略成-nt，等等)。

第二十五章　结束语

(Conclusion)

冲突　术语　语法的灵魂

冲　　突

(Conflicts)

生活中需要表达的现象和可以用来表达这些现象的语言手段是错综复杂的,由此而产生的一个必然后果就是注定要在语言实践中出现各种各样的冲突。说话人必须在一些语言手段中做出选择。经过短暂的犹豫后,他可能使用某一种形式,然而另外一个人,在同样的情况下却可能使用另一种形式。有时,我们会看到两种趋势在进行激烈的竞争,这场竞争会持续一个很长的时期。在此期间,语法学家们则喋喋不休地争论其中哪种形式或说法"正确";还有的时候,冲突中的一种趋势占据上风,于是问题实际上由说本族语的公众解决了,有时会遇到像林德利·默里这样的人或在当时属于正统学院派的人的反对,他们常常不顾方便与自然,一味追求逻辑上的一致。在本书到处都可以看到语法冲突的例子:最典型的例子也许要数第十七章中提到的自然的性和语法的性之间的冲突（冲突导致〔希〕neanias（青年），〔德〕ein fräulein（……sie）〔一个姑娘，（中性——译注）……她〕，〔西〕el justicia〔正义性〕）。在第十四章中，我们看见了当动词与一个集合名词连用时，单数与复数之间的冲突。这里还可以提一下其他类似的冲突。

哥特语里，复数没有性的区别。但是在说及一个以上的东西时，由于缺乏一种表示“自然中性”的专门标志，导致了在德语中用单数中性的词尾来表示它。如 beides（两个），verschiedenes（多种多样，再如 alles〔所有〕）：柯姆（《德语语法》149）提到了 alles dreies（所有三个），而斯皮策有时写成 alles drei（“Sie sind weder germanen noch gallier noch auch romanen，sondern alles drei der abstammung nach”〔根据血统，你们既不是日耳曼人，也非高卢人，更不是罗曼人，而是三者都是〕）。这里性的概念比数的概念更强。

同样，对中性的强调常常要超过对格的强调。在与格中，原先没有阳性、中性的区别。但是在英语中，很早以来，就有 for it（为此），to this（对此），after what（在什么之后）等形式，这些主格——宾格形式最终形成了中性代词的唯一使用形式。德语中，也有同样的趋势，但是不像英语中那么盛行：歌德用过 zu was；was wohnte er bei（他参与了某事），很普通，zu（mit，von）etwas 是所使用的唯一形式；还有 mit nichts 等（在 zu nichte machen，mit nichten 的使用中可以见到残存下来的原来形式）；在口语中用 wegen was 代替双重意义的 wegen wessen（柯姆《德语语法》198）。但是这一趋势还没有强大到足以产生 mit das，von welches 的程度，虽然中性意义的 mit dem，von welchem 并不常见（比较 damit，wovon）。形容词接在一个无屈折变化的代词之后时需要用与格：der gedanke von *etwas unverzeilichem*（不可饶恕的想法）。

〔德〕wem 和〔英〕whom（谁）一样，既用于阳性也用于阴性，但是如需要有一个表示阴性的明确形式时，可以使用一种少见的、未被人们接受的形式 wer：Von Helios gezeugt? *Von wer* geboren?（是海里渥斯创造的吗？是谁生的？——歌德）| Da du so eine art bruder von ihr bist（因为你是她的一个兄弟）——Von ihr? Von wer?（她的？谁的？——威尔布兰特，柯姆《德语语法》191）。但是这种情况只能出现在介词之后，因为 wer 出现在句首会被当做主格；因此拉伯找到了另外一条出路：Festgeregnet! *Wem und welcher* steight nicht bei diesem worte eine gespenstische einnerung in der seele auf?（下大雨！听到这个词谁不会在心里产生可怕的联想？）（＝what man and woman〔什么样的男人和女人〕）。

另一方面，在英语和丹麦语中，所有格词尾-s 逐渐扩大到阴性名词，从而对格的强调超过了对性的强调，当然其主要原因是古形式没能清楚地把所有格和其他格分开。在德语中，有时可在专有名词中看到这种倾向，如弗伦森写道："Lisbeths heller kopf"（利斯贝思的聪明头脑）。

在介词之后需要用间接格这一普遍规则跟主语关系需要主格的习惯这两者之间也有冲突，这种冲突有时会以后者获胜而告终，如〔英〕Me thinks, no body should be sad *but I*（我认为除我之外别人都不该悲伤——莎士比亚）| not a man depart, *Saue I* alone（除了我，无人离开——莎士比亚）| Did any one indeed exist, *except I*?（除了我，还有人活着吗？——雪莱夫人）〔德〕Wo ist ein gott *ohne der herr*（哪儿有不带 herr 的上帝——路德）| niemand kommt mir entgegen ausser ein unverschämter（除了不知羞耻的，没有人来迎合我——莱辛）|〔丹〕ingen *uden jeg* kan vide det（只有我才知道）等。

（参看《论英语》p. 57 ff.）

同样，西班牙语中有 hasta yo lo sé（直到我〔连我〕也知道）（比较〔法〕jusqu'au roi le sait〔由君主裁夺〕）。德语 was für ein mensch（一个什么样的人）中以及在意义相同的俄语 что за человек 中用主格，依据的也是同一原则，最后还有〔德〕ein alter schelm von lohnbedienter（一个狡猾的老雇工）。

表示第二人称单数的愿望比要区别陈述语气和虚拟语气的愿望更为强烈，以下事实便是证明，if thou dost（如果你做——现在时）和 if thou dids（意义同上——过去时）这样的常用结构要比相应地在第三人称中用陈述语气代替虚拟语气早得多。

在第二十一章中，我们看到了间接引语中的冲突。一种倾向是保持直接引语中的时态不变，另一种倾向是使其和主句动词保持一致（He told us that an unmarried man was（or is）only half a man〔他告诉我们没有结婚的男人是半个男人〕| he moved that the bill be read a second time〔他提议把这个议案再读一遍〕）。在 he proposed that the meeting adjourn（他建议休会）一句中，我们可以说对语气的强调超过了对时态的强调。法语也是如此，il désirait qu'elle lui *écrive*（他希望她给他写信）取代了早先的 écrivisse（写），成了普通语言里使用的唯一形式。相反，在法语口语中对时态的强调超过了对语气的强调，如 croyez-vous qu'il fera beau demain（你相信明天天气会晴朗吗），守旧的语法学家们在这里会用现在时虚拟语气 fasee；卢梭写道："Je ne dis pas que les bons seront récompensés；mais je dis qu'ils seront heureux"（我不是说好人一定会得到奖赏，而是说好人一定会幸福）：一般规则是，从句中动词要用虚拟语气，虽然它在否定式主句动词后面。

在词序方面，类似的冲突也很多，大多数冲突属于文体而不属于语法。我只提一点和语法有关的冲突：一方面介词要放在其宾语前，另一方面疑问代词和关系代词要放在句首，因此出现了冲突。这种冲突的解决常常取决于介词与其宾语或句中其他词之间关系的密切程度如何：What are you talking of?（你在说什么？）| What town is he living in? 或 In what town is he living?（他住在哪个城里？）| In what respect was he suspicious?（他在什么地方可疑？）| Some things which I can't do without（我不能没有的几件东西）| Some things without which I can't make pancakes（我做薄煎饼缺之不可的几件东西）。我在史蒂文森的作品中见到一个很有启发性的例子：*What* do they care *for* but money?（除了钱，他们还喜欢什么？）*For what* would they risk their rascal carcases but money?（除了钱，他们还会为了什么能拿自己那罪恶的躯体来冒险？）。除了 this movement of which I have seen the beginning（我见到其开端的这场运动）（这里如说 which I have seen the beginning of 就不太自然）这种形式外，在文学语言中还有 the beginning of which I have seen（我所见到的这件事的开端）。[①] 在法语中绝对不能把介词放到句末，所以必须说：l'homme à pui j'ai donné le prix（我授奖的那个人）和 l'homme au fils duquel j'ai donné le prix（我授奖给他儿子的那个人）。在英语中由于所有格不能和它所属的词分开，所以在 the man whose son I met（我见过他儿子的那个人）中，通常接在动词后面的宾语必须要放在主语之前 whose 之后；然而在法

---

① 由于拿不准把介词放在什么地方，有时候会导致冗余现象，如"Of what kinde should this cocke come of?"（这只公鸡是什么种？——莎士比亚）。

语中却没有这种必要，宾语仍放在其通常的位置上，虽然在 l'homme dont j'ai rencontré le fils（我见过他儿子的那个人）一句中它同 dont 分开。

术　　语
（Terminology）

任何一门不是停滞不前而是不断前进的学科，必须经常地更新或修改其术语。寻找新术语不仅是为了新发现的事物，如 radium（镭）、ion（离子）的需要，而且还是为了用新方法重新思考旧事物而产生的新概念的需要。传统的术语往往禁锢着研究家们的思想，从而可能阻止卓有成效的发展。诚然，一套固定的术语如果其中每个术语的意义对于每个读者来说都是清晰明了的话，这套术语便大有裨益。但是术语的固定如果仅仅是指使用同样的字眼而其意义却随着情景或具体作用的不同而发生变化的话，就有必要来决定这些术语最恰当的意义是什么，否则就得使用新的术语。

语法中许多术语起源于科学产生以前的时代，还有许多术语不是语法的专用术语，与语法学家赋予它们的专门意义常常没有多少或毫无共同之处；此外，同一套术语还用于结构不同的语言，凡此种种，加大了术语方面的困难。当然，这对学习者有很大好处，他每学一种新语言时，不必再学一套新术语。但是这只有在相同的术语所描写的语法事实真正相似时才有价值，其差异不能太大，以免在使用同一个术语时在学生的头脑里引起混乱。

最早的语法学家蔑视好的术语，他们用 verbum substantivum（物质词）来表示最不具实体性的动词，便是证明。还有一个证据就是他们用 positive(原级——另一意思是“肯定”——译注)来作比较级的第一级,因此不是像往常那样与 negative(否定)相对,而是与 comparative(比较)相对。他们还用 impersonal(非人称)来表示第三“人称”的某些功能也是一个证明。许多语法术语还有其他非专业意义,这是一个非常不利之处,有时就很难避免下面这类冲突:this case is found in other cases as well(这种格〔如主格〕还见于其他地方)或 en d'autres cas on trouve aussi le nominatif(这种主格还见于其他场合),a singular use of the singular(独特的单数使用法)。这是一个很大的缺陷。语法学家在一篇关于逻辑学的论文里见到 a verbal proposition(词语命题)这样的字眼时,他起初会认为这和动词有关系,可能是与一个名词性(nominal)句子(顺便插一句,nominal 恰恰是有双重意义的)相对,直到最后他才发现其意义不过是一个词的定义。active(主动),passive(被动),voice(语气),object(宾语),subject(主语)——我在本书许多章节中已经指出,这些词的日常用法会把粗心大意的人引入歧途;subject 可以表示“主题”这一事实,会使人想起关于逻辑学、心理学和语法学各学科的全部研究。语法学家要是选择了一个歧义不大的术语,这种现象是可以避免的。neuter 除了其非语法意义的一般用法之外,至少有两个语法上的不同意义;其中之一是必不可少的(中性),另一个却可有可无:neuter verb 被解释为中性动词,“既非主动又非被动;不及物动词”,虽然不及物动词只是在始终如一的语言学家使用的 active(主动)的意义上才是主动的(active)。此外,《新英语词典》还列出了一个附加意义:“中性被动动词,既具有中性动词又具有被动动词的特性”——这就搞得大乱而特乱了!

不好的或错误的术语会导致产生错误的规则,错误的规则会对语言的自由应用,尤其是写作,产生不良影响。所以,前置词这一术语,或毋宁说对于这个词的拉丁语词源的令人遗憾的知识,造成了反对把前置词放在句末的荒谬结果,许多教师和报纸编辑完全不顾自己语言的原则和历史而盲目地照搬这个规则。这些人就连最肤浅的普通语言学知识也没有,否则他们就会注意到两种可能性,就是术语可能从一开始就被用错了,或者就是该术语的意义可能像其他许多词一样发生了变化,它们的词源已经不再为语言的一般使用者所知道了。lady-bird(瓢虫)不是鸟,butterfly(蝴蝶)不是苍蝇,如果这样理解就大错特错了;blackberries(黑莓)到成熟时才会黑;barn(谷仓)除了用来贮藏 barley(大麦)外,还可移作他用(〔古英〕bere-œrn〔大麦仓库〕);bishop(主教)除了 look at(看)或 overlook(监督)(〔希〕epi-skopos)外还有其他工作要做。那么我们为何不能像允许有不和动词连用的副词一样允许有后置介词呢?[①] (事实上,very〔非常〕虽然从不修饰动词,但总是被当做副词。)

有时,术语困难的加大是由下面的事实引起的,即语言随着时间的推移而变化,因此适用于某一个时期的术语在后一个时期就不尽合适。诚然,古英语能证明在 to donne 中介词 to 后面的格是与格,但这并没有理由使我们把现代英语中的 to do(做)中的 do 叫做“与格不定式”,而《新英语词典》却是这样做的(虽然在 dative“与格”项下,没有提到这种用法)。把 dative(与格)和 genitive(所有格)两术语运用于诸如 to God 和 of God 这类现代英语介词

① 另请比较〔拉〕tenus(直到),〔希〕heneka(由于)。

词组,就会更加糟;参看第十三章。

当然,不可能把传统的术语完全抛弃,建立一套全新的术语,例如采用一个与古印度语法学家所创造的体系相类似的任意体系。他们创造了 lat 表示现在时态,lit 表示完成时态,lut 表示第一将来时,lrt 表示第二将来时,let 表示虚拟语气,lot 表示祈使语气,lan 表示未完成时,lin 表示潜在语气,等等(见本费《语言学史》92:我略去了附加符号)。我们必须采用大部分旧术语,对它们加以最大限度的利用,必要时予以补充,限定所有新老术语的意义,使它们尽可能精确、清楚。但这绝非易事,我十分同情斯威特,他在《新英语语法》一书问世时给我写信谈到"术语使我伤透了脑筋"。

在以上各章中(及我的《现代英语语法》),我大胆地引进了一些新术语。但是,恕我冒昧,我认为这些术语数量不多也不难。诺林在他的著作中创造了大批新语法术语,并且滥用旧术语。在这两方面,我的方法要比诺林在其大作中采用的方法以及最近某些心理学家的术语要略胜一筹。我颇为自诩的另一功劳,是我成功地摒弃以往语法著作中的许多术语。下面仅举一些语音理论一个分支中的术语为例:synalepha, crasis, synæresis, synizesis, ekthlipsis, synekphonesis,它们对我来说没有用场。在"体"(aspect)(见第二十章)这方面,我也比最近大多数作者更有节制。

在我创造的术语中,我想特别提醒大家注意同"三品"理论有关的术语,在我看来三品理论中那几个为数不多的新术语能使我们比以前任何时候都更精确、更简明地解释大量的东西。且举一个我最近才注意到的例子。在"纯洁英语学会"(the Society for Pure English)的第十五本小册子中,H. W. 福勒先生谈到了副词的位置,他说:“副词一词在这里不仅应认为包括如 soon(很快)和 undoubtedly(无疑地)这样的简单副词,还应认为包括状语短语(如 for a time〔一段时间〕)和状语从句(如 if possible〔如可能的话〕),作表语用的形容词(如 alone〔单独〕),状语连接词(如 then〔那么〕)。”如果福勒先生用我的简单术语 subjunct(次修品),就可以省掉这番话。

语法的灵魂
(The Soul of Grammar)

我的任务完成了。这部书的大部分内容谈的都是些有争议的问题,这是不可避免的,但是我希望本书所提出的批评是建设性的而不是破坏性的。为了那些喜欢指出在近期期刊中被忽视的这篇或那篇文章,或被忽视的这个或那个博士的论文的评论家们,我还是要说一句,我常常暗暗地批评一些在我看来是谬误的观点,但并没有在每个具体的地方都说明我批评的是哪一章、哪一节。我的主题很宽,如果我对其他学者就我研究的问题所持的观点加以详述,本书就会膨胀到不适当的篇幅。对争论的重大问题的实质而不是语法上的琐细问题感兴趣的人会发现,我从这方面的日见增多的专著、文章中引用的材料不是太少,而是太多了。

我的任务是,在不放松详细研究我所了解的语言的同时,主要研究指导一切语言语法的共同原则,从而为建立在可靠的心理学、健全的逻辑学及语言史中有根据的事实基础之上的语法学做出我的贡献。

心理学应该帮助我们了解说话人的内心活动,尤其应该帮助我们了解在互相冲突的趋势（各种趋势都依赖于所属语言的结构中的某些事实）的斗争中，说话人是如何背离那些过时的规则的。

迄今为止经常应用于语法的逻辑学一直是一种狭义的、完全形式化的逻辑学，它一般被用来谴责活生生的语言中出现的新鲜现象。我们应该培育出一种宽宏大量的逻辑学来取代它，例如这种宽宏大量的逻辑学会承认从逻辑学角度出发，间接宾语和直接宾语一样也可以作为被动句的主语，这样，是否允许 he was offered a crown（他被赐予了一顶王冠）之类的句子存在的问题也就不再由逻辑来决定而由实际的应用来决定了。法语的 je m'en souviens（我想到了他）中只要 souvenir 的原先意义还存在，该句就是不合逻辑的。但是当时人们仍然说，il m'en souvient（他想到了我）。这种新结构是动词意义发生了变化这一事实的外部体现（比较从 me dreams 到 I dream〔我做梦〕的变化）：当 souvenir 的意义变成“在某人的记忆中”而不是“使某人想起来”的时候，新结构是在逻辑上唯一能成立的结构。在第二十四章中专门用来论述双重否定的几段话，也指出了错误的逻辑概念应用于语法的情况。但我们的结论不是逻辑学不能应用于语法问题上，而是我们要小心，不要用肤浅的逻辑知识来谴责那些经过细心的考察而可能是完全合理的语法现象。当然在另一方面，逻辑学对于建立语法体系或制定语法规则或定律所起的作用是具有重大意义的。

对于语法学家来说，研究语言史具有极其重要的意义：它能扩大视野，消除那些缺乏历史观念的语法学家动辄指责的恶习。因为语言的历史表明，变化在过去是不断发生的，在一个时期被认为是语法错误的说法，在下一个时期可能会成为正确的。但是到目前为止，对语言史的研究过分地集中在找寻各种现象的最终根源，而忽视了很多更接近于我们时代的、亟待认真研究的东西。

语法现象能够并且也应该从不同的角度（它们常常是互为补充的）进行考察，例如，名词与其形容词之间（在性、数、格方面）的一致关系，主语与其动词之间（在数、人称方面）的一致关系。老式的传统语法学家们制定规则，把背离规则的现象视作不可容许的大错误，并自以为是地给它贴上不合逻辑的标签。语言心理学家们找到了为什么规则会不时被打破的原因：也许是如果动词离开主语很远，人们的脑子就记不住主语是什么数；或者是，如果动词出现在主语之前，说话人还没有决定要用什么做主语，诸如此类。历史学家们研究了各个世纪的文献，发现了一种日见增长的趋势，即不重视有明显的数的标志的形式，等等。这时语言哲学家们就可以发言了，在这些情况中要求语法的一致不过是语言不完善所造成的后果罢了，因为数、语法属性（自然性别）、格和人称等概念在逻辑上只属于首品词，而不属于形容词（修品）和动词这样的次品词。所以当一种语言逐渐抛弃了那些在形容词和动词中表示与首品词一致关系的词尾时，这对它来说不是什么损失，相反必须把这种趋势看做是进步的。只有在那种已经摒弃过去遗留下来的一切累赘残余的语言里，才会有真正的稳定。（我已经在《语言》第四卷里对此作过论述，这里就不再多说了。）

我在本书着意谈的是可以称之为较高级的语法理论，但是毋庸置疑，如果我的观点被接受的话，哪怕是部分地被接受，它们也一定会产生实际效果。首先它们一定会影响到给程度高的学生编写的语法书（我的《现代英语语法》的第二卷已经证明了这一影响，像奥古斯特·韦斯顿的《挪威标准语语法》一样）；通过这些语法书，我的新观点还会逐渐渗透到初级语法书中去，从而在最低级

的阶段就影响整个语法教学。但是这一结果怎样才能产生,有多少新观点和新术语能够被初级学校有效地采纳,在了解此书的服务对象——学者们的反应之前,我不愿就这些问题说些什么。我只希望将来的初级语法教学比迄今为止任何时候都更有生气。似是而非,模糊不清的概念少一些,“禁律”少一些,定义少一些,大大增加对活生生的语言事实的观察。这是使语法成为学校中有用的、令人感兴趣的课程的唯一方法。

在小学里,唯一可教的语法就是学生自己民族语言的语法。但是在中学和大学里开设各种外语课程,这些外语可以互相借鉴,并能促进本族语的学习。这就涉及比较语法,比较语法中的一部分是本族语言的历史语法。比较语法和历史语法生气勃勃的巨大影响已经得到普遍的承认,但是请允许我在结束本书之前指出,这本书观察语法事实的方法可能会为比较语法创造一种新方法,或者创造一种新的比较语法。比较语法现在是一门普遍开设的课程,它以语音和形式为起点,然后比较各种相关语言中的语音和形式,或比较同一语言不同时期里的语音和形式,以便建立属于语音定律范围的种种对应关系,并通过类推法等加以补充。在第三章列出的系统中,这就意味着从A(形式)出发到B(功能)和C(意念或内在意义)。就连比较句法学也是如此,受形式的制约,因为比较句法学主要致力于研讨各种语言是如何使用比较词法学所确定的形式和形式范畴。但是,如果我们采用本书使用的方法,即从C(意念或内在意义)开始,研讨全人类共有的每一个基本概念在各种语言里是如何表达的,由此通过B(功能)到A(形式),我们就会获得一种新的更有成效的研究方法,并能在事实上创立一种新的句法学。这种比较不必局限于属于同一语系、同一起源而通过

不同道路发展起来的语言，对差异最大，起源迥然不同的语言也可以加以比较。我在这里所做的可以当做一种意念性比较语法的简单雏形，我希望那些眼界比我开阔、语言知识比我更丰富的人能接过这项工作并加以进一步的发展，以便帮助我们比本书更深刻地理解人类语言和人类思维的最内在的本质。

附录：

主要书名译名对照表

B

《比较语法概论》 K. Brugmann, *Grundriss der Vergleichenden Grammatik*, 2te Ausg., Strassburg 1897.

《比较语言研究杂志》 Kuhn's *Zeitschrift für Vergleichende Sprachforschung.*

D

《丹麦—挪威语句法》 H. Falk og A. Torp, *Dansknorskens Syntax*, Kristiania 1900.

《丹麦语词序手册》 Kr. Mikkelsen, *Dansk Ordfojningslære*, København 1911.

《德语史论文集》 Paul and Braune, *Beiträge zur Geschichte der deutschen Sprache.*

《德语语法》 G. O. Curme, *A Grammar of the German Language*, 2nd ed., New York 1922.

《德语语法》 W. Wilmanns, *Deutsche Grammatik*, Strassburg 1897.

E

《俄语学习手册》 P. Boyer et N. Speranski, *Manuel pour l'Étude de la Langue Russe*, Paris 1905.

《俄语语法》 H. Pedersen, *Russisk Grammatik*, Købehavn 1916.

F

《法语历史语法》 Kr. Nyrop, *Grammaire Historique de la Langue Française*, Copenhague 1914.

《法语文体论》 Ch. Bally, *Traité de Stylistique Française*, Heidelberg 1909.

《法语语法综合论文集》 A. Tobler, *Vermischte Beiträge zur Französischen Grammatik*, 3te Aufl., Leipzig 1921.

《芬兰语语法》 C. N. E. Eliot, *A Finnish Grammar*, Oxford 1890.

《分析心理学》 G. F. Stout, *Analytic Psychology*, London 1902.

G

《高级英语句法》 C. T. Onions, *An Advanced English Syntax*, London 1904.

《哥特语初级教程》 W. Streitberg, *Gotisches Elementarbuch*, 5te Aufl., Heidelberg 1920.

J

《简明比较语法》 K. Brugmann, *Kurze Vergleichende Grammatik*, Strassburg 1904.

《简明俄语语法》 O. Asboth, *Kurze russische Grammatik*, Leipzig 1904.

《近代英语语法》 H. Poutsma, *A Grammar of Late Modern English*, Groningen 1904.

《句法学讲座》 J. Wackernagel, *Vorlesungen über Syntax*, Basel 1920.

《句子结构的差别》 K. Brugmann, *Verschiedenheiten der Satzgestaltung*, Leipzig 1918.

K

《凯尔特语比较语法》 H. Pedersen, *Vergleichende Grammatik der keltischen Sprachen*, Göttingen 1909.

L

《历史语言学和普通语言学》 A. Meillet, *Linguistique Historique et Linguistique Générale*, Paris 1921.

《论瑞典语中的性》 E. Tegnér, *Om Genus i Svenskan*. Stockholm 1892.

《论文集》 H. Sweet, *Collected Papers*, Oxford 1913.

《论英语》 O. Jespersen, *Chapters on English*, London 1918.

《罗曼语言学研究导论》 W. Meyer-Lübke, *Eingführung in das Studium der Romanischen Sprachwissenschaft*, 2te Aufl., Heidelberg 1909.

《罗曼语言语法》 F. Diez, *Grammatik der Romanischen Sprachen*, 4te Aufl., Bonn 1876.

M

《名词和动词》 A. Schleichdr, *Nomen und Verbum*, Leipzig 1865.

N

《挪威语句法》 M. Nygaard, *Norrøn Syntax*, Kristiania 1906.

《挪威标准语语法》 A. Western, *Norsk Riksmalsgrammatikk*, kristiania 1921.

S

《斯拉夫语比较语法》 W. Vondrák, *Vergleichende Slavische Grammatik*, Göttingen 1906.

《思维与语言》 F. Brunot, *La Pensée et la Langue*, Paris 1922.

《神话学与语言学论丛》 M. Bréal, *Melanges de Mythologie et de Linguistique*, Paris 1882.

W

《我们的语言》 A. Noreen, *Vȧrt Sprȧk*, Lund 1903.

X

《西班牙语语法》 F. Hanssen, *Spanische Grammatik*, Halle 1910.

《希腊语言史概说》 A. Meillet, *Aperçu d'une Histoire de la Langue Grecque*, Paris 1913.

《现代高地德语句法基础》 B. Delbrück, *Grundlagen der Neuhochdeutschen Satzlehre*, Berlin 1920.

《现代英语句法系统》 M. Deutschbein, *System der Neuengliscren Syntax*, Cothen 1917.

《现代英语语法》 O. Jespersen, *Modern English Grammar*, Heidelberg 1909, 1914.

《形式逻辑研究与练习》 J. N. Keynes, *Studies and Exercises in Formal Logic*, 4th ed., London 1906.

《形式主语"es"的起源》 K. Brugmann, *Ursprung des Scheinsubjekts 'es'*, Leipzig 1914.

《新英语词典》 Murray, etc., *A New English Dictionary*, Oxford 1884.

《新英语语法》 E. A. Sonnenschein, *A New English Grammar*, Oxford 1912.

《新英语语法》 H. Sweet, *A New English Grammar*, Oxford 1892, 1898.

《心理语言学概论》 J. V. Ginnejen, *Principes de Linguistique Psychologique*, Amsterdam, Paris 1907.

《匈牙利语》 S. Simonyi, *Die Ungarische Sprache*, Strassburg 1907.

Y

《英语的成长和结构》 O. Jespersen, *Growth and Structure of the English Language*, 4th ed., Leipzig and Oxford 1923.

《英语的发展》 H. Bradley, *The Making of English*, London 1904.

《英语和其他语言中的否定》 O. Jespersen, *Negation in English and Other Languages*, Kobenhavn 1917.

《语法术语》 *The Terminology of Grammar*, by the Joint Committee (1911), 7th impr. 1922.

《语法与思维》 A D. Sheffield, *Grammar and Thinking*, New York 1912.

英汉人名对照表

（其中包括部分非英语人名）

A

Alford　奥尔福德

Asboth　奥什博特

Austin　奥斯丁

B

Baldwin　鲍德温

Bally　巴利

Bang,W.　W.班

Barnes　巴恩斯

Barnum　巴纳姆

Beckman,N.　N.贝克曼

Behaghel　贝哈格尔

Benfey　本费

Bennett　贝内特

Bergson　伯格森

Bernecker　伯内克

Bertlsen　伯特尔森

Birrell　比勒尔

Bloomfield　布龙菲尔德

Boas　博厄斯

Bojunga　博荣格

Boyer　博耶

Bradley　布拉德利

Bréal　布雷亚尔

Browning　布朗宁

Brugmann　布鲁格曼

Brunot,Ferdinand
　费迪南德·布鲁诺

Buck,C.　C.巴克

Bullokar　布洛卡

Butler　巴特勒

Byron　拜伦

C

Calderon　考尔德伦

Callaway,Morgan
　摩根·卡拉韦

Carlyle　卡莱尔

Carpenter　卡彭特

Caucer　考瑟

Chaucer　乔叟

Chesterton　切斯特顿

Cicero　西塞罗

Cobbett,William
　威廉·科贝特

Cæsar　恺撒

Couturat　库蒂拉

Cowper　考珀

Curme　柯姆

D

Dahlerup,V.　V.达勒鲁普

Daudet　都德

Defoe　笛福

Delbrück　德尔布鲁克

Demosthenes　狄摩西尼

Deutschbein　杜茨本
Dickens　狄更斯
Diez　迪茨
Dryden　德赖登

E

Ehrlich, S.　S. 埃利希
Einenkel　艾南科尔
Eliot　艾略特
Ellis　埃利斯
Elworthy　埃尔沃西
Erdmann, K. O.
　K. O. 厄尔德曼
Euripides　欧里庇得斯
Ezra, Rabbi Ben　本·埃兹拉博士

F

Falk　福尔克
Finck　芬克
Fogazzaro　福加扎罗
Fowler, H. W.　H. W. 福勒
Frank, T.　T. 弗兰克

G

Gabelentz, G. V. D.
　G. V. D. 加贝伦兹
Galsworthy　高尔斯华绥
Gardiner, A.　A. 加德纳
Gauthiot　戈蒂奥
Giacosa　贾科萨
Ginneken, Van　范·欣内肯
Glacier, Bruce
　布鲁斯·格拉西尔
Goldsmith　戈德史密斯
Gothonic　哥特
Grimm　格里姆
Gissing　吉辛

H

Hale, W. G.　W. G. 黑尔
Hall, J.　J. 霍尔
Hanssen　汉森
Hazlitt, W.　W. 黑兹利特
Herbig　赫尔比希
Hermann, G.　G. 赫尔曼
Herodotus　希罗多德
Heywood　海伍德
Hitchener　希契纳
Hodgson　霍奇森
Hoffding　霍弗丁
Homer　荷马
Hope, Anthony
　安东尼·霍普
Huchon　赫重

J

Jakób, Handel
　汉德尔·雅各布
Jacobi, Hermann
　赫尔曼·雅各比
James, William
　威廉·詹姆斯
Jensen, Sandfeld
　桑菲尔德·詹森
Jodle　约德尔
Jong, Josselin
　J. P. B. 若斯兰·德·琼

K

Kalepky　卡莱基

Pepys 佩皮斯
Phillpotts 菲尔波茨
Plautus 普劳图斯
Pollack 伯拉克
Pope 蒲伯
Poutsma 普兹玛

R

Rask 拉斯克
Richardson 理查森
Rimonyi 希莫尼
Riwle, Ancrene
安克因・里乌尔
Roget 罗热
Rolland, Romain
罗曼・罗兰
Rordam 罗丹
Roretta 罗雷塔
Royce, J. 约翰・罗伊斯
Ruskin 拉斯金

S

Saintsbury 圣兹伯里
Santo, Fogazzaro
福加扎罗・圣
Sapir 萨丕尔
Sarauw 沙劳夫
Saussure, de 索绪尔
Sayce 塞斯
Schleicher 施莱歇尔
Schlegel 施莱格尔
Schmidt, J. J. 施密特
Schmitz, Bernhard
B. 施米茨
Schroeder 施罗德
Schuchardt 舒哈特
Schütte G. 舒特
Serao 塞劳
Setälä 塞泰莱
Shakespeare 莎士比亚
Shaw 萧伯纳
Sheffield 谢菲尔德
Shelley 雪莱
Smith, Alphonso
C. 阿方索・史密斯
Simonyi 西蒙尼
Smith, C. W. C. W. 史密斯
Sokrates 苏格拉底
Sonnenschein, E. A.
E. A. 索南夏因
Spencer 斯宾塞
Speranski 斯派朗斯基
Spitzer 斯皮策
Steinthal 施泰因塔尔
Sterne 斯特恩
Stevenson 史蒂文森
Stout 斯托特
Streitberg 施特赖特贝格
Sulla 苏拉
Sully 萨利
Sunden 松登
Sütterlin 舒特林
Svedelius, Swedes
斯维德・柳斯
Sweet 斯威特
Swift 斯威夫特

Szinnyei 辛涅伊

T

Tegnér 蒂格内尔

Tennyson 坦尼森

Thackeray 萨克雷

Thalbitzer 索尔比策

Thum 图姆

Thumb, A. A. 萨姆

Tobler 托布勒

Torp 托尔普

Trollope 特罗洛普

U

Uhlenbeck 乌伦贝克

V

Varro 瓦罗

Vendryes 文德里

Virg 维吉尔

W

Wackernagal 瓦克纳格尔

Walpole, H. H. 沃波尔

Ward 沃德

Wechsler 韦克斯勒

Wegener 韦格讷

Welby 韦尔比

Wellander 韦兰德

Wells 韦尔斯

Western 韦斯顿

Wibrandt 威尔布兰特

Wilder, Oscar 奥斯卡·王尔德

Willmanns 威尔曼斯

Wister 威斯特

Wordsworth 华兹华斯

Wright 赖特

Wulfila 伍尔费拉

Wundt 冯特

X

Xenophon 克赛诺丰

Z

Zola 左拉

Zamenhof 查门霍夫

Zubatý, J. J. 朱巴提

本书引用书名一览表

Asboth：Kurze Russische Grammatik（简明俄语语法），莱比锡 1904.

Baldwin：Dictionary of Philosophy and Psychology（哲学和心理学词典），1902.

Bally：Le Langage et la Vie（语言与生活），日内瓦 1913. Traite de Stylistique Française（法语文体论），海德堡，1909.

Bang，W.：Les Langues Ouralo-Altaiques（乌拉尔—阿尔泰语），布鲁塞尔，1893.

Barnes：Dorset Grammar（多塞特语法）.

Barnum：Grammatical Fundamentals of the Innuit Language of Alaska（阿拉斯加因纽特语语法基础），波士顿，1901.

Baissac：Stude sur le Patois Creole Mauricien（毛里求斯克里奥耳方言研究）.

Behaghel：Die Zeitfolge der Abhangigen Rede（从属句的时间顺序），1878.

Benfey：Geschiechte der Sprachwissenschaft（语言学史）.

Berneker：Russian Grammar（俄语语法）.

Bloomfield：An Introduction to the Study of Language（语言研究导论），纽约，1914.

Boas：Handbook of American Indian Languages（美洲印第安语手册），华盛顿，1911.

Boyer and Speranski：Manuel Pour l'Etude de la Langue Russe（俄语学习手册），巴黎，1905.

Bradley：The Making of English（英语的形成），伦敦，1904.

Bréal：Mélanges de Mythologie et de Linguistique（神学与语言学论丛），巴黎，1882.

Essai de Sémantique（语义学评论），巴黎，1897.

Brugmann：Ursprung des Scheinsubjekts 'es'（形式主语 es 的起源），莱比锡，1914.

Kurze Vergleichende Grammatik（简明比较语法），斯特拉斯堡，1904.

Grundriss der Vergleichenden Grammatik（比较语法概论），斯特拉斯堡，1897.

Verschiedenheiten der Satzgestaltung(句子形态分类),莱比锡,1918.
Brunot:La Pensée et la Langue(思维与语言),巴黎,1922.
Buck:Classical Philology(古典语文学),1914.
Curme:A Grammar of the German Language(德语语法),纽约,1922.
Dahlerup:Abstrakter og Konkreter(抽象与具体).
Delbrück:Grundlagen der Neuhochdeutschen Satzlehre(现代高地德语语法基础),柏林,1920.
Negative Sätze(否定句).
Vergleichende Syntax der Indogermanischen Sprachen(印度日耳曼语比较句法),斯特拉斯堡,1893.
Deutschbein:System der Neuenglischen Syntax(新英语句法体系),科腾,1917.
Englishhe Studien(英语学习).
Sprachpsychologische Studien(语言心理学研究),科腾,1918.
Dickens:David Copperfield(大卫·科波菲尔).
Diez:Grammatik der Romanischen Sprachen(罗曼语语法),波恩,1876.
Eliot:A Finnish Grammar(芬兰语语法),牛津,1890.
Ellis:(论早期英语的语音).
Elworthy:Grammar(语法).
Falk and Torp:Dansk-norskens Syntax(丹麦—挪威语句法),克里斯蒂安娜,1900.
Frank:Journal of English and German Philology(英德语文学刊).
Gabelentz:Die Sprachwissenschaft(语言学),莱比锡,1891.
Chinese Grammar(汉语语法).
Galsworthy:Loyalties(忠诚).
Ginneken:Principes de Linguistique Psychologique(心理语言学概论),阿姆斯特丹,巴黎,1907.
Glacier:William Morris(威廉·莫里斯).
Grimm:Wörterbuch(词典).
Hale:"A Century of Metaphysical Syntax" in the St. Louis Congress of Arts and Sciences(圣路易斯文理大全中一个世纪以来的抽象句法学),1904.
Hammerich:Arkiv for nord. filol(斯堪的纳维亚语文学档案).
Hanssen:Spanische Grammatik(西班牙语语法),哈勒,1910.

Hazlitt:New and Improved Grammar(新编语法).

The Spirit of the Age(时代的精神),1825.

Hodgson:Errors in the Use of English(英语用法错误).

Homer:Odysse(奥德赛).

Hoffding:Den menneskelige tanke(人类的思维).

Huchon:Histoire de la langue anglaise(英语史).

Jakob:Bulletin de l'Acad. polonaise des Sciences(波兰科学院学报),1919—20.

James:Talks to Teachers(与教师漫谈).

Jespersen:Language,its Nature,Development and Origin(语言的本质、发展和起源),伦敦,1922.

Growth and Structure of the English Language(英语的发展和结构),莱比锡,牛津,1923.

Modern English Grammar(现代英语语法),海德堡,1909—1914.

Lehrbuch der Phonetik(语音学教程),莱比锡,1920.

Negation in English and other Languages(英语和其他语言中的否定),哥本哈根,1917.

Chapters on English(论英语),伦敦,1918.

Josselin de Jong:De Waardeeringsonderscheiding van Levend en Levenloos(生物与无生物的价值差异),莱顿,1913.

Keynes:Studies and Exercises in Formal Logic(形式逻辑研究与练习),伦敦,1906.

Kierkegaard:Enten Ell.(非此即彼).

Kleinschmidt:Gramm. d. gronl. Spr.(格陵兰语语法).

Konow:Festskrift til A. Torp(A. 托尔普纪念文集).

Kretschmer:Einleit. in die Altertumswiss(古代文化研究引论).

Kuhn:Zeitschrift für Vergleichende Sprachforschung(比较语言研究杂志).

Kristensen:Nydansk(新丹麦语),1906.

London:Martin Eden(马丁·伊登).

Luke:Die Erlebte Rede(引语),海德堡,1921.

Madvig:Greek Syntax(希腊句法).

Latin Grammar(拉丁语法).

Kleine Philologische Schriften(语文学随笔),莱比锡,1875.

Mauthner:Kritik der Sprache(语言批评).

Mckenna:While I Remember(我还记得).

Mckerrow:English Grammar and Grammars(英语语法与其他语法),1922.

Meillet:La Phrase nominale en indo-europeen(印欧语言中的名词句).

Apercu d'une Histoire de la Langue Grecque(希腊语言史概说),巴黎,1913.

Introduction à l'étude des Langues Indo-Européennes(印欧语言学引论),巴黎,1908.

Linguistique Historique et Linguistique Générale(历史语言学与普通语言学),巴黎,1921.

Meinhof:Sprach der Hamiten(含语).

Die moderne Sprachforschung in Afrika(非洲的现代语言研究).

Meyer-Lübke:Einführung in das Studium der Romanischen Sprachwissenschaft(罗曼语族语言学研究导论),海德堡,1909.

Mikkelsen:Dansk Ordföjningslære(丹麦语词序手册),哥本哈根,1911.

Miklosich:Vergl. Gr. d. slav. spr. (斯拉夫语比较语法).

Mill:Essay on Poetry(诗歌随笔).

Misteli:Charakteristik der hauptsächl. Typen des Sprachbaues(语言结构主要类型特点),柏林,1892.

Moore:Grammatical and Natural Gender in Middle English(中古英语中的语法属性和自然属性).

Müller:Grundriss Der Sprachwissenschaft(语言学概论),维也纳,1876.

Murray:A New English Dictionary(新英语词典),牛津,1884.

Noreen:Vårt Språk(我们的语言),1903.

Nygaard:Norrøn Syntax(挪威语法句),克里斯蒂安娜,1906.

Nyrop:Ital. Grammatik(意大利语语法),1919.

Grammaire Historique de la Langue Française(法语语法史),哥本哈根,1914.

Onions:An Advanced English Syntax(高级英语句法),伦敦,1904.

Otto:Grundlage der Sprachwissenschaft(语言学基础).

Paul:Deutsche Grammatik(德语语法),哈勒,1916.

Prinzipien der Sprachgeschichte(语言史原则),哈勒,1909.

Zeitshrift für Psychologie(心理学期刊),1910.

Paul and Braune:Beiträge zur Geschichte der Deutschen Sprache(德语史论文集).

Pedersen:Russisk Grammatik(俄语语法),哥本哈根,1916.

Vergl. Grammatik der keltischen Sprachen(凯尔特语比较语法),哥廷根,1909.

Poutsma:A Grammar of Late Modern English(当代英语语法),格罗宁根,1904.

Rovetta:Moglie di Sua Eccel(将来式助词).

Sarauw:Festschrift Vilh. Thomsen(汤姆森纪念文集),1912.

Schleicher:Nomen und Verbum(名词和动词),莱比锡,1865.

Schmidt:Die Pluralbildungen der indogerm. Neutra(印欧语中性名词的复性),1889.

Schmidt,P. W. :Stellung der Pygmäervölker(俾格米人的位置).

Schmitz,B. :French Grammar(法语语法).

Serao:Cap. Sansone(桑索尼上尉).

Shakeapeare:Hamlet(哈姆雷特).

John IV(约翰四世).

Merchant of Venice(威尼斯商人).

Sheffield:Grammar and Thinking(语法与思维),纽约,1912.

Simonyi:Die Ungarische Sprache(匈牙利语),斯特拉斯堡,1907.

Smith:Studies in English Syntax(英语句法研究),1906.

Sonnenschein:A New English Grammar(新英语语法),牛津,1912.

Modern Language Teaching(现代语言教学),1915.

Grammar(语法),1915.

Steinthal:Charakteristik der hauptsächlishe Typen des Sprachbaues(主要语言结构类型的特点),柏林,1860.

Stout:Analytic Psychology(分析心理学),伦敦,1902.

Streitberg:Götisches Elementarbuch(哥特语初级教程),海德堡,1920.

Sunden:Elliptical Words(省略词).

Sweet:Anglo-Saxon Grammar(盎格鲁-撒克逊语法).

A New English Grammar(新英语语法).

Collected Papers(论文集),牛津,1913.

Tegnér: Om Genus i Svenskan(论瑞典语中的性),斯德哥尔摩,1892.

Tennyson: In Memoriam(悼念).

Thackeray: Sketch-book(随笔).

Thumb: Handbuch der neugriechen Volkssprache(现代希腊语手册),1895.

Tobler: Vermischte Beiträge zur Französischen Grammatik(法语语法论文集),莱比锡,1921.

Uhlenbeck: Grammatishe onderscheidinhgen in het Algonkinsch(北美阿尔公全族印第安语语法特征),1909.

Vendryes: Le Langage(语言),巴黎,1921.

Vondrak: Vergleichende Slavische Grammatik(斯拉夫语比较语法),哥廷根,1906.

Wackernagel: Vorlesungen über Syntax(句法演讲稿),巴塞尔,1920.

Wegener: Untersuchungen über die Grundfragen des Sprachlebens(语言习得基本问题研究),哈勒,1885.

Wellander: Bebeutungslehre(语文学).

Western: Norsk Riksmåls-grammatikk(挪威标准语语法),克里斯蒂安娜,1921.

Willmanns: Deutsche Grammatik(德语语法),斯特拉斯堡,1897.

Wolff: Ontology(本体论).

Wright: Dialact Grammar(方言语法).

Wundt: Die Sprache(语言),莱比锡,1900.

Beowulf(贝奥武甫).

Bible(圣经).

The King's English(标准英语).

Idealistische Neuphilologie, Festschrift für Karl Vossler(理想的新语文学,卡尔·伏斯勒纪念文集).

Indogermanische Forschungen(印欧语研究).

New English Dictionary(新英语词典).

译 后 记

丹麦语言学家叶斯柏森是西方语言学史上介于传统规定派和现代描写派之间的一位重要代表人物。《语法哲学》是他的代表作，其重要性自不待言。叶斯柏森在本书中运用新的方法分析探讨了语言学、语法学上的重大问题，系统地阐述了他的语言理论。

《语法哲学》自 1924 年问世以来，一版再版，畅销不衰，一直是语言学界公认的经典著作和语言学专业学生的必读书。本书虽在语言学史上占有重要的地位，并对汉语语法学的研究产生过重大影响，却一直未能译成中文，这不能不说是一件憾事。在廖序东教授提议和组织下，我们通力合作，分工翻译，相互审校，终于将这部语言学名著译了出来，献给广大读者。

我们的分工如下：张兆星译第一、二两章，夏宁生译第三至第六、第十一至第十三、第十六共八章，何勇译第七至第十、第十四、第十五、第十八共七章，司辉译第十七、第十九至第二十五共八章，并编制附表数种。王惟甦和韩有毅两先生分别根据俄译本和英文原文统校了译稿，廖序东先生对译稿作了最后的审订。

旁征博引是《语法哲学》及叶氏其他著作的一个特点。除写作语言英语外，叶斯柏森引用、比较了近二十种印欧语系的语言，书中还有其他语系的语言，还有古语言。书中随处可以见到法语、德语、俄语、希腊语、拉丁语、丹麦语、瑞典语、意大利语、西班牙语、挪威语的例词、例句。我们在翻译过程中,得到许多外国友人的热情帮助,其中有瑞典专家 Håkan Rosenqvist,法国友人 Paul Pon CeT,巴西圣保罗专栏作家 Michael Schevchenko,在此我们谨向他们表示衷心的感谢。

翻译叶氏的《语法哲学》,难度是比较大的。在翻译的过程中,我们虽然得到多方面的帮助,但由于我们本身外语水平和翻译能力的限制,这个译本一定有译得不够妥当,甚至错误之处,敬祈读者给予批评、指正。

译者

1987 年 11 月 20 日

再版后记

将近三十年前我在徐州师范学院（后改为徐州师范大学）英语系任教的时候结识了时任中文系系主任（后任副院长）的廖序东教授。廖先生是国内知名的语言学家，他三十年代问学于黎锦熙、许寿裳、罗根泽等多位大师，1941 年 7 月从北师大毕业后即投身教育界，开始了长达半个多世纪的汉语教学生涯。他与黄伯荣先生 1979 年共同主编的《现代汉语》一书至今仍被国内许多高校的中文专业用作指定教材。

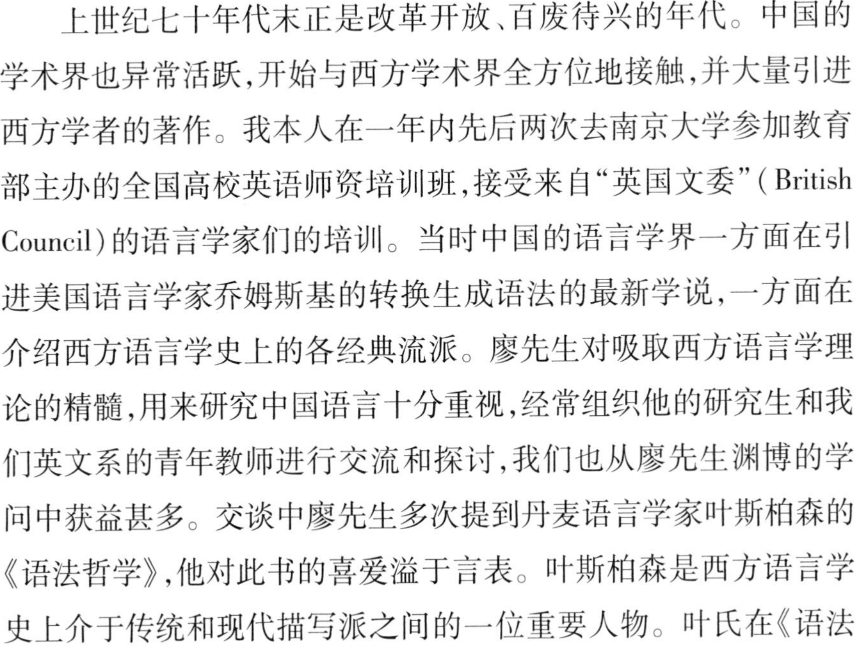

上世纪七十年代末正是改革开放、百废待兴的年代。中国的学术界也异常活跃，开始与西方学术界全方位地接触，并大量引进西方学者的著作。我本人在一年内先后两次去南京大学参加教育部主办的全国高校英语师资培训班，接受来自“英国文委”（British Council）的语言学家们的培训。当时中国的语言学界一方面在引进美国语言学家乔姆斯基的转换生成语法的最新学说，一方面在介绍西方语言学史上的各经典流派。廖先生对吸取西方语言学理论的精髓，用来研究中国语言十分重视，经常组织他的研究生和我们英文系的青年教师进行交流和探讨，我们也从廖先生渊博的学问中获益甚多。交谈中廖先生多次提到丹麦语言学家叶斯柏森的《语法哲学》，他对此书的喜爱溢于言表。叶斯柏森是西方语言学史上介于传统和现代描写派之间的一位重要人物。叶氏在《语法哲学》中运用新的方法分析探讨了语言学、语法学上的重大问题，系统地阐述了他的语言理论。廖先生认为《语法哲学》是叶氏论述其语法理论和语法体系的代表作，是一部有划时代意义的语法著作，对汉语语法的研究产生了深刻的影响（关于廖先生对此书的详细评价和分析，请见他于本书开篇写的《〈语法哲学〉和汉语语法学》一文）。

我对叶氏其实也很熟悉。我特别尊崇他1922年写的《语言的本质、发展和起源》（*Language: Its Nature, Development, and Origin*）一书。他走在时代的前面，在此书里率先讨论了六七十年代成为热门话题的许多社会语言学和人类语言学讨论的问题，如女性语言的问题和语言物质特性的理据问题。所以，当廖先生问我是否愿意协助他组织一个翻译班子，将《语法哲学》译成中文，让更多的中国语言工作者从中获益，我立即欣然接受了廖老师的邀请。当时我请了南京师范学院（后改为南京师范大学）的夏宁生老师和本系的司辉老师参加翻译，本系的韩有毅老师担任校订，廖老师又请到他在苏州的好友张兆星老师和徐州师院中文系的王惟甦老师分别参加翻译和校订。于是一场翻译大战便揭开了序幕。在廖先生的指导和主持下，经过近两年的齐心合力的奋战，我们终于完成了翻译任务。译本经廖先生仔细审订后先由徐州师院印刷，分寄给国内各高校的中文系作为交流资料。多年后国内还有不少同行与我说起他们曾看过我们的那个本子，有的还保存着那本书。

徐州师院的自印本印出后，廖老师随即与语文出版社联系正式出版此书。语文出版社不久就接受了，并于1988年将《语法哲学》正式出版，给我们多年的辛勤努力画上了一个圆满的句号。

就在语文出版社将《语法哲学》付梓的前夕，我被哥伦比亚大学录取，前去攻读人类语言学专业。第二年，译者夏宁生和司辉也相继来哥伦比亚大学攻读语言学。我来美国时所带的书很少，但是其中就有英文版的《语法哲学》。我到了哥伦比亚大学后得知叶斯柏森二十年代曾在这所大学担任过客座教授，不觉百感交集。我在哥伦比亚大学的语言学导师 Harvey Pitkin 对叶斯柏森也很推崇。他听说我参与了此书中文版的翻译很为高兴，还跟我索要了一本译本，虽然他不懂中文。这足见叶氏在语言学界的地位。

我到了美国后，一直与廖先生保持联系。廖先生也告诉我《语法哲学》的译本出版后不久就已告罄。译作出版后，廖先生寄赠两册给中国语言学界的泰斗吕叔湘先生。吕先生在 1990 年 2 月 7 日给廖先生的复信中写道：

> "收到您的信和两本《语法哲学》，谢谢。此书在五十年代曾由语言所请人翻译，由于种种原因未能完稿，现在终于有了中文译本，实为好事。最近商务印书馆正在筹划续编《世界名著汉译丛书》100 种，我间接托人表示此书可以入选，不知商务意思如何。"

斗转星移，在吕先生写了上面那封信的 16 年后的 2006 年夏天我回徐州拜访廖老师的时候，廖先生说他已同商务印书馆联系，商务有意再版此书，并嘱我回美国后继续同对方联系。今年 7 月我收到商务印书馆将再版此书的通知。得到这个消息时我正带一团联合国的工作人员在南京大学学习中文，于是准备在月内就去徐州向廖先生报告这个好消息,可是当我到徐州以后才得知廖先生已于2006年的12月仙逝。万分遗憾廖先生未能看到《语法哲学》的再版!廖先生为叶氏一书的翻译、审订、出版和再版呕心沥血,倾注了近三十年的心血,是《语法哲学》中文版的第一功臣。在此书再版之际,我觉得我们纪念廖先生的最好办法就是把这一译本献给他老人家。

何勇

2008年9月于纽约联合国总部

图书在版编目(CIP)数据

语法哲学/(丹)奥托·叶斯柏森著;何勇等译.—北京:商务印书馆,2017

(汉译世界学术名著丛书:120年纪念版:珍藏本)

ISBN 978-7-100-14906-8

Ⅰ.①语… Ⅱ.①奥… ②何… Ⅲ.①语法学—语言哲学 Ⅳ.①H04

中国版本图书馆CIP数据核字(2017)第158943号

汉译世界学术名著丛书

(120年纪念版·珍藏本)

语 法 哲 学

〔丹麦〕奥托·叶斯柏森 著

廖序东 主持翻译并审订

何 勇 夏宁生 司 辉 张兆星 译

王惟甦 韩有毅 校

商 务 印 书 馆 出 版

(北京王府井大街36号 邮政编码100710)

商 务 印 书 馆 发 行

北 京 冠 中 印 刷 厂 印 刷

ISBN 978-7-100-14906-8

2017年12月第1版　　开本710×1000 1/16

2017年12月北京第1次印刷　　印张36½

定价:180.00元